böhlau

Großbetschkerek, Standort der Anwaltskanzlei

Tibor Várady

Weltgeschichte und Alltag im Banat

*Fälle aus einem Anwaltsarchiv
von der Monarchie bis zum Kommunismus*

Aus dem Ungarischen von Erzsebet von Kontz

Mit einem Vorwort von Richard Buxbaum und
einem Nachwort von Srđan Šarkić und Thomas Simon

2016
BÖHLAU VERLAG WIEN KÖLN WEIMAR

Bibliographische Information der Deutschen Nationalbibliothek:
Die Deutsche Nationalbibliothek verzeichnet diese Publikation in der
Deutschen Nationalbibliographie; detaillierte bibliographische Daten
sind im Internet über http://dnb.d-nb.de abrufbar.

Umschlagabbildungen:
Dokumente aus dem Archiv des Autors

© 2016 by Böhlau Verlag Ges.m.b.H & Co. KG, Wien Köln Weimar
Wiesingerstraße 1, A-1010 Wien, www.boehlau-verlag.com

Alle Rechte vorbehalten. Dieses Werk ist urheberrechtlich geschützt.
Jede Verwertung außerhalb der engen Grenzen des Urheberrechtsgesetzes
ist unzulässig.

Lektorat und Korrektorat: Dr. Volker Manz, Kenzingen
Umschlaggestaltung: Michael Haderer, Wien
Satz und Layout: © Farm Stúdió, Budapest
Druck und Bindung: General Druckerei, Szeged
Gedruckt auf chlor- und säurefreiem Papier
Printed in the EU

ISBN 978-3-205-20338-4

DREI GENERATIONEN

Imre Várady
1867–1959

József Várady
1912–1988

Tibor Várady
1939–

Inhalt

Vorwort (von Richard Buxbaum) 9

Einleitung 11

Über die Relevanz der Geschichte 15

Vom Rózsa zu Rózsa (Mit einem Exkurs über die „Disposition der Seelen") . . . 23
    Ein Fall im Kaffeehaus 1912 23
    Magyarcsernye, die Gaststätte der Mária Kocsis, 22. Dezember 1946 –
        Verhaltensformeln in Liedern und im Leben 26
    Sándor Rózsa und einer der Symposion-Prozesse 32

Internierungen und Hausdurchsuchungen – Im Ersten Weltkrieg und auf der Spur des Ersten Weltkriegs 47
    Hausdurchsuchungen während des Ersten Weltkriegs 49
    Eine Internierung, eine Erklärung und Dankeszeilen 56

Drei Geschichten aus Betschkerek 61
    Kattunkleider und Schicksale. Die Eckstein-Akte 67
    Socken am Lüster, Leben am seidenen Faden 81
    Die Akte Freund-Barath 98

Banater ungarische Geschichten 113
    Ein frühzeitiger Versuch, die Sowjetmacht in Ungarn zu stürzen 113
    Der Fall István Bakai: Verwicklung mit verschiedenen Armeen 121
    Gibt es ein Fenster, aus dem sich schießen lässt? Der Fall Ferenc Nyihta 128

Wer ist Ungar? 143
    Minderheitenrechte gibt es, aber … 143
    Der Medienprozess des Árpád Baksa 153

Wer ist nicht Deutscher? 171
    Einführung mit Goebbels, dem Antifaschismus und Szenteleky 171
    War „Onkel" Misi Aufsatz etwa Deutscher? 182
    Der Fall Béla Grolshammer 194

Entlassung aus der Staatsbürgerschaft und aus der Vergangenheit 205
    Der Fall des Josef Andres, der Katharina Andres, geb. Wacker, und der
        Magdalena Kriffka, geb. Wacker 206
    Nikolaus Thurn, Eva Thurn, geb. Michl, und Anna Thurn, geb. Hirth 210
    Mit dem Alltag unter einem Dach 218
    Gehört das Folgende auch hierher? 221

Ehescheidungen, Beinahe-Scheidungen und Schein-Scheidungen 223
    Eine Beinahe-Scheidung 223
    Ehescheidungen und Schein-Scheidungen in den Wirren des Zweiten
        Weltkriegs 227
    Ein deutscher Ehemann und eine ungarische Ehefrau 230
    Ein jüdischer Ehemann und eine deutsche Ehefrau 236
    Ein jüdischer Ehemann und eine ungarische Ehefrau 249
    Ein Deutscher mit serbischem Namen und einer ungarischen Ehefrau 257
    Ein Ehemann, der die Kneipe nur sehr selten und nur im Interesse
        des Volkes aufsuchte 260

Nachwort: Das Banat – Kolonistenregion und Vielvölkerlandschaft
    (von Srđan Šarkić und Thomas Simon) 275

Zum Autor 279

Vorwort

Drei Generationen einer Anwaltsfamilie leiten für gut 100 Jahre ein 1893 gegründetes Büro in einer Kleinstadt, die im Laufe dieser Zeit zur Habsburgermonarchie, zu Ungarn, Deutschland, Jugoslawien und schließlich zu Serbien gehört. Alle Akten der Kanzlei sind erhalten geblieben. Sie liefern den Stoff für dieses bewundernswerte Buch. Die Akten befassen sich mit Eheschließungen und Scheidungen, Geburten und Erbschaften, mit der Aussiedlung und Auswanderung, der Inhaftierung und der Freilassung der ländlichen und kleinbürgerlichen Bevölkerung dieser Gegend. Aber diese Briefe, Beweisunterlagen, Klagen und Entscheidungen rund um diese anscheinend alltäglichen Situationen sind lediglich Bausteine. Um mit ihnen den Lauf der Zeit durch Krieg und Frieden, Revolution und Konterrevolution, Freiheit und Knechtschaft, Wohlergehen und Armut in eindringlichen Darstellungen und Vignetten nachzuzeichnen, bedarf es eines großen erzählerischen Talents – und Tibor Várady hat und beweist diese Gabe in vollem Maße.

Der Kontext bleibt immer – und das ist maßgebend – intim, häuslich, familiär. Aber die Tragödien und Gemeinheiten der großen Geschichte, die sich in diesem Jahrhundert abspielte und diese Menschen mit sich riss, geben den kleinen Geschichten, die zu der Kanzlei getragen wurden, ihre tiefere Deutung. Eine Scheidung kann einem Eheteil die Austreibung ersparen, die dann aber den anderen trifft; eine Ehe kann das Vermögen der Schwiegereltern retten, ein Testament eine Beschlagnahmung verhindern – oder auch nicht.

In Betschkerek war die Vielfalt der Sprachen und Religionen selbstverständlich, war der Umgang mit Leuten, die zu Hause deutsch, ungarisch, serbisch oder jiddisch sprachen, Alltag, war das normale Leben – bis es dies einmal, zweimal und noch ein drittes Mal nicht mehr war. Zum Teil besteht noch heute diese Bevölkerung von großer sprachlicher und religiöser Vielfalt, allerdings nicht mehr in dieser Breite und nicht mehr in dieser sich jahrhundertelang bewährenden Selbstverständlichkeit.

Várady wählt und kommentiert die ausgewählten Akten mit leichter Hand, seine Fähigkeit jedoch, diese zwei Ebenen – die Geschichte und die Geschichten – ohne Sentimentalität, aber mit menschlicher Einfühlung miteinander zu verbinden, wirft ein Licht auf dieses Zeitalter, das ihm eine novellistische Tiefe verleiht.

Untersuchungen von Gerichtsakten, die darauf zielen, die Entscheidungen von Gerichten eines autoritären Staates über Konflikte innerhalb der Lebenswelt seiner Untertanen „von unten" zu beleuchten, sind keine Neuigkeit mehr. Das Buch von Inga Markowits, *Gerechtigkeit in Luritz: eine ostdeutsche Rechtsgeschichte*, in dem solche Scheidungs-, Mieter- und Schrebergartenentscheidungen von Gerichten der ehemaligen DDR dargestellt werden, kann stellvertretend für diese Form der „legal history" stehen. Aber selbst solche empirischen Werke beschäftigen sich mit bereits bearbeiteten Akten, kleiden die Parteien in das von dem Protokollführer diktierte Korsett. Das Einzigartige an den von Várady so lebhaft dargestellten Schilderungen ist gerade, dass sie unmittelbar aus dem Leben dieser Menschen, aus ihren eigenen Berichten, in ihren eigenen Worten zu uns sprechen. Der Bitt- und Briefwechsel zwischen den Mandanten und dem Anwalt, begleitet von den Erklärungen der Zeugen und der Behörden, die an die Kanzlei bzw. an die Mandanten adressiert sind – darin liegt die Vorgeschichte der Entscheidungen und darin liegt der Reiz dieses Buches.

Aber es sind nicht nur Erzählungen „von unten" im Sinne der Betroffenen: Das Buch ist auch ein bewegendes Zeugnis dafür, dass ein Anwalt nicht nur ein Beamter des Staates ist oder sein muss. Im Gegenteil, diese Kanzlei – diese drei Generationen der Familie Várady – ist ein zu beherzigender Beweis dafür, dass der Beruf es auch erlaubt – und in schweren Zeiten sogar fordert –, Verteidiger des einfachen Mannes gegen die Obrigkeit zu sein. Sie verdient das Lob, das im Begriff des „freien Berufes" anklingt. Meine Tätigkeit auf dem Gebiet der Wiedergutmachung für staatliche Konfiskation von Haus und Hof im Zuge einer Besatzung gab mir nicht nur Einsicht in die Breite solcher Aktionen, sondern und insbesondere in die Variationen der Kompetenzen und der Hingabe derjenigen, die in diesen Tausenden von Fällen diese Wiedergutmachung befürworteten. Umso tiefer sind meine Bewunderung und Achtung der menschlichen und taktischen Argumentationen, die diese Akten und diese Anwaltskanzlei uns zeigen.

Várady analysiert diese Aspekte nicht, sie sprechen für sich. Aber er setzt sie in Szene, insbesondere in die unterschiedlichen Szenarien der jeweiligen Zeit. Er vertieft unser Verständnis der Lage dieser Menschen, indem er die begrenzten Möglichkeiten aufzeigt, die sie und ihr Anwalt in ihrem Vorgehen hatten, aber auch die Momente ihrer Autonomie – ihrer „agency" –, die ihnen im Licht der Geschichte, die über sie hinwegrollte, geblieben war.

Eine Schilderung kann pars pro toto stehen: Das Schicksal der Lederfabrik der Familie Eckstein, die 75 Jahre lang besteht und alle Stadien der Zeit erlebt: Zwangsverkauf, Konfiskation, Rückerstattung, Verstaatlichung, Verweigerung der Rückerstattung wegen Auswanderung und letztendlich die hypothetische Möglichkeit der Kompensation. Am Ende steht Váradys vielsagende Bemerkung, mit der auch die Akten der Kanzlei eigentlich ad acta gelegt werden könnten:

„Die Frage der Wiedergutmachung für das verstaatlichte Vermögen zog sich hin. Im Jahre 2011 hat das serbische Parlament das Gesetz zur Vermögensrückerstattung verabschiedet. Ich glaube, auf dieser Grundlage könnte auch im Zusammenhang mit der Betschkereker Lederfabrik Geld beantragt werden. Ich weiß nur nicht, ob es noch jemanden gibt, der es beantragen könnte."

Richard Buxbaum, Professor Emeritus, University of California, Berkeley,
November 2015

Einleitung

In der Prosa pflegt man meist zwischen Gedanken, Assoziationen und Erinnerungen zu kreisen, und all dies wird am ehesten um eine Geschichte und einige Figuren herum angeordnet. In verschiedenen Büchern habe ich den vorsichtig einleitenden Satz gelesen, dass die Geschichte eigentlich eine erfundene Geschichte sei, die Charaktere erfundene Charaktere seien und jegliche Ähnlichkeit mit der Wirklichkeit als Zufall zu gelten habe. Dieses Buch möchte ich mit der gegenteiligen Aussage beginnen: Die hier folgenden Texte basieren auf tatsächlichen Begebenheiten, und auch die Charaktere sind wirkliche Charaktere.

Die Geschichten entstammen dem Anwaltsarchiv meiner Familie.

1893 eröffnete mein Großvater eine Kanzlei in Großbetschkerek. Die Stadt befand sich auf dem Gebiet der österreichisch-ungarischen Monarchie. Später wurde die Region Teil des serbisch-kroatisch-slowenischen Königreichs, danach hieß das Land, dem es angehörte, Jugoslawien. Während des Zweiten Weltkriegs war die Stadt unter deutscher Herrschaft, danach folgte die Periode des sozialistischen Jugoslawiens, mit gelegentlich wechselnden Benennungen. Dann schrumpfte das Land und erhielt den Namen Serbien und Montenegro. Heute heißt es Serbien. Auch der Name der Stadt änderte sich: Nagybecskerek, dann Veliki Bečkerek, dann Petrovgrad, während der deutschen Besatzung Großbetschkerek, nach dem Zweiten Weltkrieg Zrenjanin. Heute wird – parallel zu Zrenjanin – offiziell auch der Name Nagybecskerek gebraucht. Die Leute (nicht nur die Ungarn) nennen es am liebsten Becskerek.

Ich brauchte nicht nachzusehen, wann die Kanzlei gegründet wurde. Wir konnten uns dies leicht merken, weil wir sie damals jeden Tag sahen. In Steinquader gemeißelt stand dort, vor den sechs Stufen, die zum Büro führten: IMRE VÁRADY, und darunter: 1893. Im Haus, hinter dem Tor, folgte unter einem Rundbogen ein Eingang (darunter fuhren früher einmal unter anderem Pferdekutschen hindurch). Er war mit gelben Keramikkacheln ausgekleidet. Das Eingangstor führte Richtung Hof. Vor dem Hof war links eine Kellertür, danach eine größere Tür mit zwei Flügeln. Dahinter folgten weiße Steinquader, versehen mit dem Namen meines Großvaters und dem Datum, danach die sechs Stufen und dann der Warteraum der Kanzlei (vielleicht wäre Wartezimmer der präzisere Ausdruck). Als wir Anfang der achtziger Jahre aus diesem Haus auszogen, ließ mein Vater die Steinquader ins neue Haus hinüberbringen. Danach bekam man sie nur bei Putzarbeiten zu Gesicht, ansonsten waren sie von einem Fußabstreifer verdeckt. Heute sind die letzten zwei Ziffern schon verblichen. Zu lesen ist noch: VÁRADY IMRE, darunter: 18.

Es ist natürlich nicht ohne Beispiel, dass ein Anfang in Stein gemeißelt wird. Ich habe so etwas bei Anwaltskanzleien, aber auch bei anderen Berufen gesehen. Es stellt sich meist erst hinterher heraus, ob die Steinquader für eine gewisse Bedeutung stehen, das Ansehen des Berufsstandes hervorheben oder aber Wichtigtuerei demonstrieren. Regelwidrig ist jedoch, und dies gibt es in Anwaltskanzleien sonst wohl nicht (zumindest im Banat und in der Batschka), dass alle Aktenbündel über mehr als hundert Jahre erhalten geblieben sind: mehrere Zehntausend an der Zahl. Seit Gründung der Kanzlei gab es mehrere Kriege, Machtwechsel, den ein oder anderen Umschwung, wie und wofür man sich begeisterte, und es gab auch verschiedene Sprachwechsel. Solche Ereignisse kehren manchmal die Erinnerungen nicht nur aus Privatwohnungen und Privatbüros hinaus, sondern ebenso aus offiziellen Archiven. Hier hingegen sind alle Schriften erhalten. Dazu trug vielleicht bei, dass seit 1893 bis heute der Rechtsanwaltsberuf in der Familie fortgesetzt wurde. Es fand auch kein Umzug statt, ausgenommen jener am Anfang der achtziger Jahre, aber auch dies geschah ohne Hast. Es wurde damals eine Autostraße gebaut, deshalb musste unser Haus weichen. Der Abriss zog sich jedoch über Jahre hin, es gab also ausreichend Zeit, die Sachen in das neue Gebäude zu schaffen, und in jenen Jahren herrschte nicht mehr bzw. noch nicht Krieg. Zum Erhalt der Akten trug auch bei, dass Betschkerek keine Großstadt ist. Mehr Platz ist vorhanden, ehemalige Stallungen und Garagen sind erhalten. Aber es spielte auch der Umstand hinein, dass sowohl mein Großvater als auch mein Vater dem Leitspruch „Man darf nichts wegwerfen" folgten – dem sich, obzwar etwas widerwillig, meine Großmutter und auch meine Mutter anschlossen.

Natürlich wusste ich immer über die Dokumente Bescheid, nahm sie aber kaum in die Hand. Es macht einen Unterschied, ob man etwas nur sieht oder auch wahrnimmt. Als ich selbst kurzzeitig in der Kanzlei arbeitete, war ich mit neuen Fällen beschäftigt. Nach kaum sechs Monaten ging ich dann nach Novi Sad, auch weil ich mich an der Universität um eine Assistentenstelle beworben hatte; zudem hatte ich Hoffnung, meinen schriftstellerischen Neigungen nachgehen zu können. Ich schloss mich zu der Zeit dem Redaktionsgremium des *Új Symposion* (*Neues Symposion*) an, das gerade gegründet wurde, und war eine Zeitlang dessen verantwortlicher Redakteur. Dann kam die Karriere des Juristen, die mich in andere Länder, auf andere Kontinente führte.

Als vor eineinhalb Jahren das Haus der Familie in Betschkerek leer stand, wurde ich damit konfrontiert, dass die ein Jahrhundert lang in der Familie beachtete Maxime, Dinge zur Seite zu legen, möglichst nicht wegzuwerfen, im Grunde nichts anderes als ein Aufschieben gewesen war. Allmählich musste, wie nun deutlich wurde, etwas mit den Papieren geschehen. Die Diskrepanz zwischen Nachhaltigkeit und Aufschub führte schließlich dazu, dass ich die Schriftsätze in Augenschein nahm, las – und schließlich zu schreiben begann.

Die Anträge zeigen den Alltag der Geschichte, ebenso die Urteile, die Botschaften, die auf die Rückseite von aus dem Sammellager geschmuggelten Visitenkarten geschrieben waren, die Briefe der Klienten, in denen sie ihre Schicksale zusammenfassen, die ausgeschmückte Rechnung eines Holzhändlers, versehen mit einer aus zwei Ziffern bestehenden Telefonnummer, die Protokolle der Hausdurchsuchungen, die Auflistung der beschlagnahmten Kleidungsstücke, der aus dem Konzentrationslager geschriebene Brief, der über die Vermittlung meines Vaters zu jemandem hätte gelangen sollen, den es nicht mehr gab, die von ungarischen Gymnasiasten geschriebene und vervielfältigte Zeitung, die verboten wurde, usw. In den Schriften wechseln drei verschiedene Sprachen: Ungarisch, Serbisch und Deutsch. In Betschkerek existierte über lange Jahre eine ungarische, eine serbische und eine deutsche Gemeinschaft, und die Leute sprachen alle drei Sprachen mehr oder weniger gut. Die meisten Geschichten haben einen Bezug zu Betschkerek, aber mehrere Stränge führen auch in andere Städte und Länder.

Wenn ich die Akten nacheinander durchlese, stellt sich unter anderem oft heraus, dass in den unterschiedlichen Welten, die sich hier zeigen, die sich ändern und nicht selten einander leugnen, oftmals dieselben Verhaltensmuster zu erkennen sind. (Wie sich das Neue und Alte vermischen, spüren im Übrigen diejenige Familien aus Betschkerek, in denen drei Generationen zwar in demselben Haus, aber jeweils in einem anderen Land geboren wurden.) In drei Aktenbündeln, die ich nebeneinander gelegt habe, sehe ich, auf welches Stimmungsumfeld sich die Anklage der Verhetzung stützte und welche Anhaltspunkte sie 1912 suchte, als mein Großvater Serben verteidigte, die in einer Betschkereker Kneipe serbische Lieder aufspielen ließen; dann 1946, als mein Vater Ungarn verteidigte, die sich in einer Gaststätte bei Betschkerek mit ungarischen Liedern vergnügten; später, im Jahr 1971, als ich selbst den *Új Symposion* verteidigte, hieß es dagegen in der Anklage, die Humoreske von Sándor Rózsa sei eine Hetzschrift.

An den in den Dokumenten niedergeschriebenen Fakten habe ich nichts verändert. Eigentlich spürte ich auch keine Neigung, etwas ändern zu wollen, denn dies hätte die Freude des Entdeckens verdorben. Beispielsweise lese ich, dass eine ungarische Frau deutschen Namens sich bemüht nachzuweisen, dass sie nicht Deutsche sei (und somit sei sie von der 1944 erlassenen Rechtsverordnung nicht betroffen, die eine Beschlagnahmung allen deutschen Vermögens anordnete). Zwischen den in dem Aktenbündel gesammelten Beweisen befindet sich auch die handschriftliche Erklärung von György Sütő, mit der er bezeugt, dass die Frau während der deutschen Besatzung in seiner Gewürzhandlung eingekauft habe. Es wäre ein Vergehen, hieran auch nur das Geringste verändern zu wollen. Spannend ist jedoch die Suche nach einer Erklärung sowohl innerhalb der Akten als auch außerhalb. In diesem Fall handelte es sich nämlich darum, dass die Deutschen während der deutschen Besatzung besondere Privilegien innehatten, was den Einkauf von Gewürzen anging. Die Privilegien betrafen jedoch nicht das Gemüsegeschäft von György Sütő; wer dort einkaufte, musste demnach ein Ungar gewesen sein (und kein Deutscher). Ein weiterer Vorteil, wenn man den Tatsachen den Vorrang gibt, besteht darin, dass die Realität mindestens genauso zu Beobachtungen, Assoziationen und Gedankensträngen anregt wie eine Fiktion.

Tzvetan Todorov beginnt sein Buch über *Nutzen und Schaden der Erinnerung* mit einer Schrift unter dem Titel *Les abus de la memoire* (*Die Missbräuche der Erinnerung*).

Im ersten Satz heißt es da etwa: „Die totalitären Systeme des XX. Jahrhunderts haben bewiesen, dass es eine Gefahr gibt, über deren Vorhandensein keiner Bescheid wusste, bevor es diese Systeme gab: Das Auslöschen der Erinnerung." Todorov schreibt auch, dass die westlichen Demokratien es sich unter anderem anrechnen lassen müssten, zum Absterben der Erinnerung beigetragen zu haben: „Da wir gezwungen sind, in immer schnellerem Rhythmus Informationen zu konsumieren, sind wir auch zur Beschleunigung ihrer Vernichtung gezwungen." Aus eigener Erfahrung möchte ich hinzufügen, dass es die Erinnerung gleichermaßen beeinflusst, wenn Gemeinschaften, Kulturen und Sprachen ins Land ziehen, wie wenn sie dieses verlassen. Von den Schauplätzen der Geschichten, die für die jeweilige Gemeinschaft von Bedeutung und voller Spannung sind, können manchmal auch diejenigen verschwinden, die die Erinnerung in sich tragen. In solchen Momenten wissen wir noch, wer die Weltkriege gewonnen hat, aber nicht mehr, was eigentlich geschehen ist. Übrig bleiben lediglich Triumphbögen. Ähnlich wie die Brücken in Betschkerek, nachdem der Fluss Bega an mehreren Stellen umgeleitet worden war und künstliche Seen für das Stadtgebiet geplant wurden: Statt der künstlichen Seen entstanden nur natürliche Pfützen, und unter einer der Brücken nicht einmal eine Pfütze. Die Brücke spannt sich über ausgetrocknetem Boden.

Ich bin auf der Seite der Erinnerung, und dieses Buch nimmt Partei für die Erinnerung.

Über die Relevanz der Geschichte

Maria Ormos kontra Mathias Albrecht (AZ Nr. 12 254)

Wir befinden uns im September 1944. Dies sind die letzten, entscheidenden Tage der deutschen Besatzung in Großbetschkerek. Allgemeine totale Unsicherheit. Nach und nach verschwinden die Richtungsweiser. Vermutlich fühlen sich die Menschen wie auf einem schmalen Grat zwischen der Unsicherheit und dem Nichts. Das Leben fließt, aber jegliches Koordinatensystem ist zu einem Schein geworden.

Im Tagebuch meines Großvaters lässt sich unter dem 11. September 1944 folgender Eintrag lesen:

„11. IX. Steuerverhandlung, die Steuersätze sind angehoben worden. Ich habe Steuerzahlungen eingestellt. Unklar ist, wer zur Übernahme berechtigt ist. Die Deutschen schleppen alles ab, fraglich ist, ob die ihnen nachfolgenden Machthaber diese Einzahlungen anerkennen werden. Wir warten ab."

Während alle abwarteten, kam am selbigen Tag (11. September) eine aufgebrachte Frau in das Büro meines Vaters. Maria Ormos ist ihr Name, sie ist Tagelöhnerin. Die Geschichte beginnt mit ihrer handschriftlich verfassten Notiz. Vermutlich hat mein Vater sie gebeten, ihre Beschwerde aufzuschreiben, während sie wartete, bis sie an die Reihe kam. Wahrscheinlich half ihr ein Angestellter dabei. Maria Ormos' Aufzeichnung befindet sich auf der Rückseite einer Akte, Papier war ja Mangelware. Der Text ist mit schwarzer Tinte geschrieben, auf Serbisch und einigermaßen leserlich, wenn auch etwas schwierig zu entziffern. Das Papierformat kennt man heute nicht mehr. Es ist genauso breit wie ein DIN-A4-Blatt, aber fünf bis sechs Zentimeter länger; der Aktendeckel entspricht ebenfalls diesem Format. Aus dem Text wird ersichtlich, dass Maria Ormos eine Ehrverletzung erlitten hat und Wiedergutmachung fordert. Ein Problem wie das ihre gibt es auch in Friedenszeiten.

Es ist schwierig, den Text in der Übersetzung angemessen wiederzugeben, er hadert nämlich nicht nur mit der Situation, sondern auch mit der serbischen Sprache. Die authentischen Schwächen der im Anwaltsbüro und nicht in ihrer Muttersprache schreibenden Tagelöhnerin könnten somit nur bedingt wiedergegeben werden, ohne dass man sie der Lächerlichkeit preisgäbe – und das wäre unangemessen. Den Text zu lektorieren ist jedoch auch nicht angebracht, und somit lässt er sich in etwa so wiedergeben:

„Mein Hausbesitzer ist unvermittelt in meinem Haus aufgetaucht, wo ich gerade dabei war, meinen 16-jährigen Stiefsohn István Csikós zu schimpfen, und er begann mich zu

beleidigen, indem er sagte, ich sei eine verlotterte, eine alte Hure, und dass ich nicht die Ehefrau meines Mannes, sondern dessen Hure sei und nicht mit meinem Mann Liviusz Ursulescu geschlechtlichen Kontakt habe, mit dem ich bereits seit 11 Jahren in wilder Ehe lebe, sondern mit dem Hund. Außerdem sagte er, dass er mich und meinen Stiefsohn umbringen würde, wenn wir Haus und Hof nicht sofort verließen. Dann packte er mich von hinten und stieß mich zur Küche hinaus, quer über den Hof in Richtung Straße.

Außerdem sagte er, dass ich und mein Stiefsohn Diebe seien, ohne zu sagen, was wir stehlen.

Seit dem 15.V.1943 lebe ich mit meinem Mann in seinem Haus in wilder Ehe. Der Hausbesitzer wohnt nicht im selben Gebäude, er hat hier nur einen Kessel zum Schnapsbrennen.

Beweis: 1. Maria Lázár, Szentmihály 2. István Csikós.

Als ich ihm sagte, dass ich ihn anzeigen würde, meinte er, ich solle dem Anwalt sagen, [und hier geniert sich die Schreiberin nicht, mitten im serbischen Text einen klassischen ungarischen Fluch in ungarischer Sprache niederzuschreiben, nach dem der Beklagte] *dem Anwalt einen Pferdepenis* [wünsche, und weiter zu referieren, dass dessen Meinung nach] *der Anwalt nichts tun könne, weil er Geld habe.*

Bitte stellen Sie Strafanzeige."

Sowohl am Anfang als auch am Ende der Notiz steht jeweils ein Datum. Am Anfang steht der 11., am Ende der 12. September. Entweder hat Maria Ormos den Text an zwei Tagen niedergeschrieben, oder sie machte am Anfang beziehungsweise am Ende einen Fehler. Vielleicht aber hat sie den Brief am 12. September geschrieben und wollte darauf hinweisen, dass der Vorfall am 11. September geschehen war. Wie auch immer, dies wird sich nie mehr ganz aufklären lassen. Aus den Verfahrensakten ist ersichtlich, dass Maria Ormos und ihr Lebensgefährte Liviusz Ursulescu als Mieter im Haus des Großbetschkereker Landarbeiters Mathias Albrecht wohnten. Der Hausbesitzer kam gelegentlich in das Haus, um Schnaps zu brennen. Es geht aus dem Aktenstück nicht hervor, was den Streit ausgelöst hat. (Dafür müsste man auch Herrn Albrechts Stellungnahme kennen, doch die Aufzeichnungen geben darüber keinen Aufschluss.) In Großbetschkerek gab es verschiedene Leute mit dem Namen Albrecht. Auch einer meiner Schulkameraden hieß Albrecht, aber ich weiß nicht, ob er mit Mathias verwandt war – und natürlich kannte ich zu jener Zeit auch diesen Fall nicht. Auch im *Magyar Szó*[1] gab es ehedem einen Journalisten namens János Albrecht. Heute findet man in Großbetschkerek keine Albrechts mehr – wie es überhaupt kaum noch Deutsche hier gibt. Ich weiß nicht, ob im September 1944 die Beleidigungen tatsächlich ohne Grund gefallen waren, und es lässt sich auch nicht feststellen, ob Maria Ormos mit ähnlichen Worten dagegengehal-

---

1 (Anm. d. Übs.: eine Tageszeitung in ungarischer Sprache)

ten hat; realitätsnah scheint jedenfalls die Beschreibung der Maria Ormos über das, was Mathias gesagt und getan hat. Anscheinend handelt es sich um ein alles andere in den Schatten stellendes Erlebnis, das Maria Ormos dazu veranlasste, sich – wahrscheinlich zum ersten Mal in ihrem Leben – an einen Rechtsanwalt zu wenden.

Die auf Ungarisch in den serbischen Text eingefügten Schlüsselwörter lassen darauf schließen, dass der Streit sich in ungarischer Sprache abspielte. In den Eckpunkten der Klage ist der serbische Text ein wenig bemüht, sich einem bürokratischen Stil anzupassen. So kommt es zur Erwähnung der „Pferdegenitalien" als Hinweis auf die original ungarischen Schimpfwörter. Die Protagonisten sind einerseits die ungarische Tagelöhnerin/Mieterin, die einen rumänischen Lebensgefährten hat, anderseits der deutsche Landarbeiter/Hausbesitzer. Der Fall ereignet sich in der nach dem in der Schlacht von 1389 im Kosovo gefallenen mythischen serbischen Herrscher benannten Straße (Zar-Lazar-Straße 43a) und während der Zeit der deutschen Besatzung. Damals gab es in Großbetschkerek eine deutschsprachige Verwaltung neben der serbischen, die ungarische kam jedoch nicht wieder zum Einsatz. Mein Vater verfasste die Strafanzeige am 13. September. Der Titel heißt: „Sreskom krivičnom sudu – Bečkerek". Die Stadt hieß demnach zu der Zeit nicht Petrovgrad, auch nicht Veliki Bečkerek – obwohl für die Deutschen doch Großbetschkerek – sondern Bečkerek.

Über die darauffolgenden Tage möchte ich aus den Tagebuchnotizen meines Großvaters (18. September 1943 bis 1. Oktober 1943) zitieren:

„Am 18. IX. und an den folgenden Tagen Fluchtvorbereitungen der Deutschen. Ankunft aus Rumänien geflohener Schwaben. Sie kommen in deutschen Dörfern verstreut unter. – Niederschmetternde Nachrichten aus Siebenbürgen, dem Szeklerland. Aussiedlungen. Verlust von Arad, Belényes. Finstere Nachrichten aus dem Radio.

26.IX. Den ganzen Tag kalter Herbstregen. Vor Kälte und Nässe starrender, trauriger Zug der unglückseligen ausgesiedelten Auswanderer.

27.IX. Das Radio verheimlicht es nicht: Ungarn ist im Verlauf der vereinten rumänischen und russischen Angriffe in eine besonders schwerwiegende Lage geraten. Heute gibt es bereits im südlichen Teil von Nagyvárad Straßenkämpfe; die Ungarn haben Battonya, Belényes, Makó geleert. Der Feind greift Richtung Segedin, Szőreg an.

29.IX. Im Radio kam morgens die Nachricht, dass ungarische und deutsche Truppen den rumänisch-russischen Feind von Nagyvárad gen Süden zurückgeschlagen haben. Ansonsten wird weiter auf der ganzen Linie verzweifelt gekämpft. – 80 000 Kinder wurden aus Bpest in der Provinz untergebracht. Das Bpester Rote Kreuz hat für die Flüchtlinge, besonders die unglückseligen Vertriebenen aus Siebenbürgen, ein gesondertes Auskunftsbüro eingerichtet, damit die Anfragenden besser erfahren können, wo ihre Angehörigen untergekommen sind. Seit zwei Tagen regnet es ununterbrochen. Wehe den unglückseligen ausgesiedelten Flüchtlingen. Ein schreckliches Schicksal. Wir hier im Banat können noch unser Heim bewahren. Sehr viele aus Rumänien hierher geflohene Deutsche wurden auf die schwäbischen Dörfer im Banat verteilt. Auch deren Schicksal ist nicht zu beneiden. Sie haben Mobilien mitgebracht, die je auf einen Wagen passten; alles andere haben sie zu Hause gelassen. Manch ein solcher Auswanderer – vor allem aus Zsombolya und Umgebung – ist zurückgekehrt; bis sie zu Hause ankamen, fanden sie ihr Heim vollkommen ausgeplündert vor. – Wenn auch wir gehen müssten, würde uns sicherlich dieses Los ereilen. – Aber die Frage ist, ob eine Rückkehr überhaupt zur Sprache käme.

30.IX. Mit ungefähr 700 Wagen sind die deutschen Flüchtlinge die gesamte Hauptstraße entlang gezogen. Sie kommen aus der Gegend Liebling und Zsombolya und streben in Richtung Batschka. Auf dem ganzen Weg werden sie vom Regen gepeitscht. Es gibt darunter Planwagen, aber die Mehrheit befindet sich auf offenen Wägen, mit Kindern und Frauen. Einzelne Kühe sind je an Leiterwagen gebunden, manchmal zwei. Pferde, Rinder gut genährt, kräftig.

1. Oktober 1944, Sonntag. Ununterbrochen dauert der Zug der Fluchtwagen an. Der Regen peitscht die Unglückseligen. Anscheinend kommt es zu dieser Flucht aus rumänischem Gebiet, weil Rumänien den mit dem Sowjet geschlossenen Friedensbedingungen entsprechend verpflichtet ist, 1 400 000 männliche und weibliche Arbeitskräfte den Sowjets zur Verfügung zu stellen. Diese übernommene Verpflichtung erfüllt Rumänien, indem es von seinem Gebiet Ungarn und Deutsche nach Russland liefert. Davor fliehen die wohlhabenderen Deutschen. Deshalb dieser große Durchzug. – Im Verlaufe des Tages überschlagen sich die Nachrichten über das Nahen der russisch-rumänischen Heere."

Auch in der Akte findet sich eine Notiz vom 1. Oktober; auch sie ist auf ein Papierformat geschrieben, das heute nicht gebräuchlich ist. Es ist etwas breiter als DIN A4, aber kürzer. In Ungarisch steht als Aufdruck: ‚Klient', ‚Gegner', ‚In der Sache', ‚Aktenzeichen'. Auf dem Vordruck stehen ‚Einnahmen' und ‚Ausgaben'. Maria Ormos bezahlte am 12. September 500 Dinar, wie in der Rubrik ‚Einnahmen' verzeichnet ist. In der Rubrik ‚Ausgaben' stehen die Kosten für das Verschicken der Strafanzeige und die Wertmarken; diese belaufen sich auf 40 plus 33 Dinar, daneben steht das Datum vom 15. September. Nach den Beträgen ist auf dem Vordruck lediglich eine Anmerkung (auf Ungarisch) zu sehen: „Der Beklagte ist Deutscher; er ist geflohen. Der Fall ist eingestellt. 1.X.1944".

In den Tagen, die auf diese Auseinandersetzung folgen, erreicht das Wechselspiel des Schicksals, das die Leidtragenden bestimmt, nun auch die Deutschen. In Großbetschkerek dauert die deutsche Besatzung und Machtposition noch an, aber es wird immer klarer, dass eine Wendung kommt, und auch die Träumer müssen dies zur Kenntnis nehmen. Die zukünftigen Entwicklungen zeichnen sich ab, dies zeigen ganz deutlich die aus dem rumänischen Teil des Banat hierher drängenden Flüchtlinge. Es ist auch nicht mehr klar, welchem Machthaber die Steuerabgabe zusteht. Angst entwickelt sich langsam zur Grundstimmung. Im Banat haben die Deutschen am meisten Grund dazu, aber auch unter den Ungarn verbreitet sie sich. Viele Serben fürchten sich ebenso – vor den dort noch verbliebenen deutschen Machthabern, aber zunehmend auch vor dem Kommunismus, vor dem Unbekannten. Vielleicht fürchtet sich im Kreise der wenigen Juden, die sich noch in Großbetschkerek verborgen halten (und ihre Identität verschweigen), keiner mehr vor den drohenden Wendungen. In ihren Augen kann es nicht mehr schlimmer kommen – und sie sollten Recht behalten. Und dann beginnen die Betschkereker Deutschen zu fliehen. Darüber habe ich viele Erzählungen gehört. Wie es hieß, gingen am ehesten diejenigen, die etwas mit dem Faschismus zu tun gehabt hatten, während jene blieben, deren Gewissen nicht belastet war. Darin liegt sicher etwas Wahres, aber die lokale mündliche Überlieferung erzählt auch von vielen Fällen, in denen die Menschen nicht aus Schuldbewusstsein, sondern schlicht aus Furcht flohen. Die Vergeltung sollte dann diejenigen treffen, die dageblieben waren.

Ich erinnere mich an eine Geschichte, die ich als Gymnasiast gehört hatte. Jetzt, da ich diesen Text schreibe, versuche ich mich wieder an die Namen der Protagonisten zu erinnern, ihnen nachzuforschen, mich ihrer zu versichern, aber leider funktioniert das nicht. Manch einer aus der Generation meiner Eltern würde sich möglicherweise daran erinnern, aber von ihnen ist wohl kaum noch jemand übrig. Man hätte rechtzeitig nachfragen müssen. Der Erzählung nach konnte sich ein wohlhabender Deutscher – sein Nachname begann mit K. – wie so viele andere auch nicht entscheiden, ob er gehen oder bleiben sollte. Er fragte einen seiner serbischen Freunde, einen Ingenieur aus Betschkerek, der sich den Partisanen angeschlossen hatte und zu jener Zeit nur heimlich in die Stadt kommen konnte, ob er fliehen müsse, wenn die Partisanen kämen. Der Freund beruhigte ihn. Er sagte, dass diejenigen, mit denen er zusammen sei, nicht zu der Sorte gehörten, die wie die Faschisten seien; sie wüssten, dass K. ein anständiger Mensch sei, sie wüssten auch, dass er seinen serbischen Freunden geholfen hatte, er könne ruhig dableiben. K. blieb. Der Partisan war, so die Erzählung, durchaus ehrlich – aber er täuschte sich. Unter den neuen Machthaber kam es zu Grausamkeiten, und auch K. wurde umgebracht. Als der serbische Partisan nach Hause kam und erfuhr, was geschehen war, beging er Selbstmord. Ähnliche Geschichten kannte ich aus griechischen Tragödien, die ich in meiner Schulzeit in Betschkerek kennen gelernt, seit dem Gymnasium jedoch kaum mehr gelesen habe.

Um auf die Akte Nummer 12 254 zurückzukommen: Im Laufe der zwei Wochen, die von der Furcht vor dem Einmarsch bestimmt waren, brennt Mathias Albrecht Schnaps, beschimpft seine Mieterin als Hure, setzt ihr auseinander, dass sie wohl nicht mit ihrem Lebensgefährten, sondern mit dem Hund geschlechtlich verkehre. Gleichermaßen beschäftigt sich die Frau weder mit dem Faschismus noch mit dem Antifaschismus, sie ist nicht gelähmt von der bangen Frage, was der Einmarsch der Russen wohl bringen werde, sondern befasst sich damit, dass man sie als Hure beschimpft hat, und wendet sich an einen Rechtsanwalt. Auch mein Vater fährt fort mit der Alltagsroutine des Anwalts. Albrecht brüstet sich unter anderem mit seinem Vermögen, schließlich besitzt er ja Immobilien und eine Schnapsbrennerei – und zwei Wochen später verliert dann all dies seinen Sinn.

Am 1. Oktober 1944 erscheint die Tageszeitung *Torontál*. Auf der Kopfzeile steht „73. Jahrgang" und „Erscheint täglich morgens" sowie dass der „Preis 3 Dinar" beträgt. Zudem wird dazu aufgerufen, ein Abonnement zu erwerben. Tatsächlich sollte dies die letzte Ausgabe sein – nach dem 1. Oktober 1944 gab es keine Betschkereker ungarische Tageszeitung mehr. Am 2. Oktober drangen die russischen Truppen und ihre Verbündeten in Großbetschkerek ein. Mein Großvater schreibt darüber in seinem Tagebuch folgendermaßen:

„Montag, 2.X.. Es heißt, dass das hereinbrechende Heer Szécsány erreicht hat, nach der Besetzung von Módos. In den Nachmittagsstunden sind bereits Szárcsa, Lázárföld, Klekk gefallen. Das Kanonenfeuer war gestern die ganze Nacht, heute den ganzen Tag immer näher zu hören. Einzelne Schrapnelle haben bereits in Betschkerek eingeschlagen. Ein Splitter hat Cvejanov, den Präsidenten des Gewerberats in der Straße von Piroschkas Familie [meine Tante], getötet. Zorka [meine Mutter] und die Kinder verstecken sich im Keller. Von einer Art Luftdruck, so scheint es, sind ein Fenster des Flurs und die unteren Glasscheiben der oberen Lichtquelle (Oberlicht) im früheren Mädchenzimmer in Scherben zerbrochen; daraufhin befahl mir die Familie, dass ich mich auch in den Keller begebe. [An diesen Aufenthalt im Keller erinnere auch ich mich. Ich war fünf Jahre, meine Schwester Piroschka ein Jahr alt. Ich erinnere mich an die Feuchtigkeit, an die Petroleumlampen, daran, dass wir lange dort waren, obwohl ich nicht genau weiß, wie lange. Meine Eltern spielten unter anderem Karten. Mein Großvater saß nur reglos auf einem Stuhl, dann stand er auf, um in die Wohnung hinaufzugehen; meine Eltern versuchten vergeblich, ihn daran zu hindern.] Lange gab es dort für mich natürlich kein Bleiben. Die Nachrichten über das Vordringen des Feindes überschlagen sich. Kanonenschüsse, nunmehr auch Maschinengewehrsalven lassen sich immer näher vernehmen. – Einer nach dem anderen verließen die deutschen zivilen Führerpersönlichkeiten im Laufe des Tages die Stadt; es heißt, sie fliehen nach Aradác und in Richtung Zsablya, zum Teil Richtung Titel. – Die deutsche Armee hat die Stadt ohne Gegenwehr geleert. Dies hat Betschkerek vor dem Bombardement, der Verwüstung gerettet."

Mathias Albrecht zählte nicht zu den deutschen zivilen Führungspersönlichkeiten. Möglicherweise floh er, weil er sich den Besatzern verbunden fühlte, vielleicht hatte er auch etwas angestellt, es kann aber auch sein, dass seine Vergehen, wegen derer er die Flucht antrat, die gegen Maria Ormos gerichteten Beleidigungen keineswegs übertrafen.

Dann wird zur Realität, wovor die Betschkereker Deutschen zittern. In den ersten Tagen wenden die einmarschierenden Russen und Partisanen keine Gewalt an, sie verkünden die Freiheit, treten mit allen hier lebenden Volksgruppen in den Dialog – aber dann erhält die Reizbarkeit des Krieges durch die Nachricht über einen Vorfall freien Lauf (im Nachhinein stellte sich heraus, dass es sich um eine Falschmeldung handelte). Ich zitiere wieder das Tagebuch meines Großvaters:

„*10. Oktober. Am heutigen Tage endete die unbefleckte Empfängnis der Freiheit. Es hat sich die Nachricht verbreitet, dass man in der Nacht auf der Straße einen serbischen Mann, wohl irgendwo in einer Straße hinter der lutheranischen Kirche, umgebracht habe. Daraufhin blockierten die Partisanen einzelne Stadtteile, und besonders in der deutschen Straße trieben sie laut einigen Leuten 68, anderen zufolge 150 Männer zusammen, diese begleiteten sie zu der Stelle, wo der angebliche Mord geschehen ist, dort mussten die Unglücklichen Oberbekleidung und Schuhe ausziehen, und daraufhin wurden sie einer nach dem anderen erschossen. Unter den Opfern ist: Rechtsanwalt Dr. József Weiterschan, stellvertretender Vorstand der röm.-kath. Kirchengemeinde, der Arzt Dr. Alajos Heinemann, zwei Metzger namens Porcseller usw. Auch der Cindrényi-Gimpel und der Benkovich wären unter ihnen gewesen; Ersterer wurde freigelassen, weil einer der Partisanen ihn erkannte und sagte, dies sei der einzige Kinderarzt hier in Betschkerek, und der andere bezeugte, dass er Ungar sei* [in der Batschka hätte dies nichts genutzt]; *somit wurden die beiden freigelassen. Die anderen kamen dort um.*"

Ob vielleicht auch K. darunter war? Wäre Mathias Albrecht, wenn er dageblieben wäre, auch darunter gewesen? Hat ihm die Flucht das Leben gerettet? Auf diese Fragen habe ich keine Antwort. Ich weiß auch nicht, was aus Maria Ormos geworden ist. Ich weiß, dass manche Menschen Schwierigkeiten bekamen, nur weil sie bei Deutschen wohnten. Betraf dies auch Maria Ormos und ihren Lebensgefährten Ursulescu? Oder half ihnen die Strafanzeige? Verhalf sie ihnen zu einer günstigen Einstufung im System der neuen Vorurteile? Unter den Deutschen war es in erster Linie die Zugehörigkeit zum Judentum, die darüber entschied, dass man ausgegrenzt wurde: Ein Sondergesetz bestimmte, dass das Vermögen von Juden und Zigeunern zu beschlagnahmen sei. Nach der Befreiung gerieten dann die Deutschen ins Fadenkreuz. Einem Gesetz entsprechend wurden alle Immobilien, die Deutschen gehörten, beschlagnahmt, es sei denn, der Betreffende hatte in den Reihen der Volksbefreiungsarmee gekämpft – gehörte also selbst zu den Partisanen. In der Aktensammlung gibt es auch die eine oder andere Akte, nach der mein Großvater und mein Vater sich, wenngleich ohne Erfolg, bemühten, einen jüdischen Eigentümer vor der Enteignung zu schützen. Nachdem er die Grausamkeiten unter der deutschen Besatzung überlebt hatte, sah er sich nun damit konfrontiert, dass die uninformierten Vertreter der neuen Machthaber, die aus dem Sirmium kamen, es auf sein Haus als deutsches Vermögen abgesehen hatten, weil er einen deutschen Namen trug.

Zwei Wochen vor seiner Flucht bewegt sich Herr Albrecht in der sicheren Welt der unehrenhaften, jähzornigen, kleinen Momente, in der er auch Maria Ormos festhält. Es ist nicht das Deutschtum, es sind nicht die Ungarn oder die Rumänen an sich, die die Affekte schüren, und sie sind auch nicht deren Zielscheibe. Auch Faschismus oder Kommunismus sind nicht das Thema. Die trennenden Spannungslinien ergeben sich aus dem Eigentum und dessen Auswirkungen im Alltag, oft aus einem der Konflikte zwischen Mann und Frau, vielleicht auch aus Eifersucht und sicherlich aus kleinstädtisch geprägter Arroganz heraus. Und dies ist es, was die rassistischen Unterscheidungen, ethnischen Vorurteile und Verfolgungen, was den Faschismus und den Kommunismus überlebt hat.

*

Diese Geschichte könnte ich auf zweierlei Arten abschließen:

Erstens: Ich ging hin zur Zar-Lazar-Straße 43/a. Dort gibt es weder einen Ormos noch einen Ursulescu, noch einen Albrecht, noch eine Erinnerung an irgendeinen von ihnen. Nicht nur der Fall Nr. 12 254 ist nunmehr abgeschlossen. Hier könnte man innehalten.

Man kann aber auch Schlussfolgerungen in eine andere Richtung ziehen. Im April 1993 setzt sich Mirko Tepavac in einer bemerkenswerten Schrift (sie ist in der *Republika* erschienen) mit den geschichtsprägenden ‚Fiebergemeinschaften' und Spaltungen auseinander. Er erläutert das Motto „Samo sloga Srbina spašava" („Nur die Einheit rettet den Serben") und schreibt: „Allein die Einheit wird die Serben nicht weiter retten. Wenn der Krieg endlich zur Unmöglichkeit wird, wird es keine Einheit geben, die die hoffnungslos Verarmten und die vom Vermögen Betäubten, die machtgierigen Führer und die im Stich gelassenen Gefolgsleute miteinander verbindet. Die Verkünder des Krieges wissen sehr wohl, warum ‚der Krieg besser' war – darum dauerte er so lange, darum war er so grausam. Die Zeit ist gekommen, dass die Scheinzwistigkeiten den wirklichen Platz machen, und vielleicht ist dies das einzig Gute an diesem Unsegen."

Maria und Mathias sind bei den echten Zwistigkeiten verblieben. Es ist schwer zu entscheiden, ob dies die menschliche Realität darstellt oder die Geschichte.

Vom Rózsa zu Rózsa

(Mit einem Exkurs über die „Disposition der Seelen")

Ein Fall im Kaffeehaus 1912

Anfang des vergangenen Jahrhunderts waren das „Rózsa" („Rose") und das „Korona" („Krone") die bekanntesten Gasthäuser und Vergnügungslokale in Betschkerek. Das Rózsa gibt es noch heute unter dem Namen Vojvodina. Zu meiner Schulzeit nannte es noch jeder ungarische Schüler „das Rózsa", und auch die serbischen Schüler benutzten diesen Namen. Ich weiß nicht, ob die ungarischen Schüler, die das Kaffeehaus heute aufsuchen, immer noch sagen: „Komm, lass uns ins Rózsa gehen", oder doch eher: „Gehen wir ins Vojvodina". Das Korona änderte sein Profil öfter. In dem Gebäude hat heute die Städtische Bibliothek ihren Sitz.

Vor ungefähr einhundert Jahren, am 8. November 1912, fand im Rózsa eine Geburtstagsfeier statt. Der Name des Gefeierten, zu lesen in den Gerichtsdokumenten, war Sava Klee. „Er ist 61 Jahre alt, griechisch-orthodoxer Religion, verheiratet, unvermögend, ohne Vorstrafen, Gehilfe in der Komitatsverwaltung, Einwohner von Großbetschkerek." Die Geburtstagsgesellschaft verließ irgendwann das Rózsa und ging auf ein Bier hinüber ins Restaurant des Hotels Korona, und später gegen neun Uhr zogen sie weiter ins Kaffeehaus des Hotels. Hier kam es zu dem Vorfall, der die Staatsanwaltschaft zur Anklageschrift anregte. Laut Staatsanwalt ging es um ein „Vergehen der Anreizung gegen eine Nationalitäten". Unter den Papieren meines Großvaters fand ich die maschinengeschriebene Anklageschrift vom 23. April 1913, die handschriftlichen Erklärungen von zwei Angeklagten (Szvetozár Teodorovits und Lyubomir Lukits) und das Urteil, datiert auf den 9. Juni 1913. Die sechs Angeklagten wurden von vier Anwälten vertreten, einer davon war mein Großvater.

Ich möchte mit der Anklageschrift beginnen, eingereicht von der Großbetschkereker Königlichen Staatsanwaltschaft. Mein Großvater verteidigte zwei Angeklagte; einer war Szvetozár Teodorovits, fünfzig Jahre alt, griechisch-orthodoxer Religion, Handelsreisender, und der andere, Ljubomir Lukits, war achtundfünfzig Jahre alt, griechisch-orthodoxer Religion, Privatier. Ihre Namen wurden in ungarischer Phonetik geschrieben. Auch die übrigen Mittäter waren griechisch-orthodox, der Pantoffelmachermeister Bozsidar Jovanovits ebenso, gegen den man die Anklage jedoch fallen ließ. Der Anklageschrift zufolge hatten sie eine Straftat nach Paragraph 172, Absatz 2 Strafgesetzbuch verübt, also eine „Anreizung gegen Nationalitäten".

Die Anklageschrift behauptet: *„Sie begingen diese Straftat, indem sie in Großbetschkerek, am 8. November 1912 des Nachts im Kaffeehaus des Korona, in Gegenwart der* *dort anwesenden 25 bis 30 Gäste die Musikanten fortwährend serbische Lieder spielen ließen, währenddessen mehrfach mit ihren Trinkgläsern anstießen und die Wörter ‚zsivió nas kralj Petar' (Es lebe Peter, unser König) ausriefen, wobei das Orchester dabei jedes Mal einen Tusch zu spielen hatte, und aufgrund dieser Taten die anwesenden Bürger ungarischer und serbischer Nationalität gegeneinander zu Hass anstachelten."*

In der Begründung heißt es, die Angeklagten hätten bestritten, König Peter hochleben gelassen zu haben. Auch wenn sie „živio" gebrüllt hätten, sei dies auf den Gefeierten Szávó bezogen gewesen und nicht auf König Peter. Die Anklageschrift beruft sich auf verschiedene Zeugen, deren Zeugenaussagen sich aber widersprechen. Zum Teil löst der Staatsanwalt die Beweisprobleme, indem er betont: *„In Bezug auf die Feststellung der Straffälligkeit der Beschuldigten ist es nicht wichtig, ob sie allesamt die Musikanten zum Spielen der serbischen Lieder anwiesen oder ob alle die Worte zsivió nas kralj Petár geltend machten."* Laut Staatsanwalt ist die Straffälligkeit damit belegt, dass sich niemand der Sache entzogen habe: *„Sie bildeten eine Gesellschaft, als solche verriet ihr Verhalten mithin die Übereinstimmung ihrer Gefühle."* Des Weiteren – wie etliche Male, wenn Anreizung der Anklagepunkt ist – fügt der Staatsanwalt als erschwerenden Umstand an, wie empfindlich gerade zu jener Zeit die gesellschaftlich-politische Lage ist. „Gerade jetzt, da ..." ist gemeinhin eine wirkungsvolle Phrase, ob sie nun begründet oder grundlos eingesetzt wird; sie erweckt Verdacht und deutet darauf hin, dass es sich um eine bewusst geplante und zeitlich vorausschauende Tat handelte. Diesmal wurde hervorgehoben, dass *„bekanntlich zur Zeit des fraglichen Falls das politische Verhältnis zwischen Österreich-Ungarn und Serbien in Zusammenhang mit dem von den verbündeten Ländern der Balkanhalbinsel gegen die Türkei begonnenen Krieg bereits so angespannt war, dass man täglich den Ausbruch des Krieges befürchten konnte."* Weiter steht in der Begründung, dass die Feiernden mehrfach *„auch das Miletics-Lied, das besonders aufreizenden Inhalts ist"*, spielen ließen. Der Meinung des Staatsanwalts nach *„war der Hochruf auf eines fremden Staates König, als sei er unser König, besonders dazu geeignet, diejenigen Bürger ungarischer und serbischer Nationalität, die Augen-und Ohrenzeugen der Taten der Angeklagten waren, zu Hass gegeneinander anzureizen."*

Die „auf anwaltlichem Wege" eingereichte Erklärung der beiden von meinem Großvater vertretenen Angeklagten (Szvetozár Teodorovits, Handelsreisender, und Ljubomir Lukits, Privatier) ist handschriftlich erhalten. Es ist die Handschrift meines Großvaters. Zu jener Zeit schrieb die Mehrzahl der Anwälte die Anträge häufig per Hand, um dann von Büroangestellten mit der Maschine abgetippt zu werden. Es gab kaum weibliche Büroangestellte, meist waren sie männlich. Vielleicht war der Beruf damals auch anders geartet, und dies wirkte sich entsprechend – obzwar vom menschenrechtlichen Gesichtspunkt her nicht wirklich vertretbar – oft auf die Zusammensetzung der Beschäftigten aus. In den fünfziger Jahren lernte ich Herrn Göttel im Büro der Familie als Schreibkraft kennen, er dürfte damals 60–70 Jahre alt gewesen sein. Er saß an einem kleinen Schreibmaschinentisch, links vom Schreibtisch meines

Vaters, nicht weit vom Fenster. Ich erinnere mich, dass sowohl mein Vater als auch mein Großvater ihn sehr schätzten. Er schrieb praktisch nur mit den Zeigefingern, schnell und präzise. Er war freundlich mit jedem, aber die Gespräche mit ihm beschränkten sich für gewöhnlich auf Bürothemen. Nur am Ende von langen, erschöpfenden Arbeitstagen wechselte er mit meinem Vater einige Worte über das Wetter, über seinen Sohn, der beim Grundbuchamt arbeitete, oder über die Neuigkeiten in der Buchhandlung Búza. Als er eines Tages mit seiner jahrzehntelangen Angewohnheit brach und begann, ohne seine Ellenbogenschützer zur Arbeit zu erscheinen, glaube ich, dass niemand dies zur Sprache brachte. Möglich, dass Herr Göttel bereits 1913 unsere Schreibkraft gewesen war.

Die Eingabe der Verteidigung zeigt Details, die den Vortrag der Angeklagten widerspiegeln. So soll etwa der Zeuge Vichityil, der eine belastende Aussage gemacht hatte, „sturzbetrunken" gewesen sein. Anschließend wird gefolgert, es habe darum nicht in seiner Macht gestanden, dass er „sich die Ereignisse hätte einprägen und wiedergeben können." Auch gibt es juristische Begründungen, beispielsweise dass der Strafbestand der Anreizung und Aufwiegelung nur dann Bestand habe, wenn die entsprechende Tat *dolos*, also arglistig sei; daran fehle es hier aber, es sei nämlich „nichts weiter geschehen als das Aufspielen-Lassen und gegenseitiges Hochleben-Lassen in heiterer Runde."

Aufschlussreich sind die auf historische Momente, auf Verhaltensformeln des „Gerade jetzt, da ..." sich berufenden Gegenargumente. Die Verteidigung bestreitet nicht, dass es einen speziellen Antrieb gegeben habe, der vom historischen Moment ausgeht, findet aber gerade darin eine Erklärung zum eigenen Vorteil. An diesem Punkt lohnt es, innezuhalten. Immer wieder wird durch Beispiele belegt, dass die sich aufheizende geschichtliche Entwicklung nicht nur zu Exzessen inspiriert, sondern – und dies mindestens in gleichem Maße – auch dazu, Exzesse zu sehen. In der Eingabe der Verteidigung heißt es: *„Damals war die Disposition der Seelen, dass man in jeder noch so unschuldigen Vergnügung serbischer Bürger sogleich eine dunkle Verschwörung sah; in jeder unschuldigen Äußerung, Bewegung, Spitzzüngigkeit eine Bedrohung im Sinne des Vaterlandsverrates [...], eine Anreizung, Zerstörung und Ungarnhass."*

Die „Disposition der Seelen" spielte seitdem auf der Bühne unserer Tage oft eine Rolle – nicht selten die Hauptrolle. Dennoch kommen wir selten zu der Erkenntnis, dass es dieselbe Erscheinung ist, die sich wiederholt, in unterschiedlicher Gestalt. Jeweils auftretende erhitzte Stimmungen suchen möglichst jede Region des Nachdenkens zu besetzen und damit Vergleiche, Perspektiven und Systematisierungen erst gar nicht aufkommen zu lassen. Die etwas gestelzte Wortwahl der anwaltlichen Eingabe, die von der damals herrschenden „Disposition der Seelen" spricht, lässt vermuten, dass ein wenig Perspektive, ein wenig Nachdenken immerhin vorhanden war. Unterdessen änderten sich später die Dispositionen und es änderten sich auch die Seelen, das Problem aber blieb. Auch ist es eine Tatsache, dass es immer schon viele Nutznießer gegeben hat, die gerne in den trüben Gewässern der aufgerührten Gesellschaften fischen – und weiterhin geben wird. Stets unerlässlich ist des Weiteren ein markanter Feind, denn wie sonst könnte man sonst der wackeren Patrioten gewahr werden, die sich diesem widersetzen?

Mit anderen Worten, die „Disposition der Seelen" kann in viele Richtungen führen. Um auf die Betschkereker Feier des 8. November 1912 zurückzukommen, bleibt nur noch, das Urteil wiederzugeben. Den Entscheid verkündete der Präsident des Nagybetschkereker Königlichen Gerichts (Ede Alföldy) am 9. Juni 1913: *„Wenn dieser Tatbestand und die darin beschriebenen Umstände auch der Wahrheit entsprechen sollten,* [das heißt, wenn sie wirklich König Peter und nicht Sava Klee hochleben ließen]*, wäre es nicht möglich, daraus die Anreizung zum Hass gegen eine Nationalität abzuleiten, weil entsprechende Hinweise im gesamten Untersuchungsmaterial nicht enthalten sind."*

Die Angeklagten wurden freigesprochen. Nun, nach Ablauf eines Jahrhunderts, könnte man vielleicht zu der Folgerung gelangen, das Gericht habe dennoch einen Fehler begangen. Wenige Jahre nach den Liedern im Gasthaus sollte nämlich tatsächlich König Peter an die Reihe kommen und nicht Sava Klee, die Straßennamen änderten sich, die Statuen wurden ausgewechselt, andere Befürchtungen geäußert, die Amtssprache wurde eine andere, das Leben wandelte sich.

Und doch würde ich dem Gericht keine Schuld zuschreiben. Das Urteil hätte keineswegs anders ausfallen müssen. Der Gerichtsentscheid gereicht der damaligen Großbetschkereker ungarischen Rechtsprechung zur Ehre. Denn oft hängt die Würde der Rechtsprechung davon ab, dass sie zu unterscheiden vermag, ob eine wahre Gefahr erkannt oder ob eine Gefahr nur streberhaft angekündigt wird. Geschichtsgestaltende Aufwiegelung und Anreizung zum Hass kann vorkommen. Davon haben wir viele Beispiele gesehen. Dies ist aber nicht gleichzusetzen mit Bürogehilfen, Hilfsnotaren, Handelsvertretern, „Privatiers", pensionierten Hauptleuten und Pantoffelmachermeistern, die sich in einer Kneipe darum bemühen, auf den Schwingen von Alkohol und Zigeunermusik in die Welt der großen Themen auszuschwärmen.

Magyarcsernye, die Gaststätte der Mária Kocsis, 22. Dezember 1946
Verhaltensformeln in Liedern und im Leben

Die Szenerie von Csernye kenne ich nur aus den Akten, und ich weiß nicht, ob es die Gaststätte der Mária Kocsis noch gibt. Einer meiner Bekannten aus Csernye berichtete, dass Mária Kocsis allgemein „Tante Mária" genannt wurde, dass sie klein gewachsen war, aber sehr bestimmt auftreten konnte und fähig war, betrunkene Gäste zur Ordnung zu rufen und zum Schweigen zu bringen, Ungarn genauso wie Serben; dabei konnte sie nur sehr wenig Serbisch.

Auch die Gaststätte der Mária Kocsis bot den Schauplatz für eine „Anreizung". Der Anklageschrift folgend sangen János Fehér, 22 Jahre alter Tischler, Ferenc Megyeri, 28 Jahre alter Landarbeiter, und István Kis, 24 Jahre alter Schuster, am 22. Dezember 1946, nachts zwischen 23 und 24 Uhr, in der Gaststätte von Mária Kocsis faschistische Lieder. Die Anklageschrift des lokalen stellvertretenden Bezirksstaatsanwalts Žarko Radosav gibt die Lieder nur in serbischer Übersetzung wieder. Zwei Verszeilen hebt sie besonders hervor: „Idi Horti pitaj race kada će nam vratiti našu lepu Mađarsku" und „Idi Horti pitaj majstore da li će nam dati rende da peglamo". Diese Zeilen waren angepasst an Melodie und Rhythmus eines bekannten ungarischen Volkslieds. Der monierte Inhalt lautet übersetzt etwa: „Auf geht's, Horthy, frag doch den Rácen, wann er zurückgibt unser schönes Ungarn" und „Auf geht's, Horthy, frag die Zimmermeister, ob sie uns zum Plätten Hobel geben".

Dem Staatsanwalt zufolge verbreiteten die Lieder *„nationalen Hass und hetzen dazu auf, dass die heutige gesellschaftliche Ordnung gewaltsam gestürzt werde"*. Zudem würden darin *„die Serben als Rácen verspottet, sie [die Lieder] wiegeln dazu auf, dass diese Gebiete an Ungarn angeschlossen werden. [...] der Hobel meint im übertragenen Sinn eine Waffe."* Dabei meint die Wurzel des Wortes „Rác" an sich nichts Abwertendes. Es leitet sich ab vom serbischen Wort „Raška", einer Bezeichnung für eine Stadt und eine Gegend, die in der serbischen Geschichte eine bedeutende Rolle spielt und Bestandteil des fürstlichen Titels der serbischen Könige waren. In Ungarn bezeichnete man die vor den Türken fliehenden Serben und Griechen als „Rác". Das Wort findet sich in mehreren Namen von Siedlungen um Budapest herum; so heißt eines der berühmtesten und traditionsreichsten Budapester Bäder „Rácfürdő". Aber wahr ist auch, dass dieses Wort später oft mit spöttischem Unterton gebraucht wurde. Spott basiert nicht immer auf logischer Grundlage.

Die Zeugen der Anklage waren eine Juliska und eine Piroska. Die Angeklagten kamen am 9. Januar 1947 in Untersuchungshaft.

Mein Vater erhielt am 5. Februar 1947 eine Postkarte aus dem Gefängnis, in der János Fehér ihn bittet, ihn in der Verhandlung am 8. Februar zu vertreten. Die Postkarte hatte János Fehér wahrscheinlich nicht selbst geschrieben. Die Schrift ähnelt nicht der auf einer anderen von János Fehér verfassten Notiz, außerdem ist die Postkarte in kyrillischer Schrift und in einwandfreiem Serbisch verfasst. Inhaltlich wird einfach nur die genannte Bitte ausgesprochen. János Fehér dürfte sie dem Gefängniswärter vorgetragen und dieser dann die Postkarte geschrieben haben. Aus den übrigen Papieren sehe ich, dass mein Vater auch die anderen Angeklagten vertrat. Das Verhandlungsprotokoll ist nicht in der Akte zu finden (vielleicht erhielten die Verhandlungsteilnehmer ja auch keine Abschrift), das Urteil hingegen schon: Bereits am Tag der Verhandlung, am 8. Februar 1947, wurde es von dem Richter Peter Sekulić gefällt.

Ferenc Megyeri wurde freigesprochen, weil weder Juliska noch Piroska sich sicher waren, ob er gesungen hatte, sie bezeugten aber, dass er „fleißig in der Jugend arbeitete" (*vredno radio u omladini*). János Fehér und István Kis wurden zu eineinhalb Jahren

Freiheitsentzug verurteilt. Die Erläuterungen des Urteils führen nur noch eine der Verszeilen an: „Auf geht's, Horthy, frage doch den *Rácen*, wann er zurückgibt das schöne Ungarn", und kommen zu dem Schluss, dass dieser Text *„darauf ausgerichtet ist, Hass zu schüren zwischen Serben und Ungarn"*. Nach Meinung des Bezirksgerichts von Zrenjanin verstießen die Angeklagten gegen den 2. Absatz des Gesetzes über das Verbot der Anreizung zum nationalen, rassistischen und religiösen Hass.

In der Urteilsbegründung wird angemerkt, die Angeklagten hätten geleugnet, diesen Text gesungen zu haben. Sie gaben zu, einen *Csárdás*[2] gesungen zu haben, der – dem Urteil nach – von einem Zimmermann und einem Mädchen handelte, und sie erkannten an, dass es tatsächlich eine Horthy-Version dieses Liedes gab. Die Angeklagten blieben jedoch dabei, nur den ursprünglichen Text und nicht die „faschistische" Umdichtung gesungen zu haben. Laut Piroska und Juliska hatten sie hingegen sehr wohl zusätzlich den Horthy-Text gesungen. Mein Vater beantragte die Anhörung weiterer Zeugen, was das Gericht jedoch zurückwies. Im Urteil taucht die rhetorische Figur der „Disposition der Seelen" auf, auch jene des „Gerade jetzt, da ...". Das Gericht unterstreicht, dass die gesungenen Lieder eine der größten Errungenschaften des Volksbefreiungskriegs gefährdeten, nämlich die Einheit und Brüderlichkeit. Die Gefahr werde gesteigert, indem all dies genau zu dem Zeitpunkt geschehe, da die reaktionären Elemente in Ungarn eine Verschwörung zum Umsturz der demokratischen Republik schmiedeten.

Der Einspruch wurde eine Woche nach dem Urteil, am 15. Februar 1947, im Namen von János Fehér und István Kis verfasst. Eine Kopie findet sich in der Akte. Mein Vater bittet, die Angeklagten freizusprechen, indem er sich auf drei Argumente beruft. Zuerst führt er an, dass sie die „inkriminierte Verszeile" eigentlich nicht gesungen hätten. Er bezweifelt die Glaubwürdigkeit von Juliska und Piroska mit der Begründung, dass diese beiden im Laufe ihrer Anhörung die Frage an die Angeklagten gerichtet hätten, was, *„wenn nicht sie die Horthy-Lieder gesungen hatten, sie dann sagen sollten, wer sie gesungen hatte"*. Dem Einspruch nach beweise dies, dass Juliska und Piroska sich dessen nicht sicher waren, was sie eigentlich gesehen und gehört hatten. Dann, wie im Jahr 1912 im Falle der serbischen Lieder, taucht auch hier als Argument das Fehlen einer Absicht auf, das heißt der Mangel an *dolus*. Das zweite Argument stützt sich auf das Gesetz, das als mögliche Anreizungen zum Hass „Agitation, Propaganda und Schriften" benennt. Diese erforderten somit eine vorausschauende, absichtsvolle Tat, doch offenbar könne hier davon nicht die Rede sein. Das dritte Argument stellt die persönlichen Umstände in den Vordergrund: Sowohl János Fehér als auch István Kis seien junge Leute, beide versuchten, zusammen mit ihren verwitweten Müttern ihre jeweiligen Familien zu erhalten, bei beiden leiste der Bruder seinen Militärdienst ab. Der Einspruch berührt somit nicht die Argumentation des „Gerade jetzt, da ..." Das Gericht erläuterte nicht, was es konkret mit der Bemerkung meinte, gerade zur Zeit des Liedervortrags in Magyarcser-

---

2   Anm. d. Übs.: typischer ungarischer „Kneipentanz")

nye seien in Ungarn reaktionäre Pläne gegen die demokratische Republik geschmiedet worden. Somit konnte man mit dieser Argumentation nicht viel anfangen.

In diesem Zusammenhang sprach ich mit einem Freund, seines Zeichens Historiker, und auch er konnte keinen möglichen Anhaltspunkt ausmachen. Ende 1946 und Anfang 1947 gab es in Ungarn kaum Ereignisse, die man so hätte interpretieren können. Am wahrscheinlichsten scheint, dass die Rákosi-Kräfte, im Laufe der politischen Auseinandersetzung noch nicht im Besitz der Macht, ihre politischen Gegner als Ränke schmiedende Reaktionäre bezeichnet hatten. Möglicherweise wurde 1946/47 der Rákosi-Standpunkt im damals noch nicht mit Stalin entzweiten Jugoslawien von der Presse als Tatsache übernommen.

Der Einspruch konnte einen Teilerfolg verbuchen. Die Strafe wurde von eineinhalb Jahren auf sechs Monate zurückgesetzt. Zitiert sei noch das anwaltliche Schreiben vom 24. März 1947, adressiert „An die Landarbeiter Etel Kis und Katalin Fehér": *„In der Strafsache gegen Ihre Söhne informiere ich Sie, dass das Oberste Gericht dem eingereichten Einspruch stattgegeben und die Strafe beider Jungen auf 6 Monate zurückgesetzt hat. Die bisher in Untersuchungshaft verbrachte Zeit wird der Strafe angerechnet. Demnach kommen die Jungen am 9. Juli frei."*

Auf der Rückseite eines der Papiere ist auch mit Bleistift in meines Vaters Schrift ein Lied notiert; übersetzt lautet es – entsprechend dem ursprünglichen Text des Volksliedes, um das es in dem Prozess ging – inhaltlich etwa so:

„Dort, bei der Theiß, da hobeln all die Zimmerer,
Die Axthiebe, die hört man weit bis hier
Geh, meine Tochter, frag du doch den Zimmerer,
Die Schürze voll Späne wie viel Küsse kostet Dir."

Dies war offensichtlich das Lied, zu dem auch eine „faschistische Version" entstanden war. Es wäre interessant zu wissen, welche Version der 22-jährige Tischler und der 24-jährige Schuster in Wirklichkeit gesungen hatten. Wäre ich früher auf diese Akte gestoßen, hätte ich bei meinem Vater nachfragen können. Aber möglicherweise wusste auch er es nicht. Zudem wäre interessant zu wissen, was der Staatsanwalt tatsächlich glaubte. Natürlich, eine gewisse Disposition der Seelen kann Verdachtsmomente in Gang setzen, und somit stellt sich auch dann, wenn sie tatsächlich das Original gesungen haben sollten, die Frage, ob es sich nicht nur um einen Deckmantel handelte. Worauf beziehen sich Melodie und Rhythmus und wie könnte man verhindern, dass sie in die falsche Richtung verleiten? Kann als mildernder oder erschwerender Umstand gewertet werden, dass Struktur und Reime des ursprünglichen Liedes das Neo-Volkslied beeinflussen? Zum Beispiel steuert die Melodie des Liedes in der dritten Zeile bei dem Wort „frage" („kérdezd") auf einen Euphorie erzeugenden Höhepunkt zu, und darum war es auch nicht möglich, dieses Wort in der „faschistischen Version" auszulassen. Aber so stellt auch Miklós Horthy nur Fragen („kérdezd"), interessiert sich, anstatt zu handeln. Wenn wir so den Text betrachten, verweist er auf einen ziemlich stümperhaften Irredentismus (oder eher auf eine Dominanz der Melodie über die Aussage), indem Horthy die „Rác" über die Rückgabe des „schönen Ungarn" (und nicht, sagen wir, der Batschka und des Banat) befragt. (Auf Ungarisch konnten das Wort „Hobelspäne" („forgácsot") und das Land „Ungarn" („Magyarországot") durchaus in einem Reim zusammengebracht werden, es war jedoch praktisch unmöglich, die Gegend der Batschka und des Banat in den Vers einzupassen). In einer solchen epigonenhaften Situation steuert, verändert das Setzen von Betonungen zusammen mit den Reimen auch die politische Aggressivität – der Reim scheint hier über den Inhalt zu dominieren. Jedenfalls entsteht eine eigentümliche Situation, wenn Aggressivität nicht nur auf eigenem Antrieb basiert. Die Sänger sind bald getrieben von den Melodien, bald stochern sie herum zwischen Reimen, aufsteigendem Nationalismus, dem Schwung des Liedes und den Reizungen ihres privaten Daseins.

Es wird sich wohl nicht mehr vollends herausstellen, was sie sangen und warum. Auch wäre interessant zu erfahren, wie sich das Gespräch zwischen den beiden Jungen und Juliska und Piroska abspielte, als sie sich – aller Wahrscheinlichkeit nach – nach dem Gefängnis wieder begegneten.

*

Man könnte wahrscheinlich ein Buch schreiben über die juristische Historie der Kaffeehauslieder. Womöglich ist Eile geboten, denn es scheint, als würden sie allmählich verschwinden. Vielleicht kommt mir dieser Gedanke, weil ich selbst kaum noch ins Kaffeehaus gehe und daher die Dinge nicht verfolge, aber auch von anderen höre ich kaum noch über Kaffeehauslieder. Selbst für die Polizeibehörden haben sie inzwischen einen geringeren Stellenwert. Zu den Zeiten, als die Abhörtechnologien noch nicht so ausgefeilt waren, konnte das Lärmen im Kaffeehaus einen Hinweis darauf geben, wie die Menschen dachten, deren Gesinnung nicht in die richtige Richtung ging. Heute gibt es andere Methoden – die NSA hat ihre Möglichkeiten auch außerhalb von Kneipen.

Die meisten meiner Klassenkameraden und Bekannten hatten durchaus einen gewissen Einblick in diese Welt, in der Kaffeehauslieder gesungen wurden. Auch ich hatte ihn, wenngleich die Erinnerungen verblassen. Der erste Schauplatz, mit dem ich Bekanntschaft machte, war das Rózsa beziehungsweise das Vojvodina. Es war in der zweiten Hälfte der fünfziger Jahre. Ich ging mit meinen Klassenkameraden (wir dürften 16–17 Jahre alt gewesen sein) meistens dorthin. Der bis zur Bega sich erstreckende Garten war besonders schön (heute gibt es keinen Garten mehr, und innerhalb der Stadt fließt auch keine Bega mehr). Damals kannte ich die Rechtsfälle noch nicht, über die ich jetzt schreibe, aber wir hatten alle ein gewisses Gefühl für Gefahren. (Vielleicht könnte ich es auch als Gefühl für die Realität bezeichnen.) Wir wussten, dass es sensible Themen und sensible Melodien gab. Die Bedeutungen und Konnotationen waren nicht immer ganz klar, aber dies entfachte nur die Neugier. Betschkerek war damals eine Stadt mit vielen Kulturen (leider sind es heute nicht mehr so viele wie früher). Mein Freundeskreis war vor allem ungarisch, manchmal ungarisch/serbisch. Zu der Zeit war uns allen bewusst, dass während unserer Kinderzeit zwei Volksgruppen, Juden und Deutsche, praktisch verschwunden waren. Wir hatten persönliche Erinnerungen, die freundschaftlichen Bindungen unserer Eltern waren noch frisch. Noch vor dem Eintritt ins Schulalter lernten auch mehrere von uns einigermaßen gut Deutsch (neben Ungarisch und Serbisch). Ein Gefühl des Mangels, des Lückenhaften war gegenwärtig. Ich glaube, auch dieses ist heute schon verschwunden.

Ergab sich zufällig eine gemischte Gesellschaft, konnte es vorkommen, dass die einzelnen Mitglieder der Runde einer nach dem anderen „grenzwertige" ungarische und serbische Lieder aufspielen ließen. Das risikoreichste der ungarischen Lieder (das heißt von denen, die wir sangen) schien „Kossuth Lajos azt üzente …".[3] Den Umständen passten wir uns so weit an, dass wir es bis zu der Zeile „ha még egyszer azt üzeni/mindnyájunknak el kell menni" („wenn er es noch einmal ausrichtet, müssen wir alle losziehen") sangen. Den Rest des Liedes überließen wir dem Geigenspieler. Ich denke, es gab unter uns auch welche, die nicht wussten, welchen Text die Violine ersetzte: „Éljen a magyar szabadság!", zu Deutsch: „Es lebe die ungarische Freiheit!" Wir lernten auch serbische Lieder kennen, die zu singen riskant war. Ich erinnere mich daran, ein Lied in Zusammenhang mit einem reisenden Kapitän gehört zu haben, ohne wirklich verstanden zu haben, welche Zeilen, welche Worte und Andeutungen das Risiko in sich bargen, provozierend zu wirken. Einmal bestellte ein Rumäne aus unserer Runde, nachdem er lange gezögert hatte, ein rumänisches Lied. Die anderen verstanden es nicht, und ich weiß bis heute nicht, wovon es handelte. Die Zigeunerkapelle aber kannte alles und erfüllte jede Bestellung.

Mitte der neunziger Jahre erlebte ich in Budapest ein besonders beeindruckendes Beispiel dieser auf Volksweisen bezogenen Allwissenheit von Zigeunerkapellen. Während des Abschlussessens zu einer internationalen Juristenkonferenz bat unser Gastgeber die Musikanten, so vielen Teilnehmern wie möglich mit je einem besonderen Lied gefällig zu sein. Der Erfolg war so fast vollkommen. Sie spielten ein ungarisches, ein tschechisches, ein polnisches und ein italienisches Lied, sogar ein holländisches spielten sie für einen holländischen Konferenzteilnehmer. (Der Primás erhielt einen Sonderbeifall für das holländische Lied, weil er sogar einige Wörter auf Holländisch mitsang.) Dann kam die Reihe an einen kroatischen Kollegen, der im Wirbel jener unruhigen Jahre eine Zeitlang Tudjmans Berater für internationales Recht gewesen war. Der Primás war in

---

[3] Anm. d. Übs.: Das romantisch-militaristische, rhythmisch mitreißende Volkslied „Lajos Kossuth ließ ausrichten …" bezieht sich inhaltlich auf eine Zeit, in welcher der als ungarischer politischer Führer und Freiheitskämpfer berühmte Lajos Kossuth im Jahr 1848 Soldaten für seinen Freiheitskampf rekrutierte.

keiner einfachen Lage. Die Aufgabe wurde noch dadurch erschwert, dass Kroatien erst seit wenigen Jahren ein unabhängiger Staat geworden war. Er aber zögerte nicht, und schon geigte er die Melodie in das Ohr meines Kollegen. Der aber lächelte säuerlich. Was wir zu hören bekamen, war die Melodie des Liedes „Od Triglava sve do Vardara ...", Symbol für das Jugoslawien, das sich vom Triglav-Gebirge in Slowenien bis zum Vardar-Fluss in Mazedonien erstreckte. Zu Titos Zeiten war es in patriotischen Situationen üblich gewesen, dass jeder Musikant zusammen mit allen Anwesenden voller Inbrunst den Refrain „Jugoslawioooo, Jugoslawioooo" sang. Als sich der Zigeunerprímás diesmal dem Refrain näherte, spürte er, dass er sich auf der falschen Fährte befand. An einer bekannten Melodie, die sich ja tief eingeprägt hat, kann man nicht einfach etwas ändern, an den Worten dagegen schon. Er beugte sich näher an den kroatischen Gast und ließ triumphierend ein „Oh Kroatzioooo, oh Kroatzioooo" erklingen. Allgemeine Begeisterung. In ehrlicher Weise vergnügten sich sowohl der serbische als auch der kroatische Kollege bestens. Alle Spannung war gewichen. Und mir kam der Gedanke, wie sehr doch viele internationale Diplomaten, „Friedenstifter", die immer wieder die jugoslawischen Konflikte lösten, unter dem Niveau jenes Zigeunerprímás blieben.

Sándor Rózsa und einer der Symposion-Prozesse

1964 wurde das *Új Symposion* (*Neues Symposion*), eine „künstlerisch-kritische" Zeitschrift, aus der Taufe gehoben. Es konnte sich ideologischen Anordnungen und Moden widersetzen und eine freiere redaktionelle Politik verfolgen als die damaligen ungarischen Literaturzeitschriften in Ungarn (oder in Rumänien beziehungsweise in der Tschechoslowakei). Auch bekannte, andersdenkende Schriftsteller aus Ungarn publizierten häufig ihre Schriften im *Új Symposion*. Der Tito'sche Kommunismus war, was das Recht auf freie Meinungsäußerung betraf, großzügiger als andere kommunistische Länder; zudem stellte eine Zeitschrift für Minderheiten innerhalb Jugoslawiens eine viel geringere Gefahrenquelle dar als eine Zeitschrift, die jeder im Lande lesen kann. Auch diese privilegierte Situation hatte jedoch ihre Grenzen, wie sich unter anderem in den *Symposion*-Prozessen zeigte.

Der Literaturhistoriker Imre Bori sagte einmal in der Pause einer *Symposion*-Gerichtsverhandlung, dass ich die Dokumente unbedingt aufbewahren solle. „Sie werden einmal Geschichte schreiben", erklärte er. Zu der Zeit wussten wir noch nicht, welche Wendung die Geschichte nehmen würde. Die Papiere habe ich jedenfalls aufbewahrt – ich hätte dies ohnehin getan. Ich glaube, alles, was ich aufgehoben hatte, ist noch vorhanden: staatsanwaltliche Vorlagen, Gerichtsurteile, meine Bevollmächtigung, meine handschriftlichen Notizen, Zeitungsausschnitte, der Beschluss der Mitarbeiterversammlung des *Symposion* (im Entwurf, mit händisch eingefügten Änderungsvorschlägen) und Gesetzestexte. Auch die an den Chefredakteur Ottó Tolnai gerichtete Vorladung findet sich unter den Schriftstücken.

Die ersten Dokumente sind auf den 24. November 1971 datiert. Es wurden am gleichen Tag drei staatsanwaltliche Schreiben versendet. Das erste ist eine einstweilige Verfügung, mit der die 76. Ausgabe der *Symposion* verboten wird. Grund war ein Beitrag von Sándor Rózsa mit dem Titel „Mindennapi Abortusz" („Tägliche Abtreibung"). Ansonsten war die Ausgabe Nr. 76 eigentlich die vom August 1971, wenn sie auch erst im November des Jahres erscheinen sollte. Die Hefte waren bereits gedruckt, nur zum Vertrieb war es noch nicht gekommen. Das andere Schreiben der Staatsanwaltschaft ist ein Antrag. Der Staatsanwalt beantragt darin beim Bezirksgericht, die Nummer 76 *endgültig* zu verbieten. Das dritte Schreiben ist an die Redaktion adressiert. Darin bittet der Staatsanwalt um den Originaltext des Manuskripts und fordert die Redaktion auf mitzuteilen, wer der tatsächliche Verfasser des Artikels „Mindennapi Abortusz" sei – er möchte also wissen, ob es also tatsächlich einen Sándor Rózsa gibt oder ob dies nur ein Künstlername ist. Trifft Letzteres zu, bittet er darum, den wahren Namen und die Adresse des Autors anzugeben. Wie ich glaube, folgt daraus, dass derjenige, der das Augenmerk der Staatsanwaltschaft auf „Mindennapi Abortusz" gelenkt hatte, offenbar des Ungarischen mächtig war, aber anscheinend das *Symposion* und seinen Kreis nicht von innen heraus kannte. Das ist an und für sich beruhigend. Auch war dem Betreffenden vielleicht so manche Räuberlegende geläufig; so dürfte ihm bekannt gewesen sein, dass es einmal einen berühmten Betyár (Räuber) namens Sándor Rózsa gegeben hatte. Dies hatte wahrscheinlich den Zweifel hervorgerufen, ob der Name Sándor Rózsa echt war.

Wer Sándor Rózsa eigentlich war? Die zuständigen Organe forschen dem natürlich nach. Im Urteil steht bereits, dass er am 4. Dezember 1948 in Zenta geboren wurde, im Slobodan-Bajić-Studentenheim in Novi Sad lebt, dass sein Spitzname „Alex" lautet, er Ungar ist und jugoslawischer Staatsbürger, eingeschrieben an der Naturwissenschaftlichen Fakultät; dass er ledig und des Schreibens kundig ist, keinen Militärdienst geleistet hat, auch nicht geeignet ist zum Militärdienst (aus gesundheitlichen Gründen), keine Vorstrafen hat und kein Vermögen besitzt. Im Urteilstext steht nicht, dass er in der Zeitschrift *Képes Ifjúság* (*Illustrierte Jugend*) unter dem Pseudonym „Gukker" („Gucker") eine eigene Kolumne hatte. Auch ein Foto von Sándor Rózsa war in jeder Ausgabe zu sehen, auf dem er nackt ist und seinen – vom Gesichtspunkt der Scham her betrachtet – empfindlichsten Körperteil mit einem Fernglas, eben mit dem „Gukker", bedeckt. Vor „Mindennapi Abortusz" war im *Új Symposion* noch kein Beitrag von ihm erschienen. Mir war er damals wie den meisten Leuten wegen seiner Performances bekannt. Auch der „Gukker" stellte so etwas dar. Alex trat öfters in der *Ifjúsági Tribün* (*Jugendtribüne*) auf, und man sprach viel darüber. Was Details betrifft, bin ich etwas unsicher geworden, aber ich erinnere mich, dass er einmal das Gedicht *Talpra magyar!* rezitierte – dazu vollführte er während des Vortrags einen Kopfstand. Anlässlich dieses Ereignisses waren auch die bekannten ungarischen Schriftsteller György Konrád und Miklós Mészöly anwesend.[4] Bei einer anderen Gelegenheit trug er einen Text über die neue Einstellung zum Bananenverzehr vor, wobei er eine Banane schälte, dann jedoch das Innere wegwarf, die Schale behielt und tatsächlich vertilgte. (Wie man sich erzählte, blieb dies nicht ohne Konsequenzen.) Zwischen 1967 und 1969 habe ich in Amerika viele Performances gesehen und gelernt, diese Art der Rebellion zu schätzen. Die Auftritte von Alex verfolgte ich daher mit Interesse. Bezeichnenderweise war Miroslav Mandić, der Verfasser des anderen inkriminierten *Symposion*-Beitrags (der in der Ausgabe Nummer 77 erscheinen sollte), ebenfalls ein Vertreter des Performance-Genres (und blieb es auch). Nachdem er seine Haftstrafe abgesessen hatte, positionierte er sich eine Zeit lang in einem Belgrader Museum als Ausstellungsobjekt, neben ihm ein kleines Schild, auf dem „Der Romanschriftsteller" stand. Während der gesamten Öffnungszeit blieb Mandić wortlos vor seinem Publikum sitzen und schrieb an einem Buch, das er danach veröffentlichte. Irgendwann in den neunziger Jahren machte er in Budapest, in den Tagen zwischen dem katholischen bzw. reformierten Weihnachten und dem serbischen Weihnachtsfest, trotz Eiseskälte täglich einen Spaziergang von der Szabó-Ervin-Bibliothek zur ehemaligen Wohnung von Béla Hamvas.[5] Jahrzehntelang ging er jeden Tag zwanzig Kilometer zu Fuß, dies nannte er das „Wandern für die Dichtkunst".

Auch in dem Artikel „Mindennapi Abortusz" erkenne ich in gewisser Weise eine Performance. Der Staatsanwalt sah dies anders. Die Sätze, die seiner Ansicht nach rechtswidrig waren, zitierte er im Detail, sowohl in der einstweiligen Verfügung, die die Einstellung vorübergehend anordnete, als auch in der Vorlage an das Bezirksgericht, mit der er das endgültige Verbot forderte. Ein solches wurde später tatsächlich ausgesprochen, und damit war im Grunde die Publikation des gesamten Textes (insbesondere der inkriminierten Sätze) untersagt. Die Gültigkeit von Verboten bleibt zum Glück nicht auf alle Zeiten bestehen, und so gebe ich nun die meisten der Sätze wieder, die aus der (damaligen) Sicht des Staatsanwalts feindliche Propaganda, Anstiftung zu Volks- und Rassenhass, Verletzung der Ehre unserer Völker und des Präsidenten der Republik, Aufruhr, Unruhestiftung bei den Bürgern und eine Beleidigung unseres Staates darstellten.

Der Staatsanwalt beginnt mit folgendem Textausschnitt:

„In wenigen Tagen wird dir dein Diplom in die Hand gedrückt, eine bescheidene Feier, endlich sind sie dich los, Salzstangen, etwas Cognac, in einem geheimnisvollen, großen,

---

4 Anm. d. Übs.: Bei Talpra magyar handelt es sich um ein Gedicht des ungarischen Nationaldichters Sándor Petőfi aus dem Jahre 1848, das als das nationale Lied bekannt geworden ist. Der Titel bedeutet übersetzt: „Auf, Ungar!"

5 Anm. Béla Hamvas, 1897–1968, war ein ungarischer Philosoph und Schriftsteller. Seine Werke sind im Wesentlichen alle ins Serbische übersetzt worden.

schweren Behälter ein mit einer GOLDSCHLEIFE UMWICKELTES DIPLOM MIT GOLDBUCHSTABEN, und weißt du, was du damit anfangen kannst?"
"Sprich es ja nicht aus!"
"Du kannst deinen Arsch damit auswischen."

Danach überspringt die staatsanwaltliche Vorlage einige Sätze des beanstandeten Textes und fährt mit dem Zitieren fort:

"Ich gerate an irgendeine jämmerliche mittelalterliche Penne, wo sich die Situation seit der Gründung der Schule bis heute absolut nicht geändert hat, blöden Kindern soll ich erklären, wie schön es ist, wenn sich zwei Atome aneinander reiben, sich umarmen und dann kopulieren. Und das alles für ein komisches Gehalt."

Dann kommt der Staatsanwalt zum nächsten Thema, das sich seinen Worten zufolge auf „die Situation in den Unternehmen, die Führung der Unternehmen und ihre Perspektiven" bezieht. Hier führt er die nachstehenden Sätze an:

„Ich hoffe, du wirst mir nicht wieder das interne Bild des Unternehmens vormalen. Ich weiß, das ist Chauvinismus, Sabotage, cérnas sitzen auf den Chefsesseln der Unternehmensdirektoren und sie heben jeweils den großen Zaster ab, keine Möglichkeit zur Weiterentwicklung, aber zum Teufel, so kann es nicht ewig weitergehen!"[6]

Hier geht die Vorlage des Staatsanwalts über zu dem Teil des Textes, in dem er ungarischen Nationalismus zu erkennen glaubt:

„Eigentlich sind auch wir Neger", sagte ich, „Neger mit ungarischer Haut. Wenn du in ein Geschäft gehst und Ungarisch sprichst, bedienen sie dich genauso wenig wie die Schwarzen in Amerika. Davon habe ich genug."

Hierzu wurde dann auch ein späterer Satz angefügt:

„Der ungarische Arbeiter wird zweimal gehäutet", sagte ich, „zuerst einmal, weil er Arbeiter ist, dann weil er Ungar ist."

Anschließend kommt, was Sándor Rózsa „über den Präsidenten der Republik sowie das sozialistische System bei uns und in der Welt" sagt:

---

6 Anm. d. Übs.: Aus einem bestimmten Grund wird das Wort „cérna" hier nicht übersetzt. Es lässt sich zwar im Deutschen mit „Zwirn" wiedergeben, aber wie sich später herausstellen wird, war es nicht wegen der ursprünglichen Bedeutung Teil der Anklageschrift geworden.

"Was würdest du denn tun, wenn du Präsident der Republik wärst?", fragte Laci.

"Ich würde zurücktreten", antwortete Gru. "Ich würde überlaufen nach China. Der große Mao hat eine Rede gehalten: ‚Genossen, wir haben den Sozialismus ausgebaut und sind auf dem Weg zum Kommunismus.' Ein Chinese: ‚Aber Mao, ich habe Hunger!' Mao: ‚Schweig! Unterwegs wird nicht gegessen!' He-he-he-he. Gut, was? Hat gestern mein Prof erzählt."

"Und doch, was ist deine Meinung über den Sozialismus?"

"Wenn du wirklich darauf bestehst, sage ich es dir halt: Mein Vater ist gegangen, um Melonen zu klauen, sein Sack blieb zu Haus, eins-zwei und du bist raus[7]

Dem Staatsanwalt zufolge zeigt auch das folgende Zitat, in welchem Licht Sándor Rózsa den Sozialismus erscheinen lässt:

"Im Kommunismus erhält jeder ein Auto", ächzte Laci. [...]

"Schaut, auch jetzt schon kann jeder, der es nur will, ein Auto haben. Wie viele Autos man sieht auf der Straße."

"Ja, aber die Hälfte davon sind gestohlene Autos. Auf nicht sozialistische Weise beschaffte Autos!"

Die für das Verbot eingereichte Vorlage stützte sich am meisten auf diese Textstellen. Die staatsanwaltschaftlichen Eingaben vom 24. November 1971 erreichten noch am selben Tag die Redaktion. Danach folgten ereignisreiche Tage. Am 25. November erhielt ich eine Vollmacht, die Zeitschrift in Zusammenhang mit dem Verbotsantrag beim Bezirksgericht zu vertreten. Otto Tolnai unterschrieb die Vollmacht im Namen des *Új Symposion* und László Végel im Namen des *Ifjúsági Tribün*.

Am selbigen Tag sprach ich mit einem jüngeren Kollegen an der Universität, einem Ökonomen. Er berichtete, jemand aus dem Parteiausschuss der Provinz, der in Fragen des Hochschulwesens kompetent sei, habe ihm Bescheid gegeben, er solle mir ausrichten, dass man es übel nehme, wenn ein Dozent der Juristischen Fakultät sich auf die Seite des Feindes stellte, eben jetzt, da der Kampf zur Verteidigung des Kommunismus und gegen den Nationalismus und andere Auswüchse in eine wichtige Phase getreten sei. Etwas widerstrebend schreibe ich dies heute nieder, wo doch die Opfer des kommunistischen Systems sich wie die Pilze zu vermehren scheinen. Immer mehr Leute gibt es, die erzählen, auf welche Weise und wie oft sie bedroht worden sind, welche Risiken sie eingegangen sind – mit anderen Worten: Sie waren damals Helden. Soweit ich mich zurückerinnern kann, war es natürlich unangenehm, den Kollegen anzuhören, aber ein wirklich dramatisches Wagnis verspürte ich nicht. Es war naheliegend, dass es meiner

---

[7] Anm. d. Übs.: Der originale letzte Satz des Autors stammt aus einem ungarischen Kinder-Zählreim.

Karriere nicht förderlich sein würde, die Verteidigung dieses Falls zu übernehmen, solange die damaligen Rahmenbedingungen vorherrschten, aber ich sah keine wirklich zum Schrecken gereichende Bedrohung. Aus meiner Sicht gab es in meinem Beruf noch andere Möglichkeiten. Die Rechtsanwaltstätigkeit erschien mir als nicht zu verachtende Alternative. Auch die Möglichkeit, an eine Universität im Ausland zu gehen, kam mir in den Sinn. Es wäre zudem ein Bruch mit jeglicher Familientradition gewesen, wenn ich die Verteidigerrolle nicht angenommen hätte. Ich erwiderte mit einer Floskel, indem ich meinem Kollegen so oder ähnlich zu verstehen gab, dass es in einem ausgereiften Rechtssystem (und unseres bemühte sich doch wohl, ein solches zu sein) wichtig sei, wenn in jedem Falle beide Seiten adäquat vertreten seien.

Da es sich um ein beschleunigtes Verfahren handelte, folgte umgehend die Gerichtsverhandlung, und das Urteil kam kaum zwei Tage nach der Vorlage des Staatsanwalts zustande, das heißt am 26. November. Leider bin ich nicht im Besitz des Verhandlungsprotokolls, wir haben es nicht erhalten. Es wurde auch kein volles, wortwörtliches Verhandlungsprotokoll aufgezeichnet. Jetzt, da ich die Verteidigung zu rekonstruieren suche, stütze ich mich auf zwei Quellen: auf meine Notizen und auf das Urteil, das die Argumente zusammenfasst, die wir gemeinsam mit Ottó Tolnai gegen den Verbotsantrag vorbrachten.

Die damalige neue Disposition der Seelen erwies sich als größerer Feind als die Argumente des Staatsanwalts. Die 21. Vorstandssitzung des Bundes der Kommunisten Jugoslawiens (*Savez komunista Jugoslavije*, SKJ) bestimmte diese „Disposition". Damals stellte die 21. Sitzung ein Mantra dar. Ich hatte es seither völlig vergessen, doch jetzt sehe ich in aufbewahrten Zeitungsartikeln jener Tage, dass diese Sitzung der springende Punkt für all jene Treueschwüre war, die später wie Regenschauer niedergingen. Nicht geringer war die Schwemme all der Ablösungen und Abrechnungen, die folgten. Die kroatische „masovni pokret" (Massenbewegung), der serbische „Liberalismus", das noch nicht vergessene 1968, Eklats und künstlich entfachte Skandale allenthalben. Es war geboten, kleinere und größere Straftaten oder „Abweichungen" aufzudecken, in jeder Republik, jeder Provinz und auch in jeder nationalen Gemeinschaft. Um der Objektivität willen muss gesagt werden, dass es in den langen Jahren unter Tito nicht immer so gewesen war – aber diese Periode war es auf extreme Weise. Und in diesem Stimmungsumfeld „kann es natürlich kein Zufall sein, dass gerade jetzt" eine Schrift erscheint, in der einer der Charaktere sagt, in unserer sozialistischen Heimat könne man sich mit dem Diplom sein Hinterteil auswischen und man werde nicht bedient, wenn man im Laden ungarisch spreche. Etwas später, am 10. Dezember, beeilt sich eine Redaktionsmitteilung auf den Vorwurf zu reagieren, dass dies „gerade jetzt" geschehen sei, und erklärt, dass „infolge der Überlastung der Druckerei" die Ausgaben Nummer 76 und 77 erst mit großer Verspätung erscheinen konnten. Demzufolge erschienen die beanstandeten Texte *„zwei beziehungsweise drei Monate nach Abgabe der Manuskripte, als sich auch die politische Atmosphäre unserer Gesellschaft bis dahin wesentlich verändert* *hatte und die inkriminierten Schriften einen anderen Klang aufwiesen, als es bei einem rechtzeitigen Erscheinen der Ausgaben der Zeitschrift der Fall gewesen wäre. Wir betonen also, dass die verbotenen Schriften nicht auf die gegenwärtige Aktion des BKJ [Bund der Kommunisten Jugoslawiens] [...] reagierten [...]."*

In der Verhandlung mussten wir in erster Linie versuchen, die Aufgebrachtheit (die „Disposition der Seelen") irgendwie auszugleichen. Ich sagte, dass der „Aufruhr" auch ein objektives Element habe, nämlich die Aufrührbarkeit. Dann fügte ich mit der der Situation angepassten Rhetorik des Anwalts hinzu, dass wir unsere Gesellschaft nicht unterschätzen dürften, so wie dies der Staatsanwalt – wenn auch ohne Absicht – mache, indem er behaupte, die betreffende Humoreske sei geeignet, die Bürger in Aufruhr zu bringen sowie rassistischen und nationalen Hass zu schüren. Wir könnten nicht akzeptieren, dass dem, was die einzelnen Charaktere in der Humoreske von Sándor Rózsa über Erziehung, Wirtschaft und andere Dinge sagen, ein Gewicht beigemessen werde, das geeignet sei, zum Aufruhr zu führen. In einer gereiften Gesellschaft gebe es einen gesunden Menschenverstand und auch Kritik, die an sich schon ein Gegengewicht bilden könne zu einer solchen Humoreske, gleich, ob es sich nun um einen guten oder einen schlechten Text handle.

Die Argumente, die sich mit den einzelnen Sätzen auseinandersetzten, hatten ebenfalls das Hauptziel, uns irgendwie aus der sinistren und exaltierten Stimmung und Atmosphäre herauszuführen. Ich versuchte damit zu argumentieren, dass die gesamte staatsanwaltschaftliche Einstellung falsch sei. Eine Humoreske werde von ihm mit Maßstäben gemessen, die allenfalls an Studien anzulegen seien. Einige inkriminierte Sätze führe er beispielsweise damit an, dass es sich um „die Situation in den Unternehmen, ihre Führung und ihre Perspektiven" handle. Aber darum gehe es überhaupt nicht. Was der Text erkennen lasse, sei nicht die gesellschaftliche oder politische Lage, sondern die Situation in einem Studentenzimmer. Es gehe dabei um einen Wortwechsel, der in einem Studentenzimmer entstehe, und auch für solche Wortwechsel typische, nicht salonfähige Ausdrücke würden nicht vorenthalten. Ich suchte zudem zu erklären, dass die staatsanwaltschaftlichen Ausführungen ein verzerrtes Bild abgäben, wenn er nur die Worte von Gru zitiere und nicht hinzufüge, was Laci darauf sage. Diesen Gedanken weiterführend, sollte später in der Mitteilung der Redaktion vom 10. Dezember zu lesen sein: *„[...] in den Dialogen der satirischen Schrift [...] zeichnen sich die Umrisse von zwei Standpunkten, zwei Denkweisen, zwei Weltanschauungen ab, und in einer Szene der Schrift gibt es zwischen den Personen, die diese zwei Typen repräsentieren, auch eine Rauferei."*

Wenn wir einen literarischen Text mit den Mitteln der Juristerei zu verstehen und zu werten versuchen, erzeugt dies vor allem einen grotesken Nebengeschmack. Juristischen Wertungen des Staatsanwalts kann nur mit juristischen Argumenten entgegnet werden. Es war jedoch keinesfalls sicher, dass dieser Weg in der gegebenen Situation einen Ausweg bot. Der Staatsanwalt berief sich auf die Verletzung der Punkte 1, 2 und 7 im ersten

Absatz des 52. Abschnitts des Pressegesetzes. Die drei Punkte sind in meinen Notizen nachzulesen, mit der Schreibmaschine abgeschrieben, mit meinen handschriftlich hinzugefügten Anmerkungen versehen. Der erste Punkt handelt von dem Fall, dass der Text eine Straftat gegen den Staat, das Volk oder Jugoslawiens bewaffnete Kräfte darstellt. Mir erschien evident, dass dies weit entfernt war von dem, was der Artikel „Mindennapi Abortusz" hätte anrichten können (wenn es denn zur Ausgabe der Zeitschrift gekommen wäre), aber die Disposition der Seelen unterstützte unsere Argumente nicht. Im zweiten Punkt geht es um falsche Nachrichten und Behauptungen, die die öffentliche Ordnung gefährden. Mein Argument hierzu war, dass die Humoreske erstens gar keine „Nachricht" oder „falsche Nachricht" enthalte; man pflege falsche Nachrichten nicht in Humoresken mitzuteilen. Dann versuchte ich zu analysieren, was juristisch unter „Behauptung" zu verstehen sei, und sprach davon, dass dieser Begriff keinesfalls in Zusammenhang mit den Dialogen und Zankereien in „Mindennapi Abortusz" gesehen werden könne. Ich weiß nicht wieso, doch dies war das einzige Argument, welches das Gericht gelten ließ. Der Gerichtsentscheid beruft sich nicht mehr auf Punkt 50/1/2. Der 7. Punkt handelt von der Ehrverletzung unserer Völker, der höchsten staatlichen Organe und unseres Präsidenten der Republik sowie ausländischer Würdenträger. Auch hier sprach ich über Unverhältnismäßigkeit, den offensichtlichen Mangel an Absicht, darüber, dass der Text nicht nur eine Sicht, eine Meinung darstelle, dass nichts darauf hinweise, dass es – wie es der Staatsanwalt sehe – sich um feindliche Propaganda handle. Einer der Charaktere spreche zwar über den Präsidenten der Republik, aber es weise nichts darauf hin, dass es sich um den jugoslawischen Präsidenten handle. Ich fügte hinzu, dass die mehrjährige Leistung des *Új Symposion* sich durchaus bemessen lasse und es jeglicher Grundlage entbehre, die Zeitschrift des Nationalismus zu bezichtigen. Ich schlug vor, hierzu die Meinung allgemein angesehener Intellektueller zu hören, die des Ungarischen ausreichend mächtig, aber der serbischen Literatur zuzurechnen waren, und empfahl Judit Salgó und Sava Babić (Übersetzer von Béla Hamvas).

In der Gerichtsverhandlung kam jeder zitierte Textausschnitt zur Sprache. Auf alle Details möchte ich hier nicht eingehen, vielmehr will ich nur zeigen, in welcher Richtung sich die Verteidigung entwickelte. Eine weitere Kleinigkeit sei angefügt, bei der ich von der Verlässlichkeit meiner Argumentation nicht ganz überzeugt war. Gru sagt an einer bestimmten Stelle, dass „Cérnas' in den Chefsesseln der Direktoren sitzen und sie jeweils die großen Gelder abheben". Dem Staatsanwalt nach handelt es sich hier um die Montenegriner, das heißt um die Crnagorianer – sie seien mit ‚Cérna' gemeint. Geht es um Kneipenlieder, so wird oft diskutiert, ob tatsächlich ausgesagt beziehungsweise gesungen wurde, was der Staatsanwalt behauptet. (Es war ja, wie wir im oben schon behandelten Fall sahen, nicht eindeutig, ob man Sava Klee oder König Peter hatte hochleben lassen oder welche Version des Liedes *„Dort drüben an der Theiß..."* in der Kneipe von Csernye in Wirklichkeit erklungen war.) Im Falle eines schriftlichen Textes ist es freilich um einiges schwieriger zu bestreiten, was ursprünglich ausgesagt wurde. Vorliegend schlug ich jedoch auch diesen Gedankengang ein. Ich zitierte Lajos Matijevics' Slangwörterbuch, laut dem die Straßenmädchen als „cérna" („Zwirne") bezeichnet werden. Dies nahm das Gericht dann auch zur Kenntnis. Aber war das hier wirklich die richtige Bedeutung? Sicher bin ich mir nicht. Immerhin passte jedoch zur Erfüllung meiner Aufgabe als Verteidiger, was ich hier anführte. Man müsste Sándor Rózsa fragen, woran er gedacht hat.

Wie in diesem Gerichtsbeschluss festgehalten ist, sagte Ottó Tolnai aus, dass die Zeitschrift sich immer auf der Linie des Völkerverständnisses bewegt habe, dass der Verfasser ein junger Student sei, dass es im Text um die Diskussion einer Hippiegruppe gehe, in deren Zusammenhang zwei verschiedene Standpunkte dargestellt würden. Der Autor habe nicht die Absicht, Hass zwischen den Völkern zu schüren.

Beide schlugen wir dem Gericht vor, das einstweilige Verbot aufzuheben.

Der Richter – er hieß Richárd Hübsch – hörte korrekterweise bis zum Ende an, was wir zu sagen hatten, nur hatte es dann keine Bedeutung. Aller Wahrscheinlichkeit nach war die Entscheidung bereits im Voraus getroffen worden – und dies nicht innerhalb der Gerichtsmauern. Im Beschluss steht, dass der Artikel „Mindennapi Abortusz" *„böswillig und unwahr die im Lande vorherrschenden gesellschaftlich-politischen Verhältnisse darstellt, desgleichen die Situation der ungarischen Volksgruppe, und die Ehre fremder Völker verletzt ..."*

Mit diesem Urteilsspruch ging es dann immer weiter abwärts. Es folgte das Verbot der Nummer 77; Grund war hier ein Beitrag von Miroslav Mandić mit dem Titel „Vers a filmről" („Gedicht über den Film"). Gegen Sándor Rózsa, Miroslav Mandić und Ottó Tolnai wurde ein Strafverfahren in Gang gesetzt. Ich lese die aufbewahrten Ausgaben des *Magyar Szó* (*Ungarisches Wort*). In der vom 17. Dezember heißt eine der Überschriften auf Seite 7: „Der Chef des *Jež* hat seinen Rücktritt eingereicht". Ein anderer Titel: „Die neuesten Entwicklungen des *Új Symposion* – Verfahren gegen den Chefredakteur?" Eine dritte Überschrift zitiert den slowenischen Politiker France Popit, dem zufolge „der BJK [Bund der jugoslawischen Kommunisten] eine starke und handlungsfähige Zentrale benötigt". Popit spricht vom „Versuch eines Staatsstreiches" (dies hatte man vergessen, Rózsa und Mandić anzuhängen), urteilt über den Kroaten Matica und führt aus, dass die „Nationalisten in Jugoslawien offensichtlich dazu neigen, mit der westlich orientierten politischen Emigration ein Bündnis einzugehen." Einen Tag später, am 18. Dezember 1971, titelt die fünfte Seite unter anderem mir „Einwände gegen das Jugoslawische Literaturlexikon", und in einer anderen Überschrift findet sich ein Satz von Aslan Fazlija, dem kosovo-albanischen Führer: „Die Anführer der nationalistischen Studententreffen ändern die Taktik". Ein weiterer Titel nimmt Bezug auf den Kosovo: „Im Kosovo verhandeln die für Ausfälle bestellten Richter an allererster Stelle die politischen Exzesse". In der Ausgabe der *Magyar Szó* vom 18. Dezember wird der Sitzung des Parteiausschusses der Provinz Vojvodina am meisten Platz eingeräumt. Die meisten, die das Wort ergreifen, berufen sich auf die 21. Sitzung des Vorstandes der BJK und deren Beschlüsse. Mirjana Jocić betont, dass „ein Brandherd des Nationalismus die

Intelligenz" sei, um dann das *Új Symposion* und die Zeitschrift *Umetnost* als konkrete Beispiele zu benennen. Miloš Radojčin zufolge kann „nur der lehren, der fortschrittliche Grundsätze verkündet". Aleksandar Fira – zu der Zeit lehrte er Verfassungslehre an der Juristischen Fakultät von Novi Sad – missbilligt die Trennung der Wissenschaft von Politik und Ideologie. Etwas später, am 30. Dezember erscheint im *Magyar Szó* das Kommuniqué des Redaktionsrates des *Híd* (*Die Brücke*), laut dem infolge der „Lockerung der redaktionellen Wachsamkeit" und „des Mangels an nötiger Prinzipientreue" auch fremde Ansichten widerspiegelnde Texte erschienen seien, von denen sich die Redaktion distanziere. Konkret wird der Gedichtzyklus *Kis Ázsia* (*Kleinasien*) von László Garai genannt. Wenige Monate später werden die Kurzfilme *Jönnek a nők* (*Die Frauen kommen*) von Žilnik und *Kereszt és csillag* (*Kreuz und Stern*) von Vicsek verboten.

Die Wellen der 21. Sitzung erreichten auch die Wände der Kneipen. Ein Freund von mir, von Beruf Fotograf, hat diese Veränderung mit seinen Aufnahmen dokumentiert. In einer Kneipe, die wir oft aufsuchten, gab es früher ein Landschaftsbild, das zwischen Werbung für Bier, einem ausgestopften Fasan und Coca-Cola-Reklame an der Wand hing. Nach der 21. Sitzung blieb der Holzrahmen, das Landschaftsbild aber wurde abgelöst von einer Fotografie, auf der Marx, Engels, Lenin und Tito rechtschaffen nebeneinander zu sehen waren. Die Reklame für Coca-Cola und Bier blieb hängen, auch nach der 21. Sitzung, ebenso der Fasan.

Ich erinnere mich an diese Zeiten. Jemand verriet mir, dass einer meiner Kollegen, er war Strafjurist, in der Parteiversammlung der Fakultät gefordert hatte, meinen Status zu überprüfen – das Verbot des *Symposion* stand damals gerade bevor. Wenige Monate später sagte der Ausbilder für militärische Vorbildung (der vielerlei Beziehungen hatte) in einer Sitzung des Fakultätsrates, nachdem wir über eine Sache geteilter Meinung gewesen waren, mit dramatischer Stimme, dass wir nicht überrascht sein sollten, wenn die Staatsanwaltschaft in Zusammenhang mit einem meiner Manuskripte auch gegen mich eine Untersuchung beginne. Seinen Worten zufolge war nämlich das, was ich verbreitete, eine „Hippiephilosophie". Eine solche muss, wie ich glaube, jemand in meiner Schrift *Divat és mítosz* (*Mode und Mythos*) entdeckt und dafür gesorgt haben, dass sich auch die Staatsanwaltschaft damit auseinandersetzte. Zu einem Verfahren kam es dann aber nicht. Eine Zeit lang durfte ich nicht an wissenschaftlichen Projekten teilnehmen, aber ich konnte ein Lehrbuch über internationales Privatrecht schreiben.

Es geschahen noch viel dramatischere Dinge. Die Maßstäbe verschoben sich. Auch das Maß für Mut sank um einiges nach unten. Überdies gab es noch viele, die auf eine Gelegenheit warteten, um Zeugnis abzulegen darüber, wie großartig die Beschlüsse der 21. Sitzung waren. Neue Möglichkeiten eröffneten sich kaum, die vorhandenen mussten weiter ausgeschöpft werden. So genügte im Falle des *Symposion* das Verbot nicht, es kam zu einem zusätzlichen Strafverfahren gegen die beiden Autoren Sándor Rózsa und Miroslav Mandić. Auch gegen Ottó Tolnai wurde ein Strafverfahren angestrengt. Er dachte nicht anders als wir, die übrigen Redaktionsmitglieder, aber er war ins Fadenkreuz geraten, weil er zur fraglichen Zeit gerade der verantwortliche Redakteur gewesen war. (Fünf Ausgaben zuvor war ich noch der verantwortliche Redakteur gewesen.) In diesen Verfahren konnte mir keine Rolle mehr zugeteilt werden. Nur einem praktizierenden Anwalt, der Mitglied der Anwaltskammer war, war es erlaubt, die Angeklagten zu vertreten, und eine solche Qualifikation besaß ich nicht. (Bei den Verfahren, die mit dem Verbot in Zusammenhang standen, war es für den Verteidiger hingegen keine Bedingung gewesen, praktizierender Rechtsanwalt zu sein.) Rózsa wurde von Slobodan Beljanski verteidigt, Mandić von István Koncz und Tolnai von Slavko Mišić.

Allgemein fand dann eine Angleichung der Standpunkte statt – und es wurden auch viele verschwiegen. Die Lage wurde daher schwieriger für die, die Beweise für ihren Patriotismus vorlegen wollten. Es gab niemanden, gegen den man als Verteidiger die richtige Position hätte einnehmen können. Möglicherweise hängt damit zusammen, dass „diferencijacija" (Differenzierung) zu der Zeit aufkam und zu einer Mode wurde. Viele haben es schon vergessen, doch in zahlreichen Gemeinschaften (auch in Arbeiterorganisationen oder „Organisationen für assoziierte Arbeit" ebenso wie in Parteiorganisationen) gab es bis in die Nacht hinein Sitzungen, in denen es galt, Abweichungen bei unterschiedlichen Standpunkten und Einstellungen aufzudecken. Insofern wären doch einige Gegner verfügbar gewesen. Das serbische Wort „diferencijacija" ging als „differenciáció" in die ungarische Sprache der Vojvodina über. Statt aber das euphemistische „diferenciran", also „differenziert" zu sagen, erinnere ich mich, dass wir bei dem Wort „hinausgeworfen" (ungarisch: „kidobott") blieben. In Zeiten aufgewühlter Stimmungen ist ein Mangel an Feinden inakzeptabel.

Hier möchte ich einem Exkurs ein Beispiel anbringen, das nahe an der heutigen Zeit liegt. Im Dezember 2001 konnte ich in Atlanta sehen, wie sehr Terroristen gebraucht werden. Seit dem 11. September 2001 zielen in Amerika (und nicht nur in Amerika) die eifrigsten polizeilichen und geheimpolizeilichen Träume in Richtung Terrorismus, weil gegen diesen Heldentum am glaubwürdigsten geworden ist. Natürlich will ich damit keinesfalls sagen, dass der Terrorismus keine ernsthafte Gefahr darstellt, so wie wir auch nicht sagen können, dass ungebremster Nationalismus keine ernsthafte Gefahr wäre. (Wir haben gesehen, was der Nationalismus in den neunziger Jahren in Jugoslawien verursacht hat.) Ich möchte lediglich solchen historischen Momenten eine Fußnote anfügen, in denen die jeweilige Ausrichtung eine derart dominante Rolle spielt, dass jedes Gefühl für Proportionen aus dem Blick gerät. Hier also Atlanta: Bereitschaften wurden immer mehr verstärkt, das Heldentum wurde vorweggenommen, die Wichtigkeit des Ganzen beschworen – und es kam nichts. Schließlich geschah es im Dezember 2001, dass ein unglückseliger Reisender am Flughafen von Atlanta vor der Rolltreppe seine Tasche vergaß. Er befand sich in Richtung Ausgang, und es war ihm nicht möglich, in die entgegengesetzte Richtung zu fahren, gibt es an dieser Stelle doch nur Rolltreppen nach oben. So blieb dem ungeschickten Passagier keine andere Wahl, als zu versuchen, auf der Rolltreppe in verkehrter Richtung nach unten zu laufen, wozu er mehrere Leute zur Seite stieß. Dies erregte großes Aufsehen – und da war sie, die Gelegenheit! Die Sicherheitsleute und ihre Vorgesetzten konnten endlich beweisen, dass sie auf der Hut waren, dass sie nicht weniger bedeutend waren als die New Yorker Polizisten oder die in Afghanistan eingesetzten Piloten. Es dürften ungefähr zehn an der Zahl gewesen sein, die sofort zur Stelle waren, den Störenfried zu Boden warfen und dort unter Handschellen festhielten, bis die Antiterrorismus-Einheiten erschienen, zudem auch das CNN. Fünf, sechs Stunden lang wurde der riesige internationale Flughafen Hartsfield gesperrt. Langsam stellte sich dann heraus, dass der gefesselte Passagier eigentlich nichts weiter als ein Trottel war. Man konnte jedoch den Gang, den man in Sachen Patriotismus und Heldentum eingelegt hatte, nicht mehr zurückschalten. Die Fernsehnachrichten ereiferten sich weiterhin über Terrorismus. Später wurde ein Entschädigungsverfahren gegen den Unglücklichen eingeleitet, hinzu kamen Ansprüche über viele Millionen Dollar, da die fünf-, sechsstündige Schließung des Flughafens einen großen finanziellen Schaden verursacht hatte. Ich weiß nicht, was aus dem Prozess wurde. Auch weiß ich nicht, wie man versuchte, zwischen der Ungeschicktheit des Passagiers (also der Begebenheit auf der Rollentreppe) und der Schließung des Flughafens eine Kausalität zu konstruieren. (Interessanterweise wird in solchen Fällen vehementer Übereifer nicht als einer der Faktoren eingestuft, die möglichen Schaden verursachen.) Wie schwach der tatsächliche Rückenwind auch gewesen sein mag, viele versuchten weiterhin ihre Segel daran auszurichten. Wie sich herausstellte, war der ungeschickte, einfach vergessliche Passagier gerade dabei gewesen, zu einer Sportveranstaltung zu eilen. Wenn ich mich richtig erinnere, handelte es sich um American Football. Ganz auf der Linie des unbeugsamen Patriotismus in seinem Kampf gegen den Terrorismus schlugen damals mehrere Klubinhaber vor, den Unglücklichen von Sportveranstaltungen auszuschließen. (Mir ist nicht bekannt, ob ein entsprechender Beschluss fiel, und wenn ja, wie er durchgesetzt wurde. Denn in Atlanta muss man keinen Personalausweis vorzeigen, um in eine Sportveranstaltung hineinzukommen.)

Um auf 1972 zurückzukommen: Es gab neue Urteile, und sie hatten nunmehr kein Verbot, sondern Gefängnis zur Folge. Sándor Rózsa erhielt drei Jahre verschärfter Haft, Miroslav Mandić ein Jahr Gefängnis. Ottó Tolnai wurde in beiden Fällen verurteilt, erhielt jedoch eine Strafe auf Bewährung und war somit nicht verpflichtet, die Haft anzutreten.

Ich möchte noch eine bizarre Kleinigkeit anfügen. Indem ich die Dokumente nun erneut lese, bemerke ich, dass das Datum am Ende des Urteils gegen Ottó Tolnai und Sándor Rózsa der 21. Februar 1971 ist. In Wirklichkeit wurde das Urteil ein Jahr später gefällt, am 21. Februar 1972. Ein Schreibfehler. Oder sollte es sich um eine im Stil von Sándor Rózsa und Miroslav Mandić gestaltete Performance handeln? Ein Beweis, dass es möglich ist, nicht nur die von der Logik, sondern auch die von der Zeit vorgegebenen Schranken zu verrücken? Jedenfalls wäre es ein Jahr früher, zu einer Zeit, als die Disposition der Seelen weniger exaltiert war, wohl kaum zu einem solchen Urteil gekommen.

Die Urteile waren von einer solchen Brutalität, dass sogar jene, die mit großer Geschwindigkeit vorangaloppierten, ein wenig innehielten und einen Blick zurückwarfen. Es gab auch Reaktionen aus dem Ausland. So gesellte sich Dobrica Ćosić (ein bekannter serbischer Schriftsteller, der Anfang der neunziger Jahre Präsident der Republik werden sollte) unter die Protestierenden, und er ist sicher nicht als ungarischer Nationalist zu bezeichnen. Ein Bekannter von mir am Gericht, der mich eine Zeit lang kaum hatte grüßen wollen, hielt mich eines Tages an und sagte, dass man die Episode mit der Fahne übertrieben habe. Weiter sagte er nichts. Zu der Zeit kam eine Geschichte auf, nach der die Untersuchungsbehörden in ihrem Eifer, den Nationalismus von Sándor Rózsa ans Tageslicht zu holen, aufdeckten, dass Alex einmal ein norwegisches Mädchen bei sich im Studentenheim zu Gast gehabt hatte. Außerdem hatte er – wohl ein Beweis für seinen Erfolg – das Handtuch des Mädchens auf das Fensterbrett gelegt. Auf dem Handtuch aber war die norwegische Fahne abgebildet. Es musste natürlich ein weiterer Aufhänger gesucht werden. Sándor Rózsa des norwegischen Nationalismus zu bezichtigen wäre nicht wirklich überzeugend gewesen. Auch schien das Argument einer feindlichen norwegisch-ungarischen Achse nicht gerade vielversprechend. Es gab noch eine weitere Version, nach der es sich um eine finnische Fahne gehandelt haben soll. Jedenfalls – und dies beweisen schon die Fakten – kreidete der Staatsanwalt Alex an, in Jugoslawien die Fahne eines fremden

Staates an öffentlicher Stelle (eigentlich auf der Terrasse des Studentenheimes) ausgehängt zu haben, was wohl auf ein jugoslawienfeindliches Verhalten hinweisen musste.

Das Urteil schockierte nicht nur die Verurteilten und viele andere Menschen, sondern brachte auch die Entscheidungsträger in Verlegenheit – dies nun, nachdem sich der Vorhang vor der Bühne der in Bewegung geratenen Perspektiven einen schmalen Spalt weit geöffnet hatte. Ein Beweis der Verlegenheit dürfte sein, dass Sándor Rózsa nicht einberufen wurde, um seine Strafe abzusitzen. Auch sein Reisepass wurde nicht eingezogen. Wahrscheinlich waren sie im Zweifel. Alex kam öfters zu mir, meine Wohnung war damals nicht weit vom Ufer. Wir unterhielten uns nicht in der Wohnung, sondern am Korso, an der Donau. „Gehen oder bleiben?" war das Thema. (Zwanzig Jahre später, während des jugoslawischen Bürgerkriegs, sahen wir uns alle mit dieser Frage konfrontiert.) Am Donau-Ufer brüteten wir über zwei möglichen Versionen. Die Situation ließ sich damit erklären, dass man eingesehen hatte, die Dinge übertrieben zu haben, aber vermeiden wollte, zurückzurudern, damit dies nicht als Zeichen der Schwäche gewertet wurde, und so schien es die beste Lösung zu sein, ihn ziehen zu lassen. Demgegenüber stand die Möglichkeit, dass dies alles nur Teil einer weiteren Intrige war mit dem Ziel, Alex dazu zu bringen, das Land zu verlassen, um ihn dann an der Grenze zu schnappen und ihm einen Fluchtversuch anzuhängen. Ich kann auch nicht ausschließen, dass es vielleicht noch eine dritte Erklärung gab. Doch handelte sich nicht um eine juristische Frage, und ich konnte keinen sicheren Rat geben. Wir nahmen nur die Möglichkeiten auseinander. Alex entschied sich dann zu gehen. Es hielt ihn niemand auf. Er beendete seine Studien in Deutschland und begann dort zu arbeiten. Nach jetzigem Stand, also 2014, lebt er in Ungarn. Er hat Probleme mit der Wirbelsäule und bewegt sich daher schwer. Wir telefonieren regelmäßig miteinander. Seine Energie ist ungebrochen, nur hat er die Richtung geändert und packt andersartige, unmöglich scheinende Aufgaben an: Er befasst sich heute mit dem Umweltschutz.

Enden möchte ich hier damit, dass ich Sándor Rózsa bat, noch während die deutsche Übersetzung dieses Buches in Bearbeitung war, auf Deutsch kurz niederzuschreiben, wie er Jugoslawien verlassen hat und was seitdem mit ihm geschehen ist. Dies sind seine Worte:

„1971 war ich Redakteur im ungarischen Kulturzentrum ‚Jugendtribüne' in Novi Sad. Namhafte Literaten (László Németh, Miklós Mészöly, György Konrád) waren unsere Gäste aus Ungarn. Sogar eine ungarische Universität sollte gegründet werden. Satirische Abende (‚Alex' Klöpfereien', Witzolympiade) sorgten für Heiterkeit. Ich trug Sandwich-Plakate im Studio B, wo gerade Gyula Illyés und Sándor Csoóri gastierten. Und dann plötzlich fand ich mich inmitten eines Schauprozesses gegen Új Symposion.

Nach dem Urteil harrte ich bis zum letzten Moment aus. Als ich aber das rechtskräftige Urteil in den Händen hielt, dachte ich, besser die Polizei nicht abwarten. (Später haben sie mich tatsächlich bei meiner Mutter gesucht.) Von Fluchtwegen aus Jugoslawien hatte ich keine Ahnung. Statt Triest wählte ich den Adriahafen Sibenik, wo ich mit der Fähre nach

Italien entkommen wollte. Es kam aber anders: Ich wurde mit Lebensmittelvergiftung in ein Krankenhaus eingeliefert.

Jeder Flüchtling hat einen heißesten Moment in seinem Leben: meiner war im Hafen Sibenik, wo der Grenzsoldat in seinem Heft meinen Namen gesucht hatte. War nicht drin. (Heute wissen wir: Sie ließen mich laufen. Der Fall war zu heikel.)

Dem Gefängnis bin ich zwar entkommen, aber die Qualen setzten sich fort: Ich irrte wie geistesgestört im Westen von Land zu Land. Ich konnte mich nicht entschließen, Asyl zu beantragen. Ich habe meine Heimat Jugoslawien geliebt und wollte treu bleiben. Ich ging sogar in eine jugoslawische Botschaft, um meinen Pass zu verlängern. Vergeblich. Als dann meine Papiere endgültig ausgelaufen waren, wurde ich gezwungen, in Deutschland Asyl zu beantragen. Mein Fall wurde in Zirndorf behandelt, ich wurde nicht nur freigesprochen, sondern sogar als Student gefördert. Danke, Deutschland!

1972 landete ich in einem ziemlich aufgerührten Land: In München wurden gerade die Attentate im Olympiadorf verübt, als ich da war. Später wurde im Kölner Stadtwald der Arbeitgeber-Präsident Hanns Martin Schleyer von der Roten Armee Fraktion gekidnappt. Die Schüsse konnte man sogar am Gürtel hören, wo ich wohnte. In Köln erlebte ich die letzten Wellen von 1968. Spartakisten wollten mich überzeugen, ich sei in ein falsches Land emigriert; warum bin ich nicht in die DDR gegangen, wo die Waffen in den Händen des Volkes sind? In der Volkshochschule liefen Diskussionen mit Daniel Cohn-Bendit, Heinrich Böll, der SSK (Sozialistische Selbsthilfe Köln). In die Umweltbewegung geriet ich über einen Kommilitonen Ulrich Kämper, wo wir die Katalyse-Umweltgruppe gründeten. Wir brachten das Buch ‚Chemie in Lebensmitteln' heraus, das zu einem Bestseller wurde. Später machte ich ‚Karriere' in der Kölner Umweltszene: Ich wurde Koordinator von etwa 15 NGOs. Die Umweltbewegung ist aber Anfang 1990 ausgelaufen: Wir haben ein Land gereinigt (riefen aber eine neue Industrie, die Entsorgungsindustrie, ins Leben) und die neuen Jungs kümmerten sich mehr um Männerparfüme als um die Ökologie. Nebenbei promovierte ich als Chemiker an der Universität zu Köln (S. Rózsa, Verbindungen K_2PdAs_2).

So wechselte ich nochmal die Heimat: 1994 zog ich nach Ungarn. Technisches Wissen und Erfahrung brachte ich mit, gründete die Sanfte Energie Stiftung und stellte ein Dutzend Energie-Hefte den Lesern kostenlos zur Verfügung (auch deutsch, s. Internet www.okobetyar.blog.hu). In Budapest traf ich nach 30 Jahren meinen Freund Tibor Várady wieder.

Internierungen und Hausdurchsuchungen

Im Ersten Weltkrieg und auf der Spur des Ersten Weltkriegs

Es gibt nichts, was einen Krieg besser vergessen lässt als ein weiterer Krieg.

Ich begann nach dem Zweiten Weltkrieg mit der Schule. Während meiner Grundschulzeit erinnerte ich mich daran, dass man vor Bombenangriffen in den Keller flüchtete, erinnerte mich an Bekannte, die sich auf unserem Dachboden versteckten, an einquartierte russische Soldaten, daran, dass ich im Garten Gewehrkugeln fand, gegenüber vom Schweinestall. Vor allem an die Anspannung erinnerte ich mich, an Angst. Dann, in den Jahren nach dem Krieg, wurde die Angst weniger, es ging weiter mit dem Schlangestehen und der Sparsamkeit, es blieben weiterhin die zerstörten Häuser bestehen, und gelegentlich kam Begeisterung auf, wenn sich herausstellte, dass irgendein Verwandter, über dessen Schicksal uns nichts mehr bekannt gewesen war, den Krieg überlebt hatte. Ich nehme an, dass meine Eltern sich in ähnlicher Weise an den Ersten Weltkrieg erinnert haben. Er bot obendrein eine ganze Zeit lang sicherlich wichtigen Gesprächsstoff, doch der neue Krieg gab jeglicher Relevanz einen neuen Zuschnitt. Im Alltag spielte keine Rolle, dass es auch früher einen Krieg gegeben hatte. Übrigens waren sowohl mein Vater als auch meine Mutter zwei Jahre vor dem Ersten Weltkrieg auf die Welt gekommen, ich wiederum zwei Jahre vor dem Zweiten Weltkrieg. Später änderten sich diese zeitlichen Abstände: Meine Söhne wurden zehn bis zwölf Jahre vor den jugoslawischen Kriegen geboren. Mein älterer Enkel ist heute zehn. Wir werden sehen.

Es war natürlich kein Geheimnis, dass der Erste Weltkrieg unser Schicksal vorgezeichnet hatte, nur geriet durch den neuerlichen Krieg alles in viel größere Entfernung, als wenn die Dinge sich vier, fünf Jahre in Frieden weiterentwickelt hätten. Dies war ein weiterer Grund für mich, nach Akten zu forschen, die den Alltag des Ersten Weltkriegs dokumentieren. Im Laufe eines Krieges gibt es Nichtalltägliches, das zum Alltäglichen wird. Dazu zählten auch die Internierungen, eingeführt mit dem Gesetz Nummer L, Paragraph 10 aus dem Jahr 1914. Mein Großvater verteidigte mehrere Banater Serben, die die ungarischen Behörden im Laufe des Ersten Weltkriegs internierten (oder zu internieren sich bemühten). Viele Betschkereker Serben haben ihn dafür in Erinnerung behalten.

Die hier beigefügte Illustration ist 1930 in einer Betschkereker Publikation erschienen. Der Verfasser des Buches ist Uroš Jovanović, der Titel des Abschnitts V. heißt „Die großen Freunde und Verteidiger der Internierten". Neben Angaben zum Lebenslauf schreiben sie über meinen Großvater: *„Er übernahm freiwillig die Verteidigung jener Internierten, die des Landesverrats angeklagt waren, und er verteidigte sie mit Erfolg."*

Später, nach dem Friedensvertrag von Trianon, half die Verteidigung der Internierten meinem Großvater viel, um wieder im Interesse einer Minderheit (vordem eine Mehrheit) aufzutreten. Als er nämlich zwischen den zwei Kriegen darum bemüht war, bestimmte ungarische Interessen zu verteidigen und sich beispielsweise für den Erhalt einer ungarischen Schule einsetzte, steigerte es die Erfolgsaussichten, dass dieses Anliegen von jenem kam, der dereinst serbische Internierte verteidigt hatte.

Mehrmals habe ich versucht, die in Zusammenhang mit den Internierungen stehenden Dokumente zu finden – mit wenig Erfolg. Ich erinnere mich schwach, dass irgendwann, ich war Gymnasiast, ein serbischer Historiker sich die Akten ausgeliehen hatte – und möglicherweise nicht zurückgegeben hat. Es kann aber auch sein, dass dem nicht so war, und dass die Akten vorhanden, inzwischen jedoch an einen Platz geraten sind, der sich unter den mehr als zehntausend Aktenbündeln der archivarischen Logik entzieht. Ich habe darauf gewartet, dass sie trotzdem zum Vorschein kommen.

Hausdurchsuchungen während des Ersten Weltkriegs

Zwischenzeitlich sind doch noch einige Dokumente aufgetaucht. Gerade lese ich sie während der Bahnfahrt von Budapest nach Wien. Wir befinden uns im März 2013. Nächstes Jahr ist es einhundert Jahre her, dass der Erste Weltkrieg und die Internierungen begannen. Genauso wie vor einhundert Jahren benötigt man jetzt zwischen Budapest und Wien keinen Reisepass. Der Zug ist gestopft voll. Um mich herum lesen mehrere Leute *Die Presse*, Ausgabe vom 23. März. Ich auch. Auf der ersten Seite – und nicht nur dort – ist die Finanzkrise auf Zypern das Hauptthema. Da steht, dass auf Zypern die Bargeldwirtschaft zurückgekehrt ist. Außer Bargeld wird dort nichts angenommen, weder in Restaurants noch an Tankstellen. Mir gegenüber sitzt eine blonde Dame im grauen Pullover. Auch der Schal, den sie trägt, ist grau. Wechselweise liest sie über die zyprischen Ereignisse, die den Euro und die Banken bedrohen, dann wieder in einem weiß gebundenen Buch. Indem ich den Deckel meines Laptops herunterklappe, sehe ich auch den Titel ihres Buches: *Geh, wohin dein Herz dich trägt*. Auch ein anderer Mitreisender mir gegenüber liest eine deutschsprachige Zeitung, aber nicht *Die Presse*. Ich kann den Namen der Zeitung nicht sehen. Auch sehe ich nicht, was er gerade liest, doch auf der mir hingewandten Seite des Blattes prangt ein Artikel über den neuen Papst Franziskus, der vor etwas über einer Woche gewählt worden ist.

Ein neuer Papst war vor einhundert Jahren ebenfalls ein wichtiges Thema. Einen in einem alten Aktendeckel gefundenen Zeitungsartikel habe ich bei mir im Zug, geschrieben zur Zeit der Internierungen (von den Internierungen ist in ihm jedoch nicht die Rede). Der Artikel handelt von Papst Pius X., der kurz nach Ausbruch des Weltkriegs in der Nacht vom 19. auf den 20. August 1914 im Morgengrauen verstarb. Noch wenige Monate zuvor hatte ihn der Botschafter der Monarchie gebeten, die Waffen der Armee zu segnen. Der Papst hingegen hatte geantwortet, dass er nicht den Krieg segne, sondern den Frieden. Ich glaube, diese Antwort des Papstes war durchaus vorhersehbar gewesen. Es kann natürlich sein, dass der Botschafter (ich weiß nicht, ob er Österreicher war oder Ungar) es auch so zu einer Belobigung brachte, weil er um etwas gebeten hatte, das das Ansehen der österreichisch-ungarischen Streitmächte steigerte (oder gesteigert hätte). Die Maßstäbe für Belohnungen sind häufig dehnbar, und jene, die sich im Wettbewerb um Belobigungen oder Boni befinden, sind natürlich bemüht, auf die Wettbewerbsbedingungen Einfluss zu üben. Es ist nicht gleichgültig, ob anhand der gestellten Anforderungen oder der erzielten Ergebnisse bestimmt wird, wer jeweils der Held ist. Sind die Maßstäbe geschickt gestaltet und gelingt es, sie dem öffentlichen Bewusstsein einzuprägen, so haben Unternehmensführer ein Anrecht auf einen Bonus, auch wenn sie gerade dabei sind, während einer Krise den Abhang steil nach unten zu rasen. Und den Lorbeer des Erfolgs dürfen auf diese Weise auch jene nationalen Politiker tragen, die nichts erreichen, aber begeisterte Ansprüche vertreten.

Um auf die Internierungen zurückzukommen: In einer Schublade abgelegt habe ich drei Dokumente in altem Format gefunden, auf denen die Ergebnisse von Hausdurchsuchungen, durchgeführt im Jahre 1915, festgehalten sind. Vermutlich stehen sie in Zusammenhang mit den Internierungen. Die Protokolle enthalten das Verzeichnis und die Übersetzung der beschlagnahmten Schriften. Aus den Papieren lässt sich folgern, dass alle drei Hausdurchsuchungen bei intellektuellen serbischen Familien durchgeführt wurden.

Es ist ein eigenartiges Gefühl, sich jetzt vor das gleichsam grob geschnitzte Guckloch zu stellen, durch das man sehen kann, was vor einhundert Jahren auf dem Bücherregal, dem Schreibtisch oder in den Schubladen eines Mitglieds der Banater serbischen Minderheit zu finden war. „Anreizung zum nationalen Hass" beziehungsweise „Vereinigung zum Zwecke der Autoritätsbeleidigung" hießen die Straftaten, deren Vorwurf Anlass gab, die Hausdurchsuchungen anzuordnen. In einer Reihe von Fällen führten solche Bezichtigungen auch zur Internierung. Einer der Angeklagten, bei dem eine Hausdurchsuchung durchgeführt wurde, sah sich zudem der „Straftat der Brandstiftung" verdächtigt, doch können die beschlagnahmten Bücher und Schriften schwerlich mit Brandstiftung im wörtlichen Sinne in Zusammenhang gebracht werden.

Es ist merkwürdig, das Schicksal und die Rhetorik der serbischen Minorität zusammen mit den spezifisch gefärbten Formeln, die dem eigenen Schutz dienten, aus derartiger Nähe zu betrachten – und all dies in einem Umfeld, in dem ich dann später als Angehöriger der ungarischen Minderheit aufgewachsen bin. Es ist natürlich auch seltsam, dies gerade anhand der Protokolle von Hausdurchsuchungen zu beleuchten. Die Eltern meiner serbischen Altersgenossen wurden noch zu Zeiten der Monarchie geboren, aber auch sie dürften an diese Zeit nur Kindheitserinnerungen gehabt haben. Die Großeltern haben wohl mehr darüber gewusst, was es bedeutete, der serbischen Minderheit in Betschkerek oder Kikinda anzugehören. Doch entweder gaben sie dies den Enkeln nicht weiter, oder die Enkel hielten es für nicht interessant genug, um es zur Sprache zu bringen, wenn wir als Gymnasiasten oder Studenten im Kaffeehaus Rózsa über Geschichte diskutierten.

Das Ergebnis der ersten bei Frau Cserdomir Terzin durchgeführten Hausdurchsuchung war eine 17 Seiten starke Liste. So beginnt die erste Seite (Übersetzung aus dem Ungarischen):

„Königliche Staatsanwaltschaft, Kikinda
Nummer 3975
K.Ü. 1915

Der Inhalt der Briefe und Bücher der wegen der Straftat einer Konspiration zur Majestätsbeleidigung und der Straftat der Anreizung beschuldigten Frau Csedomir Terzin, geborene Mária Prandity:
Unter 1) Den hier registrierten Brief richtete Csedomir Terzin an seine Frau, die Beschuldigte. Der Inhalt ist der folgende:
Sollte es zur Einquartierung von Soldaten kommen, kümmere dich darum beziehungsweise rufe Pál Pollák zur Stelle, und er soll sagen, dass er das Zimmer zur Miete hat. Ich schreibe ihm auch. Er soll mit dem Geschworenen UNTERREINER sprechen, dass er vom Militär Euch niemand zuteile, weil Ihr auf Euch gestellt seid. – Am besten wäre, es mit jemandem zu besprechen, und wenn sie kommen, muss man sagen, dass das Zimmer vermietet ist und dass auch das Vorzimmer vermietet ist. – Das Tor muss immer verschlossen sein und auch am Fenster darf man sich nicht zeigen. – ...
Unter 2) ist auf der Postkarte MILE NIKOLITS abgebildet, der Komitácsi ist.[8] Der Inhalt der Postkarte ist Folgender:
/: Fotografie:/ Zum Andenken für die gnädige Frau MÁRIA TERZIN von Mila Komitacsi, Vrnyacska Banya/: Serbien:/ 19.VII.1914–
Unter 3) ist auf der Ansichtskarte abgebildet VÁSZA SZTAITY, MILETA JAKSITY, VELYKÓ PETROVITS
Gedruckt in der Buchhandlung von Czvejánovits in Belgrad."

Ich nehme an, dass sich der Staatsanwalt auf diese Protokolle stützte und mein Großvater als Anwalt von jenen Schriften eine Kopie erhielt, die seinen Schützling belasteten. Die Listen dürfte aber ein Beamter zusammengestellt haben, der selbst keine Einordnung vornahm, nur sammelte, damit der Staatsanwalt später auswählte, was er für belastend hielt. Die Auflistungen sind darum weiter gefasst (und eigentlich interessanter). Es ist Krieg. Das Versprechen der ungarischen Regierung, die gemusterten Soldaten dürften bis Weihnachten 1914 nach Hause zurückkehren, weil bis dahin alles entschieden sei, erfüllte sich nicht – dies hatte sich 1915 bereits geklärt. Nichts hatte sich bis Weihnachten 1914 entschieden und auch nichts im Jahr 1915, als noch beide Seiten sich selbst als den zukünftigen Sieger betrachteten. Auch die Büroangestellten vertrauten darauf und waren der Meinung, dass der Krieg ihre Arbeit nicht sinnlos mache, sondern aufwerte. Ich weiß nicht, ob das zitierte Schreiben von Csedomir Terzin (Čedomir Terzin) ein Punkt der Anklage war oder nicht. Die Praktiken, mit denen man

---

8 Anm.: Als Komitácsi wurden die Mitglieder der freien serbischen Truppen bezeichnet.

sich bemühte, Einquartierungen abzuwenden, waren auch in unserer Familie nicht unbekannt – nur setzten wir sie etwas später ein, während der deutschen Besatzung und zur Zeit des Einmarsches der sowjetischen Streitkräfte.

Unter Punkt 9 der gelisteten Schriften ist ein Brief von Vasa Stajić aufgeführt. Er ist sehr kurz, ich gebe ihn hier wieder:

„Unter Punkt 9 schrieb VÁSZA SZTÁJITY an Frau CSEDOMIR TERZIN am 25. Mai aus Ragusa. Der Inhalt ist der folgende:
Von Herzen Grüße an Dich MÁRÓ und an UGLYESA von diesem schönen serbischen Boden.
Euer VÁSZA"

Wahrscheinlich erregte es die Aufmerksamkeit der Staatsanwaltschaft, dass Vasa Stajić in Dubrovnik den „schönen serbischen Boden" sieht. Die Zugehörigkeit von Ragusa (Dubrovnik) taucht auch in einem anderen Dokument auf. Unter den beschlagnahmten Büchern befindet sich eine Textsammlung, die aus den Schriften der „Pouka" („Lehre") genannten Vereinigung des Gymnasiums in Šabac (Schabatz) zusammengestellt ist. In einer der in ziemlich radikalem Ton verfassten Schriften wird unter anderem die Erwartung formuliert, dass *„sich die Stadt Dubrovnik vollständig von den Kroaten befreien"* könne.

Der Name Vasa Stajić erscheint in den Schriften öfters. Auch seine Frau kommt darin vor. Gemäß Punkt 17 eines der Beschlagnahmungsinventare schrieb „MILICZA SZTÁITY am 11. Juni 1914 an CSÉDA TERZIN" einen der Briefe. Hinzugefügt ist die Information für den Staatsanwalt: „MILICZY SZTÁJITY ist die geschiedene Ehefrau des VASZA SZTÁITY".

Wenn ich mich richtig entsinne, hatte Vasa Stajić zuallererst als Straßennamen eine Bedeutung für mich. Eine der elegantesten Straßen in Novi Sad trägt diesen Namen. Beide Seiten der Straße sind von prächtigen Bäumen gesäumt. Im Sommer berühren sich die Kronen. In kommunistischen Zeiten befand sich dort auch der Sitz des städtischen Parteiausschusses. Vaja Stajić war einer der markantesten Intellektuellen der serbischen Minderheit. Er studierte Philosophie und Jura, 1902 legte er sein Diplom in Budapest ab. Er dürfte wohl Ungarisch ebenso gesprochen haben wie die ungarischen Intellektuellen meines Alters in der Vojvodina Serbisch sprachen, doch nunmehr scheint es, als hätte sich diese Tatsache von dem Bild, das von ihm entstanden ist, abgelöst.

In den Listen der beschlagnahmten Schriften weiter blätternd, halte ich inne bei einem Buch mit dem Titel *Die serbische Rasse und ihre Heimatliebe*. Dieses Buch dürfte im Jahre 1915 Verdacht erregt haben. Die Kapitelüberschriften sind übersetzt, und im Protokoll ist auch eine kleine Rezension seitens der Behörden zu lesen, die die Hausdurchsuchung angeordnet hatten: *„Der Inhalt dieses Buches propagiert, genauso wie auch das Buch unter Punkt 19, die Liebe des serbischen Volkes zur Rasse, seine Anhänglichkeit*

INTERNIERUNGEN UND HAUSDURCHSUCHUNGEN

gegenüber der serbischen Heimat und dass sie dadurch groß gemacht werde. Sein Ziel ist, die gesamten, innerhalb und außerhalb der serbischen Grenzen lebenden serbisch-sprachigen Völker zu versammeln und für die Vereinigung und die Realisierung der großen serbischen Ideale zu gewinnen." Unter den gelisteten Büchern ist detailliert der Inhalt des Kalenders der Matica Srpska von 1914 beschrieben.[9] Darin gibt es außerdem noch Untertitel, wie „Über die Sternenkunde", Seite 15–25, oder „Antialkoholischer Artikel und Gleichnisse", Seite 63–70.

Ich weiß nicht, ob derjenige, der das Inventar der verdächtigen Schriften zusammengestellt hat, wohl wusste, dass die Matica Srpska in Budapest gegründet worden war. Sie war dazu berufen, die serbische Sprache und Kultur in Ungarn zu erhalten und zu pflegen. Indem ich mich zwischen den Ereignissen vor einhundert Jahren und denen der Gegenwart hin und her bewege, möchte ich anmerken, dass mir heute per E-Mail eine Einladung zur Feier der Preisverleihung der Matica Srpska am 15. April 2013 zugegangen ist. Unter den Geehrten ist „eine Gruppe montenegrinischer Sprachlehrer, die der Unterdrückung der serbischen Sprache widerstanden hat". Vor einigen Jahren hat die Verfassung Montenegros die montenegrinische Sprache zu einer eigenständigen Sprache erklärt. Es war umstritten (und ist es noch immer), ob es neben dem Serbischen eine montenegrinische Sprache gibt. Es wäre natürlich auch gut zu wissen, was die Meinung der montenegrinischen Sprachschützer über den Preis der Matica Srpska ist.

Ich bewege mich im Geist wieder zurück zu den Hausdurchsuchungen vor einhundert Jahren. Es findet sich in einem der Protokolle unter Punkt 5 folgender Brief zitiert:

```
Az 5. alatt :
RAMADANSZKI PÉTER levele GRUITS GYÖRGYHÖZ 1910. évi február hó 22.
én hely megjelölése nélkül keltezve.-
    300 menykő és 500 kín ! Magam sem tudom mire cimezzem ezt, mert oly
izgatott vagyok, hogy kivülleg az egész vilgot kedvem volna fel pofozni,
különösen a magyar bürokrációt, hogy az ördög vigye el. Képzeld a szem-
telenséget ! az ügyedet valamiképen folyó hó 15.-én letárgyalták, azután
egy ismerősömmel elmentem a kultuszminisztériumba de kérvényedet sehol
sem találták........
```

---

9 Anm.: Matica Srpska = „Serbische Stammmutter", der Name eines bedeutenden serbischen Kulturvereins.

53

„Der Brief von PÉTER RAMADANSKI an GYÖRGY GRUITS, am 22. des Monats Februar im Jahre 1910 entstanden, ohne Ortsangabe.–
300 Donnerkeile und 500 Qualen! Ich weiß selbst nicht, wohin ich dies adressieren soll, weil ich so erregt bin, dass ich, außer mir, Lust hätte, die ganze Welt zu ohrfeigen, besonders die ungarische Bürokratie, dass sie der Teufel hole. Stell Dir die Frechheit vor! Deine Angelegenheit haben sie am 15. des laufenden Monats irgendwie verhandelt, danach bin ich mit meinem Bekannten ins Kultusministerium gegangen, aber Deinen Antrag haben sie nirgends gefunden ..."

Der Name György Gruits kommt in mehreren Schriften vor. Ich sehe, dass er Lehrer war. Die Beschlagnahmung der Schriften richtete sich dagegen wider den „der Straftat der Brandstiftung verdächtigten Péter Gruity". Vermutlich waren sie miteinander verwandt, vielleicht Vater und Sohn, und ihr Nachname nannten sich wahrscheinlich „Grujić", ein Name, den man auf Ungarisch mal mit „Gruits", mal mit „Gruity" auszudrücken versuchte. Auf der Suche nach einer Beziehung zu einem auch mir bekannten Terrain kommt mir in den Sinn, dass mein Vater einen Anwaltskollegen hatte, der Grujić hieß. Es ist ziemlich wahrscheinlich (wenn auch nicht sicher), dass es sich um die gleiche Familie handelt. Der Anwalt Sava Grujić und seine Frau, die Ärztin war, kamen an Weihnachten regelmäßig zu uns und wünschten uns auf Ungarisch gesegnete Feiertage. Auch wir gingen zu ihnen anlässlich des serbischen Weihnachtsfestes, und mein Vater brachte mir bei, dass es sich bei dieser Gelegenheit gehörte, auf Serbisch „Hristos se rodi" zu sagen. Vielleicht spielt auch diese Vermischung von Erinnerungen eine Rolle dabei, dass es mir schwerfällt, an die Brandstiftung zu glauben.

Unter den bei der Familie Gruits beschlagnahmten Schriften befinden sich die Aufzeichnungen von György Gruits über die serbische Sprache. Eigentlich handelt es sich um Zitate, die György Gruits (oder auch Đorđe Grujić) aus verschiedenen serbischen, ungarischen und deutschen Texten ausgewählt hatte. Ein Zitat führt an, wie viele slawische Wörter es in der ungarischen, rumänischen, neugriechischen und der Zigeunersprache gibt. Einem anderen Zitat nach hat die Sprache der mazedonischen Slawen „serbische Züge und die serbische Sprache bildet ihre Basis". Dem als Miklós Pomázev ausgewiesenen Autor nach ist „die serbische Sprache mächtiger als das Italienische, aber auch nicht ärmer als das Griechische." Auch im Kreise anderer Minoritäten ist das sorgfältige Sammeln von Bausteinen, die der Stolz hervorbringt, nicht unbekannt, möchte man doch etwas haben, mit dem die Identität aufgebaut werden kann.

Ich zitiere noch einen Gruits-Text. Es ist der anlässlich einer Festansprache im Serbischen Industriellenverein vorgetragene Redetext. (An dieser Stelle ist der Name György „Druity" angeführt und nicht György Gruits. Gelegentlich machten auch die Beamten der Monarchie Fehler.) Ein Teil des Textes wurde durch die Behörden im Jahre 1915 übersetzt. Hier gebe ich ihn in deutscher Übersetzung wieder:

„Unter 10.
Die in der serbischen Industriellenvereinigung zu haltende Festansprache /: Geschrieben von György Druity: /

"Ja, wir haben schon alle möglichen Tage erlebt und auch der heutige Tag ist ein Tag, der das Schicksal unseres Volkes ausrichtet. Nur, dass alle solchen Feiern nach einem bestimmten Muster funktionierten. Auf diesen Feiern wurde die Trübsal zu einer tief verwurzelten Gewohnheit, mit dem Gedenken an den einstigen Ruhm, an die Kosovoer Heldentaten, und mit Hinweisen auf die Hoffnung, dass auch am Himmel des serbischen Glücks die teure Morgendämmerung der Zukunft aufgehen wird und danach die Sonne dauerhaft auf die Serben scheinen wird können. Nach Anhörung von solchem wurde es zur Gewohnheit, dass die Wehmut in die Melodie des Lobes überging, bis dann die Zuhörerschaft nach dem Vorangegangenen sich dem Vergnügen hingab … Aber wozu das alles, wenn es bei uns mehr oder minder so ist, wie wir das auch wissen, weil wenn es anders wäre, würden wir einheitlich und durchschlagend aufschreien ‚Würge mich nicht!'. Entschuldigung für die vielleicht starke Ausdrucksweise, doch auf mich haben unsere Feiern diesen Eindruck ausgeübt. Absichtlich lehne ich die Traditionen ab, lehne den Kosovo ab und lehne diese Belobigungen ab und bringe nur die Tatsachen auf, die unsere Zukunft erschaffen. Lasst uns die Tatsachen anerkennen und uns selbst nichts vorschmeicheln mit Lügen …"

Es wäre interessant zu erfahren, wie viele Mitglieder der serbischen Industriellenvereinigung vor 100 Jahren damit einverstanden waren, dass man die Kosovo-Rhetorik hinter sich lassen sollte – und ob sich seitdem ihr Anteil verändert hat.

Ansonsten weiß ich nicht, wer Recht hat im Zusammenhang mit dem Kosovo – oder sagen wir, im Zusammenhang mit dem Baskenland, der Krim-Halbinsel, Südossetien, Abchasien, Schottland oder mit anderen Regionen. So viel habe ich aber in Serbien gesehen, dass die immer wiederkehrenden Flutwellen des Kosovo-Mythos immer wieder neue Bereiche erfassen. In den Milošević-Jahren wurde die Schlacht von Kosovo zum zentralen Schlagwort. (Die Schlacht fand 1389 statt, der große Bühnenauftritt von Milošević war am Tage der 600-Jahresfeier, im Jahr 1989). Dann fand sich der Türke wieder zwischen die Symbole gespült, in Feindgestalt. Die neue Flutwelle erreichte auch die Sprache und wusch solche grundlegenden Ausdrücke weg wie zum Beispiel „türkischer Kaffee". Dieser Kaffee war eigentlich charakteristisch für serbische Haushalte im Banat (und auch in Belgrad), außerdem galt er als eines der Symbole für anständiges Benehmen. Ein anständiger Mensch bot einem Besucher – auch wenn der Besuch in einem Büro stattfand – einen Kaffee an, für gewöhnlich eben einen türkischen Kaffee. Aber nach 1989 mutierte das Wort „türkisch" zu einem feindlichen Symbol. Die Weisheit des György Gruits (das heißt Đorđe Grujić) wurde von Milošević nicht fortgeführt. Er versuchte nicht, über den Kosovo-Mythos hinwegzukommen, sondern baute seinen politischen Aufbruch darauf auf. Jedes Ziel, jeden Glauben platzierte er in das Koordinatensystem des Kosovo-Mythos. Opponierenden wurde gleichsam der traditionelle Dolman eines Feindes übergezogen, und dieser Überwurf konnte – der Logik der Kosovoer Opposition zufolge – nur ein türkischer sein. Immer öfter bezeichneten patriotische Zeitungen die gegnerischen Bosniaken als Türken. Ich sehe, dass auch lange nach dem Krieg, im April 2013, Ratko Mladić vor dem Haager Gerichtshof einen bosniakischen Zeugen beschimpft, indem er dessen Mutter als Türkin bezeichnet. So ist es nicht ohne Logik, wenn in der Atmosphäre der Milošević-Losungen der Kaffee, den im Übrigen das serbische Volk (ebenfalls) als etwas Ureigenes kannte, nicht „türkischer Kaffee" bleiben durfte. Selbst Milošević wagte nicht so weit zu gehen, dass er versuchte hätte, einen anderen Kaffee „einzubürgern", aber der Name wurde ausgegrenzt. Ende der achtziger, Anfang der neunziger Jahre kam die Umbenennung in „serbischer Kaffee": „srpska kafa". Auch die Speisekarten wurden geändert. Überdies schalteten sich die Bosniaken in den Wettkampf ein: Als ich Anfang der neunziger Jahre einmal in Sarajevo türkischen Kaffee bestellen wollte, sah ich, dass auf der Speisekarte „bosanska kafa" stand. Anfügen möchte ich noch, dass auch die nicht abschwellenden griechisch-türkischen Spannungen die Frage des Kaffees nicht verschonten. Ich habe gelernt, dass es beleidigend ist, wenn ich vor einem Griechen als türkischen Kaffee bezeichne, was er als griechischen Kaffee kennt. Mit dem Abgang Milošević' beruhigten sich die Gemüter. Die Bezeichnung „Srpska kafa" erschien immer mehr als etwas Hitzköpfiges, doch eine vollständige Umkehr wäre ein wenig unangenehm gewesen, und so kam als Überbrückung die Lösung „domaća kafa" (Kaffee des Hauses) zustande, wie es jetzt in den Speisekarten heißt. Der Kaffee selbst war dabei stets der gleiche. Die Banater Ungarn – und auch die wenigen verbliebenen Deutschen – sind hingegen beim „türkischen Kaffee" geblieben. Natürlich haben wir ihn wahrscheinlich irgendwann von den Serben übernommen. Vielleicht wäre auch Đorđe Grujić bei „turska kafa" geblieben.

Eine Internierung, eine Erklärung und Dankeszeilen

Ich habe diesen Text damit begonnen, dass ein neuerlicher Krieg (der Zweite Weltkrieg) den vorherigen (den Ersten Weltkrieg) hat vergessen lassen. In einigen Akten sehe ich, dass Zögern und Abwarten von einem Krieg zum nächsten andauert. In mehreren Fällen ist die Ehefrau erst nach dem Zweiten Weltkrieg darum bemüht, den im Ersten Weltkrieg verschollenen Ehemann für tot erklären zu lassen. Bis dahin ging noch irgendwie weiter, was im Ersten Weltkrieg begonnen hatte: Ängste, Rätselraten und die Hoffnung, dass vielleicht doch ... Dann gestaltete sich aufgrund des neuen Sturms alles derart um, dass man nicht mehr in sich selbst die Kraft aufbringen musste, um sich mit den Dingen auseinanderzusetzen. Wenn man um sich blickte, deutete alles darauf hin, dass es Dinge gab, die jetzt endgültig vorbei waren. Darunter auch Leben.

INTERNIERUNGEN UND HAUSDURCHSUCHUNGEN

Vielleicht war es das, was Ágota Deák spürte, als sie im September 1948 meinen Vater bat, ein Verfahren in Gang zu bringen, um ihren Mann für tot zu erklären. In der Eingabe sehe ich, dass Ferenc Deák aus Torda, geboren 1883, Bauer gewesen war, zu Beginn des Ersten Weltkriegs gemustert wurde und 1916 in russische Kriegsgefangenschaft geriet, „seitdem gibt es keine Nachricht von ihm, anzunehmen, dass er gestorben ist". Auf gleiche Weise beginnt Anna Zónai im Jahre 1949 ein Verfahren. Ihr Mann József Zónai war in Felső Muzslya (deutsch: Muschla) Landwirt gewesen, geboren 1881; auch er wurde an die russische Front gebracht und geriet in Sibirien in Kriegsgefangenschaft, eine Nachricht von ihm gab es zuletzt im Jahre 1919. Die Todeserklärungen wurden ausgestellt.

Auch im Zusammenhang mit den Internierungen habe ich ein Schriftstück gefunden, das nach dem Zweiten Weltkrieg verfasst wurde. Von allen Schriften, die aufgetaucht sind, lassen sich in diesem Dokument, einer Erklärung vom 31. Mai 1951, die Internierungen während des Ersten Weltkriegs am unmittelbarsten, geradezu aus nächster Nähe betrachten. Die Erklärung hat mein Großvater geschrieben. Sein unmittelbares Ziel war es, Dr. Marko Nedeljković zu helfen, seine Rechte als Behinderter auch bei den neuen Behörden nachzuweisen. Es handelte sich um den Verlust seiner Sehkraft. Bei der Beschreibung ist das Serbische meines Großvaters zwar nicht fehlerfrei, doch zu verstehen. Er schreibt, dass Nedeljković vom Militärdienst „bez očnjeg vida" zurückgekehrt sei, was übersetzt in etwa „ohne Augenlicht" heißt. Daraus könnte man schließen, dass er erblindet, aber vermutlich nur vorübergehend seines Augenlichtes verlustig gegangen ist oder seine Sehkraft vielleicht doch dauerhaft geschädigt war. Einen weiteren Hinweis darauf bekommen wir aus den handschriftlich angefügten Sätzen von Marko Nedeljković auf der Rückseite des Dokuments, in denen er berichtet, dass es der Wahrheit entspricht, was mein Großvater schreibt, und seinen Dank ausdrückt. Die Sätze von Nedeljković wurden im August 1952 geschrieben – das heißt also, dass er zu der Zeit sehen konnte, obwohl möglicherweise schlecht. Bevor ich diese Zeilen aufmerksamer gelesen hatte, glaubte ich, dass auch sie bei der für die Behindertenpension zuständige Behörde eingereicht worden waren. Doch sah ich, dass Nedeljković das Geschriebene nicht an die Behörden, sondern an meinen Großvater adressierte und diesen mit „Lieber Imre!" anredete. Vermutlich war Folgendes passiert: Anlässlich eines Geburtstages oder Namenstages besuchte er meinen Großvater und wollte seinen Dank zum Ausdruck bringen. Daraufhin schlug mein Großvater, der alles gerne notierte, wahrscheinlich vor, dass er auf die Rückseite der Bescheinigung niederschreibe, was er zu sagen habe. So sind beide Texte erhalten geblieben.

In der an die Behörden gerichteten Erklärung meines Großvaters steht (übersetzt):

„Ich erkläre reinen und ruhigen Gewissens:
Im Jahr 1914 wurde Dr. Marko Nedeljkovics sofort am ersten Tage nach der Kriegserklärung an Serbien in seiner Eigenschaft als Serbe und als eine Person von inakzeptablem

Verhalten für die damaligen Behörden zusammen mit einigen weiteren Großbetschkereker Bürgern unter dem Vorwurf des Landesverrats verhaftet. Aus dem Großbetschkereker Gefängnis wurde er in Handschellen nach Szeged gebracht in das sogenannte Csillagbörtön [„Sternengefängnis", Name des Gefängnisses in Szeged], dann erneut zurück ins Großbetschkereker Gefängnis, danach wurde er im Dezember 1914 als politisch Internierter nach Kapuvár gebracht (Oberungarn). Mitte April 1915 erhielt ich einen dringlichen Brief von der oben genannten Person, dass ich sofort nach Sopron kommen solle, von wo man ihn aus der Internierung heraus in die Honvéd-Einheit Nummer 38 überführt hatte. Als Zivilperson wusste ich, dass ich nicht viel helfen konnte, weshalb ich nach Empfang des Briefes sofort nach Budapest reiste, wo es mir – als früherem Abgeordneten – gelang, mit meinem guten alten Bekannten und Freund Sándor Balicska in Verbindung zu treten, der zu jener Zeit der Leiter des ungarischen Generalstabs war. Als ich iőhm berichtete, warum ich gekommen war, sagte er: Es ist Krieg, da spielt das Leben eines Menschen keine Rolle. Nachdem ich meine Bitte wiederholt hatte, verlangte er nach einer telefonischen Verbindung zum Befehlshaber der Garnison und schlug ihm vor, mich zu empfangen und anzuhören. Er gab mir auch ein Empfehlungsschreiben mit. Ich reiste umgehend nach Sopron, wo ich mit folgender Situation konfrontiert wurde: Der oben Genannte stand unter Beobachtung, und da er sich nicht frei bewegen durfte, durfte ich keinen Kontakt mit ihm aufnehmen. Mit dem Empfehlungsschreiben von Sándor Belicska gelang es mir aber, mit dem Befehlshaber des Regiments in Verbindung zu treten. Ich berichtete ihm, warum ich gekommen war, und er teilte mir mit, dass es sich um eine sehr ernste Sache handle, weil man meinen Schützling aufgrund der Anschuldigungen des damaligen Vorstands des Verwaltungsbezirks von Törökbecse wegen Landesverrats zum Tod durch den Strang verurteilt habe, und dies könne auch als Exempel dienen in einem Regiment, in dem es auch Slawen gab. Ich verzichtete nicht auf den Antrag und sagte, der Vorstand des Verwaltungsbezirks von Törökbecse sei nicht dafür zuständig, gegen meinen Schützling Anklage zu erheben, weil dieser Bürger von Großbetschkerek sei. Nach längerer Beratung akzeptierte der Regimentsleiter meine Argumente und entschied, meinen Schützling mit dem ersten Bataillonszug an die Front zu schicken, was dann auch geschah. Damals fand ich ihn bei guter körperlicher Gesundheit und mit sehr gutem Sehvermögen vor, als er aber Ende 1918 nach Großbetschkerek zurückkehrte, sah ich, dass er ohne Sehvermögen vom Militär zurückgekehrt war.

Die vorliegende Erklärung gebe ich ab mit dem Ziel, die Behindertenberechtigung meines Schützlings zu klären.

Dr. Imre Várady"

Die Zeilen Marko Nedeljković' auf der Rückseite des Briefes lauteten:

„Lieber Imre! All das, was Du in jenen schweren und schicksalhaften Zeiten für mich getan hast und was Du so genau, getreu und der Wahrheit entsprechend in dieser Erklärung angeführt hast, hat meine schwere Lage erleichtert.

Für all dies spreche ich Dir meinen allerehrlichsten Dank aus.

Zrenjanin, 4. VIII.1952 *Mit Verehrung, Dein*
Dr. Marko Nedeljković"

So sieht die Rückseite des Originalbriefes aus (einschließlich der von Marko Neveljković geschriebenen Zeilen):

Und so war es geschehen. Als er die Erklärung formulierte, war mein Großvater bereits 84 Jahre alt, Marko Nedeljković vielleicht etwas jünger.

*

Geiza Farkas, Grundbesitzer aus Elemér, ungarischer Schriftsteller aus der Vojvodina, Sozialwissenschaftler, gibt 1897 in Budapest ein Buch mit dem Titel *Fényűzés* (*Pomp*) heraus. Auf Seite 28 kommentiert er einen Satz, den ich oft gehört habe – wie jeder andere auch. Geiza Farkas schreibt, von wem der Spruch stammt (was ich nicht wusste), und setzt einen Gedanken hinzu: *„Der Spruch von Rabbi Akiba, dass es unter der Sonne nichts Neues gibt, ist absolut wahr. Nur, dass wir noch nicht alles kennen, was es unter der Sonne jemals gegeben haben könnte."* Im Sinne dieses Gedankengangs von Geiza Farkas könnten wir hinzufügen, dass es auch solches gibt, das wir kennengelernt, aber vergessen haben.

Drei Geschichten aus Betschkerek

Ein Auftakt

Oben im Kapitel *Vom Rózsa zu Rózsa* habe ich mich mit Kaffeehausliedern auseinandergesetzt. Es ist nichts Neues, dass in diesen Liedern oft eine Identität sich zeigt, vielleicht sogar zur Schau gestellt werden soll. Ob es sich nun um Lieder der Mehrheit handelt oder um die der jeweils aktuellen Minderheit, stets begleiten ein unterschiedlich gearteter Schwung, Stolz, ein verschiedenartiges Selbstbewusstsein oder Angstgefühle die bei den Musikanten bestellten Lieder. Auch darüber habe ich geschrieben, welche ungarischen, serbischen und rumänischen Weisen man zu meiner Zeit als Gymnasiast in meiner Gesellschaft aufspielen ließ. Ursprünglich hatte ich noch ein weiteres Lied wiedergeben wollen, es nach einiger Grübelei dann aber doch weggelassen. Zwischenzeitlich konnte ich allerdings einiges über dieses Lied in Erfahrung bringen und möchte es nun an dieser Stelle vorstellen. Aus dem Ungarischen übersetzt klingt der Liedtext etwa so:

> „*Der Jud erstand zwei Gänse*
>   *– zwei Gänse*
> *Eine schwarze, eine bunte*
>   *– eine bunte*
> *Fick du Jud die Gänse*
>   *– die Gänse*
> *Warum kaufst du nicht die gleichen*
>   *– die gleichen.*"

(Im Original:
„*Vett a zsidó két libát*
    – két libát
Egy feketét egy tarkát
    – egy tarkát
Baszd meg zsidó a libát
    – a libát
Mért nem vettél egyformát
    – egyformát.")

Ein Klassenkamerad namens E. ließ dieses Lied von der Zigeunerkapelle aufspielen. Voller Stolz. Ich war mir nie ganz sicher, ob der Stolz davon inspiriert war, dass dies ein

Lied ist, das die Identität bestätigt, oder eher davon, dass er ein ähnliches spaßiges Lied kannte. Soweit mir bekannt ist, war E. jüdischer Abstammung – obwohl dies zwischen uns nie zur Sprache kam.

Als ich über die verschiedenen Kaffeehauslieder schrieb, dachte ich zunächst, dass dieses Lied dem Text eine interessante Note verleihen würde. Dann zögerte ich, weil in mir die Frage auftauchte, ob dies nun ein ironisches jüdisches Lied oder doch eher ein antisemitischer Reim war. Höchstwahrscheinlich hatte E. ein jüdisches Lied darin gesehen. Als wir ein ungarisches, dann ein serbisches Lied aufspielen ließen, hat er dieses bestellt, weil er wohl glaubte, dass auch ein jüdisches Lied gespielt werden sollte. Ob er wusste, was er sich da wünschte? Es gab nicht viele Juden unter meinen Altersgenossen, und die wenigen waren, so wie auch ich, während des Weltkriegs oder kurz zuvor geboren worden. Doch ihnen war ihre Identität nicht zu Bewusstsein gebracht worden, weil dies lebensgefährlich hätte sein können. Ich erinnere mich an das Drama, das es zu Hause gab, als ich im Alter von drei Jahren trotz elterlichen Verbots zum Speicher hinaufkletterte und dort jemanden erblickte. Nachdem ich wieder unten war, fragte ich, was es mit diesem Onkel auf dem Speicher auf sich habe. Eine meiner Tanten erklärte mir – nicht gerade umsichtig –, dass der Onkel Jude sei, die Deutschen Juden nicht mochten und er sich deswegen auf dem Speicher versteckt halte. Mein Vater wurde ganz weiß im Gesicht, als ich ihm dies gerade so wiederholte. Monatelang ließen sie mich daraufhin nicht auf die Straße hinaus – dabei hatte sich der Freund meines Vaters nur einige Tage auf unserem Speicher versteckt.

Die Eltern meiner jüdischen Altersgenossen hatten diesen offensichtlich nicht mitgeteilt, dass sie Juden waren. Ebenso wie ihre Verwandten verschwiegen sie die eigene Identität. Bei einigen blieben diese Prägungen weiterhin bestehen, auch nachdem die Gefahr vorüber war. Was konnte E. schon über die Gemeinschaft wissen, aus der er abstammte? Vermutlich wenig. Es dürfte die Erinnerung an Bräuche geblieben sein, es dürften Gegenstände geblieben sein, Geschichten, die verschiedene Bekannte auf unterschiedliche Weise interpretierten. Gleichsam aus vergrabenen Identitäten sich hie und da herausreckende Erdhaufen. Zwischen diesen war E. vermutlich an das Lied geraten. Ob es wohl etwas war, das seine Eltern (oder deren Bekannte) im Spiel mit einem entsprechenden Gemeinschaftsbewusstsein mitsangen? Oder war es etwas, was unter diesen Erdhaufen geraten war und das seine Eltern und Verwandten als Spötteleien von anderen wahrnahmen, ohne dass sie darin eine besondere Böswilligkeit sahen?

Auf diese Fragen wusste ich im Gymnasialalter keine Antwort, und auch später nicht, als ich meinen Text *Vom Rózsa zu Rózsa* schrieb. Ich ließ das Lied *Der Jud' erstand zwei Gänse* aus, weil ich keinen Spottvers zwischen die Identität bejahenden Lieder reihen wollte, auch wenn er nicht bösartig gemeint war. Dann, einige Monate nach Erscheinen des Textes, erkundigte ich mich anlässlich eines Gesprächs in Budapest bei Jancsi Kenedi. Ihn kenne ich noch aus den Zeiten, als ich Redakteur bei der ungarischen Literaturzeitschrift *Új Symposion* in Novi Sad war und die meisten meiner Freunde in

Budapest auf der Seite des *Új Symposion* standen. Kenedi weiß über Kulturgeschichte gut Bescheid, und ich fragte ihn, ob ihm zufällig etwas über das Lied bekannt sei. Er war sich unsicher und bat mich, es ihm vorzusummen, vielleicht würde die Melodie helfen. Ich sang es ihm vor (zum ersten Mal nach einem halben Jahrhundert), und Jancsi meinte, wahrscheinlich handle es sich um ein ironisches hassidisches Lied. Daraufhin beschloss ich, es doch in meinen nächsten Text aufzunehmen.

Es war sonderbar, das Betschkerek, in dem ich aufgewachsen war, neben jenes zu stellen, das sich aus den Geschichten meiner Großeltern und Eltern sowie den Gesprächen mit ihnen in Umrissen abzeichnete. Kamen die Veranstaltungen und Zusammenkünfte aus Vorkriegszeiten zur Sprache, tauchte die Ahnung einer jüdischen Gemeinschaft mit den zugehörigen Festen und Ereignissen auf, zu denen auch Leute aus anderen Glaubensgemeinschaften eingeladen worden waren. Ich weiß – zumindest habe ich es gehört –, dass 1945 die in Betschkerek erfolgreich versteckten Juden (oder diejenigen, die ihre Identität erfolgreich geheim gehalten hatten) und die aus Ungarn und von anderen Orten zurückkehrenden Juden den Judenrat von Betschkerek gründeten, dieser aber dann von der Oberfläche verschwand. Mehrere gingen weg (nach Israel oder in andere Länder, vielleicht auch nur in eine andere Stadt). Es gab natürlich welche, die blieben. Ich wusste beispielsweise, dass Onkel Jancsi – ein Kollege meines Vaters – und seine Schwester, Tante Iduska (sie war meine Englischlehrerin), Juden waren. Aber soweit ich weiß, bildete sich diese Gemeinschaft nicht mehr wieder. Übrig blieben Erinnerungen.

In der Familie hörte ich öfters die Geschichte von Lajos Borsodi, dem Schriftsteller, und seinem Sohn Ferenc Borsodi. Während der Studienzeit war Ferenc Borsodi Zimmerkamerad meines Vaters gewesen. Als sie zum ersten Mal ins Lager verschleppt wurden, geschah dies bereits auf der Grundlage faschistischer Gesetze, aber die Regelungen ließen noch ein Mindestmaß an Bewegungsspielraum zu, innerhalb dessen man zumindest versuchen konnte, gegen die Maßnahmen vorzugehen. (Der nächste Rechtsfall, Nummer 11964, zeigt ebenfalls einen solchen Versuch.) Mein Großvater erreichte mit irgendwelchen juristischen Winkelzügen die Freilassung der Borsodis. Aber dann, etwas später, wurden sie wieder ins Lager verschleppt, und von dort gab es keine Rückkehr. Die Anekdoten aus der Studentenzeit, in denen Feri Borsodi eine Rolle spielte, gehörten in meiner Kindheit noch teilweise zu einer gewissen Betschkereker Realität. Heute ist auch diese (virtuelle) Realität verschwunden. Später wurden wir zu Zeugen des Verschwindens einer weiteren Gemeinschaft. Meine Altersgenossen und auch ich konnten noch Deutsch – der eine weniger, der andere mehr. In Betschkerek sprachen die Leute drei Sprachen – das war damals ganz selbstverständlich. So war es auch in dem Teil des Banat, der zu Rumänien gehört. In irgendeinem Aktenbündel beginnt ein von einem Rechtsanwalt aus Temeschwar an meinen Großvater geschriebener Brief auf Deutsch: *„Lieber Freund Imre! Da mein Schreibfräulein die ungarische Sprache nicht beherrscht, kann ich ihr nur deutsch diktieren."*

> Advocat — Rechtsanwalt
> **Dr. Kaspar Muth**
> Timișoara-Temeswar I.
> Piața Unirei — Domplatz 9
> Fernruf 38-39
>
> Timișoara, den 2. April 1940.
>
> Lieber Freund Imre!
>
> Da mein Schreibfräulein die ungarische Sprache nicht beherrscht, so kann ich ihr nur deutsch diktieren. Wissend, dass Du die deutsche Sprache vollkommen sprichst, wirst Du mir erlauben, dass ich Dir in deutscher Sprache berichte über die Angelegenheit Szabo c/a Nikolics Erben.

In welcher Sprache also ein Anwalt aus dem Banat einem anderen Banater Anwalt schrieb, hing auch davon ab, welches Schreibfräulein an dem betreffenden Tag im Büro war.

Die deutsche Identität wurde in den letzten Jahren des Kriegs und in den ersten Nachkriegsjahren zu einem belastenden Moment. Wie schon im Falle der Juden wurden auch hier die jeweiligen Maßstäbe der Zugehörigkeit, die Beurteilung der verschiedenartigen Bindungen lebenswichtig. Der Irrsinn beeilt sich, auch pedantisch zu sein. Am 22. Mai 1941 gab die deutsche Militärkommandantur eine Verordnungsserie heraus, die die Kultur auf dem gesamten Gebiet Serbiens betraf. In Paragraph 7 der „Verordnung über Lichtspieltheater" stand zum Beispiel, dass kein Anstellungsverhältnis haben durfte (das betraf also auch Billettverkäufer, Billettkontrolleure oder Platzanweiser), wer Jude oder Zigeuner war oder mit einem Juden beziehungsweise Zigeuner verheiratet war. Nicht nur die ethnische und rassische Zugehörigkeit, sondern schon der Kontakt zu ausgegrenzten Ethnien und Rassen zog es nach sich, abgestempelt zu werden. Im Alltagsleben zeichnete sich dann immer wieder aufs Neue die Frage nach den Grenzen der Absurdität ab. Was ist mit den Geschiedenen? Den Witwen beziehungsweise Witwern?

Nachdem die deutschen Truppen abgezogen waren, gerieten die hier ansässigen Deutschen ins Fadenkreuz der Rechtsvorschriften und der Stigmatisierung. Erneut kam auch hier die Frage nach den Grenzen auf. Wir hatten früher eine Köchin tschechischer Abstammung. Sie kam in Daruvar auf die Welt (dort hatte es einst eine tschechische Gemeinschaft gegeben). In Betschkerek heiratete sie einige Monate vor dem Krieg einen deutschen Arbeiter. Alsbald wurde ihr Mann als Deutscher in die deutsche Armee einberufen und geriet an die russische Front. Dort fiel er. Somit dauerte die Ehe nur einige Monate. Dies reichte aber, entsprechend eingeordnet zu werden. Ich lese im Tagebuch meines Großvaters:

„Freitag, den 20.IV.1945. Ich wachte auf lautes Reden auf, das man vom Korridor her hören konnte. Ich erkannte die Stimme von Józsi, dann auch die von Zorka. Dann höre ich, wie die fremde Stimme in das Telefon spricht. Ich mache die Türe zum Gang auf. Józsi verhandelt mit zwei Partisanen und teilt auf meine Frage hin mit, dass die Partisanen die Köchin Maska (Marija) verschleppen, ihr Mann Annau habe als Soldat bei den Deutschen gedient. Maska ist tschechischer Abstammung, als solche hat sie auch eine persönliche Legitimation erhalten, aber eingetragen ist ‚udata za Nemca' [sie ist verheiratet mit einem Deutschen]. Die Partisanen nahmen die –in unserem Hause befindlichen – Mobilien der Köchin in eine Liste auf. Zwei Partisanen schliefen hier, auf der Couch im ersten Büroraum der eine, auf der Bank im Korridor der andere, wohl um darauf Acht zu geben, dass während der Nacht ja nicht etwas von den aufgeschriebenen Mobilien verschwinde. – Von den im Laufe des Vormittags hier andrängenden Beschwerdeführern hören wir, dass sie des Nachts wie bei einer Razzia die Stadt durchkämmt haben und die, die einen deutschen Namen tragen, verschleppten. Man sagt, dass sie auch in den Gemeinden der Umgebung die Deutschen einsammeln und in die Stadt begleiten und sie von hier entweder in Richtung Österreich aussiedeln oder nach Russland verschleppen. Ob dies Hiobsbotschaften sind? Dies kann man jetzt noch nicht feststellen. – Mittags um 1 Uhr kam ein großer Langwagen zum Hof hereingefahren. Darauf schichteten sie die paar ärmlichen Möbel der unglückseligen Köchin (den Kleiderschrank, ihr Bett), ihre Kleidung, ein paar Schuhe, Strümpfe, Taschentücher und nahmen sie mit. Ich schaute das Verladen der Habseligkeiten bis zum Ende an. Ich spürte tiefes Mitleid für die Unglückseligen, tiefen Ekel gegenüber einer solchen Entartung der Menschheit. So wie von unserem Hof die ein Leben lang von unserer Köchin angesammelten Armseligkeiten abgeschleppt wurden, sah ich dann ich im Laufe des Tages, als ich die Straße entlangging, einen Wagen nach dem anderen, der Möbel wegschaffte."

Wahnsinn kennzeichnete auch die Fluchtschneisen. Dazu zitiere ich erneut aus dem Tagebuch meines Großvaters:

„9.XII.1944. Mein Zimmer habe ich schon seit drei Tagen Piros und Józsi übergeben, die mit Kanzleischreiber Ivkovics hier die schwerwiegenden Klagen empfangen und anhören. Hier schreiben sie die Details nieder und erstellen die Anträge. Die letzten Tage reißt der Strom der Klagenden nicht ab. Irgendwie hat sich die Nachricht verbreitet, dass das Schicksal der Frau leichter wird, die gegen ihren –deutschen – Mann die Scheidung einreicht. Die unglücklichen Frauen drängen sich hier. Sie stehen verängstigt auf dem Korridor, stehen in meinem Zimmer bereits ab 7 Uhr morgens bis zum Einbruch der Nacht. Die Klagen werden geschrieben, die Scheidungsanträge erstellt. Dies alles natürlich als Gefälligkeit, unentgeltlich geleistete Arbeit. Heute hat, weil wir von niemandem Geld annehmen, eine aus dem Lager entlassene Frau zum Dank 10 Liter Wein in die Küche gebracht."

Es sei mir erlaubt anzufügen, dass auch die Gnade einen Platz findet in Zeiten, die von Gereiztheit, und Gefühlswallungen geprägt sind – immer im Rahmen der gegebenen Rhetorik. Erneut ein Tagebucheintrag:

„Freitag, 25.V.1945 [...] – Zu meiner großen Freude erschien mittags die Köchin Maska, bald darauf suchten mich Frau Dr. Pupa Kleits und Frau Dragan auf. Die Nachricht hat sich also bewahrheitet, dass die Partner aus gemischten Ehen aus den Lagern entlassen wurden. In Betschkerek waren es mehrere Hundert, die freikamen. Heute ist Marschall Titos Geburtstag, und sie erklären es damit, dass die Befreiung einen Gnadenakt aus diesem Anlass darstellt."

In den Sammellagern um Betschkerek herum verloren viele Deutsche (oder solche, die als Deutsche eingestuft wurden) das Leben. Im Gegensatz zu den einige Jahre zuvor in Sammellager verschleppten Juden überlebte aber die Mehrheit ihre Leiden und kehrte zurück. Allerdings gelang es ihnen kaum, ihr Vermögen zu retten. Nach den Regelungen der deutschen Besatzer war alles Vermögen der Juden und Zigeuner beschlagnahmt worden. Die neue Macht, die nun die Deutschen vertrieb, stellte ähnliche Regeln auf. Jegliches deutsche Vermögen wurde beschlagnahmt – ausgenommen das Vermögen jener Deutschen, die sich den Partisanen angeschlossen hatten. Solche gab es durchaus, wenngleich sehr wenige. Es gab umso mehr Betschkereker deutsche Bürger, deren Namen weder mit Heldentaten noch mit Gräueltaten in Verbindung gekommen waren. Auch ihr Vermögen wurde konfisziert. In vielen Fällen stellte sich vor den Behörden die alles entscheidende Frage, wer Deutscher war. In Betschkerek gab es nicht viele Familien, in denen es nicht auch mindestens eine Mischehe gegeben hätte. War die Frage der Zugehörigkeit einst eine Sache der persönlichen Wahl gewesen, war es nun ein Behördenentscheid, der deklarierte, wer wohin gehörte. Die meisten Debatten entstanden in Zusammenhang mit den Ungarn deutschen Namens. Dann kam in den Fünfzigerjahren eine Vereinbarung zwischen Tito und dem deutschen Kanzler zustande. Deutschland verpflichtete sich, den Gegenwert der in Serbien beschlagnahmten Vermögen denjenigen zurückzuerstatten, die nach Deutschland emigrierten. (Im Gegenzug hat Jugoslawien vermutlich seine aus dem Krieg resultierenden Schadensersatzansprüche gemindert.) Dies eröffnete einen neuen Weg für die, die als Deutsche (oder weil es ihnen nicht gelungen war zu beweisen, dass sie keine Deutschen waren) enteignet worden waren. Ich erinnere mich, wie im Laufe meiner Jahre am Gymnasium die Klassenkameraden mit deutschem Namen immer weniger wurden. Nach der jüdischen verschwand damit auch die deutsche Gemeinschaft aus Betschkerek. Im Anwaltsarchiv meines Großvaters und meines Vaters fand ich drei Akten, in denen dies, wie ich meine, nachvollziehbar ist. Zunächst will ich über die Eckstein-Akte schreiben.

Kattunkleider und Schicksale. Die Eckstein-Akte

Akte Nummer 11964:

Im Februar 1937 erschien in der Betschkereker Wochenzeitschrift *Tükör* (*Spiegel*) folgende Nachricht:

„*Die Juden feiern ein Freudenfest.*

Dies klingt vielleicht seltsam heute, da dieses Volk den allergröbsten und unmenschlichsten Verfolgungen ausgesetzt ist. Dennoch ist dieses Freudenfest aktueller denn je, weil es diesem Volk Hoffnung gibt, dass die neuen Hamaniten genauso umkommen werden wie zu Zeiten von Asvateros. Und das ist heute nicht nur der Wunsch des jüdischen Volkes, sondern auch der größte Teil der Menschheit erwartet jenen Tag mit Freude, an dem das blutige Schwert der neuen Hamaniten in Vergessenheit untergeht.

Lili Eckstein, die Tochter des Lederfabrikanten János Eckstein, wurde am 21. Februar von Károly von Molnár zum Altar geführt. Das junge Paar wurde von vielen Menschen mit Glückwünschen bedacht."

> A zsidók örömünnepet ülnek. Talán furcsán hangzik ez ma, amikor ez a nép a legdurvább és legembertelenebb üldözéseknek van kitéve. De ez az örömünnep mégis aktuálisabb mint valaha, mert reményt ad ennek a népnek, hogy az uj Hamanok is ugyanugy elpusztulnak mint Ahasverus idején. És ez ma nemcsak a zsidó nép kivánsága, hanem az emberiség legnagyobb része is örömmel várja azt a napot, amikor az uj Hamanok véres kardja a feledésbe merül.
>
> ☆
>
> **Eckstein Lilit,** Eckstein János bőrgyáros leányát, február 21-én vezette oltár elé Budapesten nemes Molnár Károly. A fiatal párt tömegesen keresték fel szerencsekivánatokkal.

Der Eigentümer und verantwortliche Redakteur des *Tükör* war Jenő B. László. Unter dem Pseudonym Náci Vékony schrieb er unter anderem Gedichte, vor allem Spottverse. Ein sehr bekanntes Buch – heute würden wir es ein „Kultbuch" nennen – war *Ákom-Bákom Irka-Firka, s Mindezt Vékony Náci Írta* (etwa: „Gekritzel und Gebatz-i, alles schrieb der Vékony Náci"). In der Familienbibliothek war ich vor Jahrzehnten zufällig darauf gestoßen. Ich habe es mehrmals gelesen.

Aber Náci Vékony verfasste auch andere Texte. In einem Wortwechsel mit Iván Nagy, der später von der Geschichte als extremistischer ungarischer Politiker aus der Batschka entlarvt worden ist, schreibt Jenő B. László:

„Sein Artikel ‚A Nép' (‚Das Volk') beehrt mich damit, dass er feststellt, wahrscheinlich auf meine Religion anspielend, dass ich die Kämpfe des Ungarntums nicht verstehe. Ich kann den verdienten, abschätzig vernichtenden Redakteur des ‚A Nép' beruhigen (der jeweils woandershin zielt und anderswo zuschlägt), dass ich sie [die Kämpfe] gleichsam besser verstehe und nachfühle als sie! Bereits einer meiner Großväter gab sein Blut als 48er Honved für ein Ideal – bereits zu einer Zeit, als die Ahnen der verdienten Redakteursgarde und Handlanger des ‚A Nép' noch Anhänger der Kamarilla waren. Ich pflege keine ausgefransten Hirtenhosen anzuziehen, um ungarischtümelnd zu sein, aber Ungar bin ich, auch wenn schlechte Zeiten über mich herziehen, und diese Tatsache kann kein Gesetz der Welt ändern. Im Gegensatz zu denen, die für sich immer das gute Wetter auswählen."

Dieser Artikel erschien am 6. April 1940. Ein Jahr später gibt es den *Tükör* nicht mehr. Lili Eckstein ist in Budapest bei ihrem Mann (aus den Akten ist zu ersehen, dass sie im IV. Bezirk wohnen, in der Petőfi-Straße 7). In Betschkerek herrscht die deutsche Besatzung. Die Besatzer schaffen eine neue Rechtsordnung. Es kommt eine Verordnung zustande, nach der das Vermögen eines jeden Juden und jeden Zigeuners beschlagnahmt wird. Ich war bereits Jurist, als mir beim Wühlen in den Papieren das Verordnungsblatt (*Lista uredaba*) Nummer 5 vom 22. Mai 1941 in die Hände geriet. (Dort stand auch die Verordnung über Filmtheater, die ich weiter oben bereits erwähnt habe).

Im Verordnungsblatt 5/1941 findet sich es eine Verordnung über die Presse, eine weitere betrifft die Theater, eine dritte die Filmtheater, eine vierte Cabarets und Varietés. In jeder Verordnung ist mehrmals beschrieben, was Juden, Zigeuner oder jene, die mit Juden oder Zigeunern verheiratet sind, nicht tun dürfen. Es gibt auch Abstufungen. In den Paragraphen 1 und 3 der Verordnung über Cabarets und Varietés steht, dass derjenige, der ein Cabaret oder Varieté betreiben will, eine Genehmigung der Militärkommandantur einholen muss, dazu ist ein Nachweis nötig über die Größe das Betriebskapitals und darüber, ob jüdisches Kapital beteiligt ist. (Zigeuner-Kapital wird nicht erwähnt, auch zieht – nach dem Buchstaben der Regelung – das Vorhandensein jüdischen Kapitals lediglich eine Meldepflicht nach sich.) Künstler und Artisten dürfen weder Juden noch Zigeuner, noch mit jüdischen Männern oder Zigeunern verheiratet sein (Paragraph 5). Absatz 4 präzisiert, dass die Werke jüdischer Autoren oder Komponisten nicht vorgetragen werden dürfen (hier waren Zigeuner nicht ausgeschlossen, auch nicht die mit Juden Verheirateten). Paragraph 4 bestimmt auch das Verbot einer Conférence in Cabarets und Varietés.

> burtsort, Abstammung und Wohnort der Stellvertreter;
> 8) schriftliche Versicherung des Antragstellers, dass weder die Stellvertreter, noch deren Ehefrauen Juden oder Zigeuner sind.
>
> § 4.
> Die Vorführungen und Darbietungen in Kabarett- und Varietéunternehmungen bedürfen grundsätzlich der vorherigen Genehmigung des Militärbefehlshabers in Serbien.
> Werke jüdischer Autoren und Komponisten dürfen nicht zur Aufführung gelangen.
> Jede Art von Conférence ist verboten.
>
> II. Künstler und Artisten.
> § 5.
> Das gesamte artistische und technische Personal in Kabaret- und Varietéunternehmungen bedarf der Arbeitsgenehmigung des Militärbefehlshabers in Serbien.
> Juden und Zigeuner, sowie Personen, die mit Juden oder Zigeunern verheiratet sind, dürfen in Kabarett- und Varietéunternehmungen nicht angestellt und nicht beschäftigt werden.

Woher nahm man wohl im Mai 1941 die Zeit, um in solch kleinlicher, besserwisserischer Art und Weise Vorurteile zu pflegen? Was waren das für Leute, die solche Vorschriften schrieben? In einer Beschreibung der schrittweisen Weiterentwicklung des Wahnsinns spricht Victor Klemperer davon, dass in Deutschland eine gewisse Zeit lang die Juden in den Parks spazieren gehen, aber sich nicht auf die Bänke setzen durften. Rudolf Schlesinger, der als Jurist in München begonnen hatte, dann auf der Flucht vor dem Nazismus in Amerika zu einem der bedeutendsten Professoren für vergleichendes Recht wurde, beschreibt in seinen Memoiren[10] genau, wie im Laufe des Alltags die Dekonstruktion der Normalität zustande kam, wie der Irrsinn sich Zentimeter für Zentimeter vorarbeitete. Er berichtet, dass 1933 eine „Reform" in Deutschland bekannt gab, dass Juden nicht promovieren durften. (Ich denke darüber nach, ob das Wort Reform hier in Anführungszeichen stehen muss. Anführungszeichen könnten verdeutlichen, dass dies zwar als Reform bezeichnet wurde, aber ... So vieles ist schon als Reform bezeichnet worden, dass jedes Vorzeichen abgedroschen wirken könnte. Vielleicht braucht es nicht einmal mehr erklärende Anführungszeichen, auch wenn es sich um Nazi-Reformen handelt.) Aber noch eine Zeit lang werden die im Entstehen begriffenen Irrsinns-Vorschriften auf eine Weise eingeführt, die eher für normale Zeiten und Umgebungen typisch ist. Das Inkrafttreten wird an einen Termin gebunden. Schlesinger wird im Mai 1933 von seinem Professor Mueller-Erzbach angerufen, der ihm mitteilt, die neue Vorschrift sei im Entstehen begriffen, aber den Juden sei erlaubt, noch bis zum Ende des Sommersemesters zu promovieren. Schlesinger erfährt außerdem Unterstützung von seinem nicht jüdischen Lehrer namens Kisch. Über beide schreibt er mit Hochachtung. Ursprünglich hatte er seine Promotion zum Jahresende geplant, aber nun beschleunigt er die Arbeit. Er vollendet nicht alles wie anfänglich geplant, aber bis zum Ende des Sommersemesters ist die Dissertation fertiggestellt und auch die mündlichen Prüfungen sind abgelegt. Das Ergebnis lautet summa cum laude. Danach folgt im Kreise der Familie und der Freunde ein festliches Abendessen im Garten. Schlesinger beschreibt, wie angenehm es ihm ist, dass man ihn von nun an mit „Herr Doktor" anreden kann. Bald dürfen dann, einer Verordnung entsprechend, Nichtarier keine Mitglieder der Anwaltskammer sein; eine Ausnahme bilden jene Juden, die fünfundzwanzig Jahre zuvor bereits in die Kammer aufgenommen worden waren oder die im Ersten Weltkrieg als Soldaten gedient hatten. So darf der Vater von Schlesinger weiter Anwalt bleiben, er selbst aber kann nicht mehr in die Anwaltskammer aufgenommen werden. Erlaubt ist ihm, als Justitiar in einer Bank zu arbeiten und an Gerichtsverhandlungen teilzunehmen, nicht aber, Plädoyers zu halten. Es ist nicht leicht, die dahinter stehende Perspektive zu verstehen. Waren diese Schritte, vom Gesichtspunkt des Faschismus aus gesehen, notwendig? Ist ab einem gewissen Zivilisationsniveau die Unmenschlichkeit nur noch stufenweise zu erreichen? Zeigen sich diese Abstufungen an den Vorschriften, die sich mit tragikomischer Pedanterie entwickeln? Ist Bizarres nötig, damit Normalität abgebaut werden kann? Und wie sollen wir auf jene schauen, die die Vorschriften geschaffen haben? In der heutigen Wahrnehmung sind die Schöpfer dieser Vorschriften verschmolzen mit denjenigen, die die Norm des „Spazieren ja, aber auf die Bank setzen nein" weiterverfolgten, bis sie schließlich Juden in die Gaskammern trieben. Ob es

---

10 Rudolf B. Schlesinger, *Memories*, Università degli Studi di Trento, 2000.

wohl unter denen, die die beleidigenden, diskriminierenden (eine Zeitlang allerdings eher grotesken denn blutigen) Vorschriften formulierten, welche gegeben hat, die befolgten und durchsetzten oder als Betroffene eingehalten hätten, was da stand, dass also Juden spazieren, sich aber nicht auf Bänke setzen dürfen, dass sie Justitiare, nicht aber Mitglieder in der Anwaltskammer sein dürfen oder dass Juden, Zigeuner und deren Ehegatten in Filmtheatern keine Billettkontrolleure sein dürfen?

Kehren wie zu Lili Eckstein zurück, deren Eheschließung 1937 vom *Tükör* als jüdisches Freudenfest aufgezeichnet worden war: Der Vater von Lili Eckstein war Lederfabrikant, und wie ich aus der Eckstein-Akte sehe, waren nicht wenige Prozesse mit seinem Namen verbunden – auch häufte er nicht wenig Vermögen an. Lili war den Erzählungen meiner Eltern zufolge hübsch, liebenswürdig und sympathisch. Mit siebenundzwanzig Jahren heiratete sie.

Am 15. Mai 1941 sendet Lili Eckstein zwei Vollmachten an meinen Großvater. Auf der linken Seite des Blattes steht der ungarische Text, rechts der deutsche. Es gibt nur eine Unterschrift, nämlich die von Livia Molnár in ungarischer Version: *Molnár Károlyné Lívia*. Hinzugefügt ist „*Ehegattin des Angestellten der Ungarischen Königlichen Münzprägeanstalt*". So sieht die deutsche Seite bei einer der Vollmachten aus:

Sie bittet also meinen Großvater, dass er *"vor allen Gerichten und Behörden das Haus sammt allen Nebenräumlichkeiten [...] in seine weitere Verwaltung übernehme [...] und [...] dass er das Einkommen dieser Realität dazu verwende damit Schulkinder der Ungarischen Muttersprache [...] unterstützt werden."* Unter den Papieren gibt es einen handgeschriebenen Brief vom 14. August 1941, den Lili Eckstein von Budapest aus an meinen Großvater mit der Anrede *"Lieber Onkel Imre"* sendet (Lili Eckstein war in etwa im Alter meiner Eltern). In diesem Brief wiederholt sie, was sie auch in der Vollmacht beschreibt.

Die andere Vollmacht bezieht sich auf einen Kredit. (Vielleicht sollte auch hier das Wort Kredit in Anführungszeichen gesetzt werden.) Lili besaß nämlich an der Firma Eckstein einen Vermögensanteil von 600 000 Dinar, und darauf standen ihr ab dem 11. Februar 1937 8 Prozent Zinsen zu. In der Eingabe bittet mein Großvater die Behörden um deren Auszahlung. Laut Papieren stellten die 600 000 Dinar Lilis Kredit an die Eckstein-Firma dar. (Es ist viel wahrscheinlicher, dass aus irgendeiner steuerlichen Überlegung heraus die Summe zu jener Zeit als Kredit qualifiziert wurde. Vermutlich handelte es sich nicht wirklich darum, dass die Tochter dem Vater und Fabrikeigentümer einen Kredit gegeben, sondern eher darum, dass der Vater seiner Tochter 600 000 Dinar und die zugehörigen Abgaben überlassen hatte.)

Im August 1941, als der Brief geschrieben wurde, waren das Haus in der Kraljica-Marija-Straße und die Eckstein-Firma bereits als jüdisches Vermögen beschlagnahmt worden. Am 10. Oktober 1941 wandte sich mein Großvater mit Lili Ecksteins Antrag an Kommissar Josef Harle. Die Eingabe ist ziemlich detailliert, und die erste Antwort gibt etwas Anlass zu Optimismus – auch im Rahmen der neu entstehenden faschistischen Macht gab es Abstufungen.

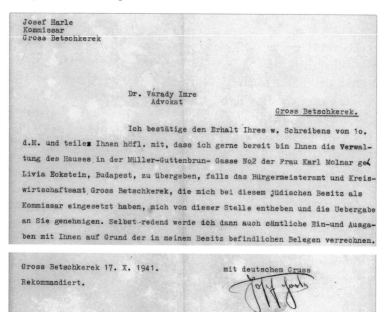

Kommissar Josef Harle schreibt im Wesentlichen, dass es in Ordnung gehe, falls … Auch sehe ich, dass Kommissar Harle seinen Brief „*mit deutschem Gruss*" beendet, während andere Behörden „Heil Hitler!" schreiben. Auch hier dürfte es gewisse Schattierungen gegeben haben.

Es folgt eine erneute Eingabe meines Großvaters, Adressat ist die Deutsche Volksgruppe im Banat, Kreisamt für Volkswirtschaft, Judenabteilung. Die Antwort datiert auf den 15. November 1941 und ist ziemlich wortkarg. Man informiert meinen Großvater dahingehend, dass seine Klientin „*unseres Wissens nach Volljüdin*" sei und somit im Sinne der Verordnung über das Vermögen von Juden und Zigeunern nicht mehr über das Vermögen verfügen dürfe. Der Brief endet mit „*Heil Hitler!*".

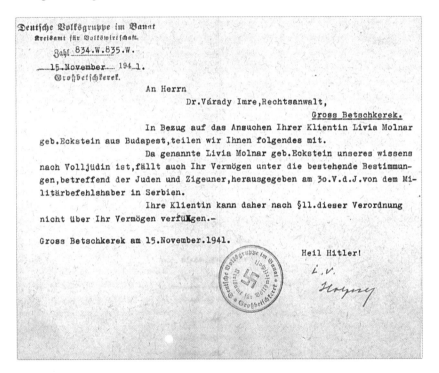

Danach folgt ein weiterer Versuch. Es zeigt sich, dass mein Großvater auf das Gebiet des internationalen Privatrechts ausweicht. (In Novi Sad habe ich jahrzehntelang internationales Privatrecht gelehrt. Diese Akte ist mir vor nicht langer Zeit in die Hände geraten, und bis dahin war mir nicht bekannt gewesen, dass auch mein Großvater Erfahrung auf diesem Gebiet hatte.) Ein Pfeiler der Argumentation war ein Beleg aus Székesfehérvár (Stuhlweißenburg), der beweist, dass Károly von Molnár (der Mann von Lili Eckstein) evangelischer Religion ist. Ein weiterer Nachweis zeigt, dass Frau Károly Molnár, geborene Lívia Eckstein, ungarische Staatsbürgerin ist. Die deutschsprachige Eingabe meines Großvaters vom 9. Februar 1942 erläutert, dass Lívia Molnár ungarische Staatsbürgerin sei und daher die Verordnungen der serbischen Militärkommandantur – gemeint ist die deutsche – sie nicht beträfen. In Ungarn gab es zu der Zeit (1942) keine Verordnungen, die die Beschlagnahme des Vermögens von Juden und Zigeunern betrafen. Wenn also ungarisches Recht anzuwenden war, blieb Frau Károly Molnár weiterhin die rechtmäßige Eigentümerin. Das Wesentliche der Argumentation ist im zweiten Absatz der Eingabe enthalten, in dem mein Großvater mitteilt, dass er seiner Klientin den Inhalt des ablehnenden Bescheids mitgeteilt habe, sie aber neue Argumente vorbringen wolle:

> Deutsche Volksgruppe im Banat
>
> Kreisamt für Volkswirtschaft
>
> <u>Gross-Betschkerek</u>
>
> Im Auftrage meiner Klientin der Frau Livia Molnár geb. Eckstein, Ungarischer -Staatsbürgerin, wohnhaft in Budapest - Petöfi Sándor utca 7 - eingereichten Gesuches, habe ich unter Zahl 834 W.835W ein Antwortschreiben erhalten, laut welchem es mitgeteilt wird, dass das Ansuchen der Frau Molnár mit Bezug auf die Bestimmungen betreffend der Juden und Zigeuner nicht genehmigt werden kann.
>
> Pflichtgemäss habe ich meine Auftraggeberin vom Inhalte dieser Zuschrift in Kenntnis gesetzt. Nun wurde mir ihrerseits mitgeteilt, dass ich im Sinne der erhaltenen Vollmacht zur Schützung aller Rechte der Ungarischen Staatsbürgerin auch weiter vorgehe. / Eine legalisierte Abschrift dieser Vollmacht habe ich dem Kreisamte bereits vorgelegt/ Und dies umsomehr, - betonte meine Klientin, - da sie in Budapest ungarische Rechtsgelehrte befragt die Aufklärung erhielt, dass: persönliche, private und auch Wirtschafts-Verhälnisse einer ungarischen Staatsbürgerin, im Sinne der Ungarländischen-Gesetze zu entscheiden seien auch in dem Falle, wenn ein Vermögen im Gebiete eines Aussenlandes liege. Da die lebende Person und nicht das tote Vermögen das entscheidende Moment sei.

Lese ich die Argumentation meines Großvaters, muss ich, obwohl etwas widerwillig, feststellen, dass sie so nicht ganz meiner Lehrmeinung entspricht. Im Falle einer Immobilie hat nach der im internationalen Privatrecht vorherrschenden Meinung die Lage der Immobilie Vorrang vor der Staatsbürgerschaft des Eigentümers. Aber auch andere Rechtsanwälte haben bereits Argumente eingesetzt, die nicht die in der Rechtswissenschaft vorherrschenden Einstellungen widerspiegeln.

Der Beschluss war wahrscheinlich nicht vom internationalen Privatrecht abhängig. In den Papieren findet sich kein ablehnender Bescheid, aber aus dem Briefwechsel ergibt sich, dass der Versuch erfolglos blieb. In einem Schreiben vom 28. Februar 1942 wird mein Großvater dazu aufgefordert, in der Sache Lívia Molnár bei Obersturmführer Pamer im Sicherheitsdienst, Sokolski kej 8, vorstellig zu werden. Auch dieser Brief schließt mit „*Heil Hitler!*". Ich weiß allerdings nicht, was in dieser Anhörung (oder vielleicht besser: in diesem Verhör) geschah.

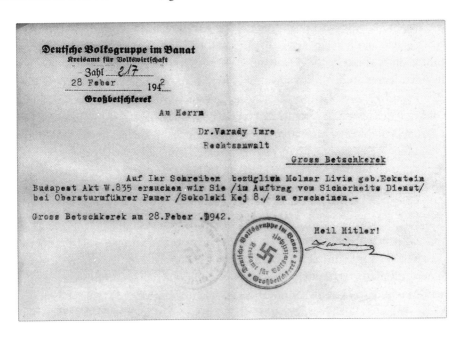

Es folgt der Machtwechsel, und dieser eröffnet erneut den erfolglos abgeschlossenen Fall. Lili Eckstein überlebt die Gräuel des Krieges, doch ihre Ehe bleibt nicht bestehen. 1945 kehrt sie nach Großbetschkerek zurück. Ihre Angelegenheiten werden jetzt von meinem Vater übernommen. In den Briefen Lili Ecksteins wird die Anrede „*Lieber Onkel Imre*" ersetzt durch „*Lieber Jóska*". Die Vollmacht ist mit „*Livija Ekštajn*" unterschrieben, noch dazu in kyrillischen Buchstaben (darauf soll es ja nicht mehr ankommen …). Das ins Auge gefasste Ziel bleibt das gleiche – das Vermögen von Lili Eckstein –, aber die Sprache ist eine andere, und ein anderer Eifer muss an den Tag gelegt werden. Auch die Adressaten ändern sich. Das einstige einfache „Bürgermeisteramt" (auf Ungarisch oder Serbisch) wurde zunächst abgelöst von „Deutsche Volksgruppe im Banat". Danach folgt eine lange Zeitspanne der belehrenden Benennungen. Der nächste Adressat ist *Gradski narodno-oslobodilački odbor* (Städtischer Volksbefreiungsausschuss). Auch die vier Jahre zuvor einsetzende Prägung, nach der begeisterte Schlussworte zu verwenden sind, bleibt weiter bestehen, nur wird jetzt das „Heil Hitler!" abgelöst von „Smrt fašizmu, sloboda narodu!" (Tod dem Faschismus, Freiheit dem Volke!). Hier zeigt sich eine Weiterentwicklung: Nun muss nicht nur das Amt, sondern auch der Bittsteller, der sich an das

Amt wendet, den Text auf diese Weise abschließen. (Eventuell etwas zurückhaltender, mit einer Abkürzung: S.F. – S.N.; dieses Kürzel wurde dann durch den häufigen Gebrauch zu einem eigenständigen Wort: „Esefesen" sagten die Leute.) Auch Lili Eckstein schließt ihren Antrag an den Volksbefreiungsausschuss mit „*S.F. – S.N.*". Dies dürfte ihr sicherlich leichter gefallen sein als „Heil Hitler".

Aus den verbliebenen Schriften und Briefen wird nicht ganz klar, auf welcher Grundlage die neuen Machthaber Lili Eckstein von ihrem Vermögen fernhielten. Ich habe Geschichten gehört, nach denen der deutsche Familienname zu neuen, grotesken Einstufungen führte, die die betreffende Person um ihr Vermögen brachten. Die Juden, die deutsche Nachnamen hatten und von den deutschen Besatzern nicht umgebracht worden waren, mussten irgendwie den Nachweis erbringen, dass sie nicht Deutsche waren. Dies wurde aber dadurch erschwert, dass sie in Zeiten, da sie ihre Identität geheim gehalten hatten, auch darum bemüht gewesen waren, sich von Papieren zu befreien, die auf ihre (jüdische) Identität hingewiesen hätten. Mein Vater hatte einen Fall, in dem er der kommunistischen Behörde den Beschluss der Judenabteilung der früheren deutschen Besatzungsmacht vorlegte. Dieser Beschluss diente als Beweis dafür, dass ehedem das Vermögen dieser Person als jüdisches Vermögen beschlagnahmt worden war. (Mein Vater und die Klientin wollten damit natürlich beweisen, dass sie nicht Deutsche war, sie also die neuen Verordnungen zur Vermögensbeschlagnahme nicht betrafen.) Die stolze, lakonische Antwort der Behörde aber lautete: „Wir können keine faschistischen Dokumente in Betracht ziehen."

In den aufbewahrten Papieren finde ich keinen unmittelbaren Hinweis darauf, dass die neue Macht das Eckstein-Vermögen als deutsches Vermögen in seinem Besitz gehalten hätte. Anlass zu Spekulationen gibt die Tatsache, dass der zionistische Ausweis von János Eckstein, dem Vater Lili Ecksteins, sich in der Akte befindet.

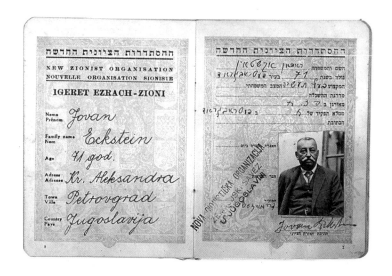

Ich sehe kein Datum, doch steht dort, dass Jovan/János Eckstein einundsiebzig Jahre alt ist (er wurde 1866 geboren, und der Ausweis dürfte 1937 ausgestellt worden sein). Es handelt sich um die Neue Zionistische Organisation, deren grundlegenden Ziele in serbischer, hebräischer, englischer und französischer Sprache im Ausweis beschrieben sind. Musste nachgewiesen werden, dass die Ecksteins Juden waren und nicht Deutsche und dass sie nicht mit den Faschisten kollaborierten? Jetzt gibt es niemanden mehr, den ich befragen kann. Auch der am 4. Juni 1951 an den Direktor der Lederfabrik geschriebene Brief macht nachdenklich. Er handelt von Livia Lepedats Forderung (Lili Eckstein heiratete wieder, der Name des neuen Ehegatten lautete Dušan Lepedat). Es geht um die Eckstein'sche Lederfabrik, doch diese heißt nunmehr Fabrika Kože Svetozar Marković-Toza, Zrenjanin.

Der 1951 geschriebene Brief informiert, dass die Zuordnung sich geändert hat. Ursprünglich – am 1. März 1950 – wurde die Fabrik konfisziert, nun aber befindet sie sich, gestützt auf die Rechtsgrundlage der Verstaatlichung (Nationalisierung), in staatlicher Hand. Die Konfiszierung betraf in erster Linie das Vermögen von Leuten, die „mit den Besatzern zusammengearbeitet" hatten. In Betschkerek (und nicht nur in Betschkerek) wurde diese Zusammenarbeit verhältnismäßig großzügig ausgelegt. Auch die Bencze-Möbelfabrik wurde enteignet, weil sie mit den „faschistischen Besatzern kooperiert" hatte. Das Urteil umschreibt zudem genau, woraus die Kooperation bestanden haben soll: Die Möbelfabrik habe nicht nur für Betschkereker Bürger, sondern auch für Leute, die der faschistischen Besatzung angehörten, Möbel hergestellt und an sie verkauft, so lautete die Begründung.

János Eckstein, der Eigentümer der Lederfabrik (meines Großvaters Klassenkamerad am Gymnasium) wurde 1942 nach Belgrad verschleppt und dort umgebracht. Ich habe öfters gehört, dass man die aus Betschkerek (und wahrscheinlich aus anderen Städten) nach Belgrad transportierten Juden dort auf Lastwagen durch die Stadt fuhr, währenddessen Gas in den Laderaum strömen ließ und sie so umbrachte. Ich bin mir nicht sicher, aber soweit ich weiß, wurde der Betrieb der Lederfabrik nicht unmittelbar von den deutschen Besatzern übernommen. Wie dem auch gewesen sein mag, wahrscheinlich verkaufte die Lederfabrik Leder an jeden, der kaufen wollte und Geld dazu hatte (oder an die, die auch ohne Geld wegnehmen konnten, was sie wollten), das bedeutet, dass auch faschistische Besatzer an dieses Leder kamen. Möglicherweise wurde auch die Eckstein'sche Lederfabrik auf diese Weise eingestuft, was dann zur Konfiszierung führte. Zwar konnte dieser Verdacht später dann erfolgreich abgestreift werden, doch die Verstatlichung blieb weiter bestehen. Entsprechend musste versucht werden, gegen die Svetozar-Marković-Toza-Lederfabrik eine Wiedergutmachung zu fordern.

Es gab weitere Probleme, zu deren Lösung Lili Eckstein anwaltliche Unterstützung anforderte. Im Jahr 1945 wird eine neue Vollmacht ausgestellt, die meinen Vater als Anwalt aus Petrovgrad erwähnt (es hieß also nicht mehr Großbetschkerek, auch nicht Nagybecskerek und noch nicht Zrenjanin). Das erste Gesuch vom 10. Mai 1945 zielt darauf ab, dass die aus Betschkerek stammende Livia Eckstein sich in Betschkerek niederlassen möchte. Dazu benötigt sie jedoch den Nachweis politisch und moralisch korrekter Führung (*Uverenje o političkom i moralnom vladanju*). Bei der Ausstellung eines solchen Nachweises wurde mit besonderem Bedacht die Beziehung zu den Besatzern untersucht. (Mir stellt sich die Frage, ob die kleine sprachliche Verschiebung wohl dem Zufall zu verdanken war, die darin besteht, dass sich mit der Zeit sowohl im Ungarischen als auch im Serbischen die Reihenfolge änderte und an die Stelle von „politisch und moralisch" nun „moralisch-politisch" [moralno-političko] trat.) Bei der Beantragung des Nachweises schreibt Lili Eckstein unter anderem:

„[...] ich bin jüdischer Nationalität, und als solche bin ich vor den deutschen Besatzungsmächten geflohen. Ich bin in Petrovgrad geboren am 12.III.1910, mein Vater ist Jovan [János], meine Mutter Gizella Polák, beide von den faschistischen Besatzern hingerichtet.
[...]
Als Jüdin konnte ich mich auf der Seite der Besatzer gar nicht kompromittieren, ich bin also von politisch angemessener Einstellung."

```
                    GRADSKOM NARODNO-OSLOBODILAČKOM ODBORU
                                    Petrovgrad

Predmet: Molba EKŠTAJN LIVIJE, domaćice iz Petrovgrada, stanuje sada privremeno
         u Dr.Rajsa ulici br.17,- radi izdavanja uverenja o političkom i mo-
         ralnom vladanju.

                Potpisana učtivo molim Naslov, da mi izvoli izdati UVERENJE
o političkom i moralnom vladanju.
                Ja sam po narodnosti Jevrejka i kao takva sam još 1941 g.
izbegla pred nemačkim okupatorskim vlastima.
                Ja sam rodjena u Petrovgradu 12.III.1910 godine od oca
Jovana i majke Gizele r.Polak, koje su fašistički okupatori pobili.
                Ja po mojim roditeljima posedujem u gradu Petrovgradu ne-k
kretnine. Na svome imenu posedujem jednu kuću u Petrovgradu.
                Kao jevrejka nisam se ni mogla na strani okupatora kompro-
mitovati, pa prema tome sam politički ispravna.
                Uverenje mi je hitno potrebno radi ishodjenja dozvole za
nastanjenje u Petrovgradu.
     PETROVGRAD, 10.V.1945        SMRT FAŠIZMU - SLOBODA NARODU !
```

Im letzten Satz glaube ich zwischen den Zeilen eine gewisse Gereiztheit erkennen zu können. Auf der Rückseite der Eingabe steht dann die mit Bleistift geschriebene Anmerkung eines Büroangestellten: *„Der Nachweis wird in einigen Tagen ausgegeben."* So geschah es dann auch.

Einen Tag nach Einreichung des Gesuchs für ein moralisch-politisches Zeugnis (am 11. Mai 1945) wird ein zweites Gesuch erstellt, diesmal an die Versorgungsabteilung des

Städtischen Volksbefreiungsausschusses gerichtet. Am Anfang ist der Betreff des Gesuchs angeführt: *"Das dahingehende Ersuchen der Petrovgrader Hausfrau LÍVIA ECKSTEIN (Kr. Marije u. 2), dass man eine Genehmigung an sie ausgebe zum Kaufe eines sommerlichen Frauenkleides aus Kattun."* Darin schreibt Lili Eckstein in serbischer Sprache:

*"Aus Petrovgrad bin ich vor der deutschen Besatzung nach Ungarn geflohen.
Am 8. Mai 1945 bin ich nach Hause zurückgekehrt.
Außer einem Winterkleid habe ich nichts.
Ich bitte Sie, zu genehmigen, dass ich den Stoff für ein Sommerkleid kaufe, und zwar einen solchen Stoff, der waschbar ist.
Petrovgrad, 11.V.1945
S.F. – S.N.* [Tod dem Faschismus – Freiheit dem Volke]"

Eine Antwort lässt sich in den Papieren nicht finden, aber da die gute politisch-moralische Führung einen Nachweis erhalten hat, setze ich voraus, dass auch die Anschaffung des Kattunkleids möglich wurde. Ansonsten erinnere ich mich nicht mehr genau, wer es erzählte, aber ich habe gehört, Lili Eckstein habe in den Antrag hineinschreiben wollen, dass sie das Kleid brauche, weil sie nunmehr auch auf dem Korso erscheinen wolle. Mein Vater habe ihr ausgeredet, diese Bemerkung zu machen. In Betschkerek war der Korso (Promenade) etwa genauso wichtig, wie Márai ihn in den *Bekenntnissen eines Bürgers* beschrieb. Auch in Betschkerek befand er sich auf der Fő utca (Hauptstraße). So hieß die Straße für uns und so heißt sie weiterhin, trotz vielfacher Umbenennungen. Ich habe gehört, dass der Korso auch während des Faschismus nie ganz aufgehört hatte und dass es einen Unterschied gab zwischen den Straßenseiten. Laut Márai gab es eine herrschaftliche Seite, und auf der anderen Seite gingen „die Dienstmädchen, Soldaten und bescheideneren Mitglieder der Gesellschaft" spazieren. Ich weiß nicht, ob dies in Betschkerek früher genauso gewesen ist, aber einen Unterschied gab es auch da. Ich begann Mitte der Fünfzigerjahre am Korso teilzunehmen; dies war zu jener Zeit ein unumgänglicher Faktor im gesellschaftlichen Leben der Stadt. Es gab sogar noch einen gewissen Unterschied zwischen der rechten und der linken Seite des Korsos. Ich kann nicht behaupten, dass dies ein Klassenunterschied war, aber wir wussten alle, dass die linke Seite des Korsos, vom Rathaus und der katholischen Kirche aus beginnend, die Hauptbühne war. Auf der rechten Seite spazierten die Schüler vom Lande, die sich noch nicht ins städtischen Leben eingefügt hatten, und auch die Liebespaare, die unter sich sein wollten und damit dem vielen Grüßen, Stehenbleiben und der Unterhaltung mit Bekannten auswichen. Es gab auch welche, die auf beiden Seiten der Straße flanierten.

Im Mai 1951 kommt es in der Sache Eckstein schließlich zu einem gewichtigen Ergebnis. Ich lese das Protokoll, am 31. Mai 1951 unterschrieben von Nikola Preradović, Chef der Abteilung der Staatlichen Gebäude, Milorad Popović, Direktor der Staatlichen Vermögensagentur, und meinem Vater als Rechtsanwalt von Livia Lepedat, geborener Eckstein. Dem Protokoll nach wird das Haus und das Grundstück an der Makedonska-Straße 13 voll und ganz an Livia Lepedat übergeben, des Weiteren das Haus an der Balkanska-Straße 12 und die Hälfte von dessen Grundstück. Die Immobilie wird von den Parteien im vorhandenen Zustand ohne weiteren Vermerk übergeben und entsprechend übernommen. (Aus den Papieren ist allerdings nicht zu ersehen, ob es sich nun um die Rückgabe einer einst konfiszierten Immobilie handelte oder ob eine andere Immobilie anstelle der beschlagnahmten übergeben wurde.)

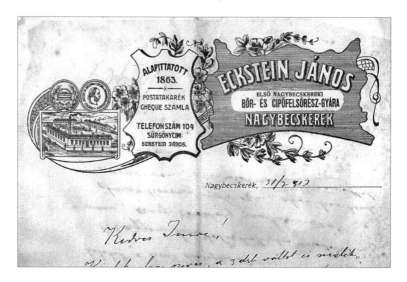

Zitieren möchte ich noch zwei aus Maribor eingetroffene Briefe. Duško Lepedat stammte aus Kikinda, dort lebte das Ehepaar eine Zeitlang. Die aus Maribor abgesandten Briefe wurden vielleicht in einem Sommerurlaub geschrieben, es kann aber auch sein, dass das Ehepaar Lepedat nach Maribor umgesiedelt war. Für letztere Möglichkeit bietet das Tagebuch meines Großvaters einen Hinweis, wenn er aufzeichnet, wer alles anlässlich seines Geburts- oder Namenstages vorbeigekommen ist oder wer einen Brief beziehungsweise ein Telegramm geschickt hat. Regelmäßig tauchen auch die Namen Eckstein und Lepedat auf, zum letzten Mal am 1. März 1956: Zum 89. Geburtstag meines Großvaters ist unter anderem von „Lilly Eckstein, Duško, Maribor" ein Telegramm eingetroffen.

Einen der zwei 1951 abgesandten Briefe schreibt Duško an meinen Vater in serbischer Sprache; darin spricht er davon, dass sie sich über den Erfolg bezüglich des Hauses freuen und ihm gratulieren. Den zweiten verfasst Lili Lepedat/Eckstein am 15. Juni 1951, ebenfalls aus Maribor, nun auf Ungarisch. Sie schreibt, dass sie sich in Maribor wohlfühlten, und fügt hinzu: *„Ich bitte Sie inständig, tun sie alles, vielleicht gelingt es, das Geld von der Lederfabrik zu bekommen. [...] Hier* [Maribor ist gemeint] *ist es wirklich sehr schön und man kann angenehm leben, alles bekommen, wenn man nur auch das Geld dafür hätte."*

Die Frage der Wiedergutmachung für das verstaatlichte Vermögen zog sich hin. Im Jahr 2011 hat das serbische Parlament das Gesetz zur Vermögensrückerstattung verabschiedet. Ich glaube, auf dieser Grundlage könnte auch in Zusammenhang mit der Betschkereker Lederfabrik Geld beantragt werden. Ich weiß nur nicht, ob es noch jemanden gibt, der es beantragen könnte.

Socken am Lüster, Leben am seidenen Faden
Akte Nummer 12198

Eine Ehe und deren „Trennung von Tisch und Bett"
(separatio a mensa et thoro)

Karl Engel und Márta Kuzmin schlossen am 28. Januar 1938 den Bund der Ehe. Nach ungefähr dreieinhalb Jahren kam am 2. August 1941 ihre Tochter Judit zur Welt. Die Namen sind erfunden. Dieses eine Mal will ich abweichen von meinem Entschluss, die Hauptbeteiligten unter ihrem wirklichen Namen vorzustellen. Die Geschichte ist auch diesmal bis ins letzte Detail eine echte Geschichte. Die aus den Verfahrensunterlagen gewählten Zitate sind genauso echt wie die Namen der übrigen Beteiligten. Einzelheiten des Scheidungsverfahrens legten jedoch nahe, dass es diesmal besser wäre, fiktive Namen für die Hauptbeteiligten zu verwenden.

Karl war Deutscher, Márta Jüdin. Im Januar 1938 verbreitete sich zwar der Faschismus auf beängstigende Weise, aber er war noch nicht stark genug, um eine solche Heirat in Betschkerek verhindern zu können. Die später entstandenen Dokumente lassen abgesehen von den Gründen zur Scheidung, zu der es dann kam, nicht viel von der Ehe selbst erkennen. Mit ihnen ist jedoch eine Erinnerung von ganz Betschkereker Art erhalten. In Gesellschaft meiner Eltern hörte ich sogar mehrmals Einzelheiten über einen gewissen Vorfall. Meine Mutter erzählte davon wie von etwas, das sie selbst erlebt hatte, und die Geschichte tauchte auch in anderen gesellschaftlichen Kreisen als Gesprächsthema auf.

Nach ihrer Eheschließung, dies dürfte Anfang Frühling des Jahres 1938 gewesen sein, luden Márta und Karl zu einer Gästerunde in ihrer Wohnung ein. Karl war im Alter meiner Eltern, vielleicht war er sogar Klassenkamerad meiner Mutter gewesen. Als die ersten Gäste eintrafen, darunter auch meine Eltern, nahm Márta sie in Empfang. Karl tauchte einige Minuten später auf, barfuß, und stellte Márta die entnervte Frage: „Márta, wo sind meine Socken?" Márta antwortete mit einem zwanglosen Lächeln: „Na, wo sollten sie schon sein? Sie sind auf dem Lüster!" Einige Zeugen berichteten, der Wortwechsel von Karl und Márta sei auf Deutsch gewesen, andere meinten jedoch auf Serbisch. Was die für diese Geschichte ausschlaggebenden Wörter „Socken" und „Lüster" betrifft, hat das aber nicht wirklich etwas zu bedeuten, denn sie werden im Ungarischen und Deutschen ebenso wie im Serbischen gleichermaßen verwendet („zokni" und „luszter" auf Ungarisch, „zokna" und „luster" auf Serbisch). Geschichten, die die vom Bürgerlichen zur Bohème tendierenden ehelichen Gewohnheiten der Engels immer wieder zur Sprache brachten, vermengten meist Betroffenheit mit Sympathie. Weder Spuren einer deutsch-jüdischen Spannung noch irgendeine trotzige Haltung gegenüber den herannahenden historischen Entwicklungen vermochte ich ihnen zu entnehmen. Es handelte sich nicht um eine „Romeo-und-Julia"-Ehe.

An einem gewissen Punkt der Ereignisse gewinnen die gymnasialen Klassenkameraden Karls an Bedeutung. Aus den Namen ist zu ersehen, dass er vermutlich ein serbisches Gymnasium besucht hat, wahrscheinlich auch Márta. In dem Dokumentendossier gibt es zahlreiche von ihnen an meinen Vater geschriebene Briefe. Es gibt ungarische, es gibt serbische und es gibt deutsche Briefe. Die Wahl der Sprache ist manchmal naheliegend. Karl wurde zum deutschen Militär eingezogen, und von der russischen Front schreibt er – als deutscher Soldat und unter Berücksichtigung der deutschen Zensur – meinem Vater auf Deutsch. Es gibt aber auch von ihm auf Deutsch geschriebene Briefe aus Betschkerek, so wie es ungarische und serbische Briefe gibt. Auch Márta schreibt Briefe in drei Sprachen. Oft kann ich nicht erkennen, was zu der jeweiligen Sprachwahl geführt hat, außer einer gewissen Logik der Beliebigkeit.

Hier schweife ich ein wenig ab. In Betschkerek gab es natürlich nationale Identitäten und nationalen Stolz, und ein natürlicher Grundstein derselben (wenngleich nicht der alleinige) ist die Muttersprache. Zudem nimmt manchmal die Sprache des Vaters den Platz der Muttersprache ein. Anderseits war jedoch auch Mehrsprachigkeit selbstverständlich. Während ich in Betschkerek lebte und die Grund- beziehungsweise die Volksschule besuchte, gab es kaum einen Tag, an dem ich mich nur in einer einzigen Sprache verständigt hätte (außer ich blieb krank zu Hause war und es kamen keine oder höchstens ungarische Besucher). Außerhalb der eigenen vier Wände, in der realen Welt der Nachbarn, Bekannten und Geschäfte, war der Alltag dreisprachig. Dann, im Laufe meiner Jahre auf dem Gymnasium, verschwand die deutsche Sprache langsam aus dem öffentlichen Leben. Entsprechend erreichten meine Deutschkenntnisse nie das Niveau wie die meines Vaters oder Großvaters. Zweisprachigkeit gab es jedoch weiterhin. Eigentlich hatte ich auch nach Betschkerek nicht wirklich einen Tag in meinem Leben, an dem ich nur eine einzige Sprache gesprochen hätte. Als Student in Belgrad hatte ich einen ungarischen Zimmergenossen, und auch später in Aleksinac, wo ich meinen Wehrdienst ableistete, lebte ich mit ungarischen Kameraden zusammen. (Ich möchte anmerken, dass ich in Belgrad einen einzigen Zimmergenossen hatte; natürlich stammte er aus Betschkerek. In Aleksinac waren wir ungefähr achtzig, die zusammen untergebracht waren. Das „Zimmer" meiner Soldatenzeit bestand aus einem gewaltigen Lagerraum, wo alle achtzig schliefen, darunter zwei ungarische Bauernburschen aus der Gegend von Szabadka/Subotica, mit denen wir jeden Tag einige Worte auf Ungarisch wechselten). Auch in Amerika hatte ich ungarische und serbische Bekannte, und meine Familie war oft bei mir. Später vereinfachten natürlich E-Mails den jeweiligen Sprachwechsel. Der dreisprachige Alltag sollte wieder in mein Leben kommen, als ich nach Budapest zog. Die Stadt ist nunmehr ungarisch, meine Frau und ich sprechen abwechselnd Ungarisch und Serbisch, und an der Universität lehre ich auf Englisch. Insofern führe ich meinen Betschkereker Lebensstil fort. In anderer Hinsicht ist dies allerdings weniger der Fall.

Das Dossier über die Scheidungsangelegenheit beginnt mit den Papieren des Scheidungsverfahrens. Davor war jedoch viel geschehen. Die deutschen Besatzer waren in Betschkerek eingezogen. In den Akten finde ich die Ausgabe der Zeitschrift *Torontál* vom 26. Juni 1943. (Ich habe sie aufmerksam durchgesehen und nichts gefunden, was auf die Ehescheidung hingewiesen hätte. Die Zeitschrift könnte wohl versehentlich in das Dossier geraten sein.) In der Kopfzeile steht „Betschkerek", daneben in Klammern „Nagybetschkerek". Die Adresse der Redaktion „Sepp Kraft (Zápolya) utca Nummer 3" (Ich habe keine Ahnung, wer Sepp Kraft gewesen ist, immerhin hat er für kurze Zeit den Namen der Straße inspiriert.) Eine der vier Seiten ist vollständig der Beerdigung von Andor Marton gewidmet. Danach ist dort zu lesen: *„Deutschland hat eine zuverlässige Verteidigungsdeckung zusammengezogen in Richtung seiner durch die angelsächsischen Angriffe bedrohten Gebiete."* Es gibt jedoch auch Titel, die eine andere Geschichtswendung vermuten lassen. Ich lese, dass Banjanin an die Spitze der jugoslawischen Emigrantenregierung in London gekommen sei und Groll die besten Aussichten auf den Außenministerposten habe. Ich lese auch, dass Moskau fordere, jene Emigrantenregierungen von London nach Moskau zu verlegen, „deren Länder sich innerhalb des vom Sowjet beanspruchten Einflussgebietes befinden". Dort, auf Seite 4, steht, dass Lehel gegen Olympia 4 : 1 gesiegt habe. (Über Lehel weiß ich, dass sie aus dem Dorf Muzslya stammen. Aber Olympia? Irgendwie habe ich „Olympia von Torda" im Ohr, bin mir aber nicht sicher, ob diese Wortverbindung so aus der Erinnerung stammt oder ob eine Vermischung von Erinnerungen sie sich zusammenreimt.) In einer lokalen ungarisch-deutschen Begegnung gewann „Hajrá" gegen „Schwäbischer" 4 : 2. Dann steht auf Seite 3 eine Bekanntmachung, deren Kontext ich nicht wirklich rekonstruieren oder auch nur plausibel erahnen kann. Ich überlasse dies dem Leser:

„Bekanntmachung
Auf dem Flugplatz dürfen nur Schafe weiden. Das Weiden anderer Tiere ist unter
Strafe streng verboten.
Der Kreisverwalter
Unterzeichnet: Amelung
Kapitän"

Das war also die Situation, in der das Scheidungsverfahren begann. Karl ist nun nicht mehr Betschkereker Händler. Als Deutscher wird er zum deutschen Militär eingezogen und zum Untersturmführer an der russischen Front ernannt. (Meines Wissens war dies ein typisches Schicksal unter den Banater Deutschen. Auch die meisten der eingezogenen Ungarn aus der Bácska kamen an die russisch-ukrainische Front). Die Anregung zur Scheidung entstammte jedoch nicht den Teilungen und Ausgrenzungen, die die Geschichte verursacht hatte. Die angeführten Gründe sind traditionell, sind solche, die im Wandel der Zeiten Bestand haben. Márta, die ihre Inspirationen eher in den Pulsschlägen ihrer Jugend als in den Weltereignissen suchte, lebte ein ziemlich schwungvolles Leben. Diese kleinstädtischen Geheimnisse sollten über eifrige Nachbarn schließlich auch die russische Front erreichen. Und die dortigen Umstände waren nicht so, dass sie dazu ermutigten, zu verzeihen.

Ende September 1943 wurde der Scheidungsantrag eingereicht. Das Ende des Antrags ist mit „31. September" datiert. Auch zu der Zeit kamen Schreibfehler vor. Der Stempel des Betschkereker Gerichts zeigt, dass der Antrag am 1. Oktober 1943 registriert wurde. Der Begründung nach war Márta, nachdem Karl einberufen und aus Betschkerek weggebracht worden war, mit dem Medizinstudenten R. B. ein Verhältnis eingegangen. Darüber hinaus hatte sie in ihrer Wohnung eine „leichtlebige Gesellschaft" empfangen, bestehend aus fünf bis sechs Mitgliedern, darunter auch R. B. Mit dieser Gesellschaft hatte sie demnach die ganze Nacht getrunken, Karten gespielt und getanzt, gelegentlich sich bis auf einen Badeanzug entkleidet. (Es wurde die Vermutung geäußert, das Entkleiden habe sich im Laufe eines Striptease-Pokers ergeben). Drei Zeugen wurden zur Anhörung vorgeschlagen: Slavko Z., Rechtsanwaltsanwärter (sein Sohn hieß genauso, auch er wurde später Anwalt), Erzsébet L. und Erzsébet P. Márta wurde durch den Anwalt Stojan Adamovic vertreten. Auch in der Familie Adamovic hatte es in mehreren Generationen Anwälte gegeben. Stojan war etwas jünger als mein Vater. Ich lernte ihn in den fünfziger Jahren im „Brankovan"-Schwimmbad kennen; er war ein hervorragender Schwimmlehrer.

Zuerst wurde ein Einigungstermin für den 18. November 1943 angesetzt. Auf der Vorladung steht „Bezirksgericht Petrovgrad", aber die Ladung informiert Karl Engel und Márta Engel „aus Betschkerek" über die Verhandlung. Es hatte zu viele Namensänderungen gegeben, um eine Konsistenz in den Dokumenten herstellen zu können. Die Einigungsverhandlung verlief erfolglos. (Karl konnte auch gar nicht kommen.) Mein Vater informierte Karl in einem deutschsprachigen Brief über den Ausgang der Verhandlung und wies darauf hin, dass die nächste Verhandlung wahrscheinlich im Januar 1944 sein werde. Dabei gab er seiner Hoffnung Ausdruck, dass Karl zu dieser kommen könne. Als Absender steht auf dem Brief „Betschkerek", als Empfänger eine Feldpostnummer (44609/A).

Am 18. Dezember 1943 schreibt mein Vater nochmals einen Brief an dieselbe Feldpostnummer. Er fragt Karl, ob er den Brief vom November erhalten habe, weil keine Antwort darauf eingetroffen sei. Diesmal teilt er das genaue Datum und die Zeit der Verhandlung mit (11. Januar 1944, 9.00 Uhr). Er schreibt auch, dass er im Verlauf des Gerichtsvortrags gerne die Dinge vereinfachen und sich nur auf das Wichtigste konzentrieren wolle. Eine Antwort findet sich zwischen den Schriftstücken nicht.

Zur Verhandlung erschienen weder Karl noch Márta. In den Akten gibt es kein Verhandlungsprotokoll, aber mein Vater zeichnete handschriftlich die Zeugenaussagen auf die Rückseite eines Schriftstückes auf. Slavko Z. sagte aus, sowohl Márta als auch R. B. hätten ihm gesagt, dass sie miteinander Geschlechtsverkehr hätten. Die Reinigungsfrau Erzsébet L. sagte aus, dass sie einmal Wasser ins Schlafzimmer gebracht und bemerkt habe, dass Márta mit R. B. im Bett war (im Rahmen des Kreuzverhörs durch den Verteidiger stellte sich heraus, dass beide angekleidet gewesen waren). Als Erzsébet hereinkam, wurde R. B. nervös, jedoch beruhigte ihn Márta: „Nichts, nichts. Das ist nur die Erzsike." Erzsébet L. fügte dem noch hinzu, dass einmal, als Karl bereits beim Militär gewesen sei, sie während des Abwaschens auch eine Männerunterhose gefunden habe. Auch die Zugehfrau Erzsébet P. machte eine belastende Aussage. Sie wollte gesehen haben, dass R. B. mehrfach ganze Tage bei Márta verbracht habe. Auf Nachfragen des Verteidigers fügte sie jedoch hinzu, dass Márta zusammen mit ihrer kleinen Tochter im Schlafzimmer geschlafen habe, R. B. hingegen im Esszimmer. Sie erzählte weiterhin, dass bei Márta sich mehrfach Männergesellschaft eingefunden habe, des Weiteren eine „Dame aus Pancevo". Sie hätten getrunken, sich vergnügt, Karten gespielt, und manchmal habe sich Márta bis auf die Badekleidung ausgezogen.

Während ich diese Zeugenaussagen zitiere, werde ich etwas unsicher. Es ist wohl wahr, dass es sich im Rahmen der internationalen Praxis der Scheidungsfälle nicht gerade um irgendeinen herausragenden Fall handelt. So etwas gibt es. Aber der Sturm der Vorurteile ist noch nicht vergessen, der jeden von der Leine gelassenen Gedanken, jede losgelassene Bemerkung sofort aufgreift, gleich an einen Schandpfahl wälzt und dort einordnet. Heute hat sich der Sturm verzogen, aber eine Zwangsvorstellung ist uns geblieben. Wir sehen uns um und rätseln, ob der brutale Luftstrom verschwunden oder nur zu einer Bedrohung erstarrt ist und ob ein Geschehen oder eine Mitteilung darüber in einem menschlich geprägten Umfeld verbleiben kann. Oder ist es doch so, dass das, was Slavko und die zwei Erzsikes skizziert hatten, aus unserer Mitte weiterdriftet, und das kleine Gekritzel sich zu einem deutlichen Ausrufezeichen versteift, indem es anklagend demonstriert, dass „die jüdischen Frauen so sind" (und die arischen Frauen nicht)? Slavko, die zwei Erzsikes (und auch ich) sind zwischen zwei Sichtweisen getrieben worden: Je nachdem, von welcher Seite aus man es betrachtet, zeigt sich hier eine freimütige arische Weise oder ein schnöder Antisemitismus. Betrachten wir unterdessen diese Zeugenaussagen unbeeindruckt von den Stürmen der Zeit, gleichsam in einer Windstille, ist hier nicht nur nichts darüber ausgesagt, wie die Juden (oder die Frauen) sind, sondern auch nichts darüber, wie Márta in Wirklichkeit war.

Der Gerichtsentscheid wird am 29. Januar 1944 verkündet. Im Sinne der damaligen Gesetzesverordnungen erfolgt vor dem Scheidungsurteil und dem möglichen Scheidungsspruch ein Beschluss, der die „Trennung von Tisch und Bett" auf sechs Monate bestimmt (*separatio a mensa et thoro*, eine Institution des kanonischen Rechts. Sie hatte in mehreren europäischen Rechtssystemen lange Bestand und diente als Ersatz oder als Vorlauf einer Scheidung).

Während der sechs Monate geschah vieles. Am Ende unserer Straße war ein Sammellager eingerichtet. Dort waren vor allem Zigeuner untergebracht. Die deutschen Soldaten hetzten zuweilen einige der Zigeuner gegeneinander auf, diese zankten und schlugen sich und die Soldaten sahen dabei zu. Sie selbst standen ja über dem Geplänkel, und sie schienen den greifbaren Beweis ihrer menschlichen Überlegenheit zu genießen. Am Ende bewiesen sie sogar gelegentlich ihre Großzügigkeit, indem sie den Hauptbeteiligten der Auseinandersetzung eine extra Ration Suppe zukommen ließen.

Es gibt prickelnde Gefühlen, die in Zeiten von Fieberträumen neue Beispiele des Wahnsinns inspirieren, in Zeiten der Normalität aber lediglich zu bizarrem, eventuell widerlichem Verhalten führen. Ende der sechziger Jahre sah ich in Amerika im Fernsehen gelegentlich die Jerry-Springer-Show. Auch hier war echter menschlicher Zwist der wesentliche Kern der Produktion. Es waren entweder Liebesdreiecke, die auf die Bühne gebracht wurden, oder nachbarliche Streitigkeiten. Der Moderator stachelte eine Diskussion an, dadurch kam es zum sehenswerten Streit, manchmal bis zur Grenze an eine Rauferei, fallweise sogar ein, zwei Stufen darüber hinweg. Die Teilnehmer wurden hier aber mit mehr entlohnt als mit einer Suppe, und sie durften danach auch wieder nach Hause gehen. Seinerzeit sah ich die Jerry-Springer-Show gemeinsam mit einer Gruppe Studenten im Raum eines Studentenwohnheims an. Die Mehrheit zog es vor, mit dem Lächeln des Überlegenen und dem Glück des Übermenschen zu reagieren. Es gab auch manch einen, der nicht an der Selbstüberhöhung Gefallen fand, sondern selbst in das Spiel eintauchte und sich mit einem der Teilnehmer identifizierte. Zudem gab auch solche, die sich darüber ereiferten, wie demütigend das Ganze sei. Heute muss man nicht mehr bis nach Amerika reisen, um solch eine „Reality Show" zu sehen. Die verschiedenen Einstellungsweisen leben fort wie eh und je. Ich habe keine statistischen Erhebungen zur Hand, aber soweit ich sehe, entscheiden sich viele auch weiterhin für die Möglichkeit „Übermensch". Auch gibt es nicht wenige, die in irgendeiner Weise die Überlegenheit des Außenstehenden mit der Identifikation mit einem der Beteiligten kombinieren. Empörung hingegen ist nunmehr eine Randerscheinung und kommt kaum mehr vor. Das Verhaltensmuster wird fortgesetzt. Natürlich führt das gleiche Verhaltensmuster nicht immer zum gleichen Ergebnis. Die Frage ist, wie weit tatsächliche Unmenschlichkeit unter den gegebenen Umständen entfernt ist und wie viele Versuchungen (aber auch Hindernisse und Bedenken) unterwegs auftauchen, wenn man diesem Verhaltensmuster folgt.

Auch der 19. März 1944 fiel in die sechs Monate der Trennung von Tisch und Bett. Auf diesen Tag bereitete man sich in unserer Familie immer besonders vor, weil es der Josephstag war, der Namenstag meines Vaters. Der 19. März 1944 sollte sich jedoch anders entwickeln. Ich zitiere aus dem Tagebuch meines Großvaters:

„19.III.1944, Josephstag. Vor meiner Türe höre ich morgens um 5:30 Uhr lautes Sprechen, Auf-und-ab-Gehen. Bald kommt, ich lag im Bett, Józsi zu mir herein, mit

einer kleinen Decke und einem kleinen Kissen auf dem Arm, küsst mich, er ist gekommen, um sich zu verabschieden. Zwei deutsche Volkspolizisten sind zu ihm gekommen mit dem Befehl, dass er sich sofort anzukleiden habe, und zusammen mit ihm würden sie mich zum Internierungsraum des Messinger-Instituts geleiten. Wie sie sagten, sollten über die ganze Stadt ausgesandte Volkswachen alle zusammengetriebenen führenden Persönlichkeiten der ungarischen Minderheit dorthin bringen. Vor meiner Türe unterhielten sie sich lange, weil Józsi und Zorka ihnen gesagt hatten, dass man mich von zu Hause nicht wegbringen könne, da ich seit vorgestern krank im Bett liege. Daraufhin geleitete einer der Wachen Józsi davon, der andere aber informierte seinen Befehlshaber am Telefon, ‚der alte Várady liegt krank darnieder und ist schon 77 Jahre alt' – was er tun solle? Er ließ mich zu Hause. Zwischenzeitlich wurden Nachrichten überbracht darüber, wen man abgeführt hatte. Zusammen mit unserem Prälat ist die gesamte ungarische Führung dort, ja sogar die Leiterinnen der Sektion der Frauen, mit Saczi Mara und Vilma Végh.

Das Budapester Radio sandte keinerlei Nachrichten. Hier munkelt man, dass das deutsche Heer die Grenzen Ungarns besetzt habe und von Serbien, Kroatien und Rumänien aus abwärts über das Land ziehe. Ungarischen Widerstand gibt es nicht. Die Regierung ist heute Vormittag zurückgetreten. Einige meinen, es sei eine Militärdiktatur unter Henrik Werth proklamiert worden, nach Ansicht anderer haben Szálasy und Konsorten die Regierung übernommen. Es herrscht vollkommene Unsicherheit. – Mich hat man zu Hause gelassen. Ich bin den ganzen Tag gelegen.

So ist er vergangen, der Josephstag, den wir uns so schön vorgestellt hatten.

Am Abend um 7:30 Uhr ist Pali nach Hause gekommen, später auch Józsi. Sie hatten alle nach Hause entlassen. Sie sagen, man hätte ihnen mitgeteilt, dass dies eine ‚Gefangennahme als Sicherheitsmaßnahme' gewesen sei. Die deutsche Schutzmacht besetzt Ungarn, und damit die hiesige Ungarnschaft ja nicht möglicherweise eine leichtsinnige Bewegung organisiere, habe man sie in Sicherheit bringen müssen. – Armes Ungarn. Józsi und Pali teilen mit, dass die Gefangengenommenen vor der Freilassung allesamt eine Erklärung unterzeichnen mussten, nach der sie die Stadt ohne Sondergenehmigung nicht verlassen dürfen. Politische Zusammenkünfte und Besprechungen sind verboten."

Betschkerek war auch bis dahin unter deutscher Besatzung gestanden, aber die deutsch-ungarischen Spannungen und die Besetzung Ungarns brachten Veränderungen auch in die Straßen von Betschkerek. Ich zitiere nochmals einige Zeilen aus dem Tagebuch meines Großvaters:

„*Am 20. und 21.III.1944 machen unterschiedliche Nachrichten die Runde, Rätselraten, völlige Unsicherheit. Das Radio teilt gar nichts mit über die Geschehnisse in Ungarn. In den Städten des Banat unangenehme Zwischenfälle. Am Sonntag (dem 19.) schlug die Hitlerjugend den in die Kirche strömenden Schülern, den Jungen und*

Mädchen die Bocskay-Kappen vom Kopf und rissen ihnen die ungarischen Kordelverzierungen von den Kleidern."

Im Laufe der sechs Monate geschah es auch, dass Márta nach Csóka ins Lager gebracht wurde; von dort wurde sie dann nach einiger Zeit entlassen. Daran, dass sie freikam, hatte vielleicht der in Scheidung befindliche Mann einen Anteil. Nach meiner Erinnerung hörte ich später so etwas von meinen Eltern, bin mir dessen aber jetzt nicht mehr sicher. Im Dossier gibt es davon keine Spur.

Am 11. Juli 1944 laufen die sechs Monate der „Trennung von Tisch und Bett" aus. Das Scheidungsverfahren wird seinem eigenen Rhythmus gemäß fortgeführt. Am 17. Juni 1944 teilt Karl dem Gericht mit, dass die Ehegemeinschaft nicht wieder hergestellt worden und kein weiteres Kind in den vergangenen sechs Monaten zur Welt gekommen sei. Auf der Grundlage des Gesetzesparagraphen aus dem Jahr 1894 bittet er um die Scheidung. Er fordert keine Erstattung der Verfahrenskosten. (Auch die Beklagte tat dies nicht.) Am 28. September 1944 wird ein Urteil erstellt, das sich im Wesentlichen auf die frühere Bestandsaufnahme stützt. Es ist auf Serbisch, in kyrillischer Schrift verfasst. In der Urteilsbegründung und den Feststellungen haben die zeitgeschichtlichen Ereignisse meines Erachtens keinen Abdruck hinterlassen. Ein so formuliertes Urteil hätte genauso auch fünfzig Jahre zuvor oder fünfzig Jahre später entstehen können. Die Richter stellen die Standpunkte der Beteiligten dar und summieren die Aussagen der Zeugen. Dann ziehen sie den Schluss, sie könnten nicht akzeptieren, dass Ehebruch begangen worden sei. Sie sähen zwar Umstände, die auf Ehebruch hinweisen, stellten jedoch dezidiert fest, dass *„Ehebruch nicht auf Grund von Folgerungen ausgesprochen"* werden könne, sondern dass *„die Tatsache des Ehebruchs bewiesen werden"* müsse. Sie fügen hinzu, dass der Ehebruch auch damit nicht bewiesen sei, dass R. B. Tage in der Wohnung der Beklagten verbracht und mit ihr zusammen (bekleidet) auf dem Bett gelegen habe. Gleichzeitig akzeptieren die Richter einen anderen Scheidungsgrund als gegeben, dessen Formulierung heute etwas antiquiert wirkt. Sie stellen fest, dass das Benehmen der Beklagten (Márta) als *„unbelehrbar ausschweifender Lebensstil"* zu bewerten sei.

Es folgt die Berufung gegen das Urteil in erster Instanz, doch von da an nehmen die Dinge eine andere Wendung. Márta wird nach Auschwitz gebracht. Karl gelingt die Flucht aus dem deutschen Heer. Die dreijährige Tochter Judit wird von Bekannten versorgt. Anderthalb Jahre später, am 5. Februar 1946, beantwortet mein Vater die Anfrage des Bezirksgerichts Petrovgrad vom 29. Januar 1946 und teilt mit, dass die Parteien sich an einem unbekannten Ort aufhielten. Er werde über eine etwaige Fortführung des Scheidungsprozesses das Gericht informieren, sobald er Verbindung zu seinen Klienten aufgenommen habe. Das Gericht nimmt zur Kenntnis, dass das Verfahren „wegen der Kriegsereignisse" unterbrochen worden sei. Es fordert die Parteien auf, das Gericht innerhalb von 15 Tagen zu benachrichtigen, falls sie das Verfahren fortsetzen wollten. Eine solche Benachrichtigung sollte nie eintreffen. Und hier beende ich den ersten Teil dieser Geschichte.

Restitutio in integrum (Alles zurück?)

Bevor mein Vater das (wieder zum „Petrograder" gewordene) Gericht benachrichtigte, dass die Parteien nicht zu erreichen seien, war seit der Trennung von Tisch und Bett viel geschehen. Aus der Sicht von Karl und Márta gestaltet sich das Kriegsende so, dass Karl mit den deutschen Einheiten von der russischen Front nach Pancevo zurückkehrt, um dann am 30. September 1944, zwei Tage nach der Urteilsverkündung im Scheidungsprozess, aus der deutschen Armee zu desertieren. Márta ist zu dieser Zeit noch in Auschwitz.

Ein Jahr später gibt es keinen Krieg mehr. Es ist jedoch in keiner Weise absehbar, ob die Spuren und Stigmatisierungen der vergangenen Jahre beseitigt werden können und ob es möglich sein wird, zurückzukehren. Im Dokumentendossier befindet sich ein Brief Karls aus Szeged, in dem er berichtet, was ihm im Jahr zuvor widerfahren ist. Vor allem ist dies ein klarer Hinweis, dass er am Leben ist. Der Brief ist nicht nur ein Bericht, sondern er verfolgt auch ein Ziel – die Rückkehr. Er schickt ihn an meinen Vater (damit dieser ihn weitersende), aber er ist an seine serbischen Schulkameraden adressiert, die sich den Partisanen angeschlossen hatten. Er bittet die Adressaten, in einer beglaubigten Erklärung zu bezeugen, dass Karl, obwohl er Untersturmführer gewesen war, in Wirklichkeit auf der Seite der Partisanen gestanden habe. Solche Bestätigungen hätten Karl (vielleicht) ermöglicht, nach Betschkerek zurückzukehren und den Folgen des Gesetzes zu entgehen, das Deutsche und deutsches Vermögen betraf. Die im Brief aufgelisteten Ereignisse werden natürlich genau zu diesem Zweck aufgezählt und sind entsprechend formuliert. Der spätere Briefwechsel und weitere Dokumente machen aber durchaus glaubhaft, was Karl darin beschreibt. „Lieber Mišo", beginnt der Brief vom 1. Oktober 1945. Es handelt sich bei dem Angesprochenen um Miša Dragović, der im Herbst 1945 bereits an der jugoslawischen Botschaft in Teheran arbeitet. Eine Kopie soll Stanoje Županski zukommen, den die Freunde – so auch Karl – „Bato" nennen. Mein Vater bemüht sich um die Weiterleitung dieses Briefes, indem er ihn dem Vater Batos, einem Betschkereker Anwalt übergibt. Eine weitere Kopie wird an Nikola Škundrić geschickt, der zu jener Zeit Beamter in den neuen Provinzkörperschaften von Neusatz (Novi Sad) ist. Ebenso soll Svetolik Popović, an der Handelsakademie von Nis als Lehrer tätig ist, den Brief erhalten.

Karl beschreibt, dass er am 30. September 1944 vom deutschen Militär geflohen sei. In der Gegend von Besni Fok sei er auf drei Partisanen getroffen und habe mit ihnen vereinbart, dass er weitere Leute zu den Partisanen führe. Ein Priester namens Božin habe ihm hierzu Anweisungen gegeben. Die habe er befolgt und tatsächlich einige Leute vom deutschen Militär hinübergebracht. Aus Gründen der Glaubwürdigkeit gibt er die Adresse von Božin an (Versec, Zlatne grede 6). Er erinnert Miša Dragović daran, dass er in jenen Tagen auch ihn im örtlichen Volksbefreiungsausschuss von Opovo getroffen habe. In Besni Fok habe er darum gebeten, auf der Seite der Partisanen mit der

Waffe in der Hand kämpfen zu dürfen. Daraufhin sei er von Besni Fok nach Opovo gesandt worden, damit die dortige Kommandantur über seinen Antrag entscheide. Zwischenzeitlich erreicht die Rote Armee Besni Fok und nimmt ihn und andere seiner zu den Partisanen übergelaufenen Kameraden am 7. Oktober in Kriegsgefangenschaft. Dem Brief nach zu urteilen, wurden sie besser behandelt als jene deutschen Soldaten, die nicht bei den Partisanen aufgespürt worden waren. Die Gefangenen wurden nach Temeschwar gebracht, dann nach Debrecen, danach nach Jászberény und schließlich nach Brno. Die Anzahl der hin und her verschleppten Kriegsgefangenen änderte sich immer wieder, zuweilen waren es 50 000 bis 55 000. Im Gefangenenlager bildeten sie sogar einen antifaschistischen Verein, und Karl war einer der Anführer. Am 12. September 1945 ließen sie ihn in Brno frei, von wo aus er wohl nach Szeged kam.

Der Brief versucht zu beweisen, dass Karl nicht erst in den Tagen des Zusammenbruchs des deutschen Heeres zu den Partisanen überlaufen wollte. Er erwähnt, dass er bereits im Mai 1944 mit diesem Vorschlag an Svetolik Popović herangetreten sei und er ihm auch Informationen über deutsche Waffenlager übermittelt habe. Danach sei er jedoch an Malaria erkrankt und lange Zeit ans Bett gefesselt gewesen. Er bittet Bato (Županski Stanoje) und Mišo (Miša Dragović) zu bezeugen, dass er, nachdem er zum deutschen Militär eingezogen worden war, an die Partisanenbewegung Informationen weitergegeben habe. Und er fügt hinzu, dass er den Partisanen über Márta auch Winterkleidung habe zukommen lassen.

Von Betschkerek wurden die Briefe weiterverschickt. In den Papieren lassen sich auch zwei Kopien von Begleitbriefen finden, die mein Vater an Nikola Škundrić und an Svetolik Popović mit dem Hinweis schrieb, dass er Karls Brief weiterleite. Antworten kamen keine.

Am 31. Oktober 1945 schreibt mein Vater einen Brief an Karl und berichtet, dass er die an Županski und Dragović gerichteten Schreiben dem Vater Županskis übergeben habe. An Škundrić und Popović habe er sie per Post via Einschreiben gesandt. Doch meines Vaters Brief beginnt nicht damit. Karls Schicksal war unbekannt bis zu dem Zeitpunkt, als sein Brief aus Szeged eintraf. Der Herbst 1945 ist die Zeit der Abrechnung. Zu dieser Zeit stellt sich heraus, wer von den Familienmitgliedern und Freunden in der Ferne noch übrig geblieben ist. Auch werden mehrere Todesnachrichten bestätigt. Erst durch den Brief Karls vom 1. Oktober, der als Rundbrief konzipiert ist, erfährt mein Vater, dass Karl überhaupt am Leben und gesund ist. Zuerst reagiert er darauf, wie er schreibt, mit „großer und reiner Freude". Und dann übermittelt er Karl eine sehr wichtige Nachricht: Márta hat die Schrecken von Auschwitz überlebt, ist nach Holland gelangt und hat sich von dort gemeldet. Dem Brief legt mein Vater auch ein aus Amsterdam gesandtes Telegramm von Márta bei. Karl hatte nicht gewusst, dass Márta am Leben war, bis er den Brief meines Vaters erhielt (der überdies auch beim Zensor einige Zeit liegen musste). Es war so gut wie unmöglich, von Betschkerek nach Szeged zu telefonieren. Sowohl Furcht als auch Hoffnung hatten in jener Zeit lange Bestand.

Es gab sehr viel Aufgestautes zu erzählen. Der Brief meines Vaters berichtet über gemeinsame Bekannte, und immer wieder teilt er mit, wer noch am Leben geblieben sei. Er schreibt über László Szerb, mit dem mein Vater zusammen an der Universität studiert hatte und den auch Karl gut kannte. Er schreibt, László Szerb sei als Jude nach Bor verschleppt worden. Von dort freigekommen, habe er eine Anstellung im Außenministerium in Belgrad bekommen. Als ich später nach Belgrad an die Universität kam, stellte mich mein Vater László Szerb vor. Er wohnte einige Straßenecken von meiner Mietwohnung entfernt. Alle zwei bis drei Wochen besuchte ich ihn und seine Familie. Er ist in Csáktornya (Čakovec) geboren. Sein Lieblingsdichter war Árpád Tóth. Im Außenministerium war er Syndikus. Er erzählte nicht gerne über Bor. Einmal berichtete er, dass er dort einen ungarischen Dichter getroffen habe, und sprach auch über dessen Gedichte. Wie sich herausstellte, handelte es sich um Gedichte von Radnóti. Es war ihm nicht bewusst gewesen, dass Radnóti ein in ungarischen Sprachraum berühmter Dichter war. Mehrfach bat ich ihn zu erzählen oder niederzuschreiben, was er über Radnóti wusste. Doch er wollte nicht. Er war ein verschlossener Mensch, und zudem handelte es sich um einen Abschnitt seines Lebens, den er nicht wieder wachrufen, nur abschließen wollte.

Über einen weiteren gemeinsamen Freund schreibt mein Vater an Karl: über Csicsi: *"Vor zwei Wochen ist auch der Csicsi aufgetaucht. Alles, was er hatte, wurde im Krieg vernichtet. Es sind ihm nur ein Hemd und eine Hose geblieben und die Anordnung, dass er nach Csernye zu reisen habe. Durch ein Missverständnis hat man ihn dort für einen Deutschen gehalten und ins Lager gebracht. Es ist ihm noch nicht gelungen, freizukommen."*

Der Sturm, der Karl und Márta aus der Gundulićeva-Straße an die russische Front und weiter nach Besni Fok, nach Auschwitz und Amsterdam, nach Temeschwar, Jászberény und Brno getrieben hatte und der in vielen Fällen die Überlebenschancen unwahrscheinlich werden ließ, legte sich langsam. Es kamen jedoch weitere Sturmböen auf, und immer wieder trieben sie die Menschen weg von Betschkerek (und natürlich nicht nur von dort). Dies betraf auch Csicsi – aus meiner Perspektive eigentlich „Onkel" Csicsi. Und in Zusammenhang mit ihm schweife ich hier ein wenig ab. Sein Name war Jenő Héger. Wie mein Vater, so hatte auch er die Universität von Zagreb besucht. Er studierte Medizin. In Csernye, ich weiß nicht wann, kam er aus dem Lager frei, in das er wegen seines deutschen Nachnamens hineingeraten war. Dann wanderte er aus nach Venezuela. Auch dies ist auf ihre Weise eine Betschkereker Geschichte. Nach dem Zweiten Weltkrieg gingen mehrere Betschkereker nach Venezuela, vorwiegend nach Caracas. Dorthin wanderte der Radiomechaniker Halmai aus, dorthin ging auch meine Tante Piroschka zusammen mit ihrem Mann Pál Heklai. Auch andere Betschkereker gelangten nach Caracas. Ich weiß nicht, wie das alles begann. Ich weiß auch nicht, ob Csicsi Wegbereiter war oder ob er dabei der Spur anderer folgte. Dort angekommen, verheimlichte Csicsi, dass er Arzt war, weil zu jener Zeit, in den fünfziger Jahren, angeblich infolge des Drucks der venezolanischen Ärztelobby Mediziner als Einwanderer nicht angenommen wurden. Csicsi behauptete, Konditor zu sein, und wurde ins Land gelassen. Als er seine Papiere bereits in der Hand hatte, gab er dann doch zu, dass er Arzt war. Er wurde nicht wieder zurückgeschickt, durfte den Arztberuf jedoch nicht in Caracas oder einer anderen Stadt, sondern nur in einem gottverlassenen kleinen Dorf ausüben, das El Socorro („die Hilfe") hieß. Im Sommer 1968 kam ich – ohne Einwanderungsabsicht – ebenfalls dorthin. Ich hatte in Harvard in einer Kneipe einen Polen kennengelernt, der Vertretungsreisender für die Lexikonreihe Encyclopædia Britannica war. Ich konnte ihn relativ schnell davon überzeugen, dass ich keine Serie von Wälzern nach Jugoslawien würde transportieren können. Daraufhin erzählte er mir seine Lebensgeschichte. Zwischendurch trank er sich einen kleinen Schwips an und ich beglich die Rechnung. Zum Dank gab er mir ein Glückslos; dies tat er sonst nur, wenn jemand eine Lexikonreihe gekauft hatte. Ich gewann. Der Preis war eine Busfahrt, gratis von Boston nach Miami, mit zwei Übernachtungen dort in einem Hotel der Mittelklasse. Die Gutscheine waren auf Anfang Juli ausgestellt. (In Miami blüht der Tourismus eher in den Monaten des ersten Frühlings oder des Winters; im Juli ist es stickig heiß.) Da meine Tante und ihre Familie mich schon öfter aufgefordert hatten sie zu besuchen und ich mit der Fahrt bis Miami die halbe Strecke hinter mich gebracht haben würde, akzeptierte ich die Einladung. Unterwegs legte ich in North Carolina bei einer weiteren Familie aus Betschkerek (Bruno Draxler) einen Stopp ein – sonst hätte ich ja ohne Unterbrechung mehrere Tage zwischen Boston und Miami im Bus gesessen.

In Caracas traf ich verschiedene Leute aus Betschkerek. Natürlich war unser Thema Betschkerek. Da erkannte ich, dass in der Emigration plötzlich klar wird, wo die Vergangenheit beginnt. Die Erinnerungen werden in Rahmen platziert wie in einer Bilderausstellung, und sie gewinnen an Bedeutung genauso wie der über den Ozean transportierte Serviettenring von zu Hause, der bei jedem Essen auf seinem Platz, dort auf dem Tisch liegen muss. Ich war konsterniert, dass zwischen den eingerahmten Memorabilien auch die Schlusszeilen eines Gedichts zu finden waren, das ich im Alter von zwölf Jahren geschrieben hatte. (An die übrigen Zeilen konnten sie sich auch in Caracas nicht erinnern.) Ich hatte das Gedicht zum 40. Geburtstag meines Onkels Pali geschrieben, und er wiederum rezitierte es in Caracas. Onkel Pali war der am größten Gewachsene in der Familie; es gab im Esszimmer eine Wanduhr, die nur er aufziehen konnte, ohne einen Stuhl besteigen zu müssen. Auch war allgemein bekannt, dass er neben seiner Tätigkeit als Rechtsanwalt gerne im Garten arbeitete. Diese Tatsachen plus dichterische Inspiration führten schließlich zu den Schlussfolgerungen in der letzten Strophe:

„Leichter Frühlingsregen
Bringt den Bohnen Segen
Und du, Onkel Pali,
wirst groß deswegen!"

Wie mir schien, war ich in Caracas hierfür bekannt.

Onkel Csicsi bestand darauf, dass ich auch nach El Socorro reiste. Jetzt, wenn ich, immerhin im Alter von über siebzig Jahren, hier am Computer sitze, erscheint mir diese Reise völlig unwahrscheinlich. Immer wieder blieb der Bus stehen, um repariert zu werden. Die Zielhaltestelle war jedoch nicht El Socorro – dorthin gab es keine Autostraße. In irgendeinem Dorf wartete ein junger Amerikaner auf mich. Er war Missionar in El Socorro, und Csicsi hatte ihn geschickt, mich zu holen. Konsterniert sah ich, dass er mit zwei Pferden ankam. Die verbliebenen 15 bis 20 Kilometer brachten wir dann zu Pferd hinter uns. In El Socorro lebten hauptsächlich Indianer. Csicsis Erzählung nach war er in dem Dorf ehedem mehr oder minder wie ein Gott empfangen worden. Dass er heilen konnte, trug gewiss dazu bei, aber auch der Umstand, dass er ein Albino war; seine weißen Haare und die rosafarbenen Augen entsprachen genau den lokalen Gottesvorstellungen. Nach einigen Jahren, die er dort verbracht hatte, hatte sich dann das Wunder abgenutzt. Dennoch konnte ich sehen, dass alle im Dorf ihm mit besonderer Hochachtung begegneten. Zwei, drei Tage verbrachte ich dort; in der Zeit sahen wir auch zwei Hahnenkämpfe.

Onkel Csicsi mit einem seiner Mitbürger in El Socorro

Wir unterhielten uns natürlich viel über Betschkerek und die dortigen Leute. (Csicsi war eigentlich nicht in Betschkerek geboren, aber doch im Banat, nicht weit von Betschkerek, und er fühlte sich vor allem mit Betschkerek verbunden.) Unter anderem erkundigte er sich nach Karl und seiner Frau. Er wusste, dass sie am Leben waren. Auch der Sport kam zur Sprache. Csicsi war leidenschaftlicher Fußballfan. Seine Lieblingsmannschaft war Ferencváros. Kaum zu glauben, aber er zeigte mir, dass er die Zeitschrift *Népsport* (*Volkssport*) abonniert hatte: Mit gut dreimonatiger Verspätung kam sie regelmäßig bei ihm an, teilweise zu Pferd. Es klaffte also eine große zeitliche Lücke zwischen dem jeweiligen sportlichen Ereignis einerseits und der Kenntnis über den Ausgang der Fußballspiele und dem entsprechenden Jubel oder der Enttäuschung.

Doch weiter mit der Geschichte von Márta und Karl: Ende November 1945 findet ein weiterer Schrecken sein Ende. Am 22. November sendet mein Vater ein kurzes Schreiben an Karl. Neben einigen anderen Sätzen steht in dem Brief: *„Mein lieber Freund, heute habe ich erfahren, dass Deine kleine Tochter in Kaposvár ist. Sie ist bei Ferenc Szikics, in der Talián-Straße Nr. 48."*

Davor, im Brief vom 31. Oktober 1945, hatte mein Vater ein Telegramm von Márta an Karl weitergeleitet, in dem sie mitteilt, dass sie Auschwitz überlebt habe. Das Telegramm war in englischer Sprache verfasst. Überall gab es noch Zensur, und ich nehme an, dass die holländischen Behörden Telegrammtexte auf Ungarisch oder Serbisch nicht annahmen, weil es gedauert hätte, einen Zensor zu finden. Deutsch konnten sie wohl, wollten sie aber nicht können. (Es mussten natürlich auch eingehende Briefe zensuriert werden. Die Behörden – und das natürlich nicht nur in Holland – schränkten ein, was immer sie einschränken konnten.) Soweit ich weiß, sprach Márta kein Englisch; jemand musste ihr geholfen haben. Sie schickte das Telegramm in erster Linie an meinen Vater, weil sie Karls Adresse nicht besaß. Zudem konnte sie ja auch nicht sicher sein, dass Karl den Krieg überlebt hatte. Vielleicht rechnete sie auch damit, dass mein Vater den Kontakt wiederherstellen konnte. Zwischen den Dokumenten ist die Antwort Karls an Márta zu finden. Sie ist nicht datiert, wurde wahrscheinlich aber Ende 1945 abgeschickt, weil er unter anderem bereits über ihre Tochter schreibt, die noch in Kaposvár ist. Der Brief ist auf Ungarisch geschrieben; ich zitiere den gesamten Text:

Über Dein Telegramm habe ich mich von Herzen gefreut. Ich gratuliere Dir, dass Du die Schrecken des Konzentrationslagers glücklicherweise überlebt hast. Dein Telegramm war nicht zur Gänze verständlich, da es in Englisch nach Budapest kam und fehlerhaft war. Ich habe auch unsere kleine Tochter gefunden, sie ist bei Mariska und ihrer Familie in Kaposvár. Wir können in jeder Hinsicht mit ihr zufrieden sein, Du wirst Dich über sie freuen. Sie erkennt dich auf Deinen Fotografien wieder und ist liebenswürdig, wenn sie von Dir spricht. Sie hat einen ruhigen, stillen Charakter, ist jedoch an allem interessiert. Obwohl sie derzeit in guten Händen ist, hätte ich es lieber, wenn ich sie Dir, ihrer Mutter, anvertrauen könnte. Darum bitte ich Dich, komme nach Budapest, wo Du mich bei Feri Lengyel, V. Bezirk, in der Báthory-Straße 5.I.3 finden kannst. Beantrage Deine Reisepapiere auf Deine Geburtsstadt, weil Du in Kaposvár nur sein kannst, bis wir die materiellen und andere Fragen besprochen haben und Deine Tochter sich wieder an Dich gewöhnt hat.
Es küsst Dich liebevoll
P.S.: Von der Kleinen (Judit) viele Grüße

Das am Anfang des Briefes geschriebene Wort „gratuliere" mag in dem Zusammenhang, in dem es gebraucht wird, sich eigenartig ausnehmen. Es muss freilich Überwindung gekostet haben, mit dem Schreiben zu beginnen. In der Rückschau ließen die Ereignisse des Weltkriegs die Auseinandersetzungen des Scheidungsprozesses natürlich völlig in den Hintergrund treten, aber das Verkrampfte in der Kommunikation wartete noch darauf, dass es sich löste. Soweit ich sehe, deuten die weiteren Sätze des Briefes den Beginn dieses Vorgangs bereits an.

Der Untertitel, der diesem Teil des Textes voransteht, ist ein juristischer Begriff: *restitutio in integrum*, das heißt die Wiederherstellung der Ausgangssituation. In der Betschkereker Gesellschaft, die ich am besten gekannt habe, gab diese den Rahmen für die meisten Sehnsüchte. Wäre es doch so, wie es vor dem Krieg war. Gäbe es doch in den Geschäften wieder alles, was es vorher gegeben hat; statt des Gefangenenlagers sollte es wieder das Lager für Holz geben, Bälle sollte es geben, der Gemüsemarkt sollte wieder dort sein, wo er vorher gewesen war, alle Kirchen sollten wieder ihren Platz haben, die Messinger Schule und das Internat sollten wieder sein wie vorher, die Papier- und Buchhandlung Búza sollte sein wie vorher, und ebenso die Konditorei Pentz. Die Sehnsucht nach dem ursprünglichen (Vorkriegs-)Zustand war wahrscheinlich gestützt von einer etwas selektiven Erinnerung an die vorherige Situation. Darin wuchs ich auf. Es gab aber auch andere Wunschträume, ein anderes Wollen. Es gab welche, die die Jahre des Weltkriegs nicht durch die „Originalsituation" aus der Zeit vor dem Weltkrieg, sondern durch eine neue Welt ersetzen wollten. Und sie waren die Sieger.

Nach den durchlebten Schrecken dürften Karl und Márta sich gedanklich in dem Begriffs- und Sehnsuchtssystem der *restitutio in integrum* befunden haben. Die Wiederherstellung begannen sie mit ihrer Ehe. Da sie am Leben geblieben waren, lag dies in ihrer Hand (mit Ausnahme der Ausfertigung von Reisegenehmigungen). Den Weg der Restitution beschreitend, wäre der nächste Schritt die Rückkehr nach Betschkerek gewesen. Auch diese Bestrebung ist aus dem Dossier deutlich zu erkennen. Am 3. November 1945 schreibt mein Vater einen Brief an die lokale Volksbehörde in Besni Fok und bittet sie zu bezeugen, dass Karl ein Jahr zuvor zusammen mit seinen Leuten bemüht gewesen sei, sich der Volksbefreiungsarmee anzuschließen. Es steht dort auch, dass er die Bestätigung brauche, damit Karl befreit werden könne von jenen „Beschränkungen des Vermögens und der Person", die aufgrund der Beschlüsse des AVNOJ (Antifašističko Veće Naroda Oslobođene Jugoslavije – Antifaschistischer Rat der befreiten Völker Jugoslawiens) jeden Menschen deutscher Abstammung betrafen, jene ausgenommen, die „aktiv der Bewegung zur Volksbefreiung geholfen hatten". Der Antrag ist erfolgreich. Am 16. Januar 1946 kommt ein in Bosni Fok eingeschriebener Brief an. Adressat: „Drug Varadi Josif, advokat, Petrovgrad" („Genosse Josif Várady, Rechtsanwalt, Petrovgrad"). Auf dem abgestempelten Einschreibeschein steht, *„nach Überprüfung der Angaben"* habe man festgestellt, dass der *„ehemalige deutsche Offizier"* Karl sich mit seinen Kameraden am 2. Oktober 1944 gemeldet und darum gebeten habe, sich den Volksbefreiungseinheiten anschließen zu dürfen.

Später kommt eine weitere Bescheinigung aus Besni Fok, die deutlich macht, was mit Karl nach dem 2. Oktober geschehen ist. Da wird beschrieben: *„Am besagten Tag bekam er keine Einstufung, zwei Tage später wurde er jedoch von den Einheiten der Roten Armee als Gefangener mitgenommen."* Auf dem Schein steht auch, dass Karl bei der Ankunft in Besni Fok behauptete, schon früher zur Volksbefreiungsbewegung Verbindung gehalten und Informationen über die deutsche Wehrmacht weitergegeben zu haben. Die Bescheinigung endet nicht mit Karls Behauptung, vielmehr wird hinzugefügt, man habe diese Behauptung überprüft und festgestellt, dass sie der Wahrheit entspreche. Natürlich schließt das Dokument mit dem Wahlspruch *„Tod dem Faschismus, Freiheit dem Volke"*. Einige Tage später, am 22. Januar 1946, benachrichtigt mein Vater Karl, dass die Bescheinigungen angekommen seien, er sende ihm eine beglaubigte Kopie. Dabei schreibt er, er hoffe, Karl könne seine Bürgerrechte in Serbien (das heißt in Betschkerek) zurückerhalten, nachdem das Zeugnis aus Besni Fok beschafft sei. (Da ich jetzt bereits mehrmals den Ortsnamen Besni Fok niedergeschrieben habe, der sogar den aus der Vojvodina stammenden Lesern wenig bekannt sein dürfte, möchte ich das Wenige beschreiben, was ich darüber weiß: Im Auto unterwegs von Betschkerek nach Belgrad sah ich immer dieses Schild, etwas vor der Abzweigung in Richtung Donau und Pancevo, es zeigte nach rechts Besni Fok an.)

Danach folgt im Dossier ein handgeschriebener Brief Karls. Er weist kein Datum auf, aber es ist klar, dass es sich um eine Antwort auf den Brief meines Vaters vom 22. Januar 1946 handelt. Karl bedankt sich für den Nachweis aus Besni Fok und fügt hinzu, dass seine Klassenkameraden, die jetzt in staatlichen Positionen seien, nicht geantwortet hätten. Er bringt noch einige Beispiele dafür an, wie er bereits früher antifaschistisches Verhalten demonstriert habe. Bato Županski habe bei ihm Bücher zur Aufbewahrung hinterlassen (das heißt, er hat sie bei ihm versteckt), die ihn während der deutschen Besatzung hätten kompromittieren können. Darunter waren auch *Das Kapital* und der *Anti-Dühring*. (Es ist wohl anzunehmen, dass diese Bücher in der Wohnung eines deutschen Offiziers sicherer waren.)

Der nächste Brief ist der meines Vaters vom 2. August 1946. Mit ihm antwortet er auf einen Brief vom Juli, der sich nicht im Dossier befindet. Er handelt von Taufscheinen und anderen Dokumenten, um die Márta und Karl bitten. Auch suchen sie nach Mártas Wertgegenständen. Mein Vater hatte festgestellt, dass damals, als Márta nach Auschwitz verschleppt worden war, eine gewisse Mariska (mehr weiß ich nicht über sie) einer gewissen Nelli mehrere Wertgegenstände übergeben hatte. Mein Vater äußert sich, was die Rückkehr nach Betschkerek betrifft, pessimistisch. Er schreibt, dass es wahrscheinlich nichts nützte, wenn neben der Behörde von Besni Fok auch Bato und andere Freunde Karls antifaschistisches Verhalten bezeugen würden. *„Die Verbitterung gegen die Deutschen ist gewaltig, ihr Vermögen ist beschlagnahmt worden, sie sind* in Gefangenenlagern, mit sehr wenigen Ausnahmen. Es ist gleichsam ausgeschlossen, dass sie zugunsten von Personen eine Ausnahme machen, die – egal aus welchem Grunde – in deutschen Organisationen irgendeine Rolle gespielt haben. In Deinem Fall haben wir natürlich auch Beweise, dass Du die Bewegung aktiv unterstützt hast – aber wir müssen mit der allgemeinen Stimmung rechnen, und die ist, wie ich sagte, verbittert."

Am 7. November 1946 schreibt mein Vater einen weiteren Brief an Bato Županski und Svetolik Popović. Er bittet sie nochmals, dass sie ihm eine beglaubigte Erklärung über Karls antifaschistisches Verhalten schicken. Es gibt keine Antwort. Dies legt die Schlussfolgerung nahe, dass die Schulkameraden, die nach dem Krieg in einer besseren Situation waren, ihren alten Freund im Stich gelassen hatten. Natürlich ist es jetzt schwierig, die Situation Batos und der anderen Kameraden aus deren Sicht zu verstehen. Es dürfte nicht leicht gewesen sein, über einen deutschen Untersturmführer positiv zu schreiben, auch dann nicht, wenn er sich bemüht hatte, mit den Partisanen zu kooperieren. Unklar ist zudem, was sie genau wussten. Die Familie Županski war in Betschkerek eine bekannte Familie, und ich habe nichts Schlechtes über sie gehört. Und doch hätten sie etwas schreiben können.

Es folgt ein Briefwechsel, in dem es um standesamtliche Urkunden geht. Dann sehe ich einen handgeschriebenen Brief Karls ohne Datum, in dem er *„ein verspätetes gutes neues Jahr"* wünscht. Darin bittet er meinen Vater erneut, dass dieser irgendwie versuche in Erfahrung zu bringen, *„was von den Sachen meiner Frau übrig geblieben ist"*. Der Brief ist mit Tinte geschrieben, und am Ende steht, von Márta mit Bleistift hinzugefügt: *„Zusammen mit Zorka grüße ich Dich herzlich"*.

Der 10. Februar 1948 ist das Datum des letzten Schriftstücks in dem Dossier. In diesem Brief meines Vaters ist ebenfalls noch von standesamtlichen Urkunden die Rede, auch gibt es darin persönliche Familiennachrichten. Das Schreiben endet mit der Schlussfolgerung: *„Nach meiner Einschätzung scheint Deine Rückkehr in absehbarer Zeit unmöglich."*

Es erfolgte an diesem Punkt also keine *restitutio*, keine Wiederherstellung der ursprünglichen Situation. Karl und seine Familie gehörten nun zu Ungarn. Oft habe ich die Phrase „Sie begannen ein neues Leben" vernommen, und sicherlich habe auch ich sie so schon benutzt. Meist wird sie im Sinne eines Eigenschaftswortes gebraucht, ohne realen Gehalt. Hier aber ist genau dies geschehen: Sie begannen ein neues Leben. Und sie nahmen eine neue Beschäftigung auf: Sie wurden Kunsthandwerker. Dies taten sowohl Márta als auch Karl mit Erfolg, was später dann von Judit weitergeführt wurde. Judit hat heute Enkel. Sie sind in Transdanubien zu Hause.

Die Akte Freund-Baráth

Akte Nummer 122432

Rückkehr

Die Hauptperson der dritten Betschkereker Geschichte ist Gyurka Freund oder auch Đura Frajnd, je nachdem, ob wir den deutschen Namen eines jüdischen Menschen in ein ungarisches oder in ein serbisches sprachliches Umfeld hineindrängen wollen. Während der deutschen Besatzung wäre er vielleicht zu Georg Freund geworden, aber er floh und hielt sich damals nicht in Betschkerek auf. Hinzugefügt sei, dass in dem in serbischer Sprache verfassten Kaufvertrag am Ende die Unterschrift Đorđe-Đura Frajnd lautet – wahrscheinlich zur Absicherung, da wohl in verschiedenen anderen Dokumenten der Name György oder Georg unterschiedlich ins Serbische übersetzt worden war. Außerdem benutzte Gyurka Freund als Schriftsteller das Pseudonym György Baráth. Unter diesem Namen gab er mehrere Gedichtbände heraus. Zwischen den Papieren fand ich einen Ausschnitt aus der in Israel in ungarischer Sprache publizierten Zeitung *Hatikva*. Hier erschien sein Gedicht *Riadt félénk tekintetem …* (*Mein erschrockener ängstlicher Blick …*). Im redaktionellen Kommentar steht, dass György Baráth „*ein ungarisch schreibender Dichter ist [...], stolz darauf, Nachkomme jener Familie Freund zu sein, die sich 1760 in Großbetschkerek niedergelassen hat, zur gleichen Zeit wie die Familien Jaulusz und Guttmann. In der von deutscher Kultur geprägten Kleinstadt absolvierte Baráth die Schulen, dann kam er nach Budapest und studierte dort weiter …*"

Die Akte beginnt mit einer Vollmacht, mit der Đura Frajnd meinen Vater damit beauftragt, seine Immobilien wiederzubeschaffen. Die Vorgänge nehmen im Frühjahr 1945 ihren Anfang. Zu diesem Zeitpunkt hat die neue Führung den Platz der deutschen Besatzer eingenommen. Auch die von den deutschen Besatzern enteigneten Immobilien sind übernommen worden. Ein geringerer Teil dieser Immobilien steht leer, viele sind jedoch bereits von den neuen Machthabern neuen Nutzern zugeteilt worden. Rückkehrer können ihr enteignetes Vermögen nicht sofort wieder in Besitz nehmen. Um es zurückerhalten zu können, müssen sie ein Verfahren in Gang setzen. In diesem Verfahren ist die jüdische Herkunft kein Nachteil mehr, doch die gesellschaftliche Beurteilung von Vermögen hat sich geändert, und somit ist auch die anwaltliche Aufgabenstellung eine andere. Jetzt ist es das (oft unerreichbare) Ziel, die Vermögensbeschränkungen zu umgehen oder flexibel anzuwenden. Auch die Einreichung von Nachweisen ist nicht einfach. Im Krieg und durch die Änderungen der Machtverhältnisse sind viele Dokumente verschwunden oder vernichtet worden – und oft kann man auch nicht mit Bestimmtheit wissen, wer von den Eigentümern oder Erben am Leben geblieben ist. Im Hintergrund dieser Begebenheit zeichnet sich somit, genauso wie in den beiden vorher beschriebenen Fällen, das Verschwinden der Juden und Deutschen aus Betschkerek ab.

Das Datum der im Aktenbündel gefundenen ersten Eingabe ist der 8. Mai 1945. Sie wurde im Anwaltsbüro mit der Schreibmaschine geschrieben, die Grundbuchdaten und Bezugnahmen auf Rechtsverordnungen machen deutlich, dass ein Anwalt dies verfasst hat. Es gibt aber auch eine kurze Zusammenfassung von Gyurka Freunds Lebensgeschichte; offenbar wurde diese gemeinsam mit meinem Vater zu Papier gebracht.

Es handelt sich hier um vier Immobilien. Eine davon ist das Einfamilienhaus mit Grundstück an der Kraljice Marije 7. (Diese Straße hieß früher ungarisch Melencei utca, dann auf Serbisch Melenačka ulica. Ich glaube, auch für die Deutschen hieß sie Melence oder Melencze). Daraus wurde eine Zeit lang Kraljice Marije. Ich sehe, dass sie in einem Dokument von 1948 bereits Lola Ribar heißt, genau wie heute. (Die Straße führt übrigens wie immer Richtung Melence.) In der Eingabe steht, dass Gyurka Freund Eigentümer der Hälfte dieser Immobilie sei. Der andere Eigentümer sei sein Bruder, Tibor Freund, aber – und diese Feststellung war 1945 keine Seltenheit – über ihn *"kann man nicht wissen, ob er noch lebt, und wenn ja, wo er lebt"*. Die Eingabe nimmt zur Kenntnis, dass das Einfamilienhaus in der Melencei-Straße unter staatliche Verwaltung gelangt ist aufgrund eines Beschlusses, nach dem jedes „feindliche Vermögen" und das „Vermögen von Abwesenden" in staatliches Eigentum übergeht. (Die Einordnung war nicht immer eindeutig und fehlerfrei. Mal wurde das von den Deutschen enteignete und genutzte Vermögen als „feindliches Vermögen", mal aber als „Vermögen von Abwesenden" eingestuft.) Die Eingabe bittet aufgrund von Absatz 2 des Beschlusses darum, dass Gyurka Freund das Haus der Familie in Besitz nehmen dürfe, einerseits aufgrund eigenen Rechts, andererseits als Verwalter von Tibor Freunds Vermögen, bis sich das Schicksal seines Bruders geklärt habe.

Es kommen darüber hinaus drei weitere Immobilien zur Sprache. Eine ist das Firmengebäude Samuel Freund und Söhne. Es hatte beziehungsweise hat mehrere Eigentümer. Wie schon erwähnt, ist das Schicksal von Tibor Freund nicht bekannt. Gizella Freund und Ida Freund verübten 1941, beim Einmarsch der Deutschen, Selbstmord. Berta Kolos, geborene Freund, *„floh nach Pest* [Budapest]*, man weiß nicht, ob sie am Leben geblieben ist"*. Zwei weitere Gebäude sind im Eigentum der Firma Steinitzer, daran ist die Familie Freund zur Hälfte Miteigentümer. Der Eigentümer der anderen Hälfte ist Manó Glück, dessen Schicksal ebenfalls unbekannt ist.

Wie in der Eingabe beschrieben, ging Gyurka Freund zuerst aus Betschkerek nach Südserbien, doch die Deutschen nahmen ihn in Užice gefangen. Es gelang ihm die Flucht, er kam nach Semlin, dann floh er über Syrmien nach Novi Sad und von dort nach Budapest. Er bittet darum, die Einschätzung seines Status von „abwesend" auf „Rückkehrer" zu verändern und die Immobilien in seinen Besitz – teilweise unter seine Verwaltung – zu stellen.

Im Tagebuch meines Großvaters sehe ich, dass die Eingabe vom 8. Mai 1945 eine Vorgeschichte hat:

„Mittwoch, den 14.III.1945. János Kemenes hat sich bei mir damit eingefunden, um mich im Namen des in Betschkerek gegründeten ‚Jüdischen Rates' zu fragen: Ob ich wüsste, dass Gyuri Freund aus Budapest nach Hause gekommen ist, und ob ich wüsste, dass das Haus der Freunds an der Melenczei-Straße von den Ungarn für die Zwecke ungarischer Schulen besetzt worden ist? Dies – so sagte er – nahm der Jüdische Rat mit Bestürzung und Verwunderung darüber zur Kenntnis, dass die als demokratisch fühlend bekannten Várady s daran beteiligt waren. – Ich klärte den Abgesandten der Juden dahingehend auf: Wir haben kein jüdisches Haus besetzt, uns wies die serbische Kommandantur einen Wohnungsanteil zu, dessen komplette Leerung im Gange war, den nahmen wir in Anspruch für schulische Zwecke. Ansonsten hatten die deutschen Besatzer das Freund'sche Haus als ehemaliges jüdisches Eigentum beschlagnahmt. Die in Frage stehenden Wohnungsanteile hatten sich im Besitz des deutschen Grenzschutzes befunden, und nach Abzug der Deutschen übernahm der jugoslawische Staat auch dieses Haus, so wie jedes andere beschlagnahmte jüdische Haus, er verfügt darüber, und seine Dienststelle, die Kommandantur, hat es den Ungarn für schulische Zwecke übergeben. – Sie sollen sich damit befassen, ihr Eigentum an dem beschlagnahmten Vermögen zurückzuerlangen, und wenn sie dann Herren über die Häuser sind, können sie über sie verfügen. [...] Herr Kemenes ging weg."

Über den Wortwechsel ist mir außer dem, was da geschrieben steht, nichts weiter bekannt. Offenbar begann das Gespräch in gereizter Stimmung, und genauso wurde es fortgesetzt. Sehr viele Forderungen häuften sich an im Laufe des Krieges und der deutschen Besatzung. Ein Teil des Hauses war von den neuen Behörden für Zwecke der ungarischen Schulen zugeteilt worden, als das Freund'sche Schicksal noch nicht bekannt gewesen war. Wenn sie es nicht ungarischen Schulen zugewiesen hätten, wäre es einem anderen Zweck zugeteilt worden. Im Überschwang der Erschaffung einer neuen Zukunft und einer neuen Realität war eine eventuelle Rückkehr nicht vorgesehen, blieb außerhalb des Blickfeldes. Gyurka Freund kehrte aber zurück. Es war angemessen, dass man den ungarischen Schulen irgendeinen Lebensraum einräumte, und es war – selbstverständlich – angemessen, dass die Freunds ihr Eigentum zurückbekamen. Die etwas gereizte Replik meines Großvaters enthält jedoch auch eine anwaltliche Eigenart, indem er denjenigen, die zu ihm gekommen sind, sagt, was zu tun ist: der Sache nachgehen, um ihr beschlagnahmtes Eigentum wiederzubeschaffen, und dann könnten sie – insbesondere Gyurka Freund – Herren über das Haus sein. Damit lag mein Großvater aber nicht ganz richtig. Er dürfte geglaubt haben, dass die Rechtsformeln, wie er sie früher kennengelernt hatte, nach dem Faschismus wieder Bestand hätten, und an diesen Formeln richtete er sich aus. Nach 1945 wurden sie aber nicht oder nur zum Teil wieder aufgenommen. Es stellte kein Grundprinzip mehr dar, dass jemand, der Privateigentum hatte, gleichzeitig der Herr über dieses Vermögen war.

Ich weiß nicht, ob Gyurka Freund und die ungarische Schule im Gebäude an der Melencei-Straße später einander ersetzten oder nebeneinander bestehen blieben. Aus meines Großvaters Tagebuch ist zu ersehen, dass nicht das Haus, sondern „Wohnanteile" für „schulische Zwecke" zugeteilt worden waren. Jedenfalls ist auch die Neuorganisation der Ungarn mit der Melencei-Straße 7 verbunden. Nach dem Zweiten Weltkrieg entstand in Betschkerek der erste ungarische Kulturverein Jugoslawiens. Im Tagebuch meines Großvaters lese ich unter dem Datum vom 25. April 1945: *„Am Abend im (Freund'schen) Haus an der Melencei-Straße Nr. 7 eine Besprechung, die die Modalitäten für die Gründungshauptversammlung der ‚Ungarischen Kulturgemeinschaft' vorbereitet. Ich habe ebenfalls eine Einladung erhalten. – Ich war dort. Die Arbeiterschaft übernahm – im Namen des Volkes – die Führung. Sowohl auf dem Gebiet der Kultur als auch im politischen Bereich. Das ‚Ungarntum-Gefühl' wurde zur Beruhigung als wegweisend hervorgehoben."* (Kaum einhundert Meter entfernt vom Freund'schen Haus ist übrigens das Haus, das man bald der ungarischen Kulturgemeinschaft „Petőfi" überließ. Heute noch ist die „Petőfi" dort).

Die „Wiederbeschaffung des konfiszierten Eigentums" vertraute Gyurka Freund meinem Vater an. In der Eingabe vom 8. Mai 1945 ist die Adresse Gyurka Freunds nicht angegeben, in einem am 9. März 1948 abgeschlossenen Vertrag findet sich dann folgende Anschrift: Ivo-Lole-Ribara-Straße (das heißt: Melencei Straße) Nummer 7. Zu dieser Zeit war also das Haus an der Melencei-Straße bereits im Besitz von Gyurka Freund (oder zumindest ein Teil davon), und er lebte auch dort. Laut Vertrag veräußert Gyurka Freund die Hälfte der Immobilie an einen Arzt namens Veljko Popov mit der Vorgabe, dass der Nießbrauch Erna Freund, der Witwe Tibor Freunds, vorbehalten werde. Der Kaufpreis beträgt 250 000 Dinar. Aus all dem ergibt sich, dass das Verfügungsrecht über das Haus einige Zeit vorher bereits wieder auf Gyurka Freund übergegangen sein muss. (Es stellt sich auch heraus, dass Tibor die Schrecken des Krieges nicht überlebt hatte.) Ich kenne das Haus, ich kannte es auch als Kind, aber ich kann mich nicht erinnern, dass es dort eine ungarische Schule gegeben hätte. Die Schule, in die ich ging (seit 1946), lag viel weiter von uns entfernt als die Melencei-Straße 7. Dies legt zumindest nahe, dass es in der Melencei Straße 7 keine ungarische Grundschule gegeben hat. (Ein Gymnasium gab es da sicherlich nicht, das blieb weiterhin im Gebäude des Messinger-Instituts.) Ansonsten war das Haus in der Melenci-Straße 7 in mehrere Wohnungen unterteilt. In einer davon lebte mein Mitschüler Jóska Könczöl, dessen Vater Lehrer an einer ungarischen Schule war. (Kann es sein, dass das, was mein Großvater als „für die Zwecke ungarischer Schulen" bestimmt beschreibt, sich gar nicht auf den Unterricht bezog, sondern eventuell auf Schülerunterkünfte oder eine Wohnung für Lehrer?)

Im Rechtsstreit über die Wiederbeschaffung der Immobilien hatten die neuen Regeln und Wahrheitsformeln nicht nur auf die jeweiligen Möglichkeiten einen Einfluss, sondern auch auf die Ziele. In den Freund-Angelegenheiten war es eine relativ einfach zu lösende Aufgabe, die Einordnung in „feindliches Vermögen" auszuschließen und des Weiteren zu beweisen, dass die Einordnung „Vermögen eines Abwesenden", wenn sie auch einmal den Tatsachen entsprochen hatte, nun nicht mehr zutraf, da der Eigentümer zurückgekehrt war. Aber das rückerstattete Vermögen – besonders im Falle mehrerer Immobilien – konnte sofort in das Fadenkreuz der Verstaatlichung geraten (und so geschah es in der Regel auch). Zu vieles änderte sich. Nicht nur Landesgrenzen, sondern auch die Grenzen zwischen Rationalem und Irrationalem wurden neu gezogen – und dabei beschränkte man sich nicht auf bloße Korrekturen.

Ein (vielleicht vertretbarer) Ausgangspunkt der neuen Gerechtigkeitsformeln ist, dass der Wohlstand begrenzt werden muss, damit er sich auf mehr Menschen verteilen kann. Ich versuche zurückzudenken daran, wie dies wohl funktioniert haben mag. Im Kreise meiner Familie und Bekannten gab es eher Verlierer, die sich beschwerten – und dies vielleicht mit gutem Grund –, aber in anderen Kreisen muss es auch Gewinner gegeben haben, die in die verstaatlichten Häuser und Wohnungen einziehen durften. Aber was genau war geschehen? Wer erhielt die verstaatlichten Häuser? Und wenn Arme sie erhielten, gelang ihnen der Aufstieg? Wie sehr verringerte sich damals die Armut? Es ist schwierig, einen Anhaltspunkt zu finden, weil man zu jener Zeit natürlich überall betonte, die Gerechtigkeit sei voll und ganz wiederhergestellt worden und es gebe keine Armut mehr. Heute dagegen blicken wir in der Annahme zurück, dass es im Kommunismus nichts Gutes gegeben habe.

Ich erinnere mich, dass wir in der Schule Klassenunterschiede nicht wirklich spürten. Vielleicht stärkte auch die Zugehörigkeit zur Minderheit den Zusammenhalt der Gemeinschaft. Die kommunistischen Parolen schwebten natürlich überall über uns, aber sie sprachen die Menschen nicht wirklich an. Meine Generation war noch Zeuge gewesen, wie die Parolen ausgewechselt wurden, und dies machte es uns leichter, jede Parole mit einer gewissen Distanz zu betrachten; wir sahen, dass sie nicht ewig währen, nicht unabänderlicher Bestandteil des Lebens sind. Ich erinnere mich noch, wie wir uns in der ersten Klasse vor dem Heimweg im Klassenzimmer mit dem Gesicht zur Türe aufreihten, rechts von uns trat Imre Reber hervor – er war am größten – und rief: „Gott segne den ...", und wir pflegten im Chor zu ergänzen: „... den Onkel Lehrer!" Das war selbstverständlich jeden Tag so, ob wir nun innerlich Onkel Lehrer Schwemlein tatsächlich segneten oder doch eher nicht (im Großen und Ganzen mochten wir ihn). Dann kam im Frühjahr die Wende, aber das Ritual und die Rollenverteilung blieben weiter bestehen. Wieder stand Imre Reber rechts von uns, der Schülerreihe zugewandt, aber jetzt rief er: „Mit Tito für die Heimat ...", und der Chor antwortete: „... VORAN!" Danach durften wir uns auf den Weg nach Hause machen. In den ersten Tagen nach dem Parolenwechsel gab es manchmal auch eine vorübergehende Störung. Einmal, nachdem Imre Reber das „Mit Tito für die Heimat ..." bereits gesagt hatte, begann jemand aus unserer Reihe automatisch „... den Onkel Lehrer" zu rufen, und wir anderen schlossen uns, noch von der alten Formel geprägt, dem an.

Ansonsten kamen Signale, die Verwirrung stifteten, sogar von den ungewöhnlichsten Stellen. Ich dürfte in der dritten Klasse gewesen sein, als eine junge Frau, die irgendeine „gesellschaftliche Funktion" innehatte, die „besten Schüler" zu der Mutter von Mihály Szervó auf Besuch brachte. Mihály Szervó war ein Partisanen-Volksheld ungarischer Abstammung gewesen und im Krieg gefallen. Unsere Grundschule war nach ihm benannt. Auch einer der größten Betriebe in der Stadt trug diesen Namen: Szervó Mihály Lebensmittel Kombinat. (Nicht einmal Mihajlo Servo hieß der Betrieb, sondern er trug die ungarische Version des Namens, mit dem vorangestellten Nachnamen.) Mutter Szervó empfing uns mit Kuchen. Sie war eine einfache, sympathische, dunkel gekleidete Frau. Sie erkannte meinen Namen und wechselte mit mir sogar einige Worte auf Deutsch. Ich weiß nicht genau, warum. Vielleicht war sie selbst deutscher Abstammung, vielleicht suchte sie die Gelegenheit zu einem kleinen Erfolgserlebnis des Sprachwechsels und setzte voraus, dass ich wohl etwas Deutsch konnte. Ansonsten sprachen wir Ungarisch. Dann erklärte die junge Frau, die uns dorthin geführt hatte, wie gewaltig der Beitrag der Volkshelden zum Aufbau der neuen Heimat und der Zukunft war, und danach richtete sie einige Fragen an die Mutter des Volkshelden. Die Mutter erzählte über ihren Sohn. Bei einer Frage aber mischte sich ein Satz in ihre Antwort, der unsere Anführerin ziemlich verblüffte. Auf das tragische Schicksal ihres Sohnes angesprochen, meinte die Mutter: „Ich habe meinem Sohn immer gesagt, dass er nicht mit den Kommunisten gehen soll."

Wer war Mihály Szervó wohl wirklich gewesen? Er kam aus einer bescheidenen Familie, in der man ihn davor warnte, sich der kommunistischen Bewegung anzuschließen. Er tat es dennoch. Trotzte er der Familie? Hatte er überzeugende Freunde, denen er Glauben schenkte? Hatte er Zweifel? Ob mit oder ohne Bedenken – er wurde zu einem Helden. Die neue Macht erhob ihn zu einem Symbol, wie sie es mit vielen tat, und von da an gab es nur noch Formeln, keine Menschen. Dass diese Formeln später zerstört oder auch einfach nur vergessen wurden (in Mihály Szervós Fall trifft eher Letzteres zu), erwies sich auch nicht als geeignet dafür, konkrete Menschen ins Blickfeld zu rücken. Vielleicht hätte es mich auch nie interessiert, wer Mihály Szervó eigentlich war, hätte ich nicht zufällig seine Mutter getroffen.

Es bildeten sich 1945 neue Wahrheiten auch in Bezug auf die Immobilien. Dem neuen Argumentationssystem entsprechend machte Haus- und Wohnungseigentum dann Sinn und hatte dann seine Berechtigung, wenn der Eigentümer dort lebte – und es machte keinen Sinn, wenn er das Haus oder die Wohnung zum Zwecke des weiteren Eigentumserwerbs verwenden wollte, oder wenn er ein Haus und zusätzlich noch eine Sommerresidenz haben wollte, oder eventuell ein Haus, in dem mehrere Familien wohnen konnten. Zu der Gefahr der Räumung trat die Bedrohung durch Einquartierung. Dies ist mir auch aus der Erfahrung meiner eigenen Familie bekannt. Da wir in einem Haus lebten, das nach den Maßstäben der Nachkriegsjahre größer war, als einer Familie zustand, zogen meine Tante Piroska und ihr Ehemann zu uns, dann mein Onkel Lóri, dazu die Schwiegermutter unserer Haushälterin, Tante Annau, damit man keine Fremden einquartierte. Das „über das Notwendige hinaus" reichende Eigentum wurde durch

Verstaatlichung oder eventuell durch Einquartierung zurückgestutzt. Natürlich sahen wir auch (und dies nicht zum ersten Mal), dass es dann schwerer ist, den Glauben an die Gleichheit nachzuvollziehen, wenn sich ein neues System konsolidiert und die Sieger nicht mehr mit den Versuchungen der anderen, sondern mit den eigenen konfrontiert sind. Man verwarf die neuen Prinzipien nicht, aber der Anspruch auf Wohlstand, oder vielmehr der Anspruch auf Luxus, fand für sich einen neuen Weg, indem er einen Bogen um das Eigentum machte. Lange Zeit war im Kommunismus die Berechtigung zur Prachtentfaltung nicht an das Eigentumsrecht gebunden. Und auf diese Weise musste man nicht einmal die Irritation durch eventuell aufkommende Gewissensbisse ertragen – die Luxusvilla war ja nicht Eigentum derer, die dort den Geburtstag eines eminenten Genossen feierten. (Es war Staatseigentum.) Zu diesem Thema gibt es ein Buch von Geiza Farkas, der aus der Gegend um Betschkerek stammt, 1897 in Budapest mit dem Titel *Prachtentfaltung* herausgegeben (ich möchte einmal auch über seine Prozesssachen schreiben). Auf der fünften Seite schreibt er, dass das Gefühl der Abneigung gegenüber der Prachtentfaltung begründet sei, jedoch sei es „Tatsache, dass diese Antipathie die Neigung zur Prachtentfaltung nicht besiegen kann."

Natürlich ist die wiederkehrende Frage auch, was als Prachtentfaltung, als Luxus zu qualifizieren ist. Die Registrierung des Freund-Popov'schen Kaufvertrages wurde in erster Instanz abgelehnt. Am 30. Dezember 1950 beschließt das Städtische Volkskomitee von Zrenjanin, dass die Immobilie unter Ive Lole Ribara 7 nicht auf die Namen Veljko Popovs und seiner Frau Danica überschrieben werden dürfe, weil die Popovs bereits in Aradác (Aradatz) ein Haus hätten. Gemäß der Verordnung über die Aufsicht über den Immobilienumschlag, Absatz 3a, dürfe aber in solchen Fällen keine Genehmigung erteilt werden. (Anders gesagt, wozu sollte jemand, der bereits ein Haus hat, eine Immobilie kaufen?)

Die Rückkehr war also nicht einfach. Im Freund-Baráth-Dossier finden sich Prozesse und sonstige Rechtsverfahren. Neben den genannten gibt es einen weiteren Prozess, den Freund gegen die Schwester seiner ehemaligen Frau, Ella Goldschmidt, geborene Benedek, führt. Die Frage ist hier, wer das Vermögen seiner ehemaligen Frau (Klára Freund, geborene Goldschmidt) erbt, die im Jahr 1944 den Tod gefunden hat. (In diesem Fall akzeptierte das Gericht eine 50/50-Lösung.) In den ersten Jahren nach seiner Rückkehr dürften im Leben von Gyurka Freund diese Prozesse beträchtlichen Raum eingenommen haben. Sie zeigen das sich neu gestaltende Leben. Aber dies konnte nur Teil seiner Auseinandersetzung mit dem neuen Betschkerek sein. Im Laufe der Prozesse aufkommende Verärgerungen oder Teilsiege wurden wahrscheinlich aus der Perspektive des Überlebens gesehen und durch deren Erfahrung gedämpft. Ich gehe davon aus, dass ihm in den ersten Monaten nichts wichtiger sein konnte als nachzuforschen, wer überlebt hatte und wer von den Überlebenden wohin gekommen war. In den ersten Jahren kommt es nur selten zu einem Briefwechsel mit meinem Vater (vermutlich, weil sie die Dinge in der Regel persönlich besprachen). Später, als Gyurka Freund Betschkerek verlässt, gibt es mehr Briefe, und in diesen ist manchmal auch davon die Rede, wer wie lebt. Bereits früher hatte sich so viel herausgestellt, dass Gyurka Freund nach seiner Rückkehr Gedichte schrieb und eine neue Lebenspartnerin fand. Manche Information darüber liefert auch meines Großvaters Tagebuch. Ich kopiere hier einige Notizen:

8. XI.1945: „*Gyurka Freund rezitierte am Nachmittag im Zimmer von Piroska. Er las vor.*"
1. XII.1945: „*Vormittags besuchte ich Gyurka Freund-Baráth auf Einladung, der mit seinen Gedichten amüsierte.*"
23.X.1946: „*Ich suchte Gyurka Freund-Baráth auf. Interessante Betrachtungen.*"
21.XI.1946: „*Am Montag gratulierte ich Jenő Grandjean zum Namenstag und Gyurka Freund-Baráth zum Geburtstag.*"

Am 1. März 1947 war der 80. Geburtstag meines Großvaters. Unter den Gästen fand sich auch Gyurka Freund, der ein zu diesem Anlass geschriebenes Gedicht rezitierte. Im Tagebuch gibt es darüber einen Eintrag, zusammen mit dem Gedicht:

„*1. März 1947*
[...]
Dann betritt Gyurka Freund-Baráth die Mitte des Kreises und rezitiert das an mich geschriebene folgende Gedicht – zuvor mit einer sehr warmen, begeisterten, freundschaftlichen Einführung.

Für Dr. Imre Varady
Es ist doch noch etwas erhalten ...!"

/Hiernach folgt das vollständige Geburtstagsgedicht./

Dann wird Gyurka Freund noch an verschiedenen Stellen im Tagebuch erwähnt. Am 1. Dezember 1947 steht da: „*Abends waren wir zum literarischen Abend in der ungarischen Kulturgemeinschaft. Nach der besonders taktvollen, sehr schönen einleitenden Rede von Józsi trat auch Gyuri Freund-Baráth auf; er war ein Neuling.*" In seinem Tagebuch notierte mein Großvater regelmäßig, wer am Neujahrstag, an seinem Geburtstag (1. März) und an seinem Namenstag gekommen war, um ihn zu beglückwünschen. Gyurka Freunds Name wird unter den Gratulanten regelmäßig aufgeführt, die „in unserem Hause zum Gruß vorbeikamen". 1949 steht er nicht mehr da, und am 19. September 1949 bezeugt ein Vermerk seinen Weggang: „*Ich habe meine noch ausstehende Korrespondenz erledigt. Es ging ein Brief an [...] Gyurka Freund-Baráth (Nathanya).*"

Die Rückkehr dauerte also vier Jahre. Ich nehme an, der Gedanke, nach Israel auszuwandern, dürfte schon früher aufgetaucht sein, allerdings ist nicht zu erkennen, wann es zu der Entscheidung gekommen war. (Mein Vater und Großvater dürften es gewusst haben.) Von seinen alten Betschkereker Bindungen hatten wahrscheinlich nicht viele überlebt. Nach neuen Bindungen suchte er wohl – über seine neue Ehefrau hinaus – in seinen Gedichten. So erscheint er – wie mein Großvater sagt, als „Neuling" – in der Betschkereker Kulturgemeinschaft. Vielen Menschen eröffneten sich mit den Verwüstungen des Weltkrieges und der Zerstörung der Vergangenheit neue Chancen: Sie durften wählen, wohin sie von da an gehören sollten. Ob es leicht war oder schwer, Gyurka Freund wählte Israel – und danach wurde er zum ungarischen Dichter aus Israel.

Mehr weiß ich über die vier Jahre der Rückkehr nicht. Sie interessierten mich, und ich versuchte, in seinen Gedichten irgendeinen Hinweis zu finden. Nach meiner Erinnerung gab es in der Betschkereker Familienbibliothek mehrere Gedichtbände von ihm, aber ich fand nur einen. Der ungarische Titel des Bandes heißt übersetzt *Es betet die Geschichte* (Original: *Imádkozik a történelem*), und er erschien zuerst in Tel Aviv. In dem Band findet sich so gut wie keine Spur der Jahre in Betschkerek. Dann machte ich einen Versuch in der Széchenyi-Bibliothek, der ungarischen Nationalbibliothek. Hier stellte sich heraus, dass sogar fünfzehn ungarische Gedichtbände von ihm erschienen sind, dazu ein Band in hebräischer und einer in französischer Übersetzung. Der Titel seines ersten Gedichtbandes ist *Gedichte* (im Original: *Versek*), er erschien in Betschkerek, ist aber auch in der Nationalbibliothek nicht vorhanden. Der zweite Band trägt ebenfalls den Titel *Gedichte*, wurde 1942 in Budapest veröffentlicht – das heißt, als Freund vor den deutschen Besatzern nach Budapest entkommen war – und natürlich bevor er zurückgekehrt war beziehungsweise hätte zurückkehren können. Das erste Gedicht in dem Band trägt den Titel *Mit neuen Gedichten bin ich gekommen!* (Original: *Új versekkel jöttem!*). Die erste Strophe lautet:

> „*Eine Melodie schlägt Alarm in mir,*
> *Mit neuen Versen, neuen Taten bin ich hier,*
> *Ungar bin ich, als Ungar geboren schier,*
> *Mit neuen Versen, neuen Taten bin ich hier.*"

> (Im Original:
> „*Riadót fúj a dal bennem,*
> *Új versekkel, új tettekkel jöttem,*
> *Magyar vagyok, magyarnak születtem,*
> *Új versekkel, új tettekkel jöttem.*")

Dass er seine Ankunft in Budapest in diesem Licht erscheinen lässt, daran dürfte natürlich auch eine gewisse Anpassung an die Geschichte ihren Anteil gehabt haben. Dann gibt es auch andere Gedichte. Das eine heißt – vermutlich von Budapest inspiriert – *Die fremde Stadt!* (Original: *Az idegen város!*). In einem anderen Gedicht, *Verlogene Vor-*

nehmheit (Original: *Hamis úriság*), sieht er in sich selbst einen Kontrast zur Großstadt. Das Gedicht beginnt so: „*Eine Qual ist diese verlogene kleinbürgerlich-vornehme Attitüde / Da ist jedes Wort nur schmerzliche Lüge*" (Original: „*Kín ez a kispolgári hamis úriság / Itt minden szó csak fájdalmas hazugság*"). Dann sagt er in den letzten Zeilen: „*Mickrige, städtische, rotzfreche Verbeuger / Mit Stolz rufe ich zu Euch, ich bin ein Bauer!*" (Original: „*Vakarcs városi hajlongó pimaszok / Büszkén kiáltom nektek, Én paraszt vagyok!*"). Natürlich war Gyurka Freund in Wirklichkeit kein Bauer. Seine Familie gehörte über mehrere Generationen zum Bürgertum von Betschkerek. Aber die Gegenüberstellung von Vornehmheit und Bauerntum dürfte ausgeprägter und trotziger gewirkt haben.

Auf der ersten Seite seines Gedichtbandes mit dem Titel *Kristalllieder* (Original: *Kristálydalok*, dieser Band ist im Jahre 1965 in Jerusalem erschienen) kann man die Liste der bisherigen Bände einsehen. Demnach erschienen in Budapest noch zwei Bücher von ihm: *Adam, der Hartnäckige* (*Ádám a konok*) und *Oh Weh, mein Wort* (*Jaj a szavam*). Neben dem letztgenannten Titel steht die Anmerkung: „Verbrannt".

Es ist mir nicht gelungen, alle Bände durchzusehen. In denen, die ich gelesen habe, fand ich keinen Hinweis darauf, wie er wohl die vier Jahre der Rückkehr nach Betschkerek erlebt hatte. Im Grunde gelang es mir auch nicht, in diesen Gedichten den György Baráth wiederzufinden, an den ich mich aus meiner Grundschulzeit erinnere, jenen, der am Geburtstag meines Großvaters Gedichte rezitierte und mit seiner Sprechweise die Festgesellschaft in den Bann zog.

Weggang

Aus Israel schickt Gyurka Freund am 9. Juni 1949 seinen ersten Brief. Es steht seine neue Adresse (und sein neuer Name) darauf: Georg Baráth, Nathanya, POB 45, Israel. Ich zitiere die ersten Zeilen des Briefes: „*Lieber Onkel Imre und lieber Jóska! Ich schreibe an Euch gemeinsam, weil ich Euch beiden sowieso nur das Gleiche schreiben würde. Wir wollten uns so lange nicht melden, bis wir eine Wohnung und Adresse hatten. Gott sei Dank haben wir jetzt das alles. Wir wohnen hier in Nathanya. Dieses Städtchen liegt zwischen Tel Aviv und Haifa. Das gute Klima und die Lage am Meer ermöglichen es uns, hier zu leben. Viele Ungarn gibt es hier, und so kann ich meine literarische Tätigkeit fortsetzen. Hoffentlich kann ich schon in näherer Zukunft mehr schreiben! Es gibt immense Chancen, aber auch große Schwierigkeiten. Iby und ich haben uns offiziell vermählt, und zwar auf dem Schiff, während der Herfahrt. Zwischen dem 38. Breiten- und dem 34. Längengrad, eine Tagesreise von Haifa entfernt! Eine Menge Menschen nahm an unserer Hochzeit teil. Mehr als 2 500 Personen. Das gesamte Schiff ist* [ein unleserliches Wort]. *Danach waren wir Gäste des Kapitäns ...*"

Auf der anderen Seite des Blattes schreibt Ibi (Iby), dass sie arbeitet: „*Ich gehe in Häuser zum Nähen, was recht gut bezahlt wird.*" Sie berichtet, dass Gyuri einen großen Erfolg hatte bei einem Auftritt in Tel Aviv, anlässlich dessen „*Avigdor Hammeiri, der hier lebende große hebräische und ungarische Dichter, ihn empfing*". Sie schreibt auch, dass man auf den Straßen überall Ungarisch spreche, *„aber wir lernen doch Ivrit (Hebräisch), weil dies natürlich sehr wichtig ist."*

Gyuri war damals siebenundvierzig Jahre alt, Ibi wahrscheinlich jünger. Ich möchte hinzufügen, dass Ibi Schauspielerin war und es später geschafft hat, ihre Laufbahn fortzusetzen.

Die Immobilienangelegenheiten gehen weiter, und es ist ein neues Hindernis, dass Gyurka Freund-Baráth nach Israel gezogen ist und die israelische Staatsbürgerschaft angenommen hat (wozu er auf die jugoslawische verzichten musste). Zuerst gibt es einen Teilerfolg: Die Provinzbehörden der Vojvodina genehmigen doch noch den mit Dr. Popov geschlossenen Vertrag (wie mir scheint, hatte er zwischenzeitlich das Haus im Dorf verkauft). Aber dann wird die Immobilie verstaatlicht, weil der Eigentümer Ausländer ist (beziehungsweise zum Ausländer geworden ist). Auch hier wird ein neuer Weg eingeschlagen, denn mein Vater argumentiert damit, dass der Vertrag über den Verkauf der Immobilienhälfte zu einer Zeit abgeschlossen wurde, als der Verkäufer noch jugoslawischer Staatsangehöriger war, und entscheidend sei nicht das Datum der Genehmigung des Vertrages, sondern der Zeitpunkt des Vertragsabschlusses. (Als Jurist kann ich diese Nuancen natürlich verstehen und ihnen folgen, aber ich verstehe auch jene Nichtjuristen, die die Entscheidung darüber, wem letztendlich ein Haus gehört, an einfachere Maßstäbe binden wollen.) Zumindest war es nun möglich, die Auszahlung des vollen Kaufpreises für die Hälfte des Hauses zu fordern. Die übrigen Immobilien wurden verstaatlicht – darunter auch die Immobilie an der Hauptstraße (Marsala-Tita-Straße), deren Hälfte er von seiner Frau geerbt hatte. In dieser Hinsicht konnte nur noch das Anliegen vorgetragen werden, wenigstens keine Erbschaftsteuer bezahlen zu müssen.

Hier zitiere ich einen weiteren aus Nathanya geschriebenen Brief, abgeschickt am 1. Dezember 1952. In diesem Schreiben fordert Gyurka Baráth meinen Vater dazu auf, über Betschkerek zu berichten. Er sagt: *„Mich interessiert alles, was zu Hause passiert, sogar das Asphaltieren des Bürgersteigs, über das Du geschrieben hast."* In dem Brief gibt es auch zwei Sätze, die ein weiteres Gerichtsverfahren bis zu einem gewissen Grad erläutern: *„Hier leben wir langsam, aber sicher, und wenn Nahrungsmittel auch knapp sind, hoffen wir halt, dass dies vorübergehender Natur ist. Vor allem Fleischsorten gibt es sehr wenig."* (Ich darf hier einen Moment innehalten und hinzufügen, dass es keine einfache Aufgabe war, die Handschrift von Gyurka Freund zu entziffern. Meinem Vater dürfte es nicht anders ergangen sein, denn in einem Brief vom 9. Dezember 1950 lobt er Gyurkas Gedichte, stellt aber mit Blick auf dessen Handschrift fest: *„[...] ich habe selten eine solch unleserliche Handschrift gesehen wie die Deinige. Ich habe mich schwer durch Deinen Brief hindurchgekämpft. Verglichen damit hatte die wunderbare Schrift von Ibi eine wirklich erholsame Wirkung. Ich will nicht leugnen, dass ich es bevorzuge, Druckschrift zu lesen."* Allerdings wurde mir meine Aufklärungsarbeit durch meinen Vater erleichtert, weil er an manchen Stellen bei einem besonders schwer lesbaren Wort die Auflösung mit Bleistift darüber geschrieben hat.)

Im September 1948 wird, einem anderen Handlungsstrang folgend, ein weiteres Gerichtsverfahren begonnen. Das Volksgericht von Petrovgrad stellt fest, dass Gyurka

Freund die im Haus in der Melencei-Straße verbliebenen Gegenstände wieder in Besitz nehmen darf. Der Beschluss listet auf, um welche Gegenstände es sich handelt: Küchenschrank, Küchentisch, zwei Hocker, Kühlschrank, komplettes Bad, große Kommode, kleine Kommode, einfacher Tisch, Glastisch, Lüster mit 24 Glühbirnen, 2 Vorhänge, Gesims, Vitrine ... und einige andere Möbelstücke. Die Aufzählung ist mit leicht Betschkereker serbischem Einschlag geschrieben. Deutsche Wörter wurden sowohl in „serbisierter" als auch in „ungarisierter" Form benutzt, wie zum Beispiel Hocker (serbisch:„hokna", ungarisch: „hokedli"), Kredenz (serbisch: „kredenac", ungarisch: „kredenc"), Lüster (serbisch: „luster", ungarisch: „luszter") oder Vorhang (serbisch wie ungarisch: „firhang"), Vitrine (serbisch: „vitrina", ungarisch: „vitrin"). Einige der Möbel – die Esszimmergarnitur – bleiben jedoch im Besitz eines Mieters namens Miloš Jovanović. Dieser bestätigt am 7. Dezember 1948 per Protokoll, dass die Möbelstücke das Eigentum von Gyurka Freund bilden. Das unterzeichnete Protokoll stellt ferner fest, dass Miloš Jovanović ein Vorkaufsrecht hat und gegebenenfalls den Kaufvertrag mit meinem Vater abschließen kann.

Die Verhandlungen über den Kaufpreis sind noch im Gange, als Gyurka Freund nach Israel zieht. Jovanović bietet 40 000 Dinar. Gyurka Freund bringt in mehreren Briefen zum Ausdruck, dass er dies für zu wenig hält, es sollten mindestens 50 000 sein. Am Ende ergeben die Versuche meines Vaters einen etwas besseren Preis: Man kann sich auf 60 000 Dinar einigen. Jetzt folgt das nächste juristische Problem: Aus Jugoslawien kann man nach Israel kein Geld schicken (insbesondere keine Dinar). Das Senden von Paketen erweist sich als eine Lösung, und an diesem Punkt wird relevant, dass es in Nathanya „besonders wenig Fleischsorten gibt". Gyurka Baráth bittet in erster Linie um Speck – in Jugoslawien ist Speck eher verfügbar als in Israel. Am 15. Dezember 1953 präzisiert Ibi die Bitte: „*Gyuri bittet darum, [...] uns von dem Geld monatlich <u>drei Pakete zu senden, mit Speck und Salami</u>*" (die Unterstreichung findet sich so im Original).

Der Brief vom 15. Dezember wurde aus Jerusalem abgesandt. Die neue Adresse lautet: Georg Baráth, Jerusolajim, Herech-Betlechem 198/1, Israel. Ibi schreibt weiter: *„[...] aus Nathanya mussten wir wegen des Klimas weg. Leider ist das Klima im ganzen Land schwierig, insbesondere für einen Herzkranken."* Am Ende des Briefes fügt Gyuri hinzu: *„Und ich wünsche Ihnen ein frohes Weihnachtsfest und ein glückliches, friedliches neues Jahr. Gebe der liebe Gott, dass* [hier ist ein unleserliches Wort] *wir alle nunmehr etwas ruhiger leben können."*

Bei den Paketsendungen treten jedoch auch Hindernisse auf. Am 23. Dezember 1953 erwidert mein Vater Weihnachtswünsche und schreibt unter anderem: *„Nach meiner Kenntnis kann man Speck vorerst nicht ins Ausland versenden, oder zumindest nicht ohne Sondergenehmigung."* Es gab noch weitere Hindernisse Dies war nicht das Zeitalter der Privatunternehmen. Es stellte sich heraus, dass Privatleute keine Lebensmittelpakete ins Ausland verschicken durften, sondern nur staatliche Unternehmen. Also musste man es über irgendein staatliches Unternehmen versuchen. Noch komplizierter wurden die Dinge dadurch, dass die Zollabfertigung nur in Belgrad erfolgen konnte. Es gab vieles zu regeln und zu erledigen. Mein Vater nahm Verbindung mit Albert Vajs auf, einem Vertreter des Verbandes der jüdischen Gemeinschaften Jugoslawiens. (Übrigens war er mein Professor, lehrte Rechtsgeschichte an der Juristischen Fakultät der Universität Belgrad, sein Büro hatte er auf der linken Seite des Eingangs im Erdgeschoss.) Es findet sich auch ein Briefwechsel mit dem Belgrader Anwalt Avram Menorah, der das Unternehmen Dorćol zur Abwicklung des Paketversands empfiehlt. Aus den Papieren ergibt sich, dass sogar drei Unternehmen in das Projekt involviert waren, nämlich die Firmen Dorćol und Centar in Belgrad sowie das Gra-Mag in Betschkerek. Auf einem großen karierten Blatt Papier sehe ich handschriftliche Notizen über zehn Pakete. Sie besagen, was abgesandt wurde, und auch die Kosten werden exakt aufgeführt. In den meisten Paketen stellt Salami den Hauptposten dar (der Preis variiert zwischen 4 000 und 4 500 Dinar), dann sind die Kosten für die Schachtel aufgeführt (20 bis 30 Dinar), für Packpapier (ca. 20 Dinar), für Bindschnur (ca. 10 Dinar) und die Zollgebühr (400 bis 500 Dinar). Alle zehn Pakete wurden 1954 verschickt. Vor allem Salami wurde mit der Post nach Jerusalem aufgegeben, aber da gibt es auch Schinken, Gänsebrust und Gänseschlegel. Auch von einer Sendung im Jahr 1956 ist die Rede. Wie es scheint, wurde dieses Problem irgendwie gelöst.

Die Spur eines weiteren anwaltlichen Verfahrens ist im Aktenbündel zu finden, aber dieses bezieht sich nicht auf Vermögenswerte. Gyurka Baráth schickt am 23. September 1951 einen Brief aus Nathanya. Zu Beginn des Briefes schreibt er über sich – ich zitiere die ersten Zeilen:

„Lieber Onkel Imre und mein lieber Jóska!
Den sehr lieben, teuren Brief von Onkel Imre habe ich bereits vor langer Zeit erhalten und schrieb auch gleich darauf den Antwortbrief, habe ihn aber zerrissen! Es war ein sehr trauriger, herzerweichender Brief, und es ist vielleicht gar nicht wahr, dass es mir so elend ging.

Im Allgemeinen geht es uns gut, obwohl es schwer ist zu überleben. Von meinem Gedichtband sind 800 verkauft, und das ist hier ein sehr gutes Ergebnis! Das Dichten ist eine sehr nervenaufreibende Arbeit! Wenn man dazu auch noch davon zu leben hat!"

Auf der zweiten Seite des Briefpapiers schreibt er dann. „*Mein Jóska, ich bitte Dich sehr, für mich in einer sehr wichtigen Sache vorzugehen.*" Es handelt sich darum, dass er auch offiziell den Namen György Baráth verwenden will und meinen Vater bittet, einen Auszug aus dem standesamtlichen Register zu besorgen, *„mit einer Berichtigung, und dies ist das Wichtige"*. Er bittet im Einzelnen, dass in die Geburtsurkunde unter der Rubrik „Anmerkungen" sein Name als Schriftsteller, György Baráth, eingetragen werde, damit er sich in Israel darauf berufen kann.

Als ich in den Gedichten von György Baráth nach Bindungen an Betschkerek suchte, las ich mehrmals das Gedicht *Férfias fa* (*Ein männlicher Baum*), erschienen 1965 in dem Band *Kristálydalok* (*Kristalllieder*). Es beginnt so: *„Im Kindesalter noch lief ich an den Rand des neuen Waldes, und ich blickte empor zu den hohen Bäumen."* (Original: *„Még gyermekkoromban kifutottam az új erdő szélére és felnéztem a sudár fákra."*) Mir ist kein neuer Wald bekannt, aber ein „Kleiner Wald" schon. Sollte der Betschkereker „Kleine Wald" früher „Neuer Wald" geheißen haben? Im Gedicht erzählt der Baum dem Dichter: *„Nachts, zur Geisterstunde, steige ich auf hinter die Winde, damit ich erfahre, was es Neues gibt in der Welt der Lüfte."* (Original: *„éjszaka a kísértetek órájában szállok fel a magasba a szellők mögé, hogy megtudjam mi újság a légi világban"*). In den letzten beiden Zeilen steht: *„Ich dankte dem Baum für das, was er mir sagte, und ich rannte nach Haus'. / Meinen Namen aber, den sagte ich ihm nicht."* (Original: *„Megköszöntem a fának, amit mondott nékem és hazafutottam. / De a nevemet nem mondtam meg neki."*) In dem Gedicht gibt es keinen Hinweis darauf, welchen seiner Namen er verschwieg, vielleicht aber darauf, dass ihm der Name wichtig ist.

Die offizielle Registrierung seines Schriftsteller-Namens scheiterte, zumindest in Betschkerek. Am 22. Februar 1952 schrieb mein Vater:

„*Die Frage habe ich persönlich mit dem Leiter des städtischen Standesamtes besprochen. Wir forschten gemeinsam nach in den einschlägigen Bestimmungen des Matrikelgesetzes und im ‚Zakon o ličnim imenima' [Gesetz über Personennamen]. Nach dem Zakon o ličnim imenima haben Schriftsteller, Künstler etc. das Recht auf Verwendung eines literarischen, künstlerischen Pseudonyms. Allerdings sieht das Gesetz die Möglichkeit nicht vor, den Namen des Schriftstellers standesamtlich zu registrieren. Somit kann, zu meinem allergrößten Bedauern, diese Bitte von Dir nicht erfüllt werden. Ich merke an, dass selbst dann, wenn das Gesetz die Möglichkeit zu einer Registrierung des Autorennamens bieten würde, die Schwierigkeit bliebe, wie die Registrierung ins Stammbuch durchgeführt werden soll [...], wenn der Antragsteller im Ausland weilt und nicht jugoslawischer Staatsbürger ist.*"

Nach der Verstaatlichung (teilweise der Verwertung) der Immobilien und der Möbel der Familie bleibt kaum eine Bindung an Gegenstände übrig. Was bleibt, ist das Interesse an Betschkereker Ereignissen (bis sich die Szenerie ändert und die Hauptbeteiligten ausgewechselt sind); es bleiben die Erinnerungen, obwohl sie sich immer weniger an Ereignisse, sondern zusehends eher an regelmäßig wiederkehrende Erzählungen anlehnen. Es bleibt der im Jahre 1760 an Betschkerek gebundene Name – zumindest für das Betschkereker Register. Es wäre schwierig, die Frage zu beantworten, ob die Namensänderung den Weggang bestärkt. Man könnte sagen, der Weggang wird auch dadurch bestätigt, dass Baráth einen Namen wählt, der nicht mehr im Betschkereker Standesamt, sondern in seiner Dichtung verankert ist. Es ist jedoch auch eine Tatsache, dass das schriftstellerische Pseudonym György Baráth eine Betschkereker Entscheidung war.

*

Am Ende bleibt mir noch zu sagen, dass es in dem Dossier mehrere blaue Umschläge gibt, in denen sich jeweils die Belege für die eine oder andere Paketsendung befinden sowie Rückscheine und Empfangsbestätigungen für Zollüberweisungen. In einem der Umschläge fand ich einen Zwanzig-Dinar-Schein. (Dies entspricht dem Preis für Bindschnur für zwei Pakete.) Es ist ein ziemlich abgewetzter roter Geldschein, wohl 1944 gedruckt, darauf abgebildet ein Partisan mit geschultertem Gewehr. Der Schein wurde sorgfältig in den Umschlag gelegt. Handelte es sich um den Betrag, der über die Postgebühr hinausging? War er vielleicht nach dem Kauf des Fleisches übrig geblieben? War es das Geld meines Vaters, oder tat er es in den Umschlag (und nicht in die Tasche), weil es vielleicht jemand anderem zustand? Was an Forderungen und Schulden jeweils bestanden hatte, ist inzwischen verschwunden – und verschwunden ist auch der Wert. Was aber nicht verschwunden ist, ist die Vergessenheit, durch die der Zwanzig-Dinar-Schein, einst aus Sorgfalt in den Umschlag gelegt, in diesem verblieben ist.

Banater ungarische Geschichten

Verhaltensformeln und Menschen

Mit den *Banater ungarischen Geschichten* möchte ich drei Strafprozesse dem Vergessen entreißen. Alle drei fanden in den ersten Jahren nach dem Zweiten Weltkrieg statt, und sowohl der Verfahrensverlauf als auch die Begründungen und Urteile tragen deutlich dessen Spuren. In allen drei Verfahren sind Banater Ungarn die Angeklagten. Im Verlauf der Prozesse stehen Verhaltensformeln und Menschen einander gegenüber. Aus jeder Akte fehlt das eine oder andere Dokument, und somit dürfte manche Einzelheit ungeklärt bleiben. Die meisten Prozessdokumente sind jedoch noch erhalten, und aus den verbliebenen Anträgen, Urteilen, Beweisen und Korrespondenzen zeichnet sich der jeweilige Hergang ab.

Ein frühzeitiger Versuch, die Sowjetmacht in Ungarn zu stürzen

Akte Nummer 12526

Péter Kurunci analysiert die Sachlage

Die Akte Nummer 12526 enthält die Papiere zum Strafprozess von Zoltán Kelemen. Als er verurteilt wurde, war er Schüler an der Mittelschule für Landwirtschaft. Vološinovo ist als sein Wohnort angegeben, in einigen Schriften als Vranjevo-Vološinovo. Auch Aracs wird erwähnt, was heute zu Törökbecse gehört. Im Laufe der historischen Ereignisse (besonders im Zusammenhang mit den Weltkriegen) wurde der Ortsname öfters geändert: Törökbecse (serbisch: Novi Bečej), Francisdorf, Vranjevo, Vološinovo.

Zoltán Kelemen wurde verurteilt, weil er seinen Schulkameraden József Bleszkány nicht angezeigt hatte. Dem Gericht zufolge hatte dieser nämlich die Absicht gehabt, nach Ungarn zu fahren und sich dort einer Organisation anzuschließen, die sich – in welcher Form auch immer – gegen die Rote Armee einsetzen wollte.

Die Akte ist nicht vollständig. Es könnte sein, dass der Vološinovoer Anwalt Jeremije Zlatar verschiedene Dokumente angefordert und mein Vater sie ihm demzufolge zugeschickt hatte. Doch auch so fügt sich das Bild zusammen. Die Informationen sind größtenteils in einem Antrag zu finden, den mein Vater am 21. September 1951 bei der Abteilung für Kaderschulung des Landwirtschaftsministeriums der Serbischen Volksrepublik einreichte. Darin bittet Zoltán Kelemen das Ministerium um Genehmigung, die dritte Klasse der Mittelschule für Landwirtschaft fortführen zu dürfen, nachdem er seine Gefängnisstrafe abgesessen und den Militärdienst abgeleistet habe. Im Antrag ist auch beschrieben, wie und warum Zoltán Kelemen verurteilt wurde. Einzelheiten ergeben sich aus den Notizen meines Vaters und aus den Briefen von János Kelemen, dem Vater des Verurteilten.

Unter den Schriften gibt es drei original handgeschriebene Briefe, von Péter Kurunci an seinen besten Freund Zoltán Kelemen gesandt. Es ist nicht ganz klar, wie diese Briefe mit dem Strafprozess zusammenhängen. Mir kam der Gedanke, es handle sich vielleicht um Briefe, die zu ihm ins Gefängnis geschickt werden sollten, bei denen es aber nicht gelungen war, sie auszuhändigen. Bei näherer Betrachtung des Datums ergab sich jedoch, dass sie 1945 geschrieben wurden, als das Verfahren gegen Zoltán Kelemen noch gar nicht begonnen hatte. Es besteht auch die Möglichkeit, dass der Briefschreiber, Péter Kurunci, ebenfalls Angeklagter war, möglicherweise Anteil an der Verschwörung hatte und somit der Brief als Beweismittel der Staatsanwaltschaft diente. (In diesem Fall wäre es aber logischer, wenn die Originalbriefe sich unter den Papieren der Staatsanwaltschaft und nicht unter denen des Anwaltsbüros befänden.) Oder ließ Zoltán Kelemen vielleicht, bevor man ihn ins Gefängnis brachte, einige seiner persönlichen Papiere bei meinem Vater, darunter auch diese Briefe? Dies scheint mir die wahrscheinlichste Erklärung zu sein. Es wird sich wohl keine endgültige Antwort auf die Frage finden lassen, wie sie in die Akte geraten sind. Aber da sie schon einmal vorhanden sind, könnten sie helfen – sowohl mir als auch dem Leser –, den Verurteilten – bzw. den Terroristen, wie man ihn heutzutage bezeichnen würde – näher in Augenschein zu nehmen. Umso mehr, als die Anklage stark von Emotionen geprägt zu sein scheint. Diese kann auch die Verteidigung nicht außer Acht lassen auf der Suche nach Gegenargumenten, die in der Welt der neuen Formeln gleichfalls Bestand haben können. Diese Gefühlswallung bestimmt den Verlauf der Dinge, und die Frage, wer Zoltán Kelemen eigentlich wirklich war, verbleibt so außerhalb des Strafprozessrahmens.

Die Briefe von Péter Kurunci machen jenes Banater Umfeld sichtbar, dem auch Zoltán Kelemen angehörte. Der Chronologie entsprechend zitiere ich den ersten Brief, auf dessen Umschlag das Datum vom September 1945 zu lesen ist. Zu erkennen ist auch, dass der Adressat zu jener Zeit Soldat ist. Hier möchte ich einen Moment innehalten, weil sich in den Papieren auch ein Hinweis finden lässt, dass Zoltán Kelemen im Schuljahr 1945/46 Schüler in der dritten Klasse der Betschkereker (zu jener Zeit Petrovgrader) Mittelschule für Landwirtschaft war. Geboren wurde er am 24. September 1926. Der Krieg brachte vieles durcheinander. Im Jahre 1945 war ein neunzehnjähriger Schüler in der dritten Klasse der Mittelschule keine Seltenheit, und es passierte auch nicht so selten, dass Militärdienst und Realschulbesuch miteinander verflochten waren. Eine weitere Erklärung liefert möglicherweise ein handschriftlicher, undatierter Brief von János Kelemen, dem Vater Zoltán Kelemens. Offenbar hatte mein Vater János Kelemen gebeten, Angaben zu machen, die, unter Berücksichtigung der noch jungen Nachkriegswerte, seinen Sohn in einem positiven Licht erscheinen ließen. So schreibt János Kelemen über seinen Sohn: *"Nach der Befreiung transportierte er der Armee die Munition sogleich nach Star. Bečej* [ungarisch: Óbecse, deutsch: Altbetsche] *per Wagen und Pferd hinterher. Danach kam er ins Arbeiterbataillon, von dort rückte er ein als Soldat. Vom Militär wurde er als Schüler entlassen und besuchte die Landwirtschaftsschule in Zrenjanin. Auch hier nahm er an allen Frontarbeiten teil: Im Sommer war er bei der Jugend-Eisenbahn im Einsatz und beteiligte sich am Aufbau des neuen Jugoslawien."* Er war also bereits Soldat, noch bevor er an die Betschkereker landwirtschaftliche Schule gekommen war beziehungsweise bevor er nach dem Krieg die Mittelschule für Landwirtschaft hatte fortführen können.

Um auf die Briefe zurückzukommen: Die Rechtschreib- und Grammatikschwächen der ungarisch verfassten Briefe kann man in einer anderen Sprache, hier im Deutschen, kaum wiedergeben. Darum verzichte ich darauf, doch inhaltlich verändere ich nichts. Ich denke, es wird auch so deutlich, was für Menschen die neunzehnjährigen Dorfjugendlichen waren, die laut Anklage sich mit der Roten Armee angelegt hatten. Den ersten Brief schreibt Péter Kurunci an Zoltán Kelemen, der zu der Zeit seinen Militärdienst ableistet:

„Mein lieber
Freund,
Ich bin Gott sei Dank gesund
was ich von ganzem Herzen auch Dir wünsche.
Mein lieber Freund, Deinen Brief habe ich erhalten,
über den ich mich sehr gefreut habe.
Aber doch nicht so sehr, wie wenn Du gekommen
wärst, nach Hause, persönlich!
Bisher habe ich noch nicht von Dir gehört,
jeden Tag habe ich nur gehofft,
dass Du nachhause kommst [...]
Mein lieber Freund, wir gehen
auf Bälle,
Euer Imre war am Sonntag Kartoffeln
klauben für Omladina
Wir sind noch zu Hause,
genauso wie ehedem.
Auch Bözsi hat mich angesprochen,
ob ich noch zu Hause sei?
Und wo Du seist, fragte sie.
Ich grüße
alle
achtungsvoll
     Péter"

Péter Kurunci und Zoltán Kelemen waren in der Grundschule Klassenkameraden. Auch József Bleszkány war ihr Klassenkamerad, der Hauptangeklagte und Hauptschuldige. Aus dem Brief können wir erkennen, dass das Leben nach dem Weltkrieg irgendwie weiterging, und auch ein Bild der Situation zeichnet sich ab. Es gibt Dorfbälle, traditionelle Dinge bleiben wichtig – zum Beispiel auch, dass Bözsi sich nach Zoltán erkundigt hat. In dem auf Ungarisch geschriebenen Brief gibt es ein einziges Wort auf Serbisch, nämlich „Omladina" (die Jugend), und bei diesem Wort möchte ich etwas verweilen. Imre (vielleicht der Bruder von Zoltán?) klaubte Kartoffeln für die „Omladina", das heißt, er nahm im lokalen Rahmen an irgendeiner begeisterten Jugendaktivität teil. Richtungsweisend sind die ideologischen Hinweise, die mit dem Wort „Omladina" im neuen Kontext der Nachkriegszeit verbunden sind und die mit einer einfachen Übersetzung des Wortes „Jugend" verloren gegangen wären. In diesen Jahren der Verleugnung und Zurückweisung der Vergangenheit bedeutet „Jugend" nicht nur einen Lebensabschnitt, sondern symbolisiert auch eine ideologisch-politisch „korrekte Ausrichtung". Was auch immer die wirkliche Meinung Péter Kuruncis über die richtige Ausrichtung gewesen sein mag, er spürte sicherlich, dass er das Kartoffelklauben der besonderen Art nur ausdrücken konnte, wenn er das Zauberwort hinzufügte, das im Begriff war, sich zu etablieren. Zu der Zeit werden neue Machtsymbole mit der Jugend verbunden, und das Wort „Omladina" wird unter anderem zu einem Synonym für das „Positive". Das Wort taucht auf bei Aktionen zum Bau von Eisenbahnen, aber auch bei der Namensvergabe für neue Feträumlichkeiten. Die Sprache der Minderheit folgt indes nicht immer genau den in der Mehrheitsgesellschaft neu gebildeten Konnotationen und den Wertezuweisungen der Bewegung. So bleibt es bei dem Wort „Omladina" sowohl bei den Banater Ungarn als auch bei den dortigen Deutschen, Rumänen und Slowaken.

Ich möchte ferner einige Zeilen aus einem Brief zitieren, den Péter Kurunci am 3. November 1945 an Zoltán Kelemen schrieb. Er adressierte den Brief an das militärische Lungensanatorium von Versec – wahrscheinlich wurde Zoltán zu der Zeit dort behandelt. Péter berichtet über den Apfelball von Aracs (deutsch: Aratsch) und über seine Erfolge (und seine erwarteten Erfolge) in Liebesdingen. Unter anderem schreibt er:

> „Mein lieber Freund,
> lieber Zoltán ich bin gesund, was ich
> auch Dir von Herzen wünsche.
> Ich habe mich Gott sei Dank auch am
> Sonntag bestens vergnügt. Allein Mädchen
> habe ich nach Hause begleitet.
> Das ging recht gut, weil
> ich bei der einen ans Ziel gekommen bin.
> Jetzt war am Montag Probe, in Aracs
> bereitet man sich auf den Apfelball vor.

Und da hab ich jetzt die Ana nach Hause begleitet.
Das Problem ist nur, dass sie ein bisschen ernsthaft ist,
aber sie wird noch weich werden
[...]
Am 3.XI.45
                    Péter
Ich erwarte eine Antwort"

Kaum ist ein fürchterlicher Weltkrieg eben erst vorüber, schon greifen auch die neuen Machthaber zu groben Maßnahmen. Es ist jedoch, als zeigten die Briefe ein Umfeld, das unabhängig von der Geschichte ist. Der Briefschreiber ist offensichtlich eher von seinem Lebensalter inspiriert als von den historischen Umwälzungen, die sich gerade vollziehen. Ich weiß nicht, ob früher die Möglichkeiten vielfältiger waren als heute. Zu jener Zeit entstanden Gemeinschaften eher auf dem Korso und auf Tanzfesten. Heute gibt es keinen Korso, keinen Tanz gibt es, aber währenddessen ist ein Gespräch kaum möglich. Fernsehen gibt es, und es gibt das Internet. Es wäre interessant zu erfahren, ob sich heutzutage eine Gemeinschaft und eine von Geschichte und Ideologie freie Realität, wie sie in Péters Briefen aufscheint, unter größeren Schwierigkeiten oder vielmehr leichter herausbildet. Es kann natürlich auch sein, dass das Genre des Briefeschreibens und die damit zusammenhängenden Gewohnheiten auf den Inhalt des Briefwechsels von Péter und Zoltán Einfluss genommen haben. Am wahrscheinlichsten ist jedoch, dass die Briefe zur Sprache brachten, was den neunzehnjährigen jungen Männern damals am wichtigsten war. Und wahrscheinlich lässt sich aus den Briefen eher als aus den Gerichtsakten ersehen, wer die „Verschwörer" in Wirklichkeit waren.

Die Verschwörung – Einzelheiten

Zoltán Kelemen wurde am 8. Oktober 1947 verhaftet. Innerhalb kurzer Zeit erhob man Anklage gegen ihn, und er wurde verurteilt, weil er seinen Klassenkameraden József Bleszkány nicht angezeigt hatte. Die Grenzen der Strafwürdigkeit eines solchen Vergehens sind in der vergleichenden Rechtswissenschaft umstritten. Unter anderem ist maßgebend, ob mit einer Meldung oder Anzeige eine schwere Straftat hätte vereitelt werden können. Auch zählt, wie stark die Anspannung in der Gesellschaft ist und wie viel Bewegungsfreiheit der Anspruch auf Treue zulässt. Im Jahr 1947 blieb kaum ein einziger, wirklich freier Fleck übrig auf der Landkarte der Realitäten, zwischen die Gebiete des „mit uns" und des „gegen uns". Dies ist nicht nur in den offen von einer Ideologie abhängigen Staaten möglich. Vor einigen Jahren untersuchte ein deutsches Gericht die Geschäftsbestimmungen der amerikanischen Handelskette Wal-Mart, die sich auch auf ihre deutschen Geschäfte erstreckten. Festgelegt war unter anderem, dass der Arbeitstag mit einer Art Firmenhymne zu beginnen hatte, dass jegliche Rendezvous innerhalb der

Firma verboten waren und jeder Angestellte verpflichtet war, es den Vorgesetzten zu melden, falls er bemerkt haben sollte, dass ein Kollege und eine Kollegen miteinander ein Rendezvous hatten. Die Forderung nach Loyalität, egal ob es sich um einen Staat oder ein Großunternehmen handelt, die sich in einer angespannten Situation befinden, erstreckt sich auch darauf, dass man im entsprechenden Fall eine Anzeige erwartet.

Es ist nicht ganz klar, um welches Vergehen es in der Akte Nummer 12 526 eigentlich geht. József Bleszkány kam auch nicht mehr dazu, etwas zu „verbrechen". (Ich muss aber auch hinzufügen, dass jedes Strafrecht die Strafbarkeit des Versuchs einer strafbaren Handlung kennt.) Dem Gericht zufolge wollte Bleszkány im Sommer 1946 von Vološinovo aus – mittels eines gesetzwidrigen Grenzübertritts – Ungarn erreichen, in der Absicht, sich dort einer Organisation, die in dem Schriftstück nicht weiter benannt wird, anzuschließen. Die strategischen Ziele der Organisation wurden mit zwei alternativen Vorstellungen formuliert. Der einen entsprechend sollte die Organisation, sobald die Rote Armee aus Ungarn abgezogen wäre, die Macht in Ungarn (mit der Hilfe aus Vološinovo!?) übernehmen; der Abzug der Sowjets war aber im Jahr 1947 zu erwarten. Der anderen Konzeption nach sollte die Organisation nicht abwarten, sondern sich der Roten Armee entgegenstellen. Es war Bleszkánys Pech, dass man sich zu einer Zeit organisierte, als die Rote Armee noch die Armee des mächtigen und treuen Verbündeten Jugoslawiens war – zwei Jahre später sollte Tito dann mit Stalin brechen. Das Gericht sah es als erwiesen an, dass die Absicht bestanden hatte, sich der Roten Armee entgegenzustellen. Dem Gerichtsurteil nach war Zoltán Kelemen genau diese Tatsache bekannt gewesen, und darüber hatte er sich demnach, wie sich dies unter Verschwörern gehörte, auch mit dem Angeklagten abgesprochen – und danach versäumt, Anzeige zu erstatten.

Wie ich aus den Aufzeichnungen meines Vaters sehe, wäre es eine mögliche Verteidigungsstrategie gewesen, dass der Angeklagte leugnete, tatsächlich über die Pläne Bleszkánys Bescheid gewusst zu haben. In den Aufzeichnungen steht ein Satz Zoltán Kelemens, der in diese Richtung weist: Demzufolge sagte er zu meinem Vater, dass das UDBA (Uprava državne bezbednosti – Amt für Staatssicherheit / Geheimpolizei) sein Geständnis erzwungen habe. Der Vater des Angeklagten sagte aus, Bleszkány habe seinen Sohn „hineingezerrt" (vielleicht war es so, vielleicht legten die Geheimpolizisten dies Kelemen nahe). Jedenfalls wäre es nicht einfach gewesen, die vom UDBA festgestellte Sachlage zu bestreiten. Im Übrigen halte ich es für wahrscheinlich, dass das UDBA als Geständnis festhielt, was es gerne hören wollte. Es ist aber auch wahrscheinlich, dass Bleszkány tatsächlich seine Welterlöservorstellungen mit seinen Schulkameraden teilte und Zoltán Kelemen danach nicht umgehend zur Polizei eilte.

Eine andere Verteidigungsstrategie hätte sein können zu demonstrieren, dass all dies lächerlich sei und es sich um eine Unverhältnismäßigkeit handle. Wie es scheint, war auch dies kein gangbarer Weg. Bleszkány hatte man bereits verurteilt, noch bevor das Verfahren gegen Kelemen begann, man hatte also die Schwere von Bleszkánys Tat (genauer: seiner Absicht, seiner Pläne) bereits offiziell festgestellt. Die wesentlichste Eigenschaft angespannter Zeiten besteht in der Herrschaft von Verhaltensformeln und des Verlusts eines Sinnes für Verhältnismäßigkeit. Man konnte eine Initiative aus Vološinovo, die gegen die Rote Armee zielte, nicht als unbedeutenden und lächerlichen Fall behandeln. Die kleinste Bewegung in die verhasste Richtung oder auch nur eine entfernte Erinnerung daran stellte eine Straftat dar.

So konnte man nur im Rahmen der vorherrschenden Formeln versuchen, etwas im Interesse Zoltán Kelemens zu unternehmen. Die Verhandlung wurde für den 12. November 1947 anberaumt. Davor schlug mein Vater am 4. November 1947 vor, einen Zeugen anzuhören. Es handelte sich um Ilija Đakovački, Schüler an der Betschkereker Mittelschule für Landwirtschaft (offenbar ein Klassenkamerad von Zoltán Kelemen). In der Eingabe meines Vaters ist auch beschrieben, was der Zeuge beweisen sollte. Dem Vorschlag nach würde er sich dahingehend äußern, dass Zoltán Kelemen an der Arbeit der Volksjugend (narodna omladina) *„mit ehrlicher Verpflichtung teilnahm, ohne Hintergedanken, und seine Aktivität immer konstruktiv war"*. Offensichtlich war das Ziel der Versuch, eine vollständige Einordnung in das pauschal als negativ gewertete Verhalten zu vermeiden, da man ja an den von dem UDBA festgestellten Tatsachen und deren Schwere nichts ändern konnte. Die Betonung, dass jemand *„ohne Hintergedanken"* zur Omladina gehörte, konstruktiv am Bau der Eisenbahn teilnahm und auch Frontarbeiter war, bot dazu eine Chance.

Um das Bild vollständiger zu machen, möchte ich hinzufügen, dass damals die Teilnahme am Straßenbau nicht unbedingt das Ergebnis einer eigenständigen Entscheidung darstellte. Auch später war dies nicht so. Als ich, kaum mehr als zehn Jahre nach dem Urteil gegen Zoltán Kelemen, mich an der juristischen Fakultät in Belgrad einschrieb, wussten wir alle, dass es sich jeden Sommer gehörte, wenigstens einen Monat lang die Autobahn der „Brüderlichkeit und Einheit" zu bauen, endgültig wurde aber erwartet, dass im Rahmen der vier Studienjahre mindestens einmal alle anwesend waren. Eines Sommers baute auch ich mit an der Autobahn der „Brüderlichkeit und Einheit" in der Gegend des Dorfs Džep im südöstlichen Serbien. (Wahrscheinlich sind das serbische Wort „džep" und das ungarische Wort „zseb" türkischen Ursprungs. Beide Wörter bedeuten dasselbe, zu Deutsch: Tasche). Wollte ich angeben, könnte ich sagen, dass nur vier, fünf Leute aus der hundertköpfigen Baubrigade eine Belobigungsurkunde erhielten – darunter auch ich. Zur Wahrheit gehört aber, dass alle anderen eine Anerkennung als „Frontarbeiter" erhielten. Unsere Brigade, die „Kuzman Josipovski", erhielt eine Sonderehrung. (Ich wusste weder damals noch weiß ich heute, wer eigentlich Kuzman Josipovski genau war. Anzunehmen, dass es sich um einen mazedonischen Partisanenheld handelte.) Im Grunde wurden wir die Sieger irgendeines Frontarbeiter-Wettbewerbs. Alle Mitglieder der Brigade waren Jurstudenten, und es war auch etwas juristische Pfiffigkeit dabei, wie wir unseren Beitrag zum Aufbau des Mythos der Omladina und der Frontarbeit leisteten. Der Erfolg wurde daran gemessen, wie viel Arbeit wir geleistet hatten. Unsere Arbeit bestand darin, dass wir mit der Hacke die Seite eines Berges abzuschlagen hatten und dann Felsgestein und Geröll zur entstehenden Straße transportieren sollten. Unser Brigadekommandant wusste, dass der Erfolg daran gemessen wurde, um wie viel die Bergwand sich verminderte. Am zehnten Tage vor der Messung begannen wir mit Überstunden. In den letzten Tagen aber griffen wir zu einer noch zielführenderen Lösung: Alle brachen Gestein aus der Wand, keiner transportierte das herausgebrochene Steinmaterial weiter, sondern wir stießen es einfach den Berg hinunter (wodurch wir teilweise auch einen Bachlauf verbauten). So gewann die Kuzman-Josipovski-Brigade den Arbeitswettkampf, und unser Brigadeleiter wurde später zu einem namhaften Politiker.

Zoltán Kelemen war Frontarbeiter. Ich weiß nicht, inwiefern ihm diese Tatsache, des Weiteren aber auch die begeisterte Teilnahme an den Aktionen der Omladina und die Zeugenaussage von Ilija Đakovački halfen. Der Vater Zoltáns schreibt in einem Brief, dass sein Sohn während der deutschen Besatzung verschleppt worden sei und Zwangsarbeit habe leisten müssen. János Kelemen fügt hinzu, dass sie elfeinhalb Morgen Land besäßen und er seinen Verpflichtungen genüge getan habe, indem er „die Steuern bezahlt und die Abgaben geleistet" habe. Aller Wahrscheinlichkeit nach hat mein Vater auch diese Angaben zum Einsatz gebracht.

Die Rote Armee kam noch einmal davon, nicht aber Zoltán Kelemen. Das Gericht verurteilte ihn zu zwei Jahren Freiheitsentzug und Zwangsarbeit. Auch nach dem Einspruch wurde das Urteil nicht gemildert. Heute erscheint es natürlich als absurd und ungerecht. Auch im Jahr 1947 war es ungerecht, im damaligen Stimmungsumfeld jedoch nicht absurd. Wenn es gelang, etwas in die immer noch Leidenschaft entfachende Einteilung in Partisanen und die Rote Armee einerseits, den Feind andererseits hineinzuzwängen, entstanden Urteile eher aus Leidenschaft denn aus Ausgeglichenheit heraus. Möglich, dass noch drakonischere Urteile in Frage gekommen wären. Man kann nur raten, welches Gewicht die Argumente hatten, die bemüht waren, den Angeklagten der pauschalen Kategorisierung als Feind zu entziehen. Für Zoltán Kelemen war das Ergebnis nach dem Urteil zwei Jahre Zwangsarbeit, danach eineinhalb Jahre Militärdienst.

Letztendlich gelang es 1947 nicht, die Rote Armee dazu zwingen, das Gebiet Ungarns zu verlassen. Das Leben Zoltán Kelemens konnte 1951 neu beginnen, als er Zwangsarbeit und Militärdienst hinter sich gebracht hatte und die Abteilung für Kaderschulung des Landwirtschaftsministeriums der Serbischen Republik ihm vielleicht genehmigte, die Betschkereker Mittelschule für Landwirtschaft fortzusetzen. Dies ist zumindest zu hoffen, zwischen den Papieren findet sich nämlich keine Antwort, ich weiß nicht genau, was die Entscheidung des Ministeriums war. Zoltán Kelemen, Péter Kurunci und József Bleszkány sind heute 88 Jahre alt – wenn sie noch leben.

Der Fall István Bakai: Verwicklung in verschiedene Armeen
Die Akte Nummer 12275

István Bakai – „Pista"

In der Akte Nummer 12275, überschrieben mit dem Namen István Bakai, findet sich obenauf ein Gerichtsurteil vom 17. Dezember 1945, in dem das Gericht von Petrovgrad meinen Vater offiziell zum Verteidiger von Bakaji Ištavan (also von István Bakai) bestimmt. Zu Beginn des Prozesses war István Bakai dreißig Jahre, mein Vater dreiunddreißig Jahre alt. Das nächste Dokument ist eine Vorladung zur Verhandlung, anberaumt für den 28. Dezember 1945. An selbigem Tag wurde nicht nur die Verhandlung abgehalten, sondern es kam auch bereits ein schriftliches Urteil zustande, das „Bakaji Ištvan – Pišta" zu drei Jahren Zwangsarbeit verurteilte.

Im Allgemeinen wurde bei bekannteren Straftätern neben dem Namen auch der Spitzname in Anführungszeichen, unter dem der Betreffende bekannt beziehungsweise berüchtigt war, angeführt. So war es zum Beispiel auch bei Željko Ražnatović – „Arkan", oder bei Milorad Ulemek – „Legija", oder wohl auch bei „Lucky Luciano" (der richtige Name des amerikanischen Mafiabosses war Salvatore Lucania.) Eine solche Prägung ist nachhaltig. Etwas mehr als ein halbes Jahrhundert nach der Verurteilung von István Bakai erhob zum Beispiel die Staatsanwaltschaft von Belgrad Klage gegen jene, die sie als für die NATO-Bombardierungen verantwortlich betrachtete, darunter auch gegen den amerikanischen Präsidenten Clinton, genauer gegen den „auch als ‚Bill' bekannten William Clinton". (Tatsächlich kam es zu einem Urteil. Am 21. September 2000 verurteilte das Bezirksgericht von Belgrad William Clinton zu zwanzig Jahren verschärfter Gefängnishaft – zusammen mit Jacques Chirac, dem „auch als ‚Tony' bekannten Anthony Blair" und weiteren Angeklagten.) In amerikanischen Urteilen bedeutet „a. k. a." vor den Aliasnamen einen verstärkenden Hinweis („a. k. a." steht für „also known as", auf Deutsch: „auch bekannt als"). Diesmal sollte das „Pista" die Verbrecherpatina und die entsprechende Einordnung unterstreichen. Wahrscheinlich entspricht es durchaus der Wahrheit, dass man István Bakai allgemein als „Pista" kannte (genauso wie William Clinton als „Bill" oder Anthony Blair als „Tony").

In dem Abschnitt der Urteilsbestimmungen steht, dass István-Pista Bakai 1915 in Lukácsfalva (Deutsch: Lukasdorf) geboren wurde, vier Klassen Grundschule besucht hatte, römisch-katholischen Glaubens, jugoslawischer Staatsbürger, Landarbeiter, ledig und unvermögend war. Im Aktenbündel sind noch die handschriftlichen Notizen meines Vaters vorhanden, zusammen mit einer Kopie des Einspruchs. Einen Hinweis auf das Ergebnis des Einspruchs gibt es jedoch nicht. (Vielleicht war das Urteil der zweiten Instanz nur in einer einfachen Kopie angekommen, und das Büro hatte es an den Verurteilten weitergeleitet. Wahrscheinlicher ist aber, dass auch mein Vater eine Kopie erhielt, diese jedoch in irgendeiner anderen, damit zusammenhängenden Akte abgelegt wurde. Heute, siebenundsechzig Jahre später, ist es schwierig, dem nachzuspüren.)

Es gibt Zeitläufte in der Geschichte, in denen die Bestrebung vorherrscht, dem Rechtswesen strahlende Klarheit und Einfachheit aufzuzwingen. Verhaltensformeln und Moden wirken sich stets auf eine Urteilsfindung aus (genauso wie auf anderes menschliches Handeln), doch gibt es Zeiten, in denen man von einer Diktatur der Formeln und Moden sprechen kann. In solchen Zeiten ist alles einfach – darum kann bereits am Tag der Verhandlung das schriftlich gefasste Urteil gefällt werden. Alles hängt von der Einordnung ab, und im Vorgriff zur Einordnung wird nicht viel nachgedacht. Auch der Umstand, dass man den Patriotismus am überzeugendsten mit Wachsamkeit beweisen kann, die Wachsamkeit aber mit der Aufdeckung feindlicher Machenschaften und der Enttarnung des Feindes, hat reflexionsmindernde Folgen. Auf diese Weise ist das Risiko wesentlich geringer, wenn man einen Feind zur Strecke bringt, der tatsächlich keiner ist, als wenn man versäumt zu bemerken, dass jemand sich tatsächlich auf der Seite des Feindes bewegt. Eine verfehlte Verurteilung ist viel patriotischer als ein anfechtbarer Freispruch. Im Laufe der Geschichte kommt es immer wieder zu von großer Anspannung geprägten Zeiten, und in diesen wird die Messlatte des angemessenen Verhaltens hoch angesetzt. Da genügt es nicht, in einer Rede als Politiker die sozialistische Selbstverwaltung (oder sagen wir: die Schaffung von Arbeitsplätzen) nur fünf bis sechs Mal zu erwähnen, und es genügt nicht, wenn ein Richter nur jene verurteilt, die über jeden Zweifel erhaben Straftaten begangen haben, denn dies könnte ja bedeuten, dass er damit unterhalb der Messlatten von statistischen Erhebungen und Auswertungen bleibt.

Exkurs in Zusammenhang mit einem Bäckerlehrling aus Aradác (Aradatz) und dem Informbüro

Mir kommt ein anderer interessanter Rechtsfall in den Sinn, auf dessen Dokumente ich in der Akte (noch) nicht gestoßen bin. An Einzelheiten dieses Falls kann ich mich jedoch erinnern, mein Vater erzählte sie während eines Mittagessens. Es dürfte Anfang der fünfziger Jahre gewesen sein, einer Zeit, in der sich die allgemein vorherrschende Stimmung gegen das Informationsbüro (anders: das Informbüro) richtete. Tito wandte sich 1948 gegen Stalin, daraufhin verurteilte das Informbüro Tito und seine Politik – und unser Schicksal wandte sich ein wenig zum Besseren. „Einheit" war zwar *das* Leitwort der Politik, genauso wie bereits vor 1948; die Einheit wird jedoch etwas gelockert und wird zu einem Scheinbegriff, wenn niemand da ist, gegen den man die Einheit ins Feld führen kann. Es lässt sich eine Einheitsstimmung schmieden, wenn man rücksichtslos mit den Gegnern abrechnet. Wenn es aber nicht genug Material zu bearbeiten, also nicht genügend Gegner gibt, dann muss auch dies konstruiert werden. Es gab welche, die sich in der Tat gegen Tito wandten, aus reiner Überzeugung oder mit dem Kalkül, dass am Ende nur die riesige Sowjetunion sich als Sieger entpuppen konnte. Es ist hingegen kaum glaubhaft, dass der Bäckerlehrling aus Aradatz, dessen Pflichtverteidiger mein Vater war, dazu gehört haben könnte. An seinen Namen erinnere ich mich nicht, darum ist es schwer, die Akte aufzufinden. Wenn ich mich richtig erinnere, war er ein Slowake; mein Vater erzählte damals auch, dass er wenige Schulklassen besucht hatte und Serbisch nicht perfekt sprach.

Es kam zu einem dramatischen Wendepunkt in der Verhandlung, als der Staatsanwalt auseinandersetzte, um wie viel menschlicher, wahrer und Marx näher stehend der jugoslawische Kommunismus war als der Scheinkommunismus des Informbüros. Der Richter fragte den Bäckerlehrling, wie er sich dem Informbüro habe anschließen können, worauf der Angeklagte den Richter bat – und dies so überzeugend, dass sogar die gleichsam auf glatter Oberfläche dahinschlitternde Meinungsbildung einen Moment lang ins Stocken geriet –, dass ihm doch endlich jemand erkläre, was denn das Informbüro sei, das ständig erwähnt werde. Und der Richter begann den Unterschied zwischen dem sowjetischen und „unserem", das heißt dem jugoslawischen Kommunismus darzulegen. Bald unterbrach ihn der Bäckerlehrling und sagte erregt, mit Tränen in den Augen: „Aber Genosse Richter, den unseren mag ich doch schon gar nicht – und den dort erst recht nicht!" Schon dieser verblüffende Satz konnte ja nicht als patriotische Erklärung gewertet werden, erst recht war es aber schwierig, darin die Ränke eines Informbüro-Agenten zu entdecken. Eine Kehrtwende war jedoch nicht mehr möglich. Laut meinem Vater machte auch der Richter Anzeichen, dass er erkannt hatte, wer eigentlich vor ihm stand, aber dies hatte nur auf das Strafmaß Auswirkung: Der Bäckerlehrling wurde lediglich zu sechs Monaten Freiheitsentzug verurteilt. In Betschkereker Juristenkreisen aber wurde noch Jahre später des Bäckerlehrlings Offenbarung immer wieder erwähnt. Manche glaubten auch zu wissen, dass der Bäckerlehrling verschiedenen Mädchen mit Erfolg den Hof gemacht hatte, auch solchen, denen noch andere den Hof machen wollten, und dass dieser Umstand den Denunzianten angestachelt hatte.

Lazarfeld, Werschetz, Čačak, Leskovac, Mostar, Livno, Oberdsorf – Armeen und Narrative

Um auf István Bakai zurückzukommen – der Text des Urteils und der des Einspruchs zeigen ganz unterschiedliche Bilder. Dies ist an sich natürlich nicht verwunderlich. Die Gegenüberstellung der verschiedenen Narrative stellt ein über Jahrhunderte erhaltenes Wesensmerkmal der Juristerei dar. Ich erinnere mich an meinen ersten Fall, mit dem ich betraut wurde, als ich dreiundzwanzigjährig im Büro der Familie mit der juristischen Laufbahn begann. Das umstrittene Objekt war ein Schaf aus Melence (deutsch: Melenze). Ich war der Anwalt des Schafsbesitzers. Dieser forderte vom Schäfer Schadenersatz, weil dieser nicht auf die Schafe aufgepasst hatte, zwei in einen Graben gestürzt waren und nicht mehr hatten gerettet werden können. Ich war um die Darstellung einer einfachen, klaren Pflichtversäumnis bemüht und legte auch Beweise zum Wert der

Schafe vor. Der Anwalt des Schäfers aber entgegnete dem mit einem überraschenden Narrativ. Er berichtete, was für ein guter Schäfer der Beklagte war und wie gut er die Tiere kannte: Die zwei betreffenden Schafe hätten sich eigentlich schon am Ende ihres Lebenswegs befunden, sich darum in den Graben zurückgezogen, da sie spürten, dass ihr Ende nahte, und weil sie ansonsten den Tag sowieso nicht überlebt hätten. Somit sei eigentlich kein Schaden entstanden, die Schafe hatten so lange gelebt, wie sie auch sonst gelebt hätten, ihr Fell sei erhalten geblieben, und der Schäfer habe nicht seine Pflicht vernachlässigt, sondern nur Verständnis für das Schicksal der Schafe empfunden. Mit einem Schmunzeln hinter seinem Schnurrbart fragte der Richter, ob es außer dem Gang in den Tod noch andere Ähnlichkeiten gebe zwischen afrikanischen Elefanten und Schafen aus Melenze.

Auch ohne ideologischen Zwang können also Narrative entstehen. In streng ideologieabhängigen Zeiten hängt die Glaubwürdigkeit – wenn der Rechtsstreit irgendeine ideologische Relevanz hat – nicht vom Aufbau der Geschichte und ihrer Beweisbarkeit ab, sondern davon, wie sehr sie sich der vorherrschenden Formel annähert. Daneben gibt es kaum Möglichkeiten, zwischen den verschieden gearteten Skizzierungen der Wirklichkeit hindurchzukommen – und es gibt auch kein Lächeln hinter dem Schnurrbart eines Richters. Im Jahr 1945 beseitigten die Zwistigkeiten des Krieges praktisch alle übrigen Unterschiede. Es war kaum möglich, jemanden, der in der deutschen Armee gedient hatte, aus der Formel „faschistischer Feind" herauszulösen.

Das Urteil gegen István Bakai zu lesen, ist nicht einfach, und hier denke ich nicht nur an den Inhalt. Das Originalurteil erhielt vermutlich der Angeklagte, das im Büro befindliche ist eine hellblaue, schwache, schwer lesbare Kopie. (Zu jenen Zeiten wurde in mehreren, oft vielen Kopien auf der Maschine geschrieben. Man musste mit dem Durchschlagpapier sparen, oft wurde das eine oder andere Indigoblatt wieder verwendet – mit einem meist immer schwerer zu lesenden Ergebnis.) Das Volksgericht des Bezirks Petrovgrad stellte fest, dass István Bakai am 25. Mai 1942 der Prinz-Eugen-Division aus freien Stücken beigetreten war und bis zum 2. Mai 1945 bei der deutschen Armee blieb, als er von den Kriegsverbündeten gefangen genommen wurde. Er diente in Werschetz, Čačak, Kačarevo (Franzfeld), Autovac (?), Kečaran (?), Mostar, Livno und Bugajan (?) und nahm so teil *„an den Kämpfen gegen unsere Partisanen sowie gegen die italienischen und bulgarischen Partisanen."* (Ich weiß nicht, ob Autovac und Kečaran falsch geschrieben sind. Ich kann nicht ausschließen, dass es sich um irgendwelche serbischen oder vielleicht eher um bulgarische Dörfer handelt. Vielleicht ist mit Bugajan das falsch geschriebene Bugojno gemeint.) Pista war also darum bemüht, diese im Wesentlichen südserbischen und herzegowinischen Gebiete zu erobern. Das Urteil stützt sich vor allem darauf, was die OZNA (Odeljenje za zaštitu naroda, das heißt die Abteilung Volksschutz) nach der Vernehmung des Angeklagten aufgezeichnet hatte, und baut zum geringeren Teil auf das Vernehmungsprotokoll, das vor der Vernehmung durch den Untersuchungsrichter aufgenommen wurde. Ich darf hinzufügen, dass die OZNA im

Zweiten Weltkrieg der erste Geheimdienst des in Entstehung begriffenen titoistischen Jugoslawiens war. Er wirkte von 1944 bis 1946. 1946 teilte er sich dann in zwei Organisationen auf: in den militärischen und den zivilen Geheimdienst. Letzterer wurde das UDBA. Jetzt, da man sich diesen Kürzeln auch ohne ein Gefühl der Gefahr nähern kann, ist es möglich, sie eingehender zu betrachten. Man kann sogar etwas respektlos fragen, warum man den Buchstaben „A" ans Ende der OZNA und des UDBA angehängt hatte, wo eigentlich jeweils die Kürzel OZN und UDB bereits komplette Wörter anzeigten. (Das Kürzel von Uprava državne bezbednosti müsste beispielsweise UDB und nicht UDBA sein.) Alle sprachen aber von OZNA und UDBA, und auch offiziell wurden diese Abkürzungen benutzt. Jetzt, wo ich dem nachforsche – mit sehr verspätetem Mut –, fällt mir dazu nur ein, dass man in der traditionellen serbischen Aussprache keine kleinen Ersatzvokale zwischen die Konsonanten einer Abkürzung setzt, ein „u/de/be" oder „o/zett/en" kann also den möglichen Zungenbrecher nicht erleichtern. OZN oder UDB auszusprechen dürfte aber nicht einmal den kampferprobten, harten Geheimpolizisten leicht gefallen sein – und wäre auch nicht elegant gewesen. Durch ein Anhängen des „A" wurden die geheimpolizeilichen Kürzel besser aussprechbar und wohlklingender, und so erhielt dieses Buchstaben-Kuckucksei seine volle Legitimation. Heute ist es möglich, dass man darüber sinniert, zu jener Zeit aber war es weder in Bezug auf die OZNA noch in Bezug auf die Protokolle des UDBA möglich, Fragen zu stellen. Daher lehnte das Gericht die Anträge der Verteidigung zur Zeugenanhörung mit der Begründung ab, die Tatsachen seien ohnehin bereits geklärt.

Im Urteil ist festgehalten, dass der Angeklagte in Lazarfeld wohnte, bevor er zur Prinz-Eugen-Division kam. In Lazarfeld wohnten vornehmlich Ungarn und Deutsche, nach dem Weltkrieg wurden dort aber auch bosnische Serben angesiedelt. So ist zu verstehen, dass im Herbst 2011 Ratko Mladić in diesem Dorf festgenommen wurde. Im Gegensatz zu Mladić hielt sich aber István Bakai nicht versteckt, sondern arbeitete als Knecht bei einem Landwirt. Im Urteil steht, dass er zu Beginn des Krieges bei der *„ehemaligen jugoslawischen Armee"* diente und dann gefangen genommen wurde. (Es ist im Urteil nicht erwähnt, wer ihn gefangen nahm. Da er in der jugoslawischen Armee diente, war es wohl die deutsche Armee, aber diese Tatsache heranzuziehen hätte wohl die im Urteil zusammengefasste Charakterdarstellung verkomplizieren.) Nachdem man ihn freiließ, arbeitete er erneut als Knecht bei seinem früheren Arbeitgeber in Lazarfeld. Der Name des Arbeitgebers ist im Urteil nicht aufgeführt. Weiterhin stellt das Gericht fest, dass er sich am 25. Mai 1942 aus freien Stücken der deutschen Armee anschloss. In Bezug auf das Urteil ist es von grundlegender Bedeutung, ob dies tatsächlich aus freien Stücken geschehen war. Das Gericht nimmt eindeutig Stellung, aber in den Sätzen, die die Begründungen aufzählen, ist eine gewisse instinktive Unsicherheit zu spüren, wenn die Erläuterung mit der Feststellung eines „vielleicht" innehält. Dem Urteil nach trat er aus freiem Willen der deutschen Armee bei – *„vielleicht, weil seine Mutter Deutsche ist"*, und *„vielleicht unter Einfluss seines Umfeldes"*. (Der Mädchenname seiner Mutter war übrigens Hartig. Mit diesem Namen ist es natürlich möglich, dass sie Deutsche war. Im Banat kannte ich verschiedene andere Hartigs, sie hielten sich für Ungarn, darunter auch einer meiner Klassenkameraden. Ich weiß nicht, ob es außer dem Nachnamen noch weitere Anhaltspunkte gab für die Annahme, dass die Mutter von István Bakai Deutsche war.) Als den Vorwurf stützende Begründung führt das Gericht an, István Bakai sei ungarischer Nationalität; damit aber war es nicht möglich, dass ihn die deutsche Behörde einberief, er hätte verweigern können, und es wäre auch seine Pflicht gewesen, dies zu tun, da er jugoslawischer Staatsbürger war.

In diesem Punkt unterschied sich das Schicksal der Ungarn im Banat von dem der Ungarn in der Batschka entscheidend. In der Batschka wurden die zum Militärdienst geeigneten Ungarn rekrutiert, und die, die eingezogen wurden, kamen vor allem an die russische und die ukrainische Front. Im Banat herrschte die deutsche Besatzung, und die Ungarn wurden – zumindest theoretisch – nicht zum deutschen Militärdienst verschleppt. Das Gericht sieht also nicht ohne Grund einen Beweis in dem Umstand, dass István Bakai Ungar ist. Unabsichtlich zeichnet es aber ein etwas idyllisches Bild der deutschen Rekrutierungspraxis, indem es voraussetzt, dass denen, die nicht Deutsche waren, stets eine freie Entscheidung zugestanden wurde.

Es war auch umstritten, ob Bakai tatsächlich an bewaffneten Aktionen gegen die Partisanen teilgenommen hatte. Dies hatte der Angeklagte bereits vor dem Untersuchungsrichter verneint, und im Prozess erklärte er, nunmehr mit Hilfe meines Vaters, dass er nicht an solchen Aktionen beteiligt gewesen sei. Das Gericht stellte sich jedoch auf den Standpunkt, dass das vor der OZNA abgelegte Geständnis „völliges Vertrauen verdient" und der Angeklagte nicht das Gegenteil bewiesen hatte. Mit den Augen des heutigen Juristen betrachtet, wäre es lohnend, die Frage zu stellen, ob nach dem vor der OZNA abgelegten Geständnis die Beweislast vollständig auf den Angeklagten übergeht. Natürlich ist es auch fraglich, wie etwas zu beweisen ist, wenn das Gericht jeglichen Beweisantrag ablehnt beziehungsweise jeden Vorschlag der Verteidigung zur Zeugenanhörung zurückweist, weil die Tatsachen genügend geklärt seien und damit „die Anhörung der vorgeschlagenen Zeugen überflüssig" sei.

Das Gericht befand, dass István Bakai eine Straftat gegen das Volk und den Staat begangen habe. Sie verurteilten ihn zu drei Jahren Zwangsarbeit und entzogen ihm danach für zwei Jahre „alle politischen Rechte" sowie seine zivilen Rechte (außer seinem Recht zur Unterstützung durch die Sozialversicherung). Das Urteil besagt des Weiteren, dass István Bakai verpflichtet wäre, die Prozesskosten zu bezahlen, zeigt aber in diesem Punkt Nachsicht, indem es feststellt, dass diese „nicht bezahlbar" seien, da „der Angeklagte über keinerlei Vermögen" verfüge, weshalb das Gericht den Angeklagten von der Pflicht zur Kostenerstattung befreite.

Der Einspruch entwirft ein anderes Narrativ. Es war Tatsache und nicht zu leugnen, dass István Bakai beim deutschen Militär diente. Die Eingabe der Verteidigung versucht daher irgendwie aufzuzeigen, wer István Bakai eigentlich war, und berichtet, wie er zur deutschen Armee kam und was er dort getan beziehungsweise nicht getan hatte. Ausgangspunkt dieses Handlungsstrangs ist eine entsprechende Darstellung István Bakais als eines armen und ausgebeuteten Knechts. Diese Tatsache war damals wie heute geeignet, Mitleid und Verständnis zu wecken – zu jener Zeit war sie auch ein Zeichen für die Zugehörigkeit zur richtigen Seite. In den einleitenden Sätzen des Einspruchs steht, dass der Angeklagte zur „ärmsten Schicht des Volkes gehört", dass er „von Tagesanbruch bis in die dunkle Nacht auf den Gütern von vermögenderen Bauern arbeitete", keinerlei politischer oder gesellschaftlicher Organisation angehörte, dass „allein diejenigen sein Umfeld gestalteten, die aus seiner Arbeit Nutzen zogen".

Mein Vater argumentierte auch damit, dass die Behörden bei der Feststellung der Sachlage die Tatsache ausgenutzt hatten, dass Pista sich nicht richtig ausdrücken konnte. Er sagte wirklich, dass er „unter Einfluss des Umfeldes" der deutschen Armee beigetreten sei, aber gleichzeitig sagte er auch aus – und dies kam nicht mehr ins Vernehmungsprotokoll des OZNA –, dass die faschistische Polizei ihn zur deutschen Armee nach Werschetz gebracht habe und dass er die faschistische Polizei im Sinn gehabt habe, als er mit den Worten „uticaj okoline" („Einfluss des Umfeldes") dies auf Serbisch dummerweise zu formulieren versucht habe. Das „Umfeld" war also die faschistische Polizei, die ihn verschleppt hatte, und nicht ähnlich denkende Freunde. Pista wollte nichts weniger als mit der deutschen Armee in den Krieg ziehen, aber er protestierte vergeblich, berief sich vergeblich darauf, dass er Ungar war. Im Einspruch wird bestritten, dass er tatsächlich gegen die Partisanen gekämpft habe, und gleichzeitig wird angefügt, dass er zum Wachdienst eingeteilt worden sei, weil er nicht gut Deutsch konnte. (In der Prinz-Eugen-Division dienten vor allem Deutsche aus dem Banat, diese Kameraden konnten sich mit ihm unterhalten, wenn sie wollten, die meisten sprachen neben Deutsch auch Ungarisch und Serbisch.)

Das Urteil stellte des Weiteren mit einem Satz fest, dass Pista in Leskovac gegen bulgarische Partisanen gekämpft hatte. Dem Einspruch entsprechend hatte er sich noch vor den Kämpfen mit einer Gruppe von Soldaten in der Stadt (in Leskovac) aufgehalten, als ein bulgarischer Angriff begann und er von einer Kanonenkugel verletzt wurde. Danach begann eigentlich erst die Schlacht, der Angeklagte wurde aber nicht in die Schlacht, sondern ins Krankenhaus gebracht und dann vom örtlichen Krankenhaus nach Deutschland transportiert. Somit halte auch der Anklagepunkt nicht stand, dass Pista tatsächlich am Kampf gegen die Partisanen teilgenommen habe.

Tatsächlich wurde Pista in einem Militärkrankenhaus in Deutschland vom französischen Militär gefangen genommen, in Oberstdorf, am 2. Mai 1945. Von hier aus wurde er dann nach Jugoslawien zurücktransportiert. Der Einspruch sucht zu erklären, was Pista zu der Zeit gefühlt haben mag – und diese Erklärung zeigt vor allem, was in diesem Zusammenhang damals gesagt werden musste. Der Einspruch stellt fest, das Urteil behaupte fälschlicherweise, dass Pista vom französischen Militär gefangen genommen worden sei, tatsächlich habe er dies subjektiv als Befreiung erlebt. Dies geht wahrscheinlich doch etwas über die Wahrheit hinaus. Der Angeklagte konnte kein Deutsch, auch kein Französisch. Vier Klassen Grundschule hatte er absolviert, sprach Ungarisch und gebrochen Serbisch. Es ist wahrscheinlich kaum anzunehmen, dass er eine Lösung oder seine Befreiung darin sah, statt in Lukasdorf oder Lazarfeld sich weiterhin in Deutschland aufzuhalten, diesmal befehligt von Franzosen und nicht von Deutschen. Auch dürfte er nicht viel Sinn darin ausgemacht haben, in der Umgebung von Niš, Leskovac, Čačak, Mostar oder Livno Wache zu halten, in Gegenden, von denen er zuvor wahrscheinlich nicht einmal gehört hatte. Auch ist nicht sicher, dass er unterscheiden konnte zwischen dem jeweiligen gefangen nehmenden beziehungsweise befreienden „Umfeld". Erst wurde er zum jugoslawischen Militär eingezogen, dann von den Deutschen gefangen genommen, dann durfte er für kurze Zeit nach Hause nach Lazarfeld, dann verschleppte ihn ein „Umfeld" zum deutschen Militär, und am Ende kommt das „Umfeld", das ihn befreit und durch das er dann ins Gefängnis gerät.

Ich glaube, wir dürfen ohne Weiteres feststellen, dass sich die Dinge nicht als Folge der Entscheidungen von Pista Bakai entwickelten. Dies war nicht der Krieg des Pista Bakai.

Gibt es ein Fenster, aus dem sich schießen lässt? Der Fall Ferenc Nyihta

Akte Nummer 12271

Einleitende Bemerkung

Das Thema der dritten ungarischen Geschichte ist wieder ein Strafprozess, in dem es um die Bemühung geht, abschließend zu entscheiden, wer auf dieser und wer auf der anderen Seite steht. Im August 1945 verkündete Moša Pijade, die neuen jugoslawischen Gesetze *„drücken den Wunsch aus"*, dass, *„nachdem der Krieg beendet ist, wir auch im Rechtswesen aus einer Kriegssituation übergehen in eine Friedenssituation und normale Umstände"*. Ich bin mir nicht sicher, ob dies eine ehrlich gemeinte Bekanntgabe war, aber auch wenn sie dies gewesen wäre, wurde der „Wunsch", von dem Pijade sprach, nicht zur Wirklichkeit. Besonders in den Strafprozessen nicht, die einen Bezug zu den Spaltungen des Weltkriegs bewahrten. Es ist kaum möglich, einen Krieg außerhalb des Koordinatensystems, das zwischen „uns Helden" und „jenen Bösen" unterscheidet, zu führen. Es ist einfacher, auf die Bösartigen zu schießen, wenn alle Unterschiede außer Sichtweite sind. Wenn wir überdenken, dass auf der jeweils anderen Seite unter Umständen nicht nur schauderhafte Faschisten (oder schauderhafte Kommunisten) stehen, sondern auch eingezogene junge Väter, Zahnärzte und Apfelbauern, es aber auf unserer Seite auch kleine Ladendiebe gibt oder Leute, die ihre Ehefrauen schlagen – dann ist es viel schwerer, Krieg zu führen. Die Situation wird noch komplizierter, wenn wir – sagen wir, im Banat – auch solche Menschen wahrnehmen, die Gutes und auch Schlechtes verübt haben an Serben wie auch an Deutschen oder an Juden. In der Stimmung des Weltkriegs entstand ein Koordinatensystem, das nicht in Zweifel gezogen werden durfte, und es etablierte sich mit aller Macht. Durchbrücher/Fenster gab es da keine, auch war es nicht möglich, hindurch zu blicken.

Der Teilungsformel nach stellte „unsere Seite" die Seite der nationalen Ehre dar, und das Rechtssystem war berufen, die nationale Ehre zu festigen. Auch der Name des Gerichts war an dieser Formel ausgerichtet. Im Juli 1945 war es der „Banater Gerichtsrat zur Urteilsfindung in Fällen von Straftaten und Ausfällen gegen die nationale Ehre der Völker der Vojvodina" (Veće suda za suđenje zločina i prestupa protiv nacionalne časti naroda Vojvodine za Banat), der über Ferenc Nyihta urteilte. Es ist dabei besonders interessant, die jeweils relevante Ehre in Augenschein zu nehmen (die „nationale Ehre der Völker der Vojvodina"). In Kroatien war die Formulierung etwas stärker eingegrenzt: Im April 1945 gründete man das „Gericht zum Schutze der nationalen Ehre der Kroaten und Serben Kroatiens". In der Vojvodina war der Rahmen dagegen flexibler. In der Sache Ferenc Nyihta behauptete der Staatsanwalt am 5. Juli 1945, der Angeklagte habe die ungarische nationale Ehre verletzt, und beantragte deshalb eine strenge Bestrafung. (Daraus ließe sich folgern, dass nach dem Krieg im Banat die ungarische nationale Ehre theoretisch ebenfalls ein schützenswertes Gut darstellte.)

Ein Hintergrundbild: Die Weisheit des János Gulyás

Wenn wir immerfort zwischen Helden und Verrätern wählen müssen und Maßstäbe anwenden, die nicht ohne Pathos sind, werden die Möglichkeiten der Einordnung grundlegend verengt. Wenn jemand während der Besatzung durch die Deutschen seinen kommunistischen oder jüdischen Nachbarn bei der Polizei anzeigte, weil er auf den Beifall der damaligen neuen Machthaber hoffte, war er wahrhaftig den Verrätern zuzurechnen. Wenn jemand seinen jüdischen oder kommunistischen Nachbarn anzeigte, aber nicht, um den Besatzern zu gefallen, sondern weil man ihn verhörte, er erschrak und Angst davor hatte, was geschehen würde, wenn sich herausstellte, was er verschwiegen hatte – oder vielleicht könnten wir anders sagen, weil er feige war –, kann es sein, dass er ebenfalls den Verrätern zuzuordnen ist. Humaner wäre es jedoch, in einem Begriffssystem zu denken, in dem es möglich ist, zwischen den beiden Fällen einen gewissen Unterschied zu machen. Mehrheitlich betrachteten die Menschen während des Krieges den Faschismus als entstellt und unmenschlich – und sie hatten allen Grund dazu. Dieses Bild wehte nach dem Krieg auf den Fahnen der Sieger, und die Fahnen diktierten eher Schwung denn Nuance. Die furchtbaren Sünden des Faschismus verdienten selbstverständlich aufgedeckt, ausgesprochen und verurteilt zu werden. Dabei machte es uns die permanente Gegenüberstellung von Faschismus/Antifaschismus allerdings schwer, aufseiten der entstehenden antifaschistischen Macht ebenfalls Unvollkommenheiten zu bemerken (beispielsweise was den Umgang mit den „Kulaken" betraf – und nicht nur mit diesen).

Wenn einer Kritik übte an der antifaschistischen Macht, war es für ihn im Rahmen der rhetorischen Zwangsjacke schwierig zu vermeiden, als faschistisch eingeordnet zu werden. Zudem formulierten viele ihre Vergangenheit neu, während sie den neuen Fahnen folgten, darunter auch solche, die es eigentlich gar nicht nötig gehabt hätten. Aus meiner Zeit als Grundschüler erinnere ich mich an einen Eisverkäufer – auch während der deutschen Besatzung war er, damals etwa 16 bis 20 Jahre alt, Eisverkäufer gewesen –, der meinte, immer und immer wieder erzählen zu müssen, er habe gegenüber jedem faschistischen Soldaten, dem er Eis ausgab, Wut und Verachtung empfunden. Dies war wahrscheinlich nicht wahr. War es notwendig, solche Ausreden zu bringen? Sicher, wir können einen Eisverkäufer, der jeden – auch den faschistischen Soldaten – anlächelte, während er Eis aus seinem Wagen ausgab, nicht als heldenhaft bezeichnen. Aber war er nun ein Feind oder Verräter? Oder ist einer, der zum Beispiel während der Besatzung einen faschistischen Nachbarn zum Abendessen eingeladen hatte, unbedingt ein Feind? Oder lassen wir für einen Moment die Nachkriegsjahre sein und versuchen wir, eine solche Einladung im heutigen Kontext zu betrachten. Was passiert, wenn ein Geschäftsführer eine Einladung vom Vorstand eines Großunternehmens annimmt, von dem er weiß, dass dieser gnadenlos Leute entlässt und in Indonesien Minderjährige unter unmenschlichen Bedingungen für einen Hungerlohn arbeiten lässt? Ist das etwas ganz anderes? Um auf die Kriegszeiten zurückzukommen: Einer meiner Klassenkameraden erzählte, dass seine Tante einen Betschkereker Deutschen geheiratet hatte, der sich später aus eigenem Entschluss und aus Überzeugung der Besatzungsarmee anschloss. Mein Freund erzählte weiter, dass der deutsche Offizier einmal anlässlich eines Familienessens fragte, wo er sich hinsetzen solle. Die Antwort des Großvaters war: „Setzt dich hin, wo du möchtest. Wo immer du dich hinsetzt, ist ohnehin der letzte Platz." Damit findet sich der Großvater auf der Heldenseite. Tatsache ist jedoch, dass die Tante während des Krieges nicht die Scheidung beantragte. Tatsache ist auch, dass das Abendessen im Familienkreis trotzdem stattfand, unter der Teilnahme des faschistischen Schwagers. Handelt es sich also hier in Wirklichkeit doch um Verräter? Es gab manche, die es wohl tatsächlich so sahen – die Tante wurde im Herbst 1944 in ihrer Eigenschaft als Ehefrau eines deutschen Offiziers verhaftet. (Meinem Großvater gelang es binnen relativ kurzer Zeit zu erreichen, dass man sie wieder entließ.)

Wie überall, gab es auch im Banat welche, die mit Hilfe von Hitlers Fieberträumen gerne ihr damaliges Schicksal aufgebessert hätten und die sich neben den Fieberträumen auch an den Verbrechen beteiligten. Es gab aber auch solche, die wirklich heldenhaft Widerstand leisteten. Es gab wiederum andere, die in Wirklichkeit nichts anderes wollten als sich herauszuhalten und abzuwarten, dass all dies vorüberging. Es gab die, die versuchten, sich allem anzupassen, sich zwar nicht anschlossen, aber der einen wie der anderen Seite mit einem Lächeln begegneten. Diese Wirklichkeit in das kategorische Schema faschistisch/antifaschistisch einzuordnen, gestaltet sich als schwierig. Naturgemäß entwickelte die Alternative „entweder Held oder Faschist" während des Krieges ein gewaltiges Kraftfeld. Inmitten dieses Kraftfeldes wurde nach dem Krieg im politischen Leben, in Strafprozessen oder in alltäglichen Streitigkeiten jegliche weitere Differenzierung oft einfach aufgesaugt und umgeformt. Egal wie eine eventuelle Bindung an die Besatzungsmacht geartet war, sie wurde sehr oft so gedeutet, dass der Angeklagte sich mit den Verbrechen des Faschismus identifiziert hatte. Mein Großvater notiert in seinem Tagebuch am 29. November 1944:

„Ein Radiosender, aber auch die in Belgrad erscheinende Politika hat gemeldet, dass ein in Belgrad aufgestelltes Gericht 105 Menschen zum Tode verurteilt und die Urteile bereits vollstreckt hat. Unter den Hingerichteten sind: sechs Minister, einige Staatssekretäre, Universitätsprofessoren, Stabsoffiziere, Journalisten, Studenten und der Schriftsteller Dr. Svetislav Stefanovits; wenn ich mich richtig entsinne, war er der Präsident des PEN-Klubs. Sein Hauptvergehen ist, dass er das Werk ‚Der Staat' von Mussolini übersetzt hat."

Ich habe nachgesehen: Mussolinis Buch ist 1937 in Belgrad in der Übersetzung von Svetislav Stefanović unter dem Titel *Korporativna država*, übersetzt: *Der korporative Staat*, erschienen. Dies könnte tatsächlich eine Bindung an faschistische Ideale beweisen. Tatsache ist auch, dass unter der Regierung von Nedić – die historisch als Quisling-Regierung bekannt ist – Stefanović der Leiter der „Srpska knjizevna zadruga" und anderer kultureller Institutionen war. Offensichtlich stand er also nicht auf der richtigen Seite. Aber wenn das Hauptvergehen tatsächlich die Übersetzung von Mussolinis Werk war, dann wäre es statt der Todesstrafe eine angemessenere Strafe gewesen, ihn beispielsweise seines Amtes als PEN-Klub-Präsident zu entheben (oder aus dem PEN-Klub auszuschließen). Aber diejenigen, die blind sind für jegliche Verhältnismäßigkeit, sind nicht fähig, innerhalb des Rahmens von Verhaltensformeln Unterscheidungen vorzunehmen.

In der ersten der drei Betschkereker Geschichten habe ich beschrieben, wie eine junge Frau aus Betschkerek, die, nachdem sie die Grauen des Krieges in Budapest überlebt hatte, zurückkam, ein politisch-moralisches Führungszeugnis benötigte, damit sie erneut in ihrer Geburtsstadt leben und den Stoff für ein Kleid kaufen durfte. Im Wesentlichen bedeuteten diese Zeugnisse ebenfalls eine Einordnung der Menschen entlang der Trennungslinie zwischen Faschist und Antifaschist. Und hier möchte ich beginnen, den Untertitel dieser Geschichte zu erläutern: „Die Weisheit des János Gulyás". 1945 war János Gulyás der Präsident des Lokalen Ausschusses zur Volksbefreiung in Torda (deutsch: Thorenburg) und unter anderem dazu berufen, Zeugnisse über die jeweilige moralisch-politische Eignung zu unterzeichnen. In einem der Aktenbündel des Büros sind die Angelegenheiten der Teréz Vertenbach abgelegt, darunter das für sie ausgestellte moralisch-politische Führungszeugnis.

Mein Vater erledigte zwei Angelegenheiten für Teréz Vertenbach, geborene Gábor. Eine davon ist die Scheidung. Der Ehemann Vertenbach war Deutscher. Er war aus dem Krieg nicht zurückgekommen, aber der „deutsche Ehemann" belastete Teréz mit einem Status, den man vermeiden musste. In den Aufzeichnungen meines Großvaters vom Dezember 1944 lese ich, dass man die hier lebenden Deutschen massenweise in Gefangenenlager verschleppte, darunter beispielsweise István Kaufmann, den Klavierlehrer meines Großvaters, der damals neunzig Jahre alt war. Auch ungarische Frauen mit deutschen Ehemännern wurden dorthin verschleppt. Es verbreitete sich dann die Nachricht, dass jene Ehefrauen ein leichteres Schicksal erwartete, die die Scheidung einreichten. Im Büro wurden tagelang, von morgens sieben Uhr bis zum späten Abend, Scheidungsanträge verfertigt, und in langen Reihen drängten sich die verängstigten Antragstellerinnen. Teréz Vertenbach kam einige Monate später, am 5. Mai 1945, ins Büro, um einen Scheidungsantrag gegen ihren deutschen Ehemann einzureichen. Ich sehe aber, dass das Gerichtsverfahren vorerst nicht beginnen konnte – das Hindernis war, dass die Gerichte, die sich unter anderem mit solchen Dingen befassten, noch nicht funktionierten. Damit Teréz Vertenbach anderen gegenüber beweisen konnte, dass sie getan hatte, was im Bereich ihrer Möglichkeiten lag, stellte mein Vater eine Bescheinigung aus, versehen mit seiner eigenhändigen Unterschrift. Dort schreibt er in serbischer Sprache: *„Für Teréz Vertenbach, geborene Gábor, Hausfrau, Vujićevo* [deutsch: Thorenburg]. *Hiermit bestätige ich, dass sie mich mit dem heutigen Tage bevollmächtigt hat, gegen ihren Mann die Scheidung zu beantragen. Ich erkläre, dass ich dies auch tun werde, sobald die Volksgerichte ihre Arbeit beginnen."*

Teréz Vertenbach hatte aber auch eine andere Angelegenheit, die beweist, dass nach dem Krieg nicht nur die Geschichte, sondern auch die jungen Frauen und jungen Männer von Vujićevo fähig waren, selbst Konflikte heraufzubeschwören. In den Papieren sehe ich, dass mein Vater die Tatsachen zuerst handschriftlich und auf Ungarisch aufzeichnete, darauf folgte eine maschinengeschriebene Information in serbischer Sprache. Teréz Vertenbach wollte wegen Verletzung ihrer persönlichen Ehre ein Verfahren gegen Ágota Makra in Gang setzen. Ihrem Vortrag zufolge war ein Einschreiten des Gerichts aufgrund der folgenden Fakten erforderlich:

„Information:
István Makra, lokaler Trommler – mit dem ich seit Kurzem in einer außerehelichen Gemeinschaft lebe – verkündete eine Bekanntmachung mit Trommeln. Vor dem anwesenden Volk, das dem Trommeln zuhörte, sagte Ágota Makra öffentlich, indem sie sich zu István Makra wandte: ‚Warum trommelst du die Terka Pinke nicht heraus?' – damit auf mich abzielend, weil man mich in der Nachbarschaft unter diesem Spitznamen kennt. – Danach fügte Ágnes Makra vor den Anwesenden laut hinzu: ‚Dort, an der Ecke, ist

der Puff eröffnet worden' – und unterdessen dachte sie an und deutete sie auch auf mein Haus.

Beweis: Zeugen – István Maksai, der Angestellte des Volksrats der Gemeinde, Vujićevo und Katalin Varga, Hausfrau, Vujićevo."

Zwischen den Schriftstücken gibt es keinen Gerichtsbeschluss, darum weiß ich nicht, auf welche Weise das Volksgericht in dieser Sache Recht walten ließ. Den Namen der Beteiligten nach ist es möglich, dass der Wortwechsel tiefere Wurzeln hatte. Der Name des Trommlers ist István Makra, diejenige, die die Ehrverletzung beging (oder angeblich beging), ist aber Ágota Makra, geborene Rác. Es ist leicht möglich, dass Ágota die frühere – oder auch die damalige – Gattin des Trommlers war. Ich möchte noch anmerken, dass Nikolaus Vertenbach, der Ehemann von Teréz, nach dem Krieg nicht zurückkehrte. Wahrscheinlich kam er als deutscher Soldat an der Front ums Leben.

In dieser komplexen Situation hatte der Lokale Volksbefreiungsausschuss die politische und moralische Eignung von Teréz Vertenbach einzustufen. Im Mittelpunkt der Untersuchungen stand die Einteilung in faschistisch und antifaschistisch, die Frage war nur, ob dies mit dem lokalem Wissen und menschlichen Gesichtspunkten irgendwie vereint werden konnte. Ich glaube, dass – unter Berücksichtigung des geschichtlichen Hintergrunds und des verfügbaren Spielraums – diese Verquickung mit Erfolg vorgenommen wurde. Die Bescheinigung wurde in serbischer Sprache verfasst, und man unterschrieb sie zu zweit: Auf der linken Seite der Sekretär des Lokalen Volksbefreiungsausschusses, rechts der Vorstand. Die Unterschrift des Sekretärs ist unleserlich. Die Unterschrift des Vorstands ist deutlich als Gulyás János (in dieser ungarischen Form und Phonetik) zu entziffern. Die Bescheinigung liest sich übersetzt wie folgt:

„Betreff: Führungszeugnis für Teréz Vertenbach, geborene Gábor
Auf Antrag von Teréz Gábor, 27 Jahre alte Bürgerin der Gemeinde, stellt der Lokale Volksbefreiungsausschuss nach vielfältiger Prüfung folgende

Bescheinigung

aus.

Die lokale Bürgerin Teréz Vertenbach, geborene Gábor, hat sich während des Faschismus der Volksbefreiungsbewegung gegenüber neutral verhalten, unterstützte aber mit gar nichts die Faschisten und besudelte ihre Hände durch keine einzige Handlung mit dem Blut des Volkes. Jetzt, nach der Befreiung, zeigt die Bezeichnete mit gar nichts Feindseligkeit in Richtung der Macht des Volkes.
Diese Bescheinigung wird, nach Einzahlung der entsprechenden Gebühr, zur Verwendung der Bezeichneten für persönliche Ansprüche herausgegeben.
TOD DEM FASCHISMUS – FREIHEIT DEM VOLKE!"

Die Anklageschrift gegen Ferenc Nyihta

Ferenc Nyihta wurde 1892 in Großkikinda geboren, war also zur Zeit der Anklage dreiundfünfzig Jahre alt. Die Anklageschrift verzeichnet, dass er ungarischer Nationalität, römisch-katholischer Religion und nicht vorbestraft ist, Landwirtschaft betreibt, verheiratet und Eigentümer einer Haushälfte sowie von fünfzig Morgen Land ist. In Kikinda war er stellvertretender Vorstand der Banater Ungarischen Kulturvereinigung und des Landwirtekreises. Am 14. April 1945 kam er in Untersuchungshaft. Die Verhandlung wurde für den 17. Juli 1945 anberaumt. Die Eckpunkte der Anklage lauteten:

Dem Staatsanwalt nach beherbergte Ferenc Nyihta in seinem Hause in Kikinda während der Besatzung faschistische Offiziere, darunter die berüchtigten Leutnants Fischer und Richter.

Vom Oktober 1942 an bis ganz zum Weggang der Besatzer, „während unsere Völker mit den Besatzern einen Kampf auf Leben und Tod ausfochten", veranstaltete er Mittagessen und Diners für faschistische Offiziere, besonders an seinem Namenstag und am Namenstag seiner Gattin.

Der letzte Anklagepunkt besagt, dass er von den faschistischen Besatzern ein Jagdgewehr zum Geschenk erhalten und dann im Sommer 1944 mit diesem Gewehr sogar zweimal aus dem Fenster seines Gutshauses – der Angeklagte nannte einen Gutshof in der Nähe von Kikinda sein eigen – in „Richtung der Patrioten" geschossen habe. Sein Ziel sei gewesen, „die Aktion der Patrioten zu hintertreiben", die zum Gut gekommen waren, um zu verhindern, dass zum Vorteil der Besatzer Getreide gedroschen wurde. Diesen Punkt erläutert die Klageschrift ausführlich. Der Staatsanwalt vermerkt, auch der Angeklagte gebe zu, dass ein Gewehrschuss abgegeben worden sei, doch nach seiner Darstellung habe sich der Schuss versehentlich aus seinem Gewehr gelöst, als er auf der Suche nach einem Streichholz gewesen sei, mit dem er eine Lampe habe anzünden wollen. Die Anklageschrift beruft sich auf die Zeugenaussage von Branko Sredojev, der unter den Patrioten war, die das Dreschen zu verhindern suchten, und nach dessen Ansicht der Schuss sich nicht aus Versehen gelöst hatte; stattdessen habe der Angeklagte absichtlich die Patrioten durch das Fenster des Gutshofes beschossen.

Neben den drei Anklagepunkten führt die Klageschrift noch weitere erschwerende Umstände an. Dem Staatsanwalt nach unterstützte der Angeklagte die Besatzer finanziell, da er die Beamten der Besatzer bezahlt habe, um Ware nach Belgrad bringen zu können. Außerdem sei der Angeklagte von seinem Gutshof in die Richtung von Kikinda geflüchtet, dabei habe er gerade nur die Kleidung mit sich geführt, die er am Körper trug, und später sei er auch aus Kikinda geflohen.

Die Schlussfolgerung des Staatsanwalts war, dass der Angeklagte ein Verbrechen gegen die ungarische nationale Ehre verübt hatte, indem er mit den Besatzern enge freundschaftliche Bande gepflegt und sie auch unter dem Einsatz von Waffen unterstützt hatte.

Die Verteidigung

Die Verteidigung leugnet nicht, dass faschistische Offiziere bei Ferenc Nyihta gewohnt hatten, erklärt aber, dass dies nicht etwa die Folge einer vermeintlichen Sympathie des Angeklagten mit den Faschisten gewesen sei, sondern dass die Zimmer für die deutschen Offiziere requiriert worden seien. Am 13. Juli 1945 schreibt mein Vater an Imre Palatinus, der neben anderen Positionen Mitglied im Aufsichtsrat der BMKSZ in Kikinda war. Unter anderem steht in dem Brief: *„Nach dem Vorgetragenen bitte ich Sie sehr, am Rathaus in Großkikinda freundlicherweise festzustellen, ob die Dokumente im Zusammenhang mit den während der Besatzungszeit vorgenommenen militärischen Requirierungen vorhanden sind und wenn ja, seien Sie so freundlich eine Bescheinigung ausstellen zu lassen [...] darüber, dass man bei Ferenc Nyihta während der Besatzung drei Zimmer requirierte und die requirierten Zimmer zur Einquartierung von deutschen Offizieren nutzte."* Auch bittet mein Vater Imre Palatinus zu bezeugen, dass die Deutschen am 19. März 1944 den Vorstand der BMKSZ verhafteten, darunter auch Ferenc Nyihta, *„in dem Bestreben nachzuweisen, dass er mit den besetzenden Deutschen kein vertrauliches freundschaftliches Verhältnis aufrechterhalten hatte."* Das letztere Ereignis beweist auch eine beglaubigte Erklärung, mit der dreizehn Unterzeichnete deklarieren, dass die deutschen Besatzer Ferenc Nyihta am 19. März 1944 verhafteten.

Es gibt eine weitere beglaubigte Erklärung in der Akte. Sie hat sechs Unterzeichner, die bezeugen, dass Ferenc Nyihta sich oft über die deutschen Offiziere, die in den beschlagnahmten Teilen der Wohnung einquartiert waren, und über deren Besucher, weil sie andauernd feierten, beklagt habe; er habe keine Ruhe in seiner eigenen Wohnung gehabt und sei gezwungen gewesen, sich gleichsam fortwährend auf seinem Gutshof aufzuhalten. Diese Erklärung – ebenso, wie die zuvor zitierte – schließt selbstredend mit dem Motto „Tod dem Faschismus, Freiheit dem Volke!"

Die Verteidigung beantragte ferner die Anhörung von András Hegedűs, der als Knecht auf dem Gutshof arbeitete. Er war dazu berufen worden zu beweisen, dass es, im Gegensatz zu der Aussage des Partisanen Branko Sredojev, nicht möglich war, dass Nyihta aus dem Fenster heraus auf die Partisanen geschossen hatte: An der Seite des Hofgebäudes, von der die Partisanen angriffen, gebe es nämlich keine Fenster.

Mein Vater schlug zusätzlich die Anhörung von Sava Savić vor und merkte an, dass dessen Anhörung zwar nicht in direktem Zusammenhang mit den Behauptungen der Anklage stand, aber beweise, dass der Angeklagte „sich in Bezug auf seine serbischen Mitbürger korrekt verhielt", also nicht mit „Herz und Seele auf der Seite der Besatzer" stehen konnte. Sava Savić war berufen zu berichten, dass Nyihta das Leben seiner Schwiegertochter gerettet habe, als er einen Wagen besorgte, und die Frau nach Belgrad habe transportieren lassen, damit sie dort in den Genuss ärztlicher Hilfe kam.

Die Entscheidung(en)

Auch diesmal zögerte man nicht mit dem Urteil. Am 17. Juli 1945 fand die Verhandlung statt, zehn Tage später, am 27. Juli schreibt mein Vater einen Brief an den pensionierten Gerichtsbeamten Géza Halbédl – dieser dürfte der Familie des Angestellten nahegestanden haben, vielleicht waren sie auch verwandt – und teilt ihm das Ergebnis mit. Im Verlauf des Prozesses hielt mein Vater fortwährend Kontakt mit Géza Halbédl. Dieser bezahlte die Anwaltskosten und erhielt auch von meinem Vater die Beschlüsse. Da es sich jedoch um keinen offiziellen Briefwechsel handelte, adressierte mein Vater, den damaligen recht klar formulierten Vorschriften zum Trotz, seine Briefe mit *„An den sehr geehrten Herrn Géza Halbédl"*, sprach ihn also nicht als „Genosse" an, und dieser antwortet seinerseits mit *„An den gnädigen Herrn Rechtsanwalt Dr. József Várady"*. In seinem Brief vom 27. Juli teilt mein Vater mit, dass man Ferenc Nyihta zu achtzehn Monaten Zwangsarbeit verurteilt habe, auch gegen Frau Ferenc Nyihta habe man ohne Umschweife Anklage erhoben und sie bereits zu einem Jahr Zwangsarbeit verurteilt. Zusätzlich seien beide, sowohl Ferenc Nyihta als auch seine Frau, zu vier Jahren Verlust der nationalen Ehre sowie zu Vermögensenteignung verurteilt worden (ausgenommen waren zehn Morgen Land und ein Haus). Auch sei bestimmt worden, dass die Zeit, die Ferenc Nyihta im Zuchthaus verbracht habe (seit April), dem Strafmaß angerechnet werde. Mein Vater leitet die Bitte von Ferenc Nyihta weiter, dass Herr Halbédl ihm Folgendes schicken solle: „1 50–60 cm Koffer, 1 Satz Unterwäsche, 1 kleines Kissen, 1 Decke und 1 gebrauchtes Paar 41er Schuhe". Frau Nyihta hielt sich zu der Zeit nicht im Lande auf und kam daher nicht ins Gefängnis.

Im Weiteren beschreibt der Brief einige Details der Verhandlung. Verschiedene Zeugen, mit denen man gerechnet hatte, erschienen nicht. Das Gericht ordnete jedoch keinen weiteren Verhandlungstermin an und das Urteil wurde gefällt.

Einer der vorgeschlagenen Zeugen war Imre Palatinus, und in seinem Zusammenhang ist ein kleiner Exkurs angebracht. Kurz nachdem mein Vater ihn als Zeugen vorgeschlagen hatte, wurde auch gegen ihn ein Verfahren eingeleitet. Er wurde beschuldigt „eine Straftat gegen das Volk und den Staat" begangen zu haben. Auch ihm wurde die Kooperation mit den Faschisten vorgeworfen. Mein Vater verteidigte ihn. Einer der Eckpunkte der Anklage war, dass Palatinus im Landwirtekreis von Kikinda einmal einen gegen den Bolschewismus verfassten Text vorgelesen habe. Ich betrachte mir die Notizen meines Vaters, in denen er die möglichen Gegenargumente zu diesem Anklagepunkt auflistet:

- Das Vorlesen eines Textes ist nicht gleichzusetzen mit einer „gegen Staat und Volk begangenen" schweren Straftat;
- weder der Staatsanwalt noch ein anderer führten aus, was genau in dem Text stand;
- niemand sprach später über diesen Text, einzig das Protokoll des Landwirtekreises enthält einen Hinweis darauf;

- dies war nicht ein Text von Imre Palatinus;
- den Text hätte István Tangl vorlesen sollen, aber weil er heiser war, bat er Imre Palatinus, ihn vorzulesen.

Das Urteil wurde am 30. November 1946 gefällt, unabhängig von der Rolle Tangls. Das Gericht sah es als wesentlich an, dass Imre Palatinus *„den Vortrag gegen den Bolschewismus vorlas"* und damit *„seine Treue zu den Idealen des Besatzers bewies"*. Unter anderem nahm das Gericht auch auf das politisch-moralische Führungszeugnis Bezug, das aufgrund der Anfrage der Staatsanwaltschaft von der Polizeibehörde in Kikinda ausgestellt worden war. Darin steht: *„Das moralische Verhalten von Imre, Sohn des Antal Palatinus, des pensionierten Beamten von Kikinda, ist schwach, charakterlos, was sich folgern lässt aus der Tatsache, dass der Bezeichnete sich oft mit unmoralischen Menschen trifft und anfreundet. 1945 wurde er mit 2 490 Dinar besteuert, 1946 hat er noch keinen Steuerbescheid erhalten [...]. Tod dem Faschismus – Freiheit dem Volke!"*

Es ist anzunehmen, dass die unmoralischen Leute, die Imre Palatinus traf und mit denen er sich anfreundete, auf der falschen Seite der politischen Moralvorstellungen standen. Imre Palatinus wurde zu sechs Monaten Zwangsarbeit verurteilt.

Um auf den Fall Nyihta zurückzukommen: Branko Sredojev machte eine *„schwer belastende"* Aussage, wie mein Vater schreibt. Er stützte die Behauptung des Staatsanwalts, wonach Ferenc Nyihta schoss, *„um die Aktion der Patrioten zu unterbinden"*. Ein Zeuge hätte, wenn er im kritischen Augenblick innerhalb des Gutshofs gewesen wäre, offensichtlich besser sehen können, ob der Schuss aus Nyihtas Gewehr sich tatsächlich versehentlich löste. Auch dürften die, die sich drinnen aufhielten, besser gewusst haben, ob es am Gutshof ein Fenster in die Richtung gab, aus der die Partisanen kamen. Der Angriff geschah in der Nacht, es war also von außen kaum zu erkennen. Branko Sredojev sagte wahrscheinlich aus, was er in Gedanken voraussetzte, als er den Gewehrknall hörte. Er aber stand auf der Seite der Helden. Ich darf hinzufügen, dass in Jugoslawien die kommunistische Bewegung viel größere Legitimation besaß als zum Beispiel in Ungarn. Tito und die Partisanen kämpften tatsächlich unter Waffen gegen die deutschen Besatzer und entwickelten sich während des Krieges zu ernst zu nehmenden Gegnern. Rákosi kämpfte nicht gegen den Faschismus in Ungarn; zur Zeit des Faschismus war er gar nicht in Ungarn. Sredojevs Aussage dürfte der Hauptgrund dafür sein, dass mein Vater an Géza Halbédl schreibt, er habe ein schlimmeres Urteil befürchtet.

Danach folgen die Berufungen und Gnadengesuche. Versuche, dass der Verurteilte irgendwie aus der Zwangsjacke der Dichotomie Faschist oder Antifaschist herauskommt. Daneben Tatsachen und Episoden aus dem Leben von Ferenc Nyihta, die es erlaubten, anhand des relevanten Maßstabs – das war der von 1945 – ihn auf der richtigen Seite einzuordnen. Auch die neuen Begnadigungsgesetze bieten einen Anhaltspunkt. Die Einsprüche und Gnadengesuche werden schnell behandelt. Am 24. August 1945 schreibt mein Vater erneut einen Brief an Géza Halbédl mit folgendem Inhalt: *„Ich teile*

Ihnen mit, dass die Strafe von Ferenc Nyihta im Sinne der Amnestieverordnung auf die Hälfte heruntergesetzt wurde. Demnach beträgt die Strafe neun Monate Zwangsarbeit. Die im Zuchthaus verbrachte Zeit wird angerechnet."

Ferenc Nyihta befindet sich währenddessen im Gefängnis in Stremska Mitrovica. Der Begnadigungsbeschluss kommt dort nicht rechtzeitig an, neue Schritte sind vonnöten. Im Oktober 1945 schreibt mein Vater erneut ein Gnadengesuch. Auch darüber wird innerhalb weniger Tage entschieden. Am 29. Oktober 1945 kann mein Vater Géza Halbédl mitteilen, dass „das Gericht die sofortige Freilassung von Ferenc Nyihta angeordnet" habe. Somit verbrachte er im Endeffekt sieben Monate im Gefängnis.

Wo stand Ferenc Nyihta?

Vom Standpunkt der Verteidigung her war zu jener Zeit der Nyihta-Prozess unbedingt unter die erfolgreichen politischen Strafprozesse zu rechnen – was nicht heißt, dass das Endergebnis auch aus heutiger Sicht vorteilhaft oder gar gerecht ist. Viele Fragen wurden nicht beantwortet, unter anderem die, wo Ferenc Nyihta eigentlich stand und wer er eigentlich war.

Der Anklage nach freundete er sich mit den Faschisten an, empfing sie gerne, und *„während unsere Völker mit den Besatzern einen Kampf auf Leben und Tod führten"*, bewirtete er anlässlich der Feier von Namenstagen faschistische Offiziere als seine Gäste. Der Verteidigung nach entsprach nicht dies der Sachlage, sondern das Gegenteil: Nyihta freute sich überhaupt nicht über die deutschen Offiziere, die in den von der Behörde beschlagnahmten Zimmern seines Hauses in Kikinda hausten. Bei seinen Nachbarn beklagte er sich wiederholt über sie und erzählte, dass die deutschen Offiziere und ihre Gäste Gelage feierten und er sich meist gezwungen sah, die Nacht auf seinem Gutshof zu verbringen – und dass er es kaum erwarten könne, wenn die deutschen Bewohner endlich weggingen.

Wenn ich versuche, über Begründungen und Zeugenaussagen hinweg einen konkreten Menschen zu erkennen, kommt die Frage auf, ob sich die beiden juristischen Ausführungen gegenseitig ausschließen. Aller Wahrscheinlichkeit nach dürfte Ferenc Nyihta sich in seinem eigenen Haus ohne deutsche Offiziere wohler gefühlt haben. Es ist auch nicht unwahrscheinlich, dass die deutschen Offiziere Besucher empfingen, dass sie lärmten, vielleicht sogar auf dem Niveau lautstarker Gelage feierten. Es gehörte wahrscheinlich zur Familientradition, Namenstage zu feiern. Auch war wohl eine Kerngemeinschaft vorhanden, aber es dürfte schwierig gewesen sein, die nicht einzuladen, die in der Nähe wohnten, wenn eine solche Feier stattfand. Es wäre natürlich kein dramatischer Verzicht gewesen, wenn sie Namenstage nicht gefeiert hätten, solange die Besatzung andauerte (besonders wenn sie 1942 gewusst hätten, wie lange die deutsche Herrschaft noch dauerte). Ferenc Nyihta war Landwirt. Es ist keineswegs unwahrscheinlich, dass die Familie Nyihta bemüht war, sich den einquartierten Offizieren gegenüber freundlich zu verhalten. Sie suchten bei denen, die die brutale und gefährliche Besatzungsmacht vertraten, Sympathie zu erzeugen, luden sie an Namenstagen ein – und gleichzeitig beklagten sie sich in der Tat bei Nachbarn und Bekannten, und in der Tat waren sie mehrmals gezwungen, auf dem Gutshof zu übernachten, solange die deutschen Offiziere in ihrem Hause lärmten, und es war ihr ehrlicher Wunsch, dass ihre Mitbewohner endlich abzogen.

Ich denke nach über den Anklagepunkt der Bestechung beziehungsweise des Schmuggels, den der Staatsanwalt in einem vom heutigen Standpunkt aus völlig unerwarteten Rahmen vorbringt. Dabei geht es nicht einfach um Bestechung und Schmuggel, sondern um „materielle Unterstützung der Besatzer". Dies lässt sich vielleicht wie folgt verstehen: Wenn Nyihta schmuggelte, dann offenbar nicht, um die Ware nach Belgrad an die Besatzer zu liefern. Ihnen konnte und musste man einfach nur übergeben, nicht schmuggeln. Wenn es daneben zu bestechen galt, dann war natürlich das Ziel, die damals vorherrschenden Regelungen zu umgehen (also die Regelungen der faschistischen Besatzer). Wenn Nyihta aber Waren (vermutlich Getreide) nach Belgrad bringen ließ, indem er die deutschen Regelungen umging, folgt daraus ebenfalls, dass er die Waren nicht Käufern zukommen ließ, die den Prioritäten der Besatzer entsprachen – er stand also, was die Gegenüberstellung von faschistisch und antifaschistisch betraf, nicht auf der Seite, wo ihn der Staatsanwalt sah beziehungsweise hinstellen wollte. Die deutschen Offiziere mussten offensichtlich bestochen werden, damit Nyihta Ware dorthin transportieren konnte, wo der Besatzer es nicht genehmigt hatte (und an den, der es dem Besatzer zufolge nicht hätte bekommen sollen). Somit war die Warenlieferung (beziehungsweise der Schmuggel) nicht faschistisch, sondern eher antifaschistisch gefärbt. Auch der Umstand, dass Nyihta trotz deutscher Verbote ausgerechnet nach Belgrad Ware lieferte, lässt das Pendel auf die Seite des Patriotismus ausschlagen. (Freilich könnte es auch davon beeinflusst gewesen sein, dass das Banater Getreide auf den Märkten von Belgrad einen guten Preis erzielte.) Der Staatsanwalt konnte also das Ganze nicht wirklich als Bestechung und Schmuggel qualifizieren, weil sich so in der bildlichen Mauer der staatsanwaltlichen Vorstellungen ein Fenster in Richtung Antifaschismus geöffnet hätte. Darum wurde die staatsanwaltliche Konstruktion erschaffen, nach der der Angeklagte die deutsche Armee unterstützt hatte.

Aber dies war auch nicht wirklich überzeugend. Der Anklageschrift zufolge bezahlte Ferenc Nyihta monatlich 500 oder 1 000 Dinar an die Besatzungsmächte, damit er schmuggeln konnte. Eine Umrechnung in heute Verhältnisse ist schwierig, doch als Orientierung mag dienen, dass den Dokumenten entsprechend Géza Halbédl meinem Vater zweimal 1 000 Dinar und einmal 500 Dinar für Anwaltskosten bezahlte. Mein Vater berechnete keine hohen Kosten, besonders nicht in Strafangelegenheiten. In einem meiner früheren Texte schrieb ich über einen Geldschein im Wert von 20 Dinar, mit dem konnte man in den Jahren nach dem Krieg so viel Bindfaden kaufen, dass er zum Schnüren von zwei Paketen genügte. Von 500 Dinar hätte man also eine Menge an Schnur kaufen können, die zum Binden von fünfzig Paketen gereicht hätte, von 1 000 Dinar zweimal so viel. Vom Standpunkt der Besatzungsmächte aus gesehen erscheint dies nicht als bedeutende Summe – auch dann nicht, wenn Nyihta über mehrere Monate jeweils 500 beziehungsweise 1 000 Dinar bezahlte. Und wenn wir aus Formeln heraus in die Richtung von Konkretem weiter bewegen, kommt die Frage auf, an wen Ferenc Nyihtas Geld im Endeffekt ging. Genau weiß ich das nicht, aber zumindest einen Gedanken ist die Annahme wert, dass die, die das Bestechungsgeld annahmen, es wohl nicht in den Entwicklungsfonds der deutschen Armee einbezahlten. Wahrscheinlicher ist, dass sie es für Alkohol und (wenn etwas mehr zusammenkam) unter Umständen im Freudenhaus ausgaben. Somit kam die „materielle Unterstützung" im Endeffekt nicht der faschistischen Macht zugute, sondern wanderte in die Taschen der Kneipiers und in die Handtaschen der Damen aus Kikinda.

Die Anklageschrift sucht zu beweisen, dass Ferenc Nyihta aufseiten der Faschisten stand. Der Verteidigung zufolge war er nicht auf deren Seite. Der Untertitel dieses Textteils stellt deshalb die Frage, wo Ferenc Nyihta nun tatsächlich stand. Vielleicht müsste man auch darüber nachdenken, ob diese Frage stimmig ist, da wir uns mit Blick auf die Zeit während und unmittelbar nach dem Zweiten Weltkrieg in einer Ära der Zwangseinordnungen befinden. Ferenc Nyihta war Landwirt. Weder die Jahre des Faschismus noch die Jahre danach können als Zeit der Landwirte bezeichnet werden. Zum Überleben war es notwendig, sich zu positionieren und gelegentlich auch Ränke zu schmieden. Auch ist klar, dass Ferenc Nyihta Ungar war und Vorstandsmitglied der Banater Ungarischen Kulturvereinigung sowie des Landwirtekreises. Während der Besatzung wurde Deutsch zur Amtssprache im Banat, das Ungarische jedoch nicht. Die Strategien zur Wahrung der Identität waren weiterhin komplex, und das blieben sie auch. Es ist keine Lösung, sich einfach dem jeweiligen Sieger anzuschließen. Tatsache ist auch, dass in aufgestachelten historischen Momenten und Umgebungen das Anderssein oft gleichgesetzt wird mit der Zugehörigkeit zur falschen Seite. Am 19. März 1944 besetzten die Deutschen Ungarn, den deutschen Verbündeten. Hierüber diskutieren die Historiker noch heute. In Kikinda diskutierten sie nicht, sondern verhafteten die Ungarn, die in ungarischen Organisationen eine Funktion innehatten. Dies konnte kein Vertrauen schaffen zwischen den Ungarn in Kikinda und den (damaligen) deutschen Siegern – auch dann nicht, wenn die Verhaftung nur kurze Zeit andauerte. Dann, im Zusammenhang mit dem Vorfall auf dem Gutshof, sah es Nyihta so, dass er vor den neuen Siegern flüchten musste. Nach dem Krieg wird im Banat auch der Schutz der ungarischen nationalen Ehre gesetzlich geregelt, wenngleich die Maßstäbe für diese nationale Ehre nicht von den Ungarn selbst geformt wurden. Nyihta wurde überdies diese ungarische nationale Ehre für vier Jahre entzogen.

Ich möchte auch noch auf die Frage zurückkommen, was wohl auf dem Gutshof geschehen sein mag. Der Staatsanwalt stützt sich auf die Aussage von Branko Sredojev und berichtet, dass Sredojev „und die übrigen Patrioten" den Gutshof angriffen, um „das Dreschen der Besatzer" zu verhindern. Im Juli 1945 hatte das Wort „Patriot" in jeder Textform Signalcharakter und sollte daher als Hinweis für das Gericht dienen. Aber wer hat eigentlich das Dreschen gemacht (oder vorzubereiten)? Der Formulierung der Anklageschrift nach waren es die Besatzer selbst, die droschen, aber wahrscheinlicher ist, dass die Knechte das Korn droschen, die Besatzer hingegen das Ergebnis für sich in Anspruch nahmen. Es ist ferner anzunehmen, dass Nyihta mithilfe des Schmiergeldes möglicherweise selbst einen Teil der Ernte in Belgrad veräußern durfte. Wie dem auch sei, der Eigentümer des Gutshofes war sicher nicht erfreut darüber, dass auf seinem eigenen Hof die Deutschen die Herren über das Dreschen (und über den Ernteertrag) waren. Er kann sich auch darüber nicht gefreut haben, dass man den Hof angriff, um das Dreschen zu verhindern – auch dann nicht, wenn dies von antifaschistischen Patrioten kam.

Hat er wohl aus dem Fenster des Hofgebäudes heraus in Richtung der Patrioten geschossen? Die Erklärung des Angeklagten, die zitiert wurde, halte ich für nicht ganz überzeugend: dass er, als des Nachts der Angriff startete, aufgestanden sei und nach Zündhölzern gesucht habe, um eine Lampe anzuzünden, und sich, während er auf diese Weise herumstocherte, ein Schuss aus dem Gewehr gelöst habe. Der Angeklagte führte auch an, im Hofgebäude gebe es kein Fenster, das in die Richtung wies, aus welcher der Angriff kam; er könne also nicht in die Richtung der angreifenden Patrioten aus dem Fenster geschossen haben. Dies ist sehr leicht zu überprüfen (worauf Nyihta wahrscheinlich von meinem Vater aufmerksam gemacht wurde), und es ist nicht anzunehmen, dass die Verteidigung mit so etwas vorstellig geworden wäre, hätte es nicht der Wahrheit entsprochen. Da der Angriff in der Nacht erfolgte, kann der bezeugende Partisan dies nicht wirklich gesehen haben, aber seitdem hätte man dies in Augenschein nehmen können. Nyihta schlug auch einen Zeugen vor, einen Knecht, der bestätigen sollte, wo es ein Fenster am Haus gab und wo nicht. Auch dies blieb ungeklärt.

Ferenc Nyihta wurde in das enge Korsett der Verhaltensformeln gezwängt. Wenn es kein Fenster gibt, kann man nicht nur nicht hinausschießen, nicht einmal hinaussehen kann man – genauso wenig wie aus unserem Schicksal.

Wer ist Ungar?

In Fortsetzung der ungarischen Banater Geschichten schreibe ich über einige Rechtsfälle, in deren Mittelpunkt – oder eventuell im Hintergrund – die Frage schwelt, wer Ungar ist. Diese Frage entsteht genauso wie die, wer der echte Serbe oder der echte Deutsche, wer der wahre Albaner, Pole oder Franzose ist, oft in von Pathos getränkten Diskussionen (nicht selten in Kneipen). Manchmal aber kommt das Problem auch auf den Tisch des Juristen.

Minderheitenrechte gibt es, aber ...

Kann man mit einem nicht ungarischen Namen eine ungarische Schule besuchen?

Zwischen den beiden Weltkriegen gab es in Serbien (wie auch in Rumänien) eine Vorschrift, die als „Namensanalyse" ruchbar wurde. In öffentlicher Diskussion wurde manchmal ironisch der Ausdruck „chemische Analyse" benutzt. Das Wesentliche dieser Rechtsvorschrift war, dass nicht auf eine Minderheitenschule gehen durfte, aus wessen Namen sich nicht folgern ließ, dass er der jeweiligen Minderheit angehörte. Diese Bestimmung machte es vielen ungarischen Familien unmöglich, ihre Kinder auf eine ungarische Schule zu schicken.

In verschiedenen Unterlagen meines Großvaters finde ich mehrere Gesuche und Eingaben, in denen er und weitere Vertreter der Minderheiten die Behörden aufforderten, diese Vorschrift abzuschaffen. Schlussendlich führte dies zu einigem Erfolg. Doch ebenso sehe ich Briefe in den Akten, die zeigen, dass in der Praxis trotz Abschaffung der Verordnung die Namensanalyse fortgesetzt wurde. Am 19. November 1940 schreibt János Kiskároly aus Topolya einen Brief an meinen Großvater, in dem er Beispiele für die ungerechte Behandlung anführt. Er berichtet, man wolle eine ungarische Klasse streichen mit der Begründung, dass es wenige Ungarn gebe; demgegenüber sind aber dem Brief zufolge 99 Prozent der Einwohner von Topolya Ungarn. Laut János Kiskároly wird, obwohl es nunmehr eine Verordnung gibt, nach der nicht die Namensanalyse den Ausschlag geben soll, sondern *„derjenige ein Ungar ist, der in seinem Zuhause Ungarisch spricht"*, diese nicht eingehalten. Die Lehrer würden *„jetzt sogar zehnmal strenger chemische Analyse betreiben, mehr noch, nicht nur chemisch analysieren, sondern auch einschüchtern ..."*

Ich weiß nicht, wer János Kiskároly war. In seinem Brief sind vermutlich Tatsachen und Affekte vermischt. Allerdings sehe ich in den Akten einen Fall, der konkret zeigt, dass die Behörden auch nach Abschaffung der Verordnung auf der Namensanalyse beruhende Entscheidungen trafen.

Im Oktober 1940 wendet sich József Marecskó (oder Joseph Marečko oder Josip Marečko – je nachdem, wer den Namen schreibt), Einwohner von Feketics (deutsch: Feketitsch), an meinen Großvater in seiner Funktion als Senator mit der Beschwerde, die Behörden hätten nicht genehmigt, dass seine Tochter eine ungarische Schule besucht. Der Name Marecskó (oder Marečko) ist slowakischen Ursprungs – das ist auch ohne eingehendere Namensanalyse zu erkennen. Genauso wie es beispielsweise nicht wirklich schwer ist herauszufinden, welchen Ursprungs der Name zweier berühmter und betont kroatisch eingestellter ehemaliger Professoren der Zagreber juristischen Fakultät ist: Beide, Vater wie Sohn (ebenfalls Hochschullehrer), hießen Andrassy. Sie schrieben ihren Namen mit zwei „s" und „y", es fehlte nur der – ungarische – Akzent auf dem „a" (man vergleiche mit dem Namen des Prachtboulevards *Andrássy út* in Budapest).

Am 9. Oktober 1940 kommt der Entscheid der Behörden von Bácstopolya; die Tochter von József Marecskó, Mária Marecskó, darf nicht in eine ungarischsprachige Schule gehen (dritte Klasse Grundschule). József Marecskó *„ist verpflichtet, seine Tochter in eine serbische Schule zu geben"*. Die Begründung lautet ziemlich kurz:

„Herr Josip Marečko ist slowakischer Nationalität, daher darf sein Kind Mária nicht eine solche Klasse besuchen, in der sie in der Sprache einer anderen Nationalität unterrichtet wird.

Die dem Antrag beigefügte Gebührenmarke wurde ordnungsgemäß vernichtet."

Mit dieser Formulierung wird auch ein wenig suggeriert, dass es in dieser Sache um den Schutz der slowakischen Nationalität gehe, indem man Mária verbietet, in der Sprache einer *anderen* Nationalität (außer der slowakischen) zu lernen. Es handelte sich jedoch im vorliegenden Fall nicht um irgendeine Art von Schutz einer Minderheit. Ich weiß nicht, ob man in der Familie Marecskó Slowakisch sprach, es ist aber Tatsache, dass es in Feketitsch keine slowakische Schule gab. So zeigt der dispositive Teil nicht einmal die slowakische Alternative auf, sondern erklärt einfach, Herr Marecskó sei verpflichtet, seine Tochter in eine serbische Schule zu geben. So sah der Beschluss aus Topolya aus:

> Načelstvo sreza Bačkotopolskog
> Pr.Br. 1480/1940.
>
> Na molbu Marečko Josifa iz Feketića da dete: Mariju uč.III. razr. osn. škole u Feketiću pohadja odelenje s madjarskim nast. jezikom, donosim sledeću :
>
> O D L U K U
> ---------
>
> G. Marečko Josif iz Feketića odbija se od svog zahteva na osnovu §-a 46, a u vezi § 117, t.16 Zak. o nar. školama, te je dužan da svoje dete Mariju Marečko uč. III. razr. osn. škole u Feketiću šalje redovno u odelenje sa srpskim nast. jezikom.
>
> Protiv ove odluke ima pravo žalbe na Kr.Bansku upravu Prosv. odelenje i to u roku od 8 dana putem ovog zvanja.
>
> OBRAZLOŽENJE :
> -------------
>
> G. Marečko Josip je po narodnosti slovak te njegovo dete Marija ne može da pohadja odelenje u kom se predaje na jeziku druge narodnosti.
>
> Taksena marka od 30 dinara propisno je poništena na molbi.
>
> O prednjoj odluci se izveštavaju:
> 1., Marečko Josip u Feketiću
> 2., Upravitelj narodne škole u Feketiću,
> 3., Arhiva ovog zvanja.
>
> Bačka Topola 9- okt. 1940 god.
>
> /M.P./ Sreski načelnik:
> Nečitak potpis s.r.

Daraufhin schreibt József Marecskó einen Brief – übrigens auf Ungarisch – an meinen Großvater und bittet ihn, zu vermitteln und es zu ermöglichen, dass seine Tochter dennoch auf Ungarisch lernen darf. Mein Großvater antwortet am 18. Oktober 1940. In seiner Antwort verspricht er, sobald er wieder nach Belgrad gehe, sich beim Minister darüber zu beschweren, dass die lokalen Behörden nicht nach dem neuen Gesetz handelten.

Während ich auf der Suche nach Einsicht in das Geschehene in den vergessenen Papierformaten blättere, fühle ich mich, als würde ich über ein von einer Überschwemmung betroffenen Gebiet hinweg versuchen, mich irgendwie dem anderen Ufer, dem einstigen Schauplatz der Ereignisse zu nähern. Es helfen die wie herausragende Steine erkennbaren fortgesetzten Probleme, Ausdrücke, Namen und die darauf geschichteten Hinweise; auf diesen Steinen balancierend, kann ich mich der anderen Seite ein wenig annähern. Bei der auf dem Brief angegebenen Adresse mache ich Halt. Der Adressat ist „Marečko József". Es gibt kaum eine einzige Familie in der Vojvodina, deren Namen man über mehrere Generationen nur auf eine Art geschrieben hätte. Familie „Várady" war auch einmal „Varadi" gewesen. Ich erinnere mich, als ich zum ersten Mal ins Ausland reiste – ich war sechzehn und fuhr nach Holland –, hatte man in irgendein Reisedokument handschriftlich in kyrillischen Buchstaben meinen Namen eingetragen: Er las sich „Bapagu" (in Druckbuchstaben wäre es „Варади" gewesen). Ich reise mit dem Zug. An der österreichischen Grenze wurden die Reisedokumente eingesammelt, und dann wurden die Reisenden einzeln aufgerufen. Zu jener Zeit reisten nicht viele Leute ins Ausland, und mit mir im Zug saßen meist Slowenen; sie hatten mit lateinischen Buchstaben ausgestellte Reisedokumente. Die Namen erklangen bereits seit geraumer Zeit, aber meiner wollte so gar nicht an die Reihe kommen. Doch hörte ich, wie ein Zöllner (oder Grenzbeamter) mehrmals rief: „Bapagú!" Glücklicherweise (wenn auch nicht sofort) kam es mir in den Sinn, dass dies wohl Várady zu bedeuten hatte; die meinen Namen anzeigenden kyrillischen Buchstaben sind nämlich alle auch als lateinische Buchstaben lesbar, und so wird aus Várady „Bapagu". Man muss also –auch im Zusammenhang mit Namen – ständig auf der Hut sein.

Mein Großvater schrieb „Marečko", aber – ungarisch – József, weil er nicht anstatt eines anderen Menschen eine Entscheidung treffen wollte. Einen Grundpfeiler für die Durchsetzung von Minderheitsrechten bildet die Wahlfreiheit. Wenn wir uns von diesem Grundsatz lösen, gibt es viel mehr Fälle, in denen sich die Dinge eher zu unserem Nachteil als zu unserem Vorteil verändern. Dieser Einstellung entsprechend schreibt mein Großvater den Namen genauso wie der, der sich an ihn wandte. Als Ortsname steht „Feketič" auf dem Brief. Dies erklärt sich damit, dass der Kanzleischreiber (Göttel bácsi/Onkel Göttel) die Adresse abschrieb, eben genau so, wie sie auf dem Brief angegeben war. Zudem verlangte die Post, dass „Feketič" auf dem Kuvert zu stehen hatte.

Aber was geschah mit Mária Marecskó? Leider habe ich in den Dokumenten keinen Hinweis gefunden, ob sie es schließlich geschafft hatte, sich in die dritte Klasse der ungarischen Grundschule einzuschreiben. Ich erinnere mich aber, wie mein Großvater mir einmal erzählte, dass es auch nach der offiziellen Aufhebung der Namensanalyse Beschlüsse gab, die sich darauf bezogen. Im Falle eines Mannes mit slowakischem Namen gelang es dennoch, die Sache umzudrehen, und sein Kind wurde trotz allem an der ungarischen Schule eingeschrieben. Wenn ich mich recht erinnere, nannte mein Großvater keinen Namen. Sehr wahrscheinlich meinte er aber die Familie Marecskó.

Auf diese Unterlagen bin ich 50 Jahre nach meines Großvaters Tod gestoßen. Ob die Dinge überhaupt noch zu klären sind, weiß ich nicht. Eine Weile mag die Geschichte des Alltags noch authentischer überleben als die Geschichte im großen Rahmen, sie kann aber auch spurlos verschwinden. Nunmehr möchte ich gerne in dem Glauben verharren, dass es Mária Marecskó gelungen ist, sich in Feketitsch in die ungarische dritte Klasse einzuschreiben.

Dürfen Mädchen aus Zenta auf eine ungarische Knabenschule in Subotica gehen?

Es ist nicht schwer, die Sinnlosigkeit der Namensanalyse nachzuweisen. Nicht nur in der Vojvodina stellen Mischehen, ein Wechsel des Wohnorts und auch gerade ein Sprachwechsel einen Teil der alltäglichen Realität dar. Der Name ist oft nur noch die Erinnerung an eine Identität, die bereits vor Generationen zurückgelassen wurde. Es gibt Namen, die man ursprünglich nicht frei gewählt hatte, aber auch solche, die vor Jahrhunderten frei gewählt worden sind, während der heutige Träger die ursprüngliche Bindung möglicherweise nicht einmal mehr kennt. Die Regelung der Namensanalyse ist offensichtlich auch dafür geeignet, eine Minderheit, eine ethnische oder religiöse Gruppe auf einen möglichst eingeengten Bereich zu beschränken. Dies ist ein Vorgehen, das in vielen Ländern immer wiederkehrt – im Laufe der Geschichte waren die Ungarn nicht alleinige Opfer einer solchen Haltung.

Hier möchte ich eine Geschichte erzählen, die mit der Namensanalyse in Verbindung gebracht werden kann. Von meinem Kollegen und Freund Lajos Vékás hörte ich, dass, als er zur Zeit der Rákosi-Ära das Gymnasium besuchen sollte, seine Eltern daran dachten, ihn auf das katholische Gymnasium in Pannonhalma zu schicken. Dieses Gymnasium hatte einen sehr guten Ruf, zudem wohnte die Familie in der Nähe. Den damaligen behördlichen Vorschriften nach war es jedoch nicht zulässig, dass sie den Jungen dort einschreiben ließen – Lajos Vékás' reformierter Glaube stand dem im Wege. Eine katholische Schule gab es also durchaus noch, doch war man darum bemüht, ihren Einflussbereich möglichst klein zu halten. Zwischen den beiden genannten Fällen gibt es jedoch einen Unterschied. Lajos Vékás war tatsächlich reformierten Glaubens, er selbst sah sich so an. Die aufgrund der Namensanalyse ausgesiebten Menschen aber hielten sich für Ungarn.

Es fällt nicht schwer, an der Namensanalyse Kritik zu üben. Im Nachhinein würde ich, aus heutiger Sicht, ein weiteres Argument dagegen anführen: Nehmen wir einmal an, der Enkel des ehemaligen französischen Präsidenten Sarkozy möchte in Algerien oder in Belgien auf eine französische Schule gehen. In Algerien ist die Sprache der Mehrheit Arabisch, es gibt aber auch französische Schulen. In Belgien gibt es vor allem flämische und französische Schulen; nahe der deutschen Grenze gibt es zusätzlich deutsche Schulen. Wenn auf der Basis der Namensanalyse entschieden würde, wem es erlaubt ist, sich an dieser oder jener Schule einzuschreiben, könnte der kleine Sarkozy keine französische Schule besuchen; er trägt nämlich keinen französischen, sondern einen ungarischen Namen.

Zwischen den beiden Weltkriegen standen die ungarischen Schulen in der Vojvodina noch vor anderen Problemen. Lange Zeit gab es dort keine ungarische Lehrerausbildung, bis sie im Jahr 1937 doch noch geschaffen wurde – allerdings nicht in der Vojvodina, sondern in Belgrad. Der ungarische Lehrkörper wurde zusehends kleiner. Zum einen lag dies daran, dass die ungarischen Lehrer an serbischsprachige Schulen versetzt wurden (unter anderem außerhalb der Vojvodina), zum anderen verließen etliche ungarische Lehrer das Land. In den Akten habe ich mehrere Briefe und Anträge gefunden, die diese Situation widerspiegeln. Als Beispiel zitiere ich einen Brief von Leó Deák, den dieser am 8. Februar 1940 an meinen Großvater schreibt. Er redet ihn mit „*Mein lieber großer Bruder Imre!*" an (Anm.: „bátyám" = „großer Bruder" ist eine traditionelle ungarische Anrede, mit der ein älterer Herr in familiärer Art respektvoll angesprochen werden kann). In dem Brief beschreibt Deák, man habe „*in Südserbien gerade jetzt drei Grundschullehrer ernannt, die ihre Qualifikation bereits an der ungarischen Schule für Pädagogik in Belgrad erhalten haben.*" Er stellt einen konkreten Fall dar und beschreibt das Problem so: „*Am ungarischen Gymnasium in Subotica ist die Lehrerstelle für ungarische Literatur infolge des Ablebens von Petényi frei geworden. Ersatz für ihn zu finden ist sehr schwierig, und wir können ihn nur durch einen der Lehrer der alten Schule ersetzen.*" Die einzige Lösung schien zu sein, einen ungarischen Lehrer, der an einen Ort außerhalb der Vojvodina versetzt worden war, zurückzubringen. Dazu bedurfte es aber einer Intervention auf Ministerialebene. In Leó Deáks Brief heißt es weiter: „*András Csincsák ist derzeit Lehrer am Gymnasium von Sabac, obwohl er Fachlehrer ist für Ungarisch und Latein, also über genau die Ausbildung verfügt, die im ungarischen Zweig von Subotica erforderlich ist. [...] Nachdem Beslics so hilfsbereit zu unserer Verfügung steht, glaube ich kaum, dass es Schwierigkeiten gibt, Csincsák von Sabac nach Subotica zu versetzen.*"

Die Dokumente lassen leider nicht erkennen, wie es in der Frage der Versetzung András Csincsáks weiterging. Es gibt jedoch Briefe, die bezeugen, dass manch ein Versetzungsantrag Erfolg hatte. Darauf weist ein Dankschreiben vom 13. September 1940 hin, das die Eltern von Zoltán Sztrikó Kovács an meinen Großvater schrieben.

In Zusammenhang mit den Versetzungen und anderen Anträgen taucht ziemlich oft der Name Bešlić auf. Mein Großvater, Leó Deák und andere führende Vertreter der Minderheiten wandten sich oft an ihn. Nikola Bešlić war derjenige, der in ungarischen Angelegenheiten am häufigsten und am effektivsten half. Vielleicht leistete hierzu auch seine ungarische Ehefrau ihren Beitrag. Sie verdienen es beide, dass man sie in der Erinnerung behält.

Nun, da ich voller Spannung Dokumente lese, die über Jahrzehnte unberührt ganz in meiner Nähe lagen, versuche ich (manchmal erfolgreich, manchmal nicht), mich an irgendeine persönliche Verbindung zu erinnern. Nikola Bešlić bin ich einmal begegnet.

Meine Rolle war damals die des kleinen Enkels. Mein Großvater arbeitete nicht mehr im Büro. Ein Gang trennte das Anwaltsbüro von seinem Zimmer. Auf diesem Korridor war es oft ziemlich laut, dort warteten die Klienten. Das Gehör meines Großvaters hatte nachgelassen, daher störte ihn dies nicht wirklich. Ich spielte in seinem Zimmer, als es an der Türe zum Flur klopfte. Mehrmals hörte ich das Klopfen. Dann fragte mein Großvater, wer klopfe, und es kam (mit sonorer Stimme) die Antwort: Nikola Bešlić. Mein Großvater öffnete die Türe, und ich erinnere mich, dass sie einander überschwänglich begrüßten. Bešlić schüttelte auch mir die Hand. In meiner Erinnerung hat er eine sehr große Hand. (Natürlich dürften zu dem Eindruck die damaligen Proportionen und die kindliche Perspektive aus meiner vorschulischen Zeit beigetragen haben.)

Zu Bešlić vermerkte mein Großvater in seinem Tagebuch, als er über dessen Tod informiert worden war:

„Sonntag, den 27.III.1955. Endlich ist der Frühling da. Der morgendliche, lange nicht mehr gesehene Sonnenschein lockte mich auf einen Spaziergang hinunter in den Garten des Hauses. Nach einer kleinen Weile kommt mir Józsi entgegen, hält mich an. Lydia Molnár habe mich eben in meiner Wohnung gesucht – wie er sagt – mit der traurigen Nachricht, dass Nikola Bešlics in Novi Sad gestorben sei, er werde am Nachmittag beerdigt. Die unerwartete Nachricht hat mich zutiefst erschüttert. Auf dem Schauplatz des öffentlichen Lebens waren wir uns in aufrichtiger Freundschaft begegnet. [...] Anfangs nur im städtischen öffentlichen Leben Betschkereks, später war er in der serbischen Regierung erst Minister für Landwirtschaft, später Handelsminister; in Vertretung der Ungarn aber war ich zuerst Mitglied der Skupština, später Senator. – Bešlics war in unserer Ära der einzige führende serbische Politiker, der, gleich welche Vereinbarung wir im Interesse unserer Ungarn trafen, diese auch bis auf den letzten Buchstaben einhielt. – Solange meine selige Ehefrau Meta noch am Leben war, pflegte auch sie mit Frau Bešlics eine intime, vertraute Freundschaft. Es gab ein ganz eigenes Bild ab: Während Nikola Bešlics ein serbischer Mann griechisch-orthodoxen Glaubens war, war seine Frau, eine Budapester Ungarin, Abkömmling einer römisch-katholischen Familie von Lehrern. Sie führten eine auf vorbildliche Weise harmonische Ehe.

Dann kam der neue Weltgeist der Nachkriegszeit, mit Vollendung meines 80. Lebensjahres ging ich freiwillig in den Ruhestand, zog mich zurück vom öffentlichen Leben und von der Rechtsanwaltstätigkeit; Bešlics, um Jahrzehnte jünger als ich, hat dieser neue Geist erbarmungslos niedergedrückt. – Er hatte noch nicht einmal das 64. Jahr seines irdischen Lebens erreicht. – Eine aufrechte, männlich denkende, edle, freundschaftliche Seele ist zu früh ins Grab hinabgestiegen."

Nun möchte ich auf die im Untertitel dieses Kapitels erwähnte Geschichte der Mädchen von Zenta kommen. Wir befinden uns erneut im Jahr 1940, wieder ist es eine Frage, wer in die Schule gehen darf, in die er gerne möchte. Wieder steht die Starrheit der Behörden im Vordergrund, aber diesmal ist nicht die Namensanalyse das Problem. Am 2. September 1940 schreibt der Anwalt Jenő Goldstein aus Zenta einen Brief an meinen Großvater. Auf dem mit Schreibmaschine geschriebenen Brief ist mit Bleistift vermerkt, dass er am 4. September 1940 eingegangen ist. Damit beginnt Jenő Goldstein den Brief:

„Anna Kecskés, Edit Úri und Ilona Bartók, Mädchen aus Zenta, die am Ende vergangenen Schuljahres erfolgreich ihre privaten Prüfungen in der ungarischen Klasse am Jungengymnasium von Subotica abgelegt haben, möchten sich im aktuellen Schuljahr dort als reguläre Schüler [„reguläre Schüler" ist mit Bleistift unterstrichen – wahrscheinlich von meinem Großvater] *in die 5. beziehungsweise 6. Klasse des nämlichen Gymnasiums einschreiben. Das Ministerium aber hat ihre diesbezügliche individuelle Anfrage abgewiesen."*

Jenő Goldstein führt weiter aus, dass es nur am Jungengymnasium von Subotica ungarische Klassen in der Oberstufe gebe, am weiblichen (serbischen) Gymnasium würden andere Fächer unterrichtet als diejenigen, auf die sich die Mädchen bis dahin vorbereitet und in denen sie privat Prüfungen abgelegt hatten. Er fügt hinzu: *„Der Charakter des Jungengymnasiums wird sich nicht dadurch verändern, dass man es drei Mädchen erlaubt, es zu besuchen."*

Mein Großvater antwortet, dass er es zusammen mit Leó Deák mehrfach beim Ministerium versucht habe, auch Ferenc Lengyel, damals Anwalt in Belgrad, habe sich eingeschaltet, aber die Situation sei dadurch erschwert, dass aus Subotica eine negative Stellungnahme eingetroffen sei. Schließlich schreibt er: *„In der kommenden Woche begebe ich mich zum vierten Mal nach Belgrad, und werde auch dies erneut verhandeln."* Er fügt hinzu, dass Ferenc Lengyel die betroffenen Parteien unmittelbar informieren werde.

Ferenc Lengyel lernte ich in den neunziger Jahren in Florida kennen. Seine Adresse erhielt ich von meinem Vater. Ich unterrichtete zu der Zeit in Atlanta, und von dort aus reiste ich Richtung Süden zu ihm zu Besuch. Dies bedeutete eine Autofahrt von fünf bis sechs Stunden. Er empfing mich zusammen mit seiner Frau und erkundigte sich nach meiner Familie. Dann erzählte er, wie er nach Amerika gekommen war; weiter berichtete er, dass in ihre Nähe (ein paar Kilometer entfernt) eine sehr begabte Tennisspielerin aus der Vojvodina namens Mónika Szeles gezogen sei. Ich sagte ihm, dass Mónika Szeles an der Sonja-Marinković-Schule in Novi Sad eine Schulkameradin meiner Söhne gewesen war. Wenn ich schon früher damit begonnen hätte, aus dem Archiv Geschichten zusammenzustellen, hätte ich natürlich Ferenc Lengyel gefragt, was im Fall der Mädchen aus Zenta letztendlich geschehen war, welche Nachricht er den Betroffenen im Herbst 1940 übermittelt hatte. Nunmehr gibt mir einzig der Brief von Jenő Goldstein vom 30. November 1940 in gewisser Weise einen Anhaltspunkt. Das Schreiben ist kurz, darin steht:

„Hochverehrter Herr Senator!
Für Ihr im Fall von Anna Kecskés und Schulkameraden bewiesenes freundliches Entgegenkommen drücke ich meinen herzlichen Dank aus."

Den einen Satz habe ich mehrmals gelesen, ich versuche zu entziffern, ob Jenő Goldstein mit „freundliches Entgegenkommen" wohl erfolgreiche Bemühungen oder nur Mühen bezeichnet, für die er seine Dankbarkeit ausdrückt. Meinem Gefühl nach könnte sich dahinter eine gute Nachricht verbergen, aber sicher bin ich mir dessen nicht. Ich kann nicht anders, als dies dem Leser zu überlassen.

Der Fall der Mädchen von Zenta weist auf ein breiteres Problem hin. Es gibt Zeiten, in denen jede Durchlässigkeit ethnischer, gesellschaftlicher oder sonstiger Grenzen verdächtig ist. Aus der Akte zitiere ich ein Telegramm, das mein Großvater an Leó Deák geschrieben hat. Darin teilt er ihm erfreut mit, dass es ihm gelungen sei, beim Minister (wahrscheinlich bei Bešlić) zu erreichen, dass Schüler aus Zombor sich nach Betschkerek ummelden könnten – unabhängig davon, welcher Religion sie angehörten! Auf der Kopie des Telegramms findet sich kein Datum, mit aller Wahrscheinlichkeit ist es in der zweiten Hälfte der dreißiger Jahre geschrieben worden. Die Einschränkungen, die ein Telegramm mit sich bringt, bestimmen auch die Ausdrucksweise: Mein Großvater spart mit Worten (und wohl auch mit den Postgebühren, die sich an der Zahl der Wörter ausrichteten).

In dem Telegramm steht:

„Rechtsanwalt Leó Deák
Sombor
Erfreut teile ich Ihnen die Ministererklärung mit dass alle Schüler Gymnasiums Zombor ohne Unterschied Religion in Betschkereker Gymnasium aufgenommen werden können. Möglichst baldige persönliche Meldung ist erwünscht
Imre Várady"

Wenn man den Kreis derjenigen, welche die ungarische (oder eine andere) Minderheitenschule besuchen können, einschränken will, dann wird jedes Mal eine ministeriale Genehmigung benötigt, um die um Namen, Geschlechter oder Religionen errichteten Zwangsgebilde verlassen zu können, und jeder Aufbruch – sagen wir von Šabac nach Subotica – geschieht gegen den Strom.

Anhäufung von Vermögen

Die Feststellung, wer Ungar ist, war auch bei einem Immobilienerwerb wichtig, obwohl hier die Namensanalyse sich in anderen Bahnen bewegte. Im Falle der Schulen wurde sehr eng ausgelegt, wer Ungar ist, und damit wurde mehr Leuten die Möglichkeit verwehrt, ihr Kind in eine ungarische Schule zu geben. Im Falle einer sogenannten „Anhäufung von Vermögen" wurde jedoch das Verbot von Immobilienerwerb mit der Feststellung, dass jemand Ungar sei, in Verbindung gebracht. Hier sehen wir nun plötzlich, dass manchmal eben auch sehr weit ausgelegt werden konnte, wer Ungar ist – womit sich die Anzahl der Ausgeschlossenen erneut erweiterte. Ich weiß nicht, ob dies so klar verständlich ist, ich habe es versucht, dennoch ist es mir nicht gelungen, es einfacher zu beschreiben. Ich hoffe, es wird verständlich, indem ich den folgenden Fall schildere.

Am 4. Juni 1940 schreibt Géza Nojcsek aus Subotica an meinen Großvater und bittet ihn, als Senator seinem Sohn zu helfen. Der Sohn ist Zahnarzt, steht kurz vor der Heirat, auch sein Name ist Géza Nojcsek (in den offiziellen Dokumenten wahrscheinlich Nojček). Der Schwiegervater ist Antal Svoboda, Mühlenbesitzer aus Bajmok, der seiner Tochter als Mitgift „im Innenbereich von Subotica" ein Haus überschreiben will. Das heißt, er würde dies gerne tun, aber man genehmigt es ihm nicht. Zuerst lehnt es der zuständige Ausschuss von Subotica ab, dann kommt infolge seines Einspruchs auch in Novi Sad ein Ablehnungsbeschluss zustande, der damit begründet wird, dass „der Fall einer Vermögensanhäufung ansteht". Der Beschluss beruhte auf einem Gesetz, nach dem bestimmte Minderheiten (vor allem Deutsche und Ungarn) Immobilien nur unter strengen Einschränkungen erwerben durften. Géza Nojcsek beschreibt, dass es „keinerlei Immobilie gibt", die auf den Namen der künftigen Ehefrau geschrieben wäre, von Vermögensanhäufung könne also keine Rede sein. In dem Brief steht außerdem der folgende Satz:

„Die Ablehnung ist umso erstaunlicher, als der Käufer Antal Svoboda bewiesenermaßen slawischer Abstammung ist und es auch bezüglich seiner Vertrauenswürdigkeit keinen Zweifel geben kann, schließlich ist er Inhaber des Kreuzes der 4. und 5. Klasse des Ordens ‚Heiliger Sava'."

Géza Nojcsek schreibt „Antal Szvoboda"; möglicherweise benutzte der Schwiegervater die Version „Anton Svoboda". Weder Nojcsek noch Svoboda sind Namen wirklich ungarischer Herkunft. Wenn es sich um den Schulbesuch gehandelt hätte, wären Kinder mit diesem Namen vielleicht nicht für eine ungarische Schule zugelassen worden. Doch jetzt ging es um Vermögen. Den Behörden fiel wahrscheinlich auf, dass die Tochter einen Zahnarzt heiraten wollte, der sich für einen Ungarn hielt und vermutlich Vermögen besaß. Kaufte (oder schenkte) der Schwiegervater seiner Tochter ein Haus, drohte sich im Zuge des Ehebündnisses Nojcsek-Svoboda ungarisches Vermögen anzuhäufen. (Es wäre interessant zu wissen, was der Standpunkt der Behörde gewesen wäre, wenn die Marecskós in Feketitsch eine Immobilie gekauft hätten.)

Die handschriftlich verfasste Antwort meines Großvaters sehe ich auf der Rückseite des Schreibens, datiert mit dem 8.VI.1940. Die Anrede lautet *„Mein lieber Freund"*; offenbar kannte er den älteren Géza Nojcsek bereits von früher her. Das Schreiben bringt etwas Licht in die Verbotsverordnung. Mein Großvater berichtet unter anderem:

> *„[...] als ich zuletzt in Belgrad war und erneut des Ministers Aufmerksamkeit auf diese die ungarischen und deutschen Minderheiten äußerst verletzende Verordnung lenkte, bekam ich zur Antwort, dass, obwohl die Militärbehörde eine vollständige Rücknahme der Verordnung nicht zulassen würde, es dennoch gelungen sei, eine gewisse Lockerung herauszuschlagen. Er teilte mir auch mit, dass diese Lockerung der beiden Verordnungen, nämlich unter den Nummern Pov. 28/4.I.1940 und Pov. 35b/22. II.1940, vertraulich an den Gerichtspräsidenten nach Novi Sad gesandt wurden mit der Vorgabe, dass er eine entsprechende Anweisung an die Leiter des Bezirksgerichts beziehungsweise an die mit der Frage befassten Kommissionen senden solle."*

Es wäre interessant, etwas mehr über jene Beamten zu erfahren, die nicht die Diskriminierung, sondern die Mäßigung der Diskriminierung unter Verschluss hielten. Heutzutage, da gleichsam jedes Land die Fahne der Antidiskriminierung schwingt, ist es die Diskriminierung, die sich vertrauliche Wege aussucht. An der Schwelle zum Zweiten Weltkrieg musste sich hingegen, wie es scheint, die Mäßigung auf stille Nebenwege begeben.

Der Brief meines Großvaters endet mit dem Rat, Géza Nojcsek möge über seine Bekannten zu erfahren versuchen, ob die vertraulichen Verordnungen bezüglich der Milderungen Subotica erreicht hätten. Auch empfahl er, den Antrag zum Kauf der Immobilie erneut einzureichen: *„Ein solcher Antrag zur Überschreibung kann, auch wenn der vorherige abgelehnt wurde, auch wiederholt eingereicht werden."*

Zum Fall der Nojcsek'schen „Anhäufung von Vermögen" gibt es unter den Dokumenten sonst keine anderen Papiere. Weitere Schritte unternahm man vermutlich ohne Einschaltung meines Großvaters. Mittlerweile habe auch ich gelernt, dass das Überleben – vor allem in der Minderheit – von unermüdlichen, wiederholten Versuchen abhängt.

Der Medienprozess des Árpád Baksa

Akte Nummer 12 106

Das Wort „Namensanalyse" hat lange Zeit heftige negative Gefühle hervorgerufen – vor allem in den Kreisen der Ungarn in der Vojvodina. Es war ein unglückseliges Wort. Die Energie und Leidenschaft, die von solchen Wörtern ausstrahlen, schaffen die Möglichkeit ganz unterschiedlicher Verwendungszwecke. Eindeutiger Sieger ist jeder, dem es gelingt, den Gegner mit einer „Namensanalyse" zu überziehen. Im Hintergrund des Medienprozesses von Árpád Baksa steht ebenfalls dieses berüchtigte Zauberwort.

Der Prozess beginnt im Jahr 1942. Jetzt sind bereits andere an der Macht als zwei Jahre zuvor in der Sache Marecskó: Es herrscht die deutsche Besatzung. Die Zugehörigkeit entscheidet auch weiterhin – sogar noch mehr – über das Schicksal des Einzelnen. Die Beziehungen zwischen Nationen und Menschen gestalten sich um, die durch frühere Beleidigungen und Verletzungen erzeugten Emotionen verschwinden jedoch nicht ganz.

Der Medienprozess von Árpád Baksa und Lászlo Gy. Dániel spiegelt das Ausmaß an Gereiztheit in der ersten Hälfte der vierziger Jahre wider, obwohl er nicht wirklich mit der neuen Wendung des Schicksals in Zusammenhang steht. Das Unwetter der Geschichte wirbelt vieles auf und trägt es weiter, und so gerät auch vieles in das Blick- und Wirkungsfeld des Rechts, darunter nicht nur lebenswichtige Wahrheiten und Ungerechtigkeiten. Symbole des Eifers aber werden nicht nur auf den Hauptschauplätzen ausgestellt, sondern auch in den Vitrinen der Speisezimmer als Nippes (entweder weil die Hausherren die Bedeutung der Figuren verstanden haben oder gerade weil sie sie nicht verstanden haben). Die sich über alles ausbreitenden Sinnbilder geben auch ganz herkömmlichen, eher zeitlosen Streitereien eine eigene Färbung. Ich erinnere mich an eine Szene in den ersten Jahren nach einer neuen Schicksalswende (Anfang der fünfziger Jahre) im Tanzsaal der Betschkereker Handelsschule. Einer meiner Bekannten forderte ein von allen (einschließlich mir) als hübsch betrachtetes Mädchen mit rabenschwarzem Haar (hatte sie es gefärbt?) zum Tanz auf, aber das Mädchen wies ihn ab. Daraufhin wurde sie von meinem Bekannten als Schlampe beschimpft, das Mädchen aber hielt triumphierend dagegen, indem sie den unzufriedenen Kavalier als einen Faschisten bezeichnete.

Um auf den genannten Prozess zurückzukommen: Am 15. September 1942 publizierte László Gy. Dániel in der Zeitschrift *Torontál* einen Artikel unter dem Titel „Namensanalyse betreibender Ungar" (Original: „Névelemző magyar"). Im Aktenbündel liegt der Artikel sowohl im ungarischen Original als auch in serbischer Übersetzung vor. László Gy. Dániel schreibt voller Schwung. Er sagt: *„Die ungarische Nation hat über eintausend Jahre hinweg bewiesen, dass sie ein großer und unbesiegbarer Kämpfer ist; wir Banater Ungarn müssen tapfer und des ungarischen nationalen Rufes würdig diese Front verteidigen."* Es gibt dort einen ebenso schwungvollen, aber vorsichtigeren Satz, wonach im Falle der Banater Ungarn der Allmächtige verfügt habe, *„dass wir nicht mit dem Gewehr in der Hand, sondern mit Spaten, Hacke und Stift für die Auferstehung der ungarischen Nation kämpfen ..."* Nach den einleitenden Absätzen folgt die zum Medienprozess führende Beschuldigung, die auf der Mitteilung eines „Informanten" basiert. Der Informant wurde nicht genannt, ebenso wenig das Ziel der Anschuldigung, aber viele erkannten, auf wen sich die Behauptung bezog. Folgen wir dem Artikel:

„Unser Informant sagte, dass im Südbanat ein degenerierter, sich mutigerweise immer noch als Ungar bezeichnender geistig Minderbemittelter aufgetaucht ist, der nicht jene Ungarn in ein Lager versammeln will, die ihrem Gefühl nach Ungarn sind! [...]

Sondern er braucht nur solche Ungarn, die einen ungarischen Namen haben. Welcher Name ein ungarischer ist, das will dieser geistig Verkrüppelte feststellen, weil eine ungarische Grammatik, in der es dafür eine Regel gäbe, noch nicht verfasst worden ist!"

Am Ende seiner Schrift fordert László Gy. Dániel, dass der Leiter der zuständigen DMKSZ-Filiale ein Protokoll aufnehme, jeden Ohrenzeugen anhöre, und dann, *„wenn die Anschuldigung bewiesen ist, schließen wir ihn aus unseren Reihen aus [...]."*

László Gy. Dániel war eine radikale Persönlichkeit des Betschkereker Journalismus. Zu meiner Gymnasialzeit hörte ich (in Gesellschaft von älteren Leuten) noch oft seinen Namen. Es gab welche, die ihn als „hitzköpfig" betrachteten, und es gab andere, die ihn eher als „maßlos" oder „streitsüchtig" bezeichneten. Der schonungslose Ton der in der *Torontál* erschienenen Schrift war in erster Linie dem Autor zuzuschreiben, aber es dürfte auch der Umstand dazu beigetragen haben, dass zu jener Zeit nichts zu laut war.

Den Medienprozess begann der reformierte Pastor Árpád Baksa mit dem anwaltlichen Beistand meines Vaters. Árpád Baksa war damals dreiunddreißig, mein Vater dreißig Jahre alt. Wie ich aus den Schriften sehe, versuchte mein Vater, die Parteien in die Richtung eines Vergleichs zu lenken. Es sind außerdem Spuren zu erkennen, dass auch László Gy. Dániel in diese Richtung tendierte. Nachdem der Artikel erschienen war – und nachdem die Reaktionen bekannt geworden waren –, schreibt László Gy. Dániel einen Brief an Árpád Baksa, in dem er ihn als *„Hochverehrter Herr Baksa"* anredet. In dem Schreiben schlägt er ein Treffen unter vier Augen vor und schreibt: *„Alles kann man arrangieren, wenn man will."* Er fügt hinzu, dass er wegen familiärer Schwierigkeiten nicht sofort nach Pančevo reisen könne, jedoch bereit sei, dorthin zu kommen. Diesen Brief leitete Árpád Baksa am 25. Oktober 1942 an meinen Vater weiter mit dem Hinweis, er sei eine Woche zuvor angekommen, seitdem habe sich László Gy. Dániel jedoch nicht gemeldet. Es wurde auch der Versuch unternommen, die Sache mittels einer Richtigstellung beizulegen. Eine solche wurde verfasst, aber die *Torontál* weigerte sich, sie zu veröffentlichen, und begründete dies damit, dass einerseits László Gy. Dániel den Namen Árpád Baksa in seinem Artikel gar nicht erwähnt habe und andererseits der Ton der Richtigstellung inakzeptabel sei. (Der Text dieser Richtigstellung ist im Aktenbündel nicht zu finden. So kann ich mir nicht ganz sicher sein, wer ihn geschrieben hat. Vermutlich hat ihn Árpád Baksa aufgesetzt und direkt an die *Torontál* gesandt.) Hiernach begann auch ein Verfahren gegen die *Torontál*.

Die Privatklage wird am 6. November 1942 eingereicht. Darin werden die Behauptungen von László Gy. Dániel angeführt. Laut Baksa ist klar, dass – obwohl er namentlich nicht genannt wird – der Autor auf ihn abgezielt habe. Dies belege auch der Hinweis auf den Südbanat; zudem leugne der Autor nicht, über ihn geschrieben zu haben.

Die Privatklage macht geltend, dass Baksa am 6. Juni 1942 einen Vortrag über die Assimilation gehalten, aber weder in diesem Vortrag noch bei anderer Gelegenheit gesagt habe, dass er jene nicht als Ungarn anerkenne, die einen fremden Namen haben. Die Anklageschrift benennt auch den vermuteten Grund zur Verleumdung: Im Sommer 1942 bildete sich eine Opposition gegen die Führung der DMKSZ, und Árpád Baksa hatte sich dieser Opposition angeschlossen. Deshalb wolle man ihn nun diskreditieren. Ich möchte dem anfügen, dass eine Minderheit nie klein genug sein kann, als dass es nicht auch da interne Fraktionskämpfe gäbe.

Am 6. November 1942 wird auch die Klage gegen die *Torontál* eingereicht. Darin erbittet Árpád Baksa von Frau Jenő Mara, der verantwortlichen Redakteurin der *Torontál*, die Publikation der Berichtigung und die Erstattung der Prozesskosten.

Ein Blick voraus – Frau Jenő Mara und die Torontál zweieinhalb Jahre später

Der Name von Frau Jenő Mara (Original: „Mara Jenőné", „Jenőné" bedeutet auf Ungarisch „die Frau des Jenő") findet sich ich in mehreren Dokumenten, in denen mein Vater jedoch sie und nicht ihren Gegner vertrat. Verschiedene Verfahren gibt es, die die Druckerei GLOBUS betreffen, deren Miteigentümer Frau Jenő Mara war. Unser Büro hatte lange Zeit das Papier bei der GLOBUS-Druckerei eingekauft.

Es gibt unter anderem einen Strafprozess, der 1945 gegen Frau Jenő Mara begonnen wurde. In diesem stand Ernsteres auf dem Spiel als im Medienprozess von Árpád Baksa. Zwischen den beiden Prozessen waren kaum mehr als zwei Jahre vergangen.

Frau Mara wurde im Januar 1945 verhaftet. Noch gibt es am Sonntag, dem 21. Januar, nur Vermutungen. Im Tagebuch meines Großvaters steht: *„Es heißt, dass man auch Frau Mara nach Novi Sad gebracht habe."* Einen Tag später, am 22. Januar 1945, notiert mein Großvater bereits Folgendes: *„In der gesamten Stadt gibt es allgemeine Anteilnahme am Schicksal von Frau Mara. Sie war zu Gast gewesen bei den Magyars, wurde von dort mitgenommen, sie war bekleidet mit einem ziemlich dünnen Kleid und konnte keine Decke, keine warme Kleidung von zu Hause mitnehmen."* Am 23. April 1945 erlässt das Militärgericht des Banater Militärbezirks ein Urteil. Frau Jenő Mara, Mitinhaberin und verantwortliche Redakteurin der *Torontál*, wird zu drei Jahren Zwangsarbeit verurteilt, zudem entzieht man ihr auf zehn Jahre die „bürgerlichen Ehrenrechte" und beschlagnahmt ihr gesamtes Vermögen.

Dem Urteil zufolge hatte die Angeklagte zugegeben, das Vergehen, dessen sie beschuldigt wurde, begangen zu haben. Die Urteilsbegründung beginnt damit, dass Frau Jenő Mara eingestanden habe, dass zu Beginn der Besatzung der Name der Zeitschrift geändert worden sei und somit aus dem *Híradó* (deutsch: „Anzeiger") die *Torontál* geworden sei. Ich weiß nicht, wie ich diese Aussage einzuordnen habe. Die *Torontál* ist in Betschkerek die Tageszeitung mit der längsten Lebensdauer. Sie wurde 1871 ins Leben gerufen, trug den Namen *Torontál* bis 1930, änderte ihn dann und wurde zu *Híradó*; Redaktion und Redaktionspolitik änderten sich kaum. Im Jahr 1941 kehrte die Zeitung wieder zum ursprünglichen Namen zurück. Keinem der Namen entnehme ich ein faschistisches oder antifaschistisches Nebengeräusch. Ob der Staatsanwalt wohl Irredentismus hinter dem Namen zu erkennen glaubte, der einer geografischen Region angehörte, die seit dem Ersten Weltkrieg keine Verwaltungseinheit mehr darstellte? Auch dies scheint weit hergeholt, besonders wenn wir bedenken, dass bis zum Jahr 1930 der Name der Zeitung im jugoslawischen bzw. serbischen Staat ebenfalls *Torontál* lautete. Im Übrigen geriet mir, während ich in den Akten des Familienbüros blätterte, eine Sonderausgabe der *Torontál* (damals *Híradó*) in die Hände. Auch dafür zeichnete Frau Jenő Mara (zusammen mit János Kelemen) verantwortlich. Die kleinformatige Sondernummer erschien am Freitag, dem 19. Mai 1933, zum 50. Geburtstag von Lajos Borsodi; der Titel lautete: *Jubiläumsausgabe Lajos Borsodi!*

Lajos Borsodi war ein bekannter Betschkereker Schriftsteller. Die Sonderausgabe publiziert noch einmal das erste Gedicht von Lajos Borsodi, in der *Torontál* ursprünglich am 30. Dezember 1903 erschienen. Der Text, in welchem dem Jubilar gratuliert wird, schließt mit dem folgenden Satz: *„Erlauben Sie dieser Zeitung – in deren Spalten sein Weg begann –, den Jubilar als Erste zu begrüßen und ihm von Herzen zu wünschen, dass er in diesem Blatt mit demselben, vor Glück überbordenden Herzen die erste Strophe eines Gedichts seines Enkels lesen möge, mit dem er seine eigenen jugendlichen, in Reim gefassten ‚Verirrungen' vor dreißig Jahren gelesen hat."*

Auf der Rückseite der Sonderausgabe steht die folgende Werbeaussage:

> „Die Frage ist nicht,
> Was das Schicksal der Welt sein wird,
> Sondern ob Sie Abonnent des HÍRADÓ sind,
> Und ob Sie Ihre Formulare bei der GLOBUS-Druckerei bestellen."

Die Dinge sollten sich anders entwickeln. Die philosophische Werbeaussage fand in den späteren Ereignissen keine Bestätigung. Es kam trotz allem die Frage auf, wie sich das Schicksal der Welt gestalten würde. Neun Jahre nach Erscheinen der Jubiläumsausgabe, während der um Beleidigung und üble Nachrede geführte Zivilprozess Baksa contra Dániel noch im Gange ist, werden Lajos Borsodi und sein Sohn Ferenc ins Lager verschleppt. Auch davon finden sich Spuren in den Akten meines Großvaters, im Aktenbündel „Ungarische Angelegenheiten". Hier gibt es – neben vielen anderen Schriften und Briefen – zwei Visitenkarten von Lajos Borsodi mit auf der Rückseite jeweils mit Bleistift geschriebenen Botschaften. Lajos Borsodi war ein guter Bekannter meines Großvaters. Sein Sohn Ferenc Borsodi war Klassenkamerad und enger Freund meines Vaters. Die Handschrift ist leserlich – aber nicht leicht zu lesen.

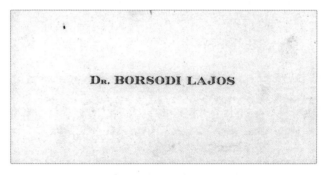

Auf der Rückseite der ersten Visitenkarte steht (ins Deutsche übersetzt):

„Mein lieber Imre!
Sei so freundlich, wenn möglich, mache für meine Schwester Gizi, worum sie bittet, weil du direkt mir damit einen Gefallen tust.
Es umarmt Dich
Lajos"

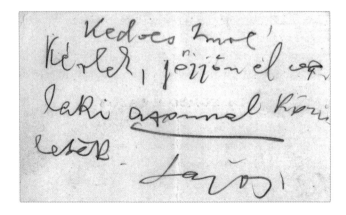

Und auf der anderen Visitenkarte:

"Lieber Imre!
Ich bitte Dich, es komme <u>sofort</u> einer von Euch zu mir.
Lajos"

Wahrscheinlich hat Lajos Borsodi diese Nachrichten bereits aus dem Sammellager auf die in seiner Jackentasche verbliebenen Visitenkarten notiert, weil er nichts anderes hatte, um darauf zu schreiben. Die Botschaften tragen kein Datum. Die Texte sind kurz, und der Grund dürfte nicht nur die Größe der Visitenkarten gewesen sein. Beide Texte sind eher Signale denn Mitteilungen. Möglicherweise schmuggelte ein Besucher diese Nachrichten heraus, es konnte nicht als sicher gelten, dass sie nicht in die Hände der Aufseher gerieten. Die Anspannung kommt auch in wenigen Worten zum Ausdruck. Ich glaube nicht, dass sie in ihrem früheren Briefwechsel – ob Lajos Borsodi, ob mein Großvater – das Wort „sofort" benutzt hätten, besonders nicht unterstrichen. Das Wesentliche der Nachrichten ist eigentlich ein Hilferuf. Mit „einer von Euch" war wohl selbstredend mein Großvater oder mein Vater (ebenfalls Rechtsanwalt) gemeint. Ich weiß nicht genau, worum die Schwester Borsodis gebeten haben könnte. Im Rahmen von Gesprächen in der Familie hörte ich öfters über das Schicksal von Borsodi und davon, dass sowohl mein Großvater als auch mein Vater versucht hatten zu helfen, es auch Teilerfolge gab (Freilassung auf Zeit), aber am Ende kamen Lajos Borsodi und Ferenc von Betschkerek weg und büßten im Judenlager ihr Leben ein.

Somit wurde auf brutale Weise verhindert, dass die in der Jubiläumsausgabe des *Híradó* beziehungsweise der *Torontál* abschließend zum Ausdruck gebrachten Wünsche sich erfüllten. Lajos Borsodi konnte seines Enkels Gedichte nicht lesen. Zusammen mit ihm war sein Sohn Ferenc in den Tod geschickt worden, und es wurde kein Enkelkind geboren.

Um auf die Urteilsbegründung gegen Frau Jenő Mara zurückzukommen: Das Gericht erläutert noch, die *Torontál* sei ein faschistisches Blatt, das über offizielle faschistische Veranstaltungen berichtet habe, gegenüber der Volksbefreiungsbewegung feindlich eingestellt sei und sich auf die deutsche Propaganda stütze. In der Begründung gibt es nur ein konkretes Beispiel. Demnach hat die *Torontál* „*die uninformierte Öffentlichkeit im Zusammenhang mit den deutschen Schandtaten irregeführt, wie zum Beispiel im Zusammenhang mit den im Wald von Katyń begangenen Morden, darum bemüht, diese dem Konto der brüderlichen Sowjetunion zuzuschreiben ...*"

Die *Torontál* war kein antifaschistisches Blatt. Ich glaube, man kann sie auch keine faschistische Zeitung nennen. Um sie genauer zu charakterisieren, müsste man mehr Ausgaben lesen als jene, die ich kenne. In Bezug auf den Wald von Katyń gibt es aber heute keinen Zweifel mehr, dass weder der Staatsanwalt noch das Gericht im Recht waren.

Im Aktenbündel findet sich ein Blatt Papier, beidseitig mit einem mit blauem Stift verfassten Text beschrieben. Es gibt darauf weder eine Adresse noch ein Datum, auch ist nicht sicher, ob der gesamte Text erhalten ist oder ob es einmal eine weitere Seite gegeben hat. Aus dem Text geht eindeutig hervor, dass er von Frau Jenő Mara geschrieben ist, und ist auch klar, dass sie sich in Gefangenschaft befand, als sie den Text aufsetzte. Wenn nicht als Brief, so könnte ich ihn als Notiz bezeichnen, die sie an meinen Vater sandte und in der sie beschreibt, was sie vor dem OZNA (za Odeljenje zaštitu naroda, das heißt die Abteilung für Volksschutz, praktisch die Geheimpolizei) im Verlauf des Verhörs gesagt hatte. Der Text beginnt mit diesem Satz: „*In Zusammenhang mit der Zeitung wollen sie mir unbedingt alle Verantwortung aufbürden.*" Dazu muss man wissen, dass Jenő Mara (Mayer) ein bekannter Journalist gewesen war, ebenso wie sein Vater Rudolf Mara (Mayer). Jenő Mara war Mitinhaber der *Torontál*. Im Jahre 1917 wurde er ihr verantwortlicher Redakteur und blieb auf diesem Posten bis 1931, als er im Alter von dreiundvierzig Jahren an einer Tuberkulose verstarb. Danach wechselten einander mehrere verantwortliche Redakteure ab. An der Schwelle zum Krieg brauchte es einen erneuten Wechsel, aber da es nicht gelang, eine Lösung herbeizuführen, übernahm Frau Jenő Mara übergangsweise den Posten. Und dieser Übergang dauerte an. Frau Jenő Mara war keine Journalistin, und sie wurde auch nicht zu einer, als sie den Anteil ihres Mannes erbte – auch dann nicht, als sie zur verantwortlichen Chefredakteurin erkoren wurde. In der Notiz schreibt sie: „*Ich persönlich war nie ein Journalist, schrieb nie ein Wort in dem Blatt – war in keinem Journalistenverband ...*" Weiter erklärt sie: „*Mein Name steht auf der Zeitung, weil die Deutschen Sebor nicht genehmigten, weil er nicht hiesiger Staatsangehöriger war.*" Frau Jenő Mara beschreibt, dass sie dies auch in Novi Sad bei der OZNA ausgesagt habe, genauso wie sie auch gesagt habe, dass die *Torontál* sich eher mit lokalen Dinge beschäftigt habe als mit der „großen Politik"; nur László Gy. Dániel habe politische Artikel geschrieben. In dem Text steht auch, dass das „*Blatt immer der Regierung gefolgt*" sei, anders habe man es „*nicht aufrechterhalten können*".

Die Notiz erwähnt, nachdem man sie aus Novi Sad zurückgebracht habe (vermutlich nach Betschkerek), habe ein *„islednik [Detektiv] namens Zemba"* sich nur für die Angaben interessiert, die von der OZNA festgehalten worden waren. Man habe sie nicht verhört. In ihrer Notiz schlägt Frau Jenő Mara außerdem vor, dass es gut wäre, wenn ihre Angestellten über ihr Verhalten aussagen würden.

Das wurde von meinem Vater dann auch organisiert. Im Aktenbündel gibt es eine auf Ungarisch aufgesetzte Erklärung, ins Serbische übersetzt, dazu eine mit einem roten Stift geschriebene Anmerkung, die Erklärung sei zum Zweck einer Unterschriftensammlung am 16. März 1945 ausgesandt worden. Ich gehe davon aus, dass es gelungen ist, die Unterschriften zusammenzubekommen. Neben den einfachen und zeitlosen Anmerkungen, nach denen Frau Jenő Mara *„ihren Mitarbeitern gegenüber korrektes und freundschaftliches Verhalten bewiesen"* und *„die Kollektivverträge respektiert"* habe, steht zudem in der Erklärung, dass sie zusammen mit ihren Arbeitern *„in sozialer Arbeitsgemeinschaft gearbeitet"* habe. Ich glaube nicht, dass zu jener Zeit in der *Torontál* auch nur irgendeiner eine „soziale Arbeitsgemeinschaft" gesehen hätte. Vielmehr dürfte der Text der Erklärung danach getrachtet haben, die Tatsache, dass Frau Jenő Mara mit ihren Mitarbeitern korrekt umging, in die Sprache der neuen Formeln positiven Verhaltens zu übertragen. Am Schluss steht natürlich das *S.F.S.N.* da, das heißt „Tod dem Faschismus, Freiheit dem Volke!".

Es ist sehr schwierig, zwischen dem Urteil und dem von Frau Jenő Mara Gesagten einen Übergang zu finden. Unter normalen Umständen verdient natürlich das Urteil Glaubwürdigkeit und nicht die Sicht eines Angeklagten auf die Realität. Aber Voraussetzung für Glaubwürdigkeit ist auch, dass das Urteil in einer Beziehung steht zu der Welt, in der die Rechtsverletzung (oder vermutete Rechtsverletzung) begangen worden ist.

Im Baksa-Prozess entfalten sich die Tatsachen und Meinungen innerhalb derselben Welt, und auch die Machenschaften und Dummheiten bleiben im Kontext. Zeitlich gesehen ist der Mara'sche Strafprozess nicht wirklich weit entfernt von der angenommenen Straftat, aber zwischenzeitlich hat sich ein Wechsel der Ära ergeben, frühere Episoden, Sätze und Verhaltensweisen erscheinen nun in einem anderen Rahmen. Es handelt sich nicht nur darum, dass etwas zu einem Vergehen geworden ist, was vorher keines war – Untaten, die die faschistische Macht nicht für strafbar gehalten hatte, sind nämlich selbstverständlich zu bestrafen. Andererseits dürfen die Formeln das Interesse an der Wahrheit und die Analyse nicht ersetzen. Wenn es darum geht, ob Tante Saci eine Gefängnisstrafe erhalten soll, kann nicht unberücksichtigt bleiben, wer diese Tante Saci eigentlich gewesen ist. Aufgrund der Tatsache, dass der Faschismus zu verurteilen ist, wird es noch nicht überflüssig festzustellen, was genau geschehen ist und wem das Geschehene angelastet werden kann. Möglicherweise ist ein verantwortlicher Redakteur nicht ausschließlich ein begeisterter (faschistischer oder antifaschistischer) Macher einer Zeitung. Auch wenn die bürgerliche Welt als Vergangenheit klassifiziert wird, die es abzulehnen gilt, müsste das Strafgericht die Tatsache im Blick behalten, dass es hier die

Fortführung eines Familienunternehmens war, die das Interesse von Tante Saci bildete, und nicht der Journalismus. Das Urteil berücksichtigte diese Verteidigung, hielt sie aber nicht für relevant. Sicher, Frau Jenő Mara war verantwortliche Chefredakteurin. Also trug sie die Verantwortung. Aber wenn es sich um die strafrechtliche Verantwortung handelt, ist auch der Grad der Verantwortung wichtig (vorausgesetzt, es gibt etwas zu verantworten). Wenn das Hauptvergehen darin besteht, was in der *Torontál* über Katyń geschrieben stand, müsste auch die Chance gewährt werden, darüber zu diskutieren, was in Katyń geschehen ist. Dies war natürlich im Jahr 1945 vor dem Militärgericht undenkbar; hier handelte es sich nicht um Tatsachen, sondern um den Prüfstein für den wahren Glauben. (Es ist wahr, vermutlich hat auch der Journalist der *Torontál* sich eher an Überzeugungen und Vorurteilen orientiert, als er über Katyń schrieb.)

In dem Urteil wird erwähnt, dass die *Torontál* die Volksbefreiungsbewegung als „Bande" bezeichnet und Marschall Stalin, Roosevelt und Churchill „gedemütigt" habe, aber es wird nicht angegeben, auf welchen Artikeln und welchen Passagen diese Einschätzung beruht – so ist zum Beispiel auch nicht zu erfahren, mit welchen Worten die „Demütigung" geschah. Im Urteil wird kein einziger Satz zitiert, es gibt nicht einmal einen Hinweis auf einen konkreten Artikel, mit Ausnahme des Artikels über Katyń. Ich gehe davon aus, dass Zemba und die übrigen Ermittler kein Ungarisch konnten. Sind überhaupt Artikel übersetzt worden? Im Baksa-Prozess wohl ja, aber im Strafverfahren gegen Frau Jenő Mara sehe ich davon weder im Urteil, noch in anderen Dokumenten eine Spur. Das Urteil befasst sich nicht mit konkreten Sätzen.

Während ich diesen Text schreibe, stellt sich mir die Frage, ob ich nicht voreingenommen bin (zum Vorteil von Tante Saci). Ich weiß nicht, was meine Ansicht wäre, wenn man sie nicht zu drei Jahren Gefängnis und Zwangsarbeit verurteilt hätte. Im Übrigen erinnere ich mich nicht persönlich an sie. Sie war zwar an Namens- und Geburtstagen öfter bei uns zu Hause, als ich auch schon da war, und dürfte mich, ihren Enkel, auch begrüßt haben, aber ich kann diese (mutmaßlichen) Begegnungen innerlich nicht mehr heraufbeschwören. Ich erinnere mich dagegen daran, dass man während meiner Gymnasialzeit anlässlich ungarischer sowie serbischer Gesellschaften wiederholt und mit Sympathie von ihr sprach. Das habe ich mir gemerkt. Voller Liebe sprach ihr Sohn Öcsi über sie, und auch dessen amerikanische Frau, als ich sie einmal – noch als angehender Jurist – in London traf. Das über Tante Saci entstandene Bild kann ich nicht wirklich dem Rahmen des Urteils einpassen. Es kommt das Moment hinzu, dass man sie wegen nichts Weiterem als verschiedener Versäumnisse als verantwortlicher Redakteur beschuldigt hatte; und an diesem Punkt enthält das Urteil eher Bewertungen als Feststellungen von Tatsachen. Auf der anderen Seite stimmt, dass Frau Jenő Mara in ihrer Erklärung auch dies niederschreibt: *„Das Blatt folgte immer der Regierung – anders hätte man es nicht aufrechterhalten können."* Neben der Meinungsfreiheit könnte man auch über die Freiheit des Anpassens nachdenken. Es ist möglich, sich den Machthabern einigermaßen anzupassen (aber nur in sehr geringem Maße), sodass noch anständigerweise Raum übrig bleibt für freies Denken und ohne dass dies die Einordnung des Blattes wesentlich verändert. Es gibt dann eine weiter gehende Anpassung, aus der vielleicht resultiert, dass die Zeitung aufrechterhalten werden kann, ihr guter Ruf aber nicht mehr – dies rechtfertigt aber noch nicht zwingend eine Haftstrafe. Die deutsche Besatzung war nicht flexibel. Offensichtlich berücksichtigte die *Torontál* die Zensur. Ihrer Tradition nach war sie kein deutsch-freundliches Blatt, aber während der Besatzung wurden dort vermutlich Artikel veröffentlicht, die den Standpunkt der deutschen Besatzer widerspiegelten. Sicherlich gab es auch antikommunistische Schriften, und da handelte es sich wohl nicht mehr lediglich um Anpassung. Tatsache ist dabei, dass in Jugoslawien gerade eben die Kommunisten die größten Gegner des Faschismus waren. Dem anwaltlichen Antrieb nachgebend möchte ich anmerken: Ehedem hatten auch die Vereinigten Staaten den faschistischen Franco dem Kommunismus gegenüber verteidigt. (Wenn wir den anwaltlichen Faden jedoch von der anderen Seite her weiterspinnen, ist auch wahr, dass die Vereinigten Staaten gegen Hitler ankämpften – und die *Torontál* nicht.) Es ist weitaus schwieriger, Menschen wie Tante Saci in der Geschichte zu positionieren als, sagen wir, einen Roosevelt oder einen Hitler.

Über das Urteil referiert mein Vater in einem Brief vom 28. April 1945 an Öcsi Mara. Den Brief schickt er nach London. Im Aktenbündel gibt es eine maschinengeschriebene Kopie des Schreibens. (Öcsi und Miki Mara – das heißt Jenő und Miklós – waren die Söhne von Frau Jenő Mara und die Enkel von Rudolf Mayer. Sie hatten bereits früher vorausgesehen, dass sie in London vermutlich in größerer Sicherheit sein würden. Vorher hatten sie einige Jahre in Budapest gelebt.) So beginnt der Brief: „*Mein lieber Öcsi! Vor drei Tagen hat man das Urteil in der Sache Deiner Mutter erbracht. Der Staatsanwalt begründete die Anklage damit, dass das Blatt, das Deine Mutter als verantwortliche Redakteurin zeichnete, im Dienste faschistischer Propaganda gestanden habe.*" Auch schreibt mein Vater darüber, in welchem Zustand Tante Saci ist: „*Mit Deiner Mutter konnte ich nach der Verkündung des Urteils sprechen. Sie hat schwere Tage durchlebt, nervlich hat ihr der Ablauf des Verfahrens zugesetzt – aber ich hatte entschieden den Eindruck, dass sie über die seelische Krise hinweg ist.*" Weiter teilt mein Vater mit: „*Deiner Mutter hat man die ganze Zeit über außergewöhnliche Behandlung zukommen lassen. Ihre liebenswürdige, freundliche Art hat ihr überall Freunde beschert*" – anscheinend auch unter den Gefängniswärtern. Im letzten Absatz des Briefes steht: „*Deine Mutter hat mir besonders ans Herz gelegt, dass ich Euch ausrichte, dass jetzt weder Du noch Miki nach Hause kommen sollt.*"

Im Dossier gibt es noch einen großen Umschlag, darin ein handschriftliches Vermögensinventar und eine mit Schreibmaschine geschriebene serbische Übersetzung. Ich setze voraus, dass das Inventar im Zusammenhang mit der Beschlagnahme des Vermögens erstellt worden ist. Aus den ans Ende der Liste angefügten Bemerkungen lässt sich folgern, dass Frau Jenő Maras Mutter, Frau Kálmán Milassin (Tante Náni), die Liste zusammengestellt hat; sie lebte im gemeinsamen Haushalt mit ihrer Tochter. Es dürfte das Ziel gewesen sein, jene Gegenstände aufzuführen, die ihr Eigentum bildeten und demnach von der Anordnung zur Konfiszierung nicht betroffen waren. Sie beschrieb beispielsweise, dass die große Kredenz, die kleine Kredenz, die darin enthaltenen Dekorationsstücke, der Serviertisch und die Stühle im Esszimmer das Eigentum der Frau Jenő Mara darstellten, dagegen der zweitürige Schrank, dazu eine Reihe anderer Möbelstücke der Tante Náni gehörten – was *„viele Freunde und Bekannte beweisen können."* Es gibt auch eine Liste von Tante Nánis Kleidern, die bezweckte, dass sie von der Beschlagnahme ausgenommen wurden. Unter anderem gab es da: Wintermantel, Frühlingsmantel, „Kostüm", dunkelgraues Kleid. Eines der Banater ungarischen Wörter muss man wohl nicht ins Deutsche übersetzen: „Flanell Slafrok". Auf der Liste der „Kleider" stand noch mehr. Auch wurden möglicherweise ein paar Kleider von Tante Saci auf die Liste geschmuggelt, die vor der Beschlagnahme gerettet werden sollten. Mittlerweile wird das niemand mehr wissen.

Auf das Urteil folgen weitere Anstrengungen. Ich sehe, dass am 13. Juli 1945 mein Vater an Frau Jenő Mara einen Brief schreibt und sie dabei mit *„Liebe Tante Saci"* anredet. Aus dem Brief ergibt sich unter anderem, dass Frau Jenő Mara zu jener Zeit im Gefängnis einsitzt. Mein Vater teilt in dem Brief mit, dass *„vor ein paar Tagen"* ein Begnadigungsgesetz erlassen worden sei, auf dessen Grundlage beantragt werden könne, dass die verhängte Strafe erlassen beziehungsweise ihre Minderung beantragt werden könne für jene, die von einem Militärgericht oder einem anderen neuen jugoslawischen Gericht verurteilt worden seien. Für eine präzisere Erklärung müsste man tiefer in der jugoslawischen Rechtsgeschichte schürfen, doch allem Anschein nach hatte die Arbeit der neuen Gerichte kein uneingeschränktes Gefühl der Zufriedenheit erzeugt. Unter den neuen Machthabern gab es vermutlich mehrere Leute, nach deren Ansicht in der zu eng mit dem Krieg verbundenen Atmosphäre etliche Urteile über das Ziel hinausgeschossen waren. Eine Überprüfung hätte die neue Macht kompromittieren können, eine Begnadigung tat dies hingegen nicht. Jedenfalls schlug mein Vater vor, ein Gnadengesuch einzureichen.

Über Tante Saci wurde in meiner Kindheit des Öfteren gesprochen. Ich glaube mich erinnern zu können (und dies erscheint auch aus den erhaltenen Briefen als wahrscheinlich), dass sie eine verhältnismäßig kurze Zeit im Gefängnis verbrachte und danach eine Zeit lang „gesellschaftlich nützliche Arbeit" abzuleisten hatte. Meines Großvaters Tagebuchaufzeichnungen geben eine genauere Orientierung. Am 20. Januar 1946 notiert er:

„Sonntag. Gestern kam Todos Manojlovits zu Besuch. Ich überredete ihn, und wir gingen gemeinsam, um Saczi Mara zum Namenstag zu gratulieren. Gerade jetzt vor einem Jahr war sie einen Tag vor ihrem Namenstag (Sarolta/Charlotte) zu Besuch bei Piri Juhász gewesen, als sie zwei Partisanen aufsuchten und ins Gefängnis verschlepp-

ten. Ihren Namenstag saß sie dort ab. Man verurteilte sie zu 3 Jahren wegen Vergehens gegen die nationale Ehre. Man brachte sie weg nach Mitrovicza, von dort kam sie überraschenderweise irgendwie nach Hause, und jetzt leistet sie ihre Strafe zu Hause ab, indem sie im Büro der Lehrklasse des Messinger-Instituts gefangen ist, aber zum Essen und Schlafen nach Hause gehen darf zu ihrer verwitweten Mutter Náni. Die zwischenzeitlich herausgegebene Begnadigungsverordnung hat ihr die Hälfte ihrer Strafe erlassen, sodass sie noch ein halbes Jahr lang zur Zwangsarbeit gehen muss."

Demnach geriet Tante Saci an eine humanere Version von Zwangsarbeit. Sie arbeitete im Messinger-Institut (vermutlich als Putzfrau) unter Personen, die sie vermutlich schonten. Auch durfte sie zwischendurch nach Hause gehen. Möglicherweise wurde sie vom serbischen Schriftsteller Todor Manojlović und meinem Großvater zu Hause besucht. Dem Tagebuch ist zudem zu entnehmen, dass sich das angekündigte weitere halbe Jahr ein wenig hinauszögerte. (Es gelang aber, die ursprünglich verhängten drei Jahre auf zwei Jahre zu verkürzen.) Das Datum eines anderen Eintrags (ebenfalls an einem Sonntag und nahe am Namenstag) bezeugt, dass die Zwangsarbeit nach dem Besuch Todor Manojlović' und meines Großvaters noch ungefähr ein Jahr lang andauerte.

„Sonntag, 19. I. 1947. Mittags besuchten wir mit Józsi und Lóri Frau Saci Mara. Wir beglückwünschten sie zum Namenstag und aus dem Anlass, dass sie mit vorgestriger Wirkung von der Strafe der zweijährigen Zwangsarbeit freigekommen ist, zu der sie das Volksgericht als Redakteurin der Tageszeitung Torontál verurteilt hatte."

Danach erscheint der Name von Tante Saci im Tagebuch unter denjenigen, die am 5. November 1947, dem Namenstag meines Großvaters, vorbeikamen. Auch nach dem 5. November 1947 steht ihr Name regelmäßig auf der Besucherliste. Im Jahr 1955 verließ sie Betschkerek. Ein Tagebucheintrag vom 17. Oktober 1955 vermerkt: *„Anfang dieser Woche hat Frau Jenő Mara endgültig Abschied genommen von Betschkerek."* Sie zog zu ihrem Sohn Öcsi (Jenő) nach London.

Während meiner Jahre an der Universität in Belgrad erhielt einmal mein Zimmerkamerad Tibor Bencze ein Paket von Tante Saci. Es gab darin eine Papiertüte, auf der stand „Flying Bird" (fliegender Vogel). Ein gelbes Pulver war darin, und wir rätselten, wozu es wohl gut war. Mein Zimmergenosse meinte, es handelte sich um Puddingpulver. Ich hatte keine Gegenargumente. Am Ende benutzten wir die Tüte zu Dekorationszwecken. Es gab auch eindeutigere Dinge im Paket, die konnten wir gebrauchen. Jahre später traf ich in London den Sohn von Tante Saci, Öcsi Mara, aber ich habe nicht gefragt, was der Flying Bird wohl gewesen sein mochte. (Vielleicht wusste er es auch nicht.)

Zurück zum Medienprozess – eine schwer erzielte Lösung, auch ohne Einbeziehung der Ungarischen Akademie der Wissenschaften

Frau Jenő Mara wurde im Januar 1945 verhaftet. Etwas mehr als zwei Jahre zuvor war der Medienprozess noch in vollem Gange, ebenso die Diskussion, die László Gy. Dániel als „die große Debatte" wertet. So sagt er es in einer weiteren Schrift, die er nach Eingang der Anklageschrift am 15. November 1942 in der *Torontál* publiziert.

Der Titel von László Gy. Dániels Aufsatz ist: „Offener Brief an Árpád Baksa, den protestantischen Pastor aus Pančevo". Möglicherweise handelt es sich um den Versuch einer Einigung, aber die Schrift bringt keine Entspannung, auch der angeschlagene Ton ist nicht wirklich friedlich. Die Argumente, auf denen zuvor bereits herumgeritten wurde, werden mit größerem Nachdruck vorgebracht. Unter anderem schreibt László Gy. Dániel, er habe es nicht bereut, jene, die für die Namensanalyse eintreten, als gemütsarm zu bezeichnen. Er fügt hinzu: *„Wenn es einen Menschen gibt, der es wagt, sich selbst als Ungar zu bezeichnen, so ist dieser entweder verrückt oder steht in fremdem Sold."* Aufmerksam gelesen, können wir feststellen, dass László Gy. Dániel jetzt nicht mehr behauptet, es gebe tatsächlich jemanden, der im Südbanat so etwas gesagt hat, sondern er spricht im Konjunktiv („wenn es einen Menschen gibt"). Dies ist aber nicht wirklich die Stimme der Aussöhnung, und noch weniger die der Abbitte. Auch das, was er im Weiteren schreibt, bringt keine Entlastung:

> *„Sie haben mich wegen Verleumdung und Ehrverletzung verklagt. Darauf liegt die Betonung jedoch nicht. In dieser großen Debatte ist nicht das Schreiben des Artikels das Wichtigste, der Artikel ist ausschließlich geschrieben, um herauszufordern, wer ein wahrer Mensch ist."*

In Medienprozessen und bei anderem journalistischen Säbelrasseln suchen die gegnerischen Parteien oft hinter dem „Wichtigsten" oder dem „Wesen" Deckung – und als „Wichtigstes" beziehungsweise als „Wesen" wird natürlich das postuliert, was ihnen Deckung bietet. Laut László Gy. Dániel ist nicht der „entartete geistige Krüppel" das Wesentliche der Diskussion, auch nicht das Schreiben des Artikels an sich ist das Wichtigste, weil er ihn ja nur geschrieben habe, um herauszufinden, wer der wahre Mensch sei. Dies sei am wichtigsten, und „darauf liegt die Betonung."

Im Nachsinnen darüber, wie sich die Dinge wohl abgespielt haben mögen, fällt mir der Satz des englischen Dramatikers Tom Stoppard ein: *„Mein ganzes Leben bedeutet warten auf Fragen, auf die ich Antworten vorbereitet habe."* (Original: *„My whole life is waiting for the questions to which I have prepared answers."*) Die Situation ist die, dass es Journalisten, Schriftsteller, Politiker und andere gegeben hat und geben wird, die nicht so viel Geduld haben wie Stoppard. Wenn jemandem seine Vorstellung davon bereits mitgeteilt hat, wie man eine Verhaltensweise triumphierend entlarven könnte, wartet er nur ungern ab, bis dieses Verhalten dann auch wirklich zutage tritt. Man kann durchaus unter großem Aufsehen den Standpunkt dementieren, dass die Namensanalyse erforderlich und nur derjenige ein Ungar sei, der einen ungarischen Namen trägt. Mit diesem Dementi kann man großzügigst Weisheit und ätzende Ironie vermengen, Pointen ergeben sich gleichsam von selbst, der Applaus ist einem sicher. Aber was sollen wir tun, wenn die Behauptung, deren glänzendes Dementi wir in Reserve behalten haben, nicht ausgesprochen wird? Árpád Baksa könnte vielleicht solche Sätze gesagt haben, die missverständlich waren (insbesondere wenn wir sie aus zweiter Hand erfahren, übermittelt durch einen wohlwollenden „Informanten"). Ob es wohl möglich war, noch weiter zu warten?

Es gibt auch eine Stelle in dem am 15. November 1942 veröffentlichten Text, mit der man nur schwer nicht einverstanden sein kann. László Gy. Dániel warnt: *„Der Medienprozess [...] wird auch dafür gut sein, dass sich Fremde über uns amüsieren, weil man uns nicht in Magnatentracht, sondern in ungarisch-bequemer Schmutzwäsche sehen wird."* Ich weiß nicht, wen der Autor des Artikels mit „Fremde" gemeint hat, aber sicher ist, dass dieser Medienprozess (und die durch ihn aufgepeitschten Wellen) das Ansehen der Ungarn bei den serbischen und deutschen Mitbürgern des Banat nicht verbessert hat.

Es ist jedoch nicht einfach, den Schwung, den die Sache bekommen hat, zu bremsen. Weitere Anträge der Rechtsvertreter folgen. László Gy Dániels Anwalt Evgenje Jocić bringt das Argument vor, Verleumdung und Ehrverletzung setze nach § 52 des Pressegesetzes *Absicht* voraus, László Gy. Dániel aber habe gar keine Absicht gehabt und könne auch keine gehabt haben, Árpád Baksa zu verleumden und zu beleidigen. Er könne aus dem Grund keine Absicht gehabt haben, weil, als er den Artikel verfasste, er noch nicht gewusst habe, wer die Rede im Südbanat gehalten hatte, und dies erst später von Károly Ambrózy erfahren habe.

In jenen Jahren, an die ich selbst schon Erinnerungen habe, lernte ich sowohl Árpád Baksa als auch Károly Ambrózy kennen. Aus dem, was ich selbst gesehen und gehört habe, kann ich mir irgendwie keinen Reim auf die Geschichte von 1942 machen. Ich war Student, als ich Árpád Baksa begegnete. In Belgrad sicherte er vornehmlich ungarischen reformierten Studenten eine kostenlose, zufriedenstellende Wohnmöglichkeit zu. Die Unterkunft war in der Dobračina-Straße 33, wo ich mitunter István Sepsey, meinen ehemaligen Klassenkameraden vom Gymnasium, besuchte. Árpád Baksa konnte diese Hilfestellung meines Wissens nach dank Schweizer und deutscher Spenden aufrechterhalten. Zudem weiß ich, dass auch solche ungarischen Kinder an eine Gratisunterkunft kamen, die nicht einen Nachnamen ungarischer Herkunft hatten.

Károly Ambrózy war mein Deutschlehrer am Gymnasium. Davor war er außerdem ein bekannter Sportler gewesen; 1924 nahm er als Diskuswerfer an den Olympischen Spielen in Paris teil. Unter uns Schülern hieß er der „alte Ambrózy" – weil wir damals einen jüngeren Turnlehrer namens Ambrózy hatten, aber auch, weil der „alte Ambrózy" bereits in Rente hätte sein können, als er unser Lehrer war. Unseres Wissens hatte man ihm die Rente verweigert, aber genehmigt, dass er weiter als Lehrer arbeitete. Es kam vor, dass seine Gedanken während des Unterrichts abschweiften, auch kam es gelegentlich vor, dass er einnickte. Er hatte Autorität, und Autorität ersetzt eben manchmal auch das Gewärtigsein. Ich erinnere mich, einmal schrieben wir eine Schularbeit, Herr Lehrer Ambrózy blieb einfach hinter dem Lehrerpult sitzen, ging nicht zwischen den Reihen herum, um aufzupassen, blickte sogar kaum in unsere Richtung. Das war natürlich unsere Chance. Tibor Bencze saß neben mir, und er schrieb wortwörtlich von mir ab, und von ihm schrieb Peter Kaslik wortwörtlich alles ab. Als Herr Lehrer Ambrózy dann die Ergebnisse verkündete, stellte sich heraus, dass ich eine fünf [die Bestnote] bekommen hatte, Bencze eine vier, Kaslik eine drei. Bencze meinte, es sei eine schwere Ungerechtigkeit passiert, und stellte – etwas unvorsichtig – Herrn Lehrer Ambrózy die Frage, wie es möglich sei, dass Várady eine fünf erhalten habe, Bencze eine vier, Kaslik eine drei, wo man doch wortwörtlich die gleiche Arbeit eingereicht habe. Dies war natürlich riskant, da wir ja schließlich nicht hätten wissen können, was die anderen jeweils geschrieben hatten, es sei denn, wir hätten gespickt oder abgeschrieben. Herr Lehrer Ambrózy aber ergriff die Gelegenheit nicht beim Schopfe, um dem Vorwurf zu begegnen, indem er die kleine Verschwörung aufdeckte. Wahrscheinlich wäre die Verfolgung einer Regelverletzung wegen Abschreibens in einer Schularbeit auch zu mühsam gewesen. Stattdessen überlegte er etwas und sagte dann: „Ich weiß doch, wer was weiß ..." Und dabei blieb es. Seitdem hat sich fast alles verändert, die Abstufung unserer Deutschkenntnisse inbegriffen: Bencze lebt seit Jahrzehnten in Deutschland und kann heute viel besser Deutsch als ich. Kaslik lebte zur Zeit der Abfassung dieses Textes in Kanada.

Zurück zum Medienprozess: In einer Vorlage stellt Evgenije Jocić auch die Frage, ob die Namensanalyse rechtens sei, ob tatsächlich nur derjenige Ungar sei, der einen ungarischen Namen trägt. Er schlägt auch vor, dass das Gericht die Stellungnahme der Ungarischen Akademie der Wissenschaften anfordere. Wäre dies die Frage gewesen, so hätte László Gy. Dániel recht gehabt. In der anwaltlichen Praxis ist es nicht ohne Beispiel, dass jemand versucht, einen solchen Pfad einzuschlagen, der zu seinem Sieg führt. Die Lage stellt sich indes anders dar, wenn nicht zur Debatte steht, ob die Namensanalyse korrekt ist, sondern ob László Gy. Dániel eine Verleumdung begangen hat.

Die Verhandlung wurde für den 11. Dezember 1942 anberaumt, doch es sollte nicht dazu kommen. Nach all den Wendungen kam doch noch ein Ausgleich zustande. In der *Torontál* erschien ein Artikel mit einer Richtigstellung und einer Entschuldigung – Árpád Baksa wiederum zog seine Klage zurück. Ich möchte hinzufügen, dass das Verfahren, in dem man diskutierte, wer wirklicher Ungar ist, auf Serbisch geführt wurde. Und unter deutscher Besatzung.

*

Um zurückzukommen auf die Frage der Namen: Vor einer Woche erzählte ein ehemaliger Klassenkamerad aus Betschkerek, verschiedene Mitschüler, die er vergessen habe, hätten sich bei ihm gemeldet, nachdem er sich auf Facebook eingetragen habe. Unter anderem auch ein gewisser Ödön, der seit Jahrzehnten in Australien lebe. Ödön war mit jugoslawischem Pass ausgewandert, und damals war es ihm nicht gelungen, dass man seinen Taufnamen auf Ungarisch in den Pass eintrug. Da es im Serbischen den Buchstaben „ö" nicht gibt und man die Buchstaben einer Minderheit nicht verwenden wollte, wurde er zu „Eden". Er hatte angenommen, dass man damit dann in der „freien Welt" leicht umgehen könne. Seine Annahme wurde nicht bestätigt. Im neuen sprachlichen Umfeld erlangte zwischenzeitlich das an die Stelle des „Ö" gesetzte „E" die Aussprache eines langen „I": „*I*den". Ödön gab seine Versuche, den Namen umschreiben zu lassen, auf. Es spielte dabei eine gewisse Rolle, dass er – da er die englische Sprache inzwischen besser kennengelernt hatte und auch auf die Bemerkungen der neuen Bekannten aufmerksam geworden war – darauf kam, dass das „Eden" auf Englisch tatsächlich doch vorteilhaft klingt. Es bedeutet auch auf Ungarisch „éden", so wie auf Deutsch „Eden". So kommen wir, wenn auch auf Umwegen, trotz allem irgendwie ins Paradies …

Wer ist nicht Deutscher?

Einführung mit Goebbels, Antifaschismus und Szenteleky

Die juristischen Fälle, die unter der Überschrift „Wer ist nicht Deutscher?" zusammengefasst sind, stehen in Zusammenhang mit dem Zweiten Weltkrieg. Sie zeigen in eine Formel gepresste Menschen, aber auch den Wechsel dieser Formel. Die Fälle demonstrieren zudem, dass die Macht von Formeln über Menschen trotz des Wechsels nicht aus der Welt geschafft ist. Genauso geschah es in Betschkerek.

Nach einiger Zeit versteckte sich bei uns niemand mehr auf dem Speicher, und wir mussten nicht mehr in den feuchten Keller hinuntersteigen wenn Flugzeuge über der Stadt auftauchten. Es erschienen an Geburts- und Namenstagen bereits die jüdischen Freunde unserer Familie, die die Gräuel des Krieges überlebt hatten, und es gab keine russischen Soldaten mehr in unserem Haus. Dann kam ich aufs Gymnasium, und zum ersten Mal in meinem Leben nahm ich eine Art Perspektive wahr; im Gespräch mit meinen Altersgenossen tauchte gelegentlich der Ausdruck „im Nachhinein" auf. Es begann mich zu interessieren, wie es möglich gewesen war, dass es zu diesen Gräueln gekommen war, und was man als Erklärung dafür vorbrachte. In der Schule, in Lehrbüchern und Zeitungen hatte sich mit Blick auf den Faschismus und den Kommunismus ein Bild (eigentlich eine Formel) herauskristallisiert, das gleichsam über jeden Zweifel erhaben war. Ich spürte dahinter auch kein wirkliches Interesse. Einige meiner Klassenkameraden und mich interessierte jedoch, was das eigentlich war, dessen grauenvolle Intensität wir verspürten, aber wir waren noch zu jung, um dies tatsächlich zu durchschauen.

Ungläubig und zweifelnd war ich vielleicht auch, weil ich in Frigyes Karinthy den ersten Schriftsteller gefunden hatte, der mich wirklich zu fesseln vermochte. Ich las jedes seiner Bücher, das aufzutreiben war, ob in der Familienbibliothek, in der städtischen Bücherei oder in Onkel Balogis Privatbücherei. Auch das gab es: Onkel Balogi hatte eine ziemlich große Bibliothek, und für etwas Kleingeld verlieh er Bücher. Bei der Familie Balogi war mein Freund Peter Kaslik Untermieter, daher kam er kostenlos an die Bücher. Einige Häuser weiter lebte ein anderer meiner Klassenkameraden, er hieß Hofgesang.

Karinthy wurde für mich also richtungsweisend, und entsprechend verlor in meinem Bewusstsein jeglicher Glauben an Gewicht, während die Erfahrung des Entlarvens an Bedeutung gewann. Und dann begann mich zu interessieren, was Hitler, Stalin und andere eigentlich gesagt hatten, in welche Visionen, welche Rechtfertigungen, welche theoretischen Gebilde sie die Unmenschlichkeit gefasst hatten. Auch mein Vater dürfte ein in etwa ähnliches Interesse gehabt haben. In dem im ehemaligen Stall untergebrachten Teil seiner Bibliothek – und somit außerhalb des Blickfeldes geladener als auch ungeladener Gäste – ließ sich die serbische Mussolini-Übersetzung von Svetislav Stefanović finden, dazu ein Band von Trotzki (ich kann mich nicht erinnern, in welcher Sprache), ein deutsches Buch von einem Hitler zugeneigten Juristen und, wenn ich mich richtig entsinne, auch ein Buch von Stalin auf Ungarisch. Nicht ganz sicher bin ich mir, doch glaube ich, dass mein Vater diese Bücher nicht wirklich las – vielleicht las er manchmal stellenweise in dem einen oder anderen Band –, eher hatte er die Bücher wohl mit Absicht „Das müsste man auch einmal lesen" ins Regal gestellt. In Zusammenhang mit diesen Büchern erinnere ich mich an eine Gegebenheit: Verschiedene russische Offiziere waren bei uns einquartiert, darunter eine Zeit lang ein Ingenieur, der mehrere Sprachen beherrschte, und zwischen ihm und meinen Eltern entwickelte sich eine recht gute Beziehung. Gelegentlich nahm er eines der Bücher vom Regal, und einmal schaute er auch zum ehemaligen Stall hinein. Nach meines Vaters Erzählung kam er kreidebleich wieder heraus; was ihn in Wirklichkeit so sehr erschreckt hatte, war nicht Mussolini gewesen, sondern das Trotzki-Buch. Es gab jedoch keinerlei Konsequenzen, außer dass der russische Offizier meinen Vater bat, das Trotzki-Buch wegzuwerfen. Mein Vater konnte aber nichts wegwerfen, daher versteckte er den Band nur noch besser.

Als Gymnasiast interessierte mich eher theoretisch, was Hitler oder Stalin eigentlich geschrieben hatten. Auch ich machte weiter mit der Logik des „Das müsste man auch einmal lesen". Heute stehen in Budapest, nebeneinander auf einem separaten Regal: *Die Tagebücher* von Joseph Goebbels, *A magyar jövőért (Für die ungarische Zukunft)* von Mátyás Rákosi, Benito Mussolinis *Korporativer Staat*, von Muammar al-Gaddafi *Das grüne Buch*, die Gedichte Radovan Karadžić', zwei Bücher von Hans Frank und mit dem Titel *Die Wahrheit, nichts als die Wahrheit!* ein Sammelband aus Schriften von Joseph Stalin. Daneben steht noch ein Geschichtsbuch, aus dem ich 1949 als Zehnjähriger lernte. Geschrieben hatte es kein Ungar aus der Vojvodina, nicht einmal ein Jugoslawe. Unser Lehrbuch war von vier russischen Autoren verfasst (Galkin, Zubok, Notorics, Hrosztov – so sind sie in ungarischer Schreibweise aufgeführt; Vornamen sind weder auf dem Einband noch anderweitig im Buch zu finden). Die ungarische Ausgabe wurde von der Minerva-Druckerei in Subotica produziert, Herausgeber war der „Buchverlag des Obersten Ausschusses der Provinz Vojvodina". Dieses Buch muss ich wohl einmal komplett durchgelesen haben, aber ich erinnere mich an nichts mehr. Aufs Geratewohl schlage ich Seite 157 auf und sehe dort den Untertitel: „Das Verrotten des Kapitalismus". Im Laufe der Zeit nehme ich auch die anderen Bücher vom Regal – früher war ja dieses Erlebnis noch durch die drohende Gefahr verstärkt gewesen. Ich schaffe es aber nicht, jeweils mehr als die eine oder andere Seite zu lesen. Manchmal taucht eine interessante Parallele auf, blitzt ein Bezug zu einer Pointe hervor, aber ich komme wiederholt zu der Erkenntnis, dass diese Autoren, die ja Bilder des Schreckens hinterlassen haben, eigentlich langweilig geschrieben haben.

Nun komme ich wieder zum Regal zurück: Ich suche danach, ob sich die Visionäre des deutschen Nationalsozialismus wohl mit dem Gedanken auseinandergesetzt haben, wer eigentlich Deutscher ist. Man könnte meinen, dass es in einem Nationalismus, der weltweit am blutrünstigsten war, der am stärksten ausgrenzte und der ja doch deutsch motiviert war, Platz geben müsse für irgendeine Theorie darüber, wer eigentlich wirklich Deutscher ist. Dies interessiert mich nun, denn unter der deutschen Besatzung wurde ja jegliches jüdische Vermögen beschlagnahmt – theoretisch auch jedes Vermögen von Zigeunern. Die jugoslawischen Machthaber erließen dann nach dem Krieg eine Rechtsverordnung, nach der jedes Vermögen zu beschlagnahmen war, das einem Deutschen gehörte, sofern er nicht auf der Seite der Partisanen gekämpft hatte. Die Feststellung, ob jemand Deutscher war oder nicht, zog auch andere harte Konsequenzen nach sich. Nach dem Faschismus bleibt nun aber die Mehrheit der Menschen aufs Neue unbeachtet, die nämlich, die weder Helden gewesen waren noch mörderische Verräter. Weiterhin wird jegliche Vielfalt stur geleugnet. Wie es scheint, ist es nicht einfach, dieses Leugnen gänzlich abzustreifen – auch nicht im Nachhinein. In von Grausamkeit und Anspannung geprägten Zeiten ist es für viele anständige Menschen oft nicht möglich, ohne irgendeinen Kompromiss zu leben. Nach solchen Epochen verschärft sich die Formel des korrekten Verhaltens ins Idyllische, übrig bleiben nur Kollaborateure oder Opfer, und darum flüchten sich alle ins Opfernarrativ als rettende Oase.

Als ich nach Budapest kam, war der Kommunismus die Vergangenheit, die es zu leugnen galt. Meinem Gefühl nach schien hier der Katzenjammer nach dem Kommunismus noch größer zu sein als in Serbien – vielleicht auch aus dem Grunde, weil in den Jahren von Milošević' Serbien dieser Katzenjammer von einer neuen Trunkenheit unterbrochen wurde. Unterhaltungen mit Intellektuellen, besonders mit Schriftstellern, ließen mich spüren, dass es überdies gefährlich ist zu erzählen, dass man ehedem sein Manuskript nicht demonstrativ zurückgezogen hatte, wenn der Zensor etwas gestrichen hatte. Sind Gefahr und Risiko erst einmal vergessen, könnte dies im Nachhinein dazu führen, in die Kategorie „Kollaborateur und kein Opfer" eingeordnet zu werden. Es scheint, als wäre die Betonung, „Opfer" zu sein, zu einer Art stilistischen Zwangs geworden – auch für diejenigen, die in der Ära der vermeintlichen Dichotomie „Kollaborateur oder Opfer" noch nicht einmal gelebt haben. Als Element von Bedeutung und Anerkennung ist unverzichtbar, dass ausgesprochen wird: „Ja, aber hier werde ich nicht anerkannt" (oder zumindest „wurde ich nicht anerkannt").

Auch die Diskriminierung bestimmter Menschengruppierungen ist nicht spurlos verschwunden. Wenn auch in weniger offener, weniger brutaler und in einer differenzierteren Form, aber fallweise – sagen wir zum Beispiel, in Zusammenhang mit dem Terrorismus – werden in „westlichen Demokratien" bestimmte verdächtige Rassen, Religionen oder Angehörige bestimmter Nationalitäten benachteiligt behandelt. In diesen Fällen belastet keine direkte Diskriminierung, sondern eher ein Verdachtsmoment einzelne Menschengruppen, und dieser Verdacht wirkt sich in der Folge auch auf den Umgang mit ihnen aus. In den letzten Tagen des Jahres 2012 verhafteten die amerikanischen Behörden unter dem Verdacht des Terrorismus den Athleten Mo Farah, der bei den Olympischen Spielen in London zwei Goldmedaillen unter britischer Fahne gewonnen hatte. In der Erklärung des Athleten heißt es: *„Wegen meiner somalischen Abstammung werde ich beim amerikanischen Zoll immer festgehalten. Diesmal nahm ich sogar meine Medaillen heraus, um sie zu vorzuzeigen, aber sie interessierten sie nicht."* Dazu *Yahoo Sports'* ironischer Kommentar vom 31. Dezember 2012: *„Trickreich, diese Terroristen, jetzt benutzen sie auch noch Goldmedaillen! Womit rücken sie das nächste Mal heraus?"*

Um aber auf die Deutschen zurückzukommen: Indem ich vom Regal mit den bizarren Büchern die relevanten Bände herunternahm, suchte ich, wenn auch nicht intensiv forschend, ob die Visionäre des Faschismus irgendwie formuliert hatten, wer eigentlich Deutscher sei. Meine Absicht war, falls ich auf eine solche Umschreibung stieß, diese mit den Maßstäben zu vergleichen, mit denen die neue jugoslawische Macht, die nach dem Zweiten Weltkrieg antrat, das Deutschtum bemaß. Ich fand keine Antwort auf diese Frage. Ich begann mit dem schmalsten Buch. Auf dem Regal steht das Werk *Rechtsgrundlegung des nationalsozialistischen Führerstaats*, geschrieben von Hans Frank. Es ist ein kleines braunes Buch, insgesamt umfasst es sechsundfünfzig Seiten, inklusive Vorwort, Inhaltsverzeichnis und Index. Erschienen 1938 in München. Ich las es durch. Hans Frank war Minister unter Hitler und Präsident der *Akademie für Deutsches Recht*. In seinen Ausführungen bleibt er manchmal bei den traditionellen Erklärungen, an anderen Stellen steigt er dagegen einfach aus jeglichem System aus. Traditionelle demagogische Umschreibungen bringt er beispielsweise, wenn er erklärt, dass die Rassengesetzgebung von 1935 nur *„zum Schutz des deutschen Blutes und der deutschen Ehre"* entstanden seien und *„keineswegs bestimmt vom Haß gegen die jüdische oder eine andere Rasse."* Weiter heißt es dort: *„Sie war ausschließlich diktiert von der Liebe zum deutschen Volk ..."*[11] Wo es in den vorhandenen Koordinatensystemen jedoch schwierig wäre, den hitlerschen Staat auf der guten Seite zu platzieren, entledigt er sich einfach der Koordinaten. Er schreibt zum Beispiel, es stelle sich die Frage, ob das Dritte Reich eine Diktatur sei. Nach Frank bezieht sich der Begriff der Diktatur ganz einfach nicht auf das Dritte Reich, genauso wie auch Monarchie, Republik, Oligarchie „oder sonst irgendeines der bisherigen staatsrechtlichen Begriffe" keinen Bezug dazu hätten. Mit diesem Ausgangspunkt legt er auf Seite 38 dar: *„Der Führerstaat, als Axiom der nationalsozialistischen Staatsrechtswissenschaft, ist ein völlig neuer Leitbegriff. Deutschland wird künftig diesen Führerbegriff in seiner Geschichte ebenso selbstsicher und selbstverständlich tragen, wie es einmal den Begriff des Königs oder des Kaisers getragen hat."*[12] (Es ist ziemlich erschreckend, was alles möglich ist, wenn jegliches Koordinatensystem gegenstandslos wird.)

---

11 Hans Frank, Rechtsgrundlegung des nationalsozialistischen Führerstaats, München 1938, S. 18.

12 Ibid, S. 38–39.

Unter den staatsrechtlichen Thesen von Hans Frank fand ich jedoch keinerlei nationalsozialistische oder andere richtungweisende Antwort auf die Frage, wer ein Deutscher ist. Auch Goebbels' Tagebücher gaben keinen Hinweis. Nach diesem erfolglosen Unterfangen suchte ich, ob Goebbels etwas über die Ungarn geschrieben hatte, was ich vielleicht hätte zitieren können; in den Rechtsfällen ist nämlich meistens die Frage die, ob jemand Deutscher ist oder Ungar. Ich fand nur den einen oder anderen Eintrag, in dem die Ungarn erwähnt sind. Am 6. Januar 1930 enthält das Goebbels-Tagebuch einige Sätze zu Franz Molnár: *„Abends mit Schweitzers im Deutschen Künstlertheater Franz Molnars ‚Souper' und ‚Eins-Zwei-Drei'. Die Stücke waren mäßig; zu überspitzt und deshalb zuletzt doch unwirksam. Geistreichelnd mehr als geistreich. Im zweiten glänzte Pallenberg als ... Fabelhafter Darsteller. Aber ein Jude. Vielleicht gerade deshalb. Das Theater war nur von Juden besucht. ‚Eine asiatische Horde auf märkischem Sand'."*[13] Vielleicht sind folgende Einträge noch interessanter. Am 2. Dezember 1936 schreibt Goebbels: *„Der Führer nimmt ganz scharf gegen Ungarn Stellung Die drohen schon, wenn die Großmächte sich über den Donauraum einigen, zur kleinen Entente abzuschwimmen. Sollen sie nur tuen. Das könnte uns recht sein. Wir müssen ganz nüchtern kalkulieren. [...] Die sind vollkommen größenwahnsinnig. Und behandeln die deutschen Minderheiten am allerschlechtesten."*[14]

Und am 8. Mai 1943: *„Die Judenfrage wird am allerschlechtesten von den Ungarn gelöst. Der ungarische Staat ist ganz jüdisch durchsetzt, und es ist dem Führer bei seiner Unterredung mit Horthy nicht gelungen, ihn von der Notwendigkeit härterer Maßnahmen zu überzeugen. Horthy ist ja selbst mit seiner Familie außerordentlich stark jüdisch verfilzt und wird sich in Zukunft mit Händen und Füßen dagegen sträuben, das Judenproblem wirklich tatkräftig in Angriff zu nehmen. Er führt hier durchaus humanitäre Gegenargumente vor, die natürlich in diesem Zusammenhang überhaupt keine Bedeutung besitzen. Dem Judentum gegenüber kann nicht von Humanität die Rede sein, das Judentum muß zu Boden geworfen werden. Der Führer hat sich alle Mühe gegeben, Horthy von seinem Standpunkt zu überzeugen, allerdings ist ihm das nur zum geringsten Teil gelungen. Aus alledem hat der Führer die Konsequenz gezogen, dass das Kleinstaatengerümpel, das heute noch in Europa vorhanden ist, so schnell wie möglich liquidiert werden muß."*[15]

Ich weiß nicht, ob den damaligen ungarischen Führern Goebbels' Meinung bekannt war.

Im Banat gab es eine beachtliche deutsche Minderheit. Aber wer genau gehörte dazu? Es bildete sich – parallel zu anderen Volksgruppen – der Begriff der „deutschen Volksgruppe". Deren bekannteste Organisation war der Kulturbund. Der Sitz des Kul-

---

13 Aus: Joseph Goebbels Tagebücher 1924–1945, hrsg. v. Ralf Georg Reuth, Bd. 2: 1930–1934, München 1992, S. 442.
14 Joseph Goebbels 1924–1945 Tagebücher, Bd. 3: 1935–1939, S. 1015–1016.
15 Joseph Goebbels Tagebücher 1924–1945, Bd. 5: 1943–1945, S. 1928–1929.

turbundes der Vojvodina-Deutschen war bis zu dem Zeitpunkt, als das Banat unter deutsche Besatzung kam, in Subotica, dann wurde er nach Großbetschkerek verlegt. Am 19. Juli 1941 – bereits unter der Besatzung – entstand eine gesonderte *Verordnung über die Rechtsstellung der deutschen Volksgruppe*. Ich lese die Verordnung, finde aber keine Maßstäbe, aufgrund derer bestimmt worden wäre, wer nun zur deutschen Volksgruppe gehörte. Der erste Paragraph der Verordnung spricht jedoch aus, dass zu den Rechten von Mitgliedern der deutschen Volksgruppe *„völlige Wahrung des deutschen Volkstums, Einhaltung nationalsozialistischer Lebensanschauung, freie Entwicklung ihres ursprünglichen Volkslebens und freie Herstellung und Beibehaltung völkischer und kultureller Beziehungen mit dem deutschen Muttervolk"* gehöre. Weiter heißt es dort[16]:

„Die Zugehörigkeit zur Volksgruppe hatte sich zwangsläufig auf alle Banater Deutschen zu erstrecken, womit ein objektives Kriterium und nicht das subjektive Bekenntnis ausschlaggebend war."

Ich fand keinen Hinweis darauf, was diese objektiven Kriterien hätten sein können. Wahrscheinlich gibt es sie gar nicht. Symbole entstehen aber auch ohne logisches Stützwerk. Im aufgewühlten Denken braucht es Symbole, die auf ein System verweisen. Eine zur Weltanschauung stilisierte Gefühlswallung wird zum Symbol. Auch die deutschen Namen entwickeln sich in Richtung Symbolik (ausgenommen natürlich, wenn es sich um die deutschen Namen von Juden handelte). Die ideologische Besessenheit ist bemüht, alles zum Instrument zu formen. Wenn möglich, auch die Religion: In den Jahren unter Milošević füllten sich die Kirchen in Serbien nicht, weil es plötzlich so viele gläubige Christen gab. Der unter dem Kommunismus durcheinandergewirbelte Nationalismus brauchte markante Bezugspunkte und Wegweiser für die Identität, besonders in dem Fall, da die konkurrierenden Nationalisten beinahe dieselbe Sprache sprachen. Zu solchen Wegweisern für die Identität wurde die orthodoxe Kirche unter den Serben, die katholische Kirche unter den Kroaten und die muslimische Religion unter den Bosniaken.

Dass die deutschen Namen sich in Richtung Symbolik verschoben, zeigt auch ein Tagebucheintrag meines Großvaters:

„Am 23.III.[1944] suchte mich Géza Nagy, der stellvertretende Bürgermeister von Großbetschkerek, auf und teilte mit, dass Gion, der deutsche Bürgermeister und eine auf Sicherheit bedachte Gemeinschaft erklärt hatten, die Forderung der Deutschen sei, dass die Leitung des [Kultur-]Verbandes der Banater Ungarn ausgewechselt werde. Es sei nicht zu dulden, dass der Geschäftsführer dieses Verbandes, Jenő Stagelschmidt,

---

16 Ekkehard Völkl: Der Westbanat 1941–1944, München 1991, S. 97.

deutschen Namens und der Präsident ein Priester, Prälat Kovács, seien. Er brachte auch anderes zur Sprache."

Wenn die Namen auch Symbole sind, dann ist „nicht duldbar", dass andere sich ihrer bedienen; jemand, der Stagelschmidt heißt, darf auch in keinem Fall Leiter eines anderen Kulturverbandes sein, im gegebenen Fall eines ungarischen und eben nicht eines deutschen. (Jenő Stagelschmidt blieb bei seiner ungarischen Identität, die Deutschen lösten ihn ab. Trotzdem kam er im ersten Schwung des Machtwechsels im November 1944 als Deutscher in ein Lager. Der Antifaschismus hatte als frischer Gewinner noch nicht den Zauber von Namen entlarvt. Tatsache ist auch, dass Stagelschmidt einen Monat später, im Dezember 1944 freikam. Er lebte bis 1971. Er kam regelmäßig zu uns zu Besuch, ich bin ihm also durchaus begegnet, lernte ihn aber nicht näher kennen. Seine Frau, „Tante" Csibi, kannte ich besser. Sie war in den achtziger Jahren gezwungen, einen Teil ihrer geerbten Möbel zu veräußern. Davon haben wir heute einen Glasschrank in unserem Budapester Wohnzimmer stehen).

Auf der Suche nach einer Bestimmung der deutschen Zugehörigkeit blätterte ich auch in einem Buch eines banaterdeutschen Autors. In seiner Studie über die Jahre der Besatzung schreibt der bekannte Historiker Ekkehard Völkl, dass es vor allem zwischen Deutschen und Ungarn Streitfragen und Grenzfälle gegeben hatte.[17] Im Banat wurde diese Trennlinie nach der deutschen Besatzung kritisch. Die Banater Ungarn befanden sich sehr viel weniger im Fadenkreuz als die Banater Deutschen – und wesentlich weniger als die Ungarn aus der Batschka. Die Deutschen waren besonders betroffen von zwei Rechtsverordnungen. Am 21. November 1944, der Krieg ist noch im Gange, die Unterwerfung des Faschismus zeichnet sich jedoch bereits am Horizont ab, bringt der AVNOJ (Antifaschistischer Rat der Nationalen Befreiung Jugoslawiens) einen Beschluss heraus, dass alles feindliche Vermögen unter staatliche Verwaltung komme. Das Vorgehen wird etwas später im Gesetz über die Beschlagnahmung von Vermögen genauer bestimmt, das am 12. Juni 1945 ebenso vom AVNOJ als vorübergehender gesetzgebender Körperschaft verabschiedet wird. Nach Absatz 1 im Beschluss vom November 1944 *stellt das Vermögen eines jeden Einwohners deutscher Nationalität feindliches Vermögen dar*. Absatz 5 erläutert außerdem, für welche Ziele das in staatliches Eigentum gefallene Vermögen verwendet werden soll. Drei sind genannt: An erster Stelle die Entwicklung der Planwirtschaft, danach der möglichst frühe Sieg im Volksbefreiungskrieg, schließlich die Schaffung der Grundlage für die wirtschaftliche Erneuerung.

Die Verordnungen des AVNOJ erstreckten sich auch auf Mobilien. In der Akte Nummer 12314 lese ich über den Fall von Etelka Müller, geborene Lévai. Aus den Schriftstücken geht unter anderem hervor, dass sie die Schwester des Journalisten

---

17 Ekkehard Völkl: Der Westbanat 1941–1944, München 1991, S. 97.

Endre Lévai aus Subotica war und mit Kosenamen „Tuschi" hieß. Sie wohnte unter der Adresse Sienkiewicz-Straße Nr. 23 in Subotica. Die Behörden von Subotica wiesen nach, dass Frau Müller Ungarin war. Obwohl tschechischer Abstammung, galt ihr Mann jedoch nach wie vor als Deutscher. Die Frage war, ob es eine Möglichkeit gab, aus dem gemeinsamen Vermögen der Eheleute diejenigen Vermögensgegenstände herauszulösen, die die Mitgift von Frau Etelka Müller, geborene Lévai, bildeten. (Der Liste nach: ein Satz Schlafzimmermöbel aus Walnussholz, inklusive zwei Betten und zwei Nachtkästchen, eine Couch, ein Kühlschrank, verschiedene Porzellangegenstände, ein Esstisch mit sechs Stühlen, zwei rote Sessel, ein hölzerner Leuchter mit fünf Kerzen, ein Eimer, ein kleiner Teppich, ein großer Teppich, eine Stehlampe.) Die Sache nahm im Herbst 1946 bereits eine positive Richtung, als das Gericht noch nach Bestätigung durch Zeugen verlangte, dass diese Gegenstände tatsächlich die Mitgift der Frau Müller bildeten und nicht über ihren Mann in den gemeinsamen Haushalt gekommen waren – also nicht als deutsches Vermögen zu betrachten waren. Einer der Zeugen, Márton Sztrikó, war Tischler – er wohnte ebenfalls in der Sienkiewicz Straße –, die andere Zeugin war Ilona Győrfi. Sie bestätigten alles. Wahrscheinlich werde ich nie mehr erfahren, ob es wohl die präzise Erinnerung oder vielleicht auch etwas Wohlwollen war, das die Zeugenaussagen geleitet hatte, und ob es nicht auch gelungen war, den ein oder anderen Stuhl, den ein oder anderen Sessel zu retten, die in Wirklichkeit nicht zur Mitgift gehörten.

Die Rechtsverordnungen der deutschen Besatzer, die noch einige Jahre zuvor die Beschlagnahmung von Vermögen der Juden und Roma vorgeschrieben hatten, erlaubten keine Ausnahmen. Die strikte Einordnung gemäß der Abstammung ersetzte jegliches menschenwürdige Verhalten. Die Vorschriften des AVNOJ stützten sich ebenfalls auf die Abstammung, das heißt auf die nationale Zugehörigkeit, aber sie erlaubten immerhin zwei Ausnahmen, wenngleich diese nicht besonders bedeutsam waren. Zum einen wurde das Vermögen von solchen vor Ort lebenden Deutschen nicht beschlagnahmt, die in der „Armee der Volksbefreiungsfront oder unter der Fahne der Partisanen gekämpft" hatten. Solche gab es, wenn auch in nicht bedeutender Anzahl. Die andere Ausnahme bildeten die, welche „die Untertanen eines neutralen Staates" waren und „sich während der Besatzung nicht feindselig verhalten" hatten. Meines Wissens gab es in Betschkerek keinen Einzigen, den man in diese Kategorie eingeordnet hatte. Mir ist nur ein Fall bekannt, wo eine solche Einstufung infrage kommen konnte. Meine Französischlehrerin (sie unterrichtete mich im Alter von sechs bis zwölf Jahren) hieß Elise Roemer. Sie hielt sich eigentlich für eine Französin, doch vielleicht stuften die Behörden sie wegen ihres Namens – wie viele andere mit deutschem Namen, die sich nicht für Deutsche hielten – dennoch als Deutsche ein. Sie war jedoch Schweizer Staatsbürgerin, also Angehörige eines neutralen Staates. Außerdem war sie ungefähr achtzig Jahre alt und verhielt sich jedem gegenüber freundlich. Auch wenn sie ärgerlich wurde, konnte sie sich nicht „feindschaftlich verhalten".

Wenn ich sie verärgerte – das kam das eine oder andere Mal auch vor –, fluchte sie manchmal sogar, aber wir konnten darüber nur lachen. Wütend sagte sie dann: „Sac à papier, sabre de bois!" („Papierkorb, Holzsäbel!") In einem Wörterbuch entdecke ich, dass „sac à papier!" nicht nur Papierkorb bedeutet, sondern auf Deutsch auch so etwas ähnlich Schwerwiegendes wie „Zum Kuckuck!". Ich fragte dazu auch einen französischen Bekannten, und der bestätigte mir, dass, wenn „sac à papier!" auch ehedem als Ausdruck des Zorns verwendet wurde, es auf Französisch nicht feindseliger klinge, als wenn wir auf Deutsch so etwas sagen würden wie „Zum Papierkorb!" oder „Zum Papierkorb und Holzsäbel nochmal!". Das Vermögen der Elise Roemer wurde schlussendlich nicht angetastet.

Viele Akten zeigen, dass die Frage, ob man Häuser, Wohnungen und Ländereien behielt oder verlor, davon abhing, ob man von den neuen Behörden als Deutscher oder als Ungar eingestuft wurde. Davon hing oft auch ab, ob jemand ins Lager kam. (Im Banat benutzten sowohl die Deutschen als auch die Ungarn und Serben das Wort „Lager" oder „Logor". Die offizielle Bezeichnung war aber „radno naselje", das heißt übersetzt „Arbeitssiedlung".) Es bildeten sich eigentlich keine klaren Maßstäbe. Umso mehr ganz unterschiedliche Begründungen und umso größeren Eifer gab es jedoch, um aus diesem oder jenem Umstand einen Bezugspunkt zu machen. Neben dem Namen wurde naturgemäß die Mitgliedschaft im Kulturbund wichtig – und demgegenüber die Mitgliedschaft im DMKSZ (ungarisches Kürzel für die Ungarische Kulturvereinigung des Délvidék) oder im BMKSZ (Ungarische Kulturvereinigung des Banat). Es zählte, wen die Besatzungsmächte als Deutschen eingetragen hatten und ob jemand es wagte, gegen den Eintrag Einspruch zu erheben. Ich sehe verschiedene Versuche, die schriftlichen Erklärungen von Nachbarn oder Bekannten aus dem eigenen Dorf als Beweis zu nutzen.

In der Akte Nummer 12530 gibt es eine Originalerklärung, die vermutlich die Klientin meines Vaters, Gizella Gordán, beschafft hatte. Gizella Gordán, deren Mann Deutscher war, wurde ins Lager gebracht. Mit dem Nachweis ihres Ungarntums, das heißt mit dem Beweis, dass sie nicht Deutsche war, bemühte sie sich freizukommen. Mein Vater argumentierte unter anderem damit, dass sie weder im Kulturbund noch in irgendeiner anderen deutschen Organisation Mitglied gewesen war; ihr Mädchenname war Mészáros. In der Akte befindet sich auch das Zeugnis von György Sütő (im kyrillisch geschriebenen Text Šite Đura; verwendet ist die ungarische Schreibweise, die den Nachnamen vorsetzt). György Sütő erklärt:

„Ich bezeuge, dass Gizella Gordán bei mir gekauft hat vom IV.1943 bis zur Befreiung und auch danach."

So sieht der Text im Original aus:

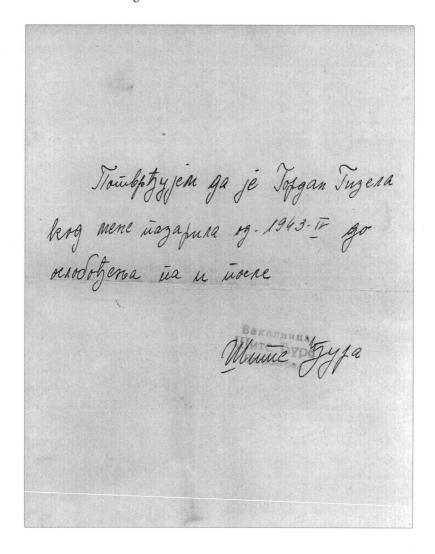

Dem Stempel ist zu entnehmen, dass György Sütő eine Gewürzhandlung hatte. Gizella Gordán wollte vermutlich nachweisen, dass sie Gemüse bei Ungarn und nicht bei Deutschen einkaufte. Vielleicht war der Hintergrund auch der, dass die Deutschen gesonderte Einkaufsgenehmigungen hatten, die bei György Sütő nicht eingelöst werden konnten. (Obwohl sie wahrscheinlich ebenfalls dort einkauften, wenn es überhaupt etwas zu kaufen gab.) Es scheint, dass mein Vater dieses Zeugnis nicht einsetzte. Vielleicht hielt er es für nicht relevant genug, vielleicht kam er aber auch zu spät an diese Erklärung.

An dieser Stelle möchte ich noch auf Kornél Szenteleky hinweisen. Ich lese seine im Jahr 1933 publizierte Schrift mit dem Titel *Nyelvbojkott* (*Boykott der Sprache*). Es geht darin um den Faschismus, aber auch darum, wie die, die den Faschismus ablehnen, sich den Deutschen und der deutschen Sprache gegenüber verhalten sollen. Die ersten Sätze der Schrift lauten wie folgt:

„*Als die Nationalsozialisten in Deutschland an die Macht kamen, wandten sich viele im Ausland vehement gegen die Grundsätze und gegen das Programm, das sich langsam zu realisieren begann. Mit irgendetwas musste diese Gegnerschaft bewiesen werden, die aufkommende Bitternis, der lodernde Hass brauchten ‚Vergeltung'. Die einfachste Art der Vergeltung war diese Erklärung: ‚Wir lesen keine deutschen Bücher mehr, wir schreiben, sprechen nicht mehr auf Deutsch'.*"

Er beschreibt weiter: „*In wem die Sehnsucht nach Freiheit und Gerechtigkeit auch nur im Entferntesten vorhanden ist*", wie auch die Ideal des Humanen, kann sich selbstredend nicht begeistern für eine rassische Klassifizierung von Staatsbürgern, für die Verteilung von Rechten je nach Abstammung. Er setzt hinzu, der Ungar sei eigentlich auch keine arische Rasse, und „*wenn die Nationalsozialisten konsequent wären, müssten sie die Ungarn genauso verfolgen wie die Juden*". (Ich weiß nicht, ob dies Goebbels zu Ohren gekommen ist.)

Ich zitiere noch zwei Sätze aus der Schrift von Szenteleky:

„*Der primitive und wütende Mensch neigt immer zur Verallgemeinerung. Statt Nationalsozialisten sagt er ‚Die Deutschen', statt Hitler benützt er die Worte ‚ganz Deutschland'.*"

Und das ist es, wogegen Szenteleky sich wendet. Somit bestreitet er durchgängig auch die Wurzeln des Faschismus. In den ersten Jahren nach dem Sieg hat der die Deutschen diskriminierende Antifaschismus dies verfehlt.

WELTGESCHICHTE UND ALLTAG IM BANAT

War „Onkel" Misi Aufsatz etwa Deutscher?

Während ich in den Schriften blättere, fällt mir ein brauner Einband auf, mit der Aufschrift (übersetzt):

> *„Mihály Aufsatz*
> *Unterschiedliche Angelegenheiten*
> *12 330"*

Im Sommer 1948 war ich mit meinem Vater in Kudritz zu Gast bei Pfarrer Misi Aufsatz. Ich war zu der Zeit im Begriff, mich nach einer Lungenentzündung zu erholen, und die Ärzte hatten mir zu Höhenluft geraten. In der Gegend von Betschkerek gab es dazu keine Gelegenheit, und eine größere Reise war zu jener Zeit nicht wirklich möglich – aus finanziellen Gründen, aber auch aus anderen. Es gelang uns jedoch, in die Nähe der höchsten Erhebung des Banat heranzukommen. Die Berge (eher Hügel) der Gegend um Versec lagen nicht weit von uns. Mihály Aufsatz war ein Klassenkamerad, Freund und Klient meines Vaters, bei ihm waren wir untergebracht. Im Tagebuch meines Großvaters ist die genaue Zeit vermerkt. Der Eintrag vom 14.VII.1948 lautet:

> *„Heute Morgen um 4 Uhr ist Józsi mit dem kleinen Tibi abgereist, für zwei Wochen Erholung nach Kudritz zu Mihály Aufsatz, dem dortigen Pfarrer, einem Schulkamerad von Józsi."*

Der „kleine Tibi" von damals war ich, und „Józsi" war mein Vater. Ich versuche, mich an etwas zu erinnern, was ich mit den Akten abgleichen könnte, aber da findet sich wenig. Ein Hinweis ist vielleicht, dass mein Vater in dem in den Akten gefundenen Briefwechsel Mihály Aufsatz als *„Lieber Misi"* anspricht; darüber fällt mir ein, dass er für mich „Onkel" Misi war. Damals war ich neun Jahre alt. Ich kann nur aus dem Kontext gefallene Erinnerungssplitter heraufbeschwören: ein gedrungener, weißhaariger „Onkel" (Mihály Aufsatz), ein schwarzer Ledersessel, ein Bücherregal und ein schmaler Teppich auf einem Flur, an der Küchenwand ein Stück Leinen mit einem Stickbild und einer Aufschrift, eine Haushälterin mit umgebundener Schürze, ein rundbogiger Toreingang, ein Gang mit Glasfenstern, schließlich andere Häuser, bewohnt von ungarischen Familien, die wir besuchten, Pferdewagen auf den Dorfstraßen. An Gespräche erinnere ich mich nicht. Vielleicht nur daran, dass mein Vater den in den Weinbergen von Kudritz gekelterten Wein lobte – aber es kann auch sein, dass später Wein aus Kudritz zu uns nach Betschkerek kam und ich mich an dessen Lob erinnere. Im Übrigen machte ich die Erfahrung, dass die Qualität des Kudritzer Weins über die Zeiten hinweg erhalten blieb – ebenso wie eine gewisse Bindung an die katholische Kirche. Im Herbst

2012 war ich zu Besuch bei Bischof László Németh in Betschkerek, wir sprachen über ortsgeschichtliche Dokumente, und er bewirtete mich mit Wein aus Kudritz. Diesmal war ich nicht mehr nur Zuschauer, wenn andere ihn tranken, nun durfte ich ihn auch selbst genießen – und ich lobte den Wein nunmehr aus Überzeugung.

Eine traditionelle Betschkereker Beerdigung vor dem Hintergrund der Betschkereker Sprachen

Der Vater von Mihály Aufsatz verstarb am 18. November 1945. Die standesamtliche Urkunde vermerkt die Uhrzeit: vormittags um halb zwölf. Er wurde vierundsiebzig Jahre alt. Die Sterbeurkunde ist zweisprachig verfasst, deutsch und serbisch. Wahrscheinlich stammte der Vordruck noch aus der deutschen Besatzungszeit, denn die neuen Machthaber hatten nicht gleich neue Formulare hergestellt. Es herrschte Papiermangel – und der betraf nicht nur unser Büro. Außerdem dürfte auch Zeitmangel geherrscht haben. Auf diese Weise blieb auf dem Vordruck der deutsche Text stehen, man machte ihn jedoch ungültig. Auf dem Kopf des Vordruckes strichen sie mit schwarzer Tinte das „Großbetschkereker Matrikel-Kreis" durch, daneben blieb in kyrillischen Buchstaben „Великобечкереки матичарски округ" stehen. Jeder andere deutsche Text war ebenso durchgestrichen. Mir sticht noch ins Auge, dass, nunmehr im Kommunismus, weiterhin unter den Rubriken „сталеж" zu finden ist, oder anders: Stalež, deutsch: Stand. Was – hier durchgestrichen – im Deutschen den Familienstand meint, bedeutet im Serbischen den gesellschaftlichen Stand.

Den jeweiligen Stellenwert einzelner Sprachen, Mehrsprachigkeit oder den schleichenden Einzug anderer Sprachen neben der offiziellen zeigen auch einige Rechnungen in Zusammenhang mit Jakab Aufsatz' Beerdigung. Da ist zum Beispiel die Rechnung der Möbelfabrik, die den Sarg lieferte. Wie über viele Jahrzehnte Brauch, stellte die 1861 gegründete Möbelfabrik Bencze den Sarg her. Die am 19. November 1945 ausgestellte Rechnung ist mehrfarbig, doch einsprachig getextet auf einem Formular mit kyrillischen Buchstaben. Bei genauer Betrachtung stellt sich heraus, dass es sich wahrscheinlich um die Übersetzung eines früheren Rechnungstextes handelt. In der obersten Zeile steht „Гранд прикс лондонске, париске и бриселске изложбе" (in lateinischen Buchstaben wäre das: Grand priks londonske, pariske i briselske izložbe). Die Möbelfabrik Bencze hatte ehedem auf Ausstellungen in London, Paris und Brüssel Preise gewonnen. Auf den Urkunden dürfte der Ausdruck „grand prix" gestanden haben. Dies war vermutlich auch auf den früheren ungarischen (vielleicht deutschen oder in lateinischen Buchstaben geschriebenen serbischen) Rechnungsformularen zu lesen. Am Wortende spricht man bei den zwei französischen Wörtern weder das „d" noch das „x" aus, phonetisch bleibt also ein „gran pri" übrig. Anscheinend war dies demjenigen, der den Text kyrillisch und phonetisch umsetzte, nicht bekannt. So kam das „grand priks" zustande – missverständlich, und außerdem für die, die des Englischen mächtig sind, beinahe anzüglich.

Vor der Rubrik des Auftraggebers steht „Gosp.". Dies erschien wie ein Kürzel mit Weitblick, es konnte ja nicht nur als „gospodin" (Herr), sondern auch als „gospoda" (Frau) ergänzt werden. In den vierziger Jahren war jedoch niemand genügend Weitblick vergönnt. Das „Gosp." wurde alsbald zwingend mit „drug" (serbisch für „Genosse") ausgetauscht. Diesem Tausch folgte die Bencze-Fabrik jedoch nicht mehr, weil sie beschlagnahmt wurde und fortan den Namen des Volkshelden und Partisanen Žarko Zrenjanin trug, der gleichzeitig neuer Namensgeber unserer Stadt war. Die Siedlung bei der Fabrik aber erhielt den Namen der ungarischen Partisanin Rózsa Schulmann; nach Betschkereker mündlicher Überlieferung war sie die Geliebte von Žarko Zrenjanin gewesen. (Die folgende Frage ist jetzt nur noch theoretisch interessant: Angenommen, ihr Leben wäre anders verlaufen, hätte Rózsa Schulmann bessere Chancen gehabt als Mihály Aufsatz, zu beweisen, dass sie keine Deutsche war?)

Aber kommen wir zu der am 19. November 1945 ausgestellten Rechnung zurück. Obwohl im Vordruck aus Antal Bencze „Anton Bence" gemacht wurde, steht nach dem „Gosp." auf Ungarisch in die Leerstelle geschrieben: „Főtiszt. Aufsatz Mihály úrnak" („Hochw. Herrn Mihály Aufsatz"), dann weiter unten, bei der Bezeichnung der Ware, „Aufsatz Mihály 74 éves temetési költségei" („Beerdigungskosten für den 74-jährigen Jakab Aufsatz"). Aber es steht auch in der Aufstellung auf Serbisch „mrtv. sanduk" statt des ungarischen Wortes für Sarg. Im Nachhinein könnte man hineininterpretieren, dass der, der die Rechnung ausfüllte, wenigstens in die Leerzeile noch Ungarisches hineinzwängen wollte. Möglicherweise kamen aber auch nur unbewusste Prägungen ins Spiel. In Gesprächen spürt man ja manchmal auch, dass jemand, mit dem man sich gerade unterhält, wenige Minuten zuvor noch eine andere Sprache gesprochen hat.

Die Beisetzung von Jakab Aufsatz gestaltete sich als eine traditionelle Betschkereker Beerdigung. Die ewige Ruhe fand er auf dem katholischen Friedhof. Drei Tage nach Eintritt seines Todes wurde er bestattet, mit einem Zeremoniell am frühen Nachmittag. Die Fabrik Bencze lieferte den Sarg und stellte einen von zwei Pferden gezogenen Wagen zur Verfügung. Die in Zusammenhang mit der Beerdigung entstandenen Dokumente lassen sich in meinen Augen von der Sprachmischung her ebenso als traditionell bezeichnen. Neben der Rechnung der Fabrik Bencze findet sich auch die Rechnung der römisch-katholischen Kirchengemeinde, datiert auf den 20. November 1945. Wie ich sehe, beliefen sich die Kosten für das Requiem auf 150 Dinar. Diese Rechnung ist zweisprachig, serbisch und ungarisch.

Ich schweife hier etwas von der Beerdigung ab (bleibe aber doch beim Thema der Sprachen) und möchte eine Rechnung erläutern, die sich im Aktenbündel direkt nach den Begräbnisdokumenten befindet. Es ist eine Abrechnung von Mihály Aufsatz über Rüben, ausgestellt von der Betschkereker Zuckerfabrik. Die Familie Aufsatz baute nämlich Rüben an und lieferte sie an die Zuckerfabrik; im Gegenzug wollten sie Zucker, doch um den Zucker in voller Menge zu erhalten, brauchte es unter anderem anwaltliche Schritte. Die unterschiedlichen Angelegenheiten wurden daher zusammen in einer Akte verwahrt – die Logik eines solchen Aktenbündels lässt keinen Raum für Pietät. So bildet die Rechnung für die Rüben die Fortsetzung der Bestattungsdokumente. Diese

Rechnung wurde 1944 geschrieben, ist dreisprachig, folgt also nicht ganz der Logik des gerade zu jener Zeit allmächtigen Staates. Neben dem damals offiziellen Deutschen und Serbischen gibt es hier noch das Ungarische – obwohl man auch sehen kann, wer momentan in der Stadt das Sagen hat: Der Name der Stadt steht nur auf Deutsch da (Betschkerek).

Hier zeigt sich: Das Wirtschaftsleben folgte den Sprachwechseln nicht stur, auch nicht sofort.

Das Wesentliche an dieser Geschichte ist die Frage, ob Onkel Misi Aufsatz Deutscher war (und ob somit sein Vermögen zu beschlagnahmen war). Daher wird, dank meiner anwaltlichen Prägungen, meine Aufmerksamkeit darauf gelenkt, dass sein Name auf der Rechnung für die Rüben auch während der deutschen Besatzung auf Ungarisch geschrieben stand: Mihály und nicht Michael – und zuerst der Nachname. Es kommt der Gedanke auf, dass man auch dies als Begründung noch hätte verwenden können, aber meine durch die Entdeckung entstandene Begeisterung schwindet schnell; ich denke nicht, dass es viel genutzt hätte. Vom Studium der Rechnung bleibt als Trost übrig, dass ich nun, da ich es schon einmal vergessen hatte, wieder lernte, dass „répa" auf Deutsch „Rübe" heißt.

Im Übrigen schreibe ich diese Zeilen im Dezember 2012. Ich müsste damit eigentlich aufhören, weil ich anderes zu tun habe. Im Namen des Komitees des Ungarischen Nationalrates für den Sprachgebrauch muss ich übermorgen, am 18. Dezember, in Subotica etwas anlässlich der Überreichung von Auszeichnungen für den Gebrauch des Ungarischen als Amtssprache sagen. In mir vermengen sich die Sätze, die ich hier niederschreiben möchte, mit denen, die ich zu dem genannten Anlass zu sagen habe. Ich denke darüber nach: Hätte wohl die Begebenheit, mit der ich übermorgen meine Würdigung der Ausgezeichneten beginnen will, siebzig Jahre zuvor, zur Zeit des Aufsatz-Prozesses, wohl als Inspiration anlässlich einer der damaligen Zusammenkünfte, die die Leute ebenfalls wegen des Schicksals unserer Sprache zusammengeführt hatte, dienen können? Die Geschichte ist folgende. Ich hatte einen irischen Freund namens Alan McConnell-Duff, der Ende der sechziger Jahre nach Neusatz zog. Er unterrichtete Englisch an der Philosophischen Fakultät, und bald lernte er sowohl Serbisch als auch Ungarisch. In Neusatz fand er zudem eine ungarische Ehefrau, die – und auch dies passt zur Aufsatz-Geschichte – einen deutschen Familiennamen hatte. Ihre zwei Kinder trugen je zwei Vornamen, einen irischen und einen deutschen. Alan achtete und mochte Sprachen, auch das Ungarische. Einmal diskutierten wir über eine zu erwartende Wirtschaftskrise (in dieser Frage ist es nicht schwer, zum weisen Seher zu werden). Alan warf ein, dass die Krise für die ungarische Sprache eine große Chance bedeuten könne, diese Sprache sei durchaus wirtschaftlich zu sehen. Er erzählte, er habe aus Frankreich einmal ein Telegramm nach Neusatz aufgegeben, in dem er darauf hinwies, dass man ihn eigentlich am Bahnhof erwarten könne. Er schrieb das Telegramm auf Ungarisch, weil dies so zweckdienlich schien. Die Nachricht hieß wörtlich: „Ihr könntet auf mich warten." Auf Ungarisch braucht dieser Satz ein einziges Wort, „megvárhatnátok", bezahlen musste er daher nur für ein Wort. Die deutsche Sprache ist mit fünf Wörtern viel unwirtschaftlicher. Englisch ebenso („You could wait for me"), und auf Serbisch bräuchte man sogar sechs Wörter ...

Betrachtet man diese Geschichte von allen Seiten und analysiert sie, wird einem auch vor Augen geführt, dass sogar Alltäglichkeiten einen Anfang und ein Ende haben. 1945 war es kaum möglich, ein Telegramm ins Ausland oder aus dem Ausland schicken – und heutzutage ist die Gattung des Telegramms am Aussterben.

Eine gute Nachricht, die Jakab Aufsatz nicht mehr erreichen sollte

Im Jahr 1945 stellte die Direktion der Volksgüter (Uprava narodnih dobara) von Petrovgrad das Immobilienvermögen von Jakab Aufsatz unter Zwangsverwaltung (sechs Morgen Land, darauf ein Haus in Törzsudvarnok, zu Deutsch: Rogensdorf). Der Bescheid findet sich nicht unter den Papieren. Der Einspruch, datiert auf den 21. März 1945, hat folgenden Inhalt: Die Immobilie sei gemeinsam mit jenen Immobilien beschlagnahmt worden, deren Eigentümer geflohen seien. Jakab Aufsatz sei jedoch nicht geflohen, er sei nur krank gewesen und habe sich zur Zeit der Kontrollen nicht in Rogensdorf aufgehalten. Er sei in Betschkerek, das heißt in Petrovgrad gewesen, in seiner Wohnung in der Nikola-Tesla-Straße 23. Weiter steht im Einspruch, er sei ungarischer Nationalität und habe sich auch während der Besatzung als Ungar bekannt; sein Verhalten in politischen Fragen habe niemand angezweifelt.

Der Einspruch hatte Erfolg. Am 21. November 1945 (am Tage der Beerdigung von Jakab Aufsatz) fasst die Bezirkskommandantur den Beschluss, der Besitz von Jakab Aufsatz sei fälschlicherweise als faschistisches Vermögen eingestuft worden und die Zwangsverwaltung werde deshalb eingestellt. In der Begründung steht, es habe sich aus den Erklärungen der Bürger von Lukácsfalva (deutsch: Lukasdorf) herausgestellt, dass Jakab Aufsatz Ungar sei und nicht Deutscher. (Aus den Dokumenten geht hervor, dass Jakab Aufsatz den größten Teil seines Lebens in Lukasdorf verbracht hat, darum dürfte die Meinung der dortigen Gemeinschaft relevant gewesen sein.) Angemerkt ist auch, dass Jakab Aufsatz seiner Krankheit wegen sich nicht habe früher melden können. Am Ende des Beschlusses vom November steht, genauso wie in den letzten Zeilen des Einspruchs vom März: *„Tod dem Faschismus, Freiheit dem Volke!"*

Damit war die Angelegenheit jedoch bei Weitem noch nicht zu Ende. In den Jahren nach dem Krieg gerät das Vermögen aus mehreren Richtungen ins Visier. Am 12. Januar 1946 wird ein Gesetz über die Agrarreform und die Kolonisation verabschiedet. Die Anwendung des Gesetzes lässt nicht weiter auf sich warten und ist eher als engagiert denn als genau zu bezeichnen. Anfang Februar 1946, wenig mehr als zwei Wochen nach dem Gesetzerlass (und kaum drei Monate nach dem durch die Bürger von Lukasdorf unterstützten, aber bereits vergessenen Erfolg), schreibt mein Vater an Mihály Aufsatz nach Kudritz:

„Lieber Misi,
Heute habe ich von der Stadt eine Vorladung erhalten. Ich bin hingegangen, sie teilten mir mit, dass die Gemeinde von Ban. Dušanovaci [Rogensdorf] einen Beschluss gefasst hat, mit dem sie die auf den Namen Deines Vaters geschriebenen Ländereien in voller Gänze zu Agrarzwecken enteignen.

Der Gemeindebeschluss ist gesetzeswidrig. Im Sinne des Gesetzes müssen nämlich den Eigentümern, die nicht Landwirte sind, 3 Hektar gelassen werden.

Ich habe den Einspruch gegen den Gemeindebeschluss vorbereitet und schicke ihn mit heutiger Post nach Ban. Dušanovac."

In dem Brief schreibt mein Vater auch, dass die zu belassenden drei Hektar ungefähr fünf und ein Viertel Morgen entsprechen, dass also praktisch der gesamte Besitz von sechs Morgen zurückzugeben sei.

Auch diese Runde gewinnt die Familie Aufsatz. Mein Vater reicht am 1. Februar 1946 den Einspruch ein, und eine Woche später, am 9. Februar 1946, kommt, maschinengeschrieben auf der Rückseite der originalen Eingabe, der Beschluss zustande. Der Beschluss des örtlichen Volksbefreiungskomitees von Rogensdorf ist recht knapp. Insgesamt drei Zeilen, dazwischen auch durchkreuzte und ausgebesserte Wörter. In den drei Zeilen das Wesentliche: *„zemlja mu se ostavlja sva"*, das heißt *„alles Land wird ihm belassen"*. Als vierte Zeile folgt nach den drei Zeilen das *„Tod dem Faschismus, Freiheit dem Volke!"*.

Onkel Misi freut sich sehr, er meint, die Dinge sind endlich wiederhergestellt, und schreibt an meinen Vater am 15. März 1946:

Mein lieber Jóska,
Ich habe Deine Benachrichtigung vom 1. Febr. über die Konfiszierung seinerzeit erhalten. Bislang habe ich nicht geschrieben, weil ich abwartete, was weiter geschehen würde, wenn ich fluchen müsste, dachte ich, würde ich mich damit dann mit einem Mal Fluchen erleichtern. Na, wie Du aber aus dem beigefügten Schreiben sehen wirst [das beigefügte Schreiben ist der Bescheid mit dem Inhalt „alles Land wird ihm gelassen"], *hatte ich keinen Grund dazu, umso mehr war mein Jubelschrei begründet, den hörend sogar ein Pferdehirte aus der Hortobágy [ungarische Puszta] errötet wäre.*
[...]
Akzeptiere bitte vorläufig meinen innigsten Dank für die verdienstvollen Taten.
Es umarmt Dich zuneigungsvoll
Miska"

Zurück zu der Frage, ob die Familie Aufsatz Ungarn waren oder Deutsche

Die Idylle war jedoch nicht von Dauer. Einst war es die Französische Revolution, die bemüht war, Großbesitztümer aufzulösen, und als ein Hauptmittel dienten dazu die neu erbrachten Erbgesetze. Nicht mehr der Erstgeborene erbte das gesamte Vermögen, sondern es wurde zu gleichen Teilen zwischen den Kindern aufgeteilt, wodurch im Laufe der Zeit auch der Großbesitz aufgespalten werden sollte. Jetzt, während ich in den letzten Tagen von 2012 diesen Text zusammenflicke, wurden in Serbien Verfahren eingeleitet gegen Vermögensmagnaten (die – im Gegensatz zu den französischen Aristokraten – innerhalb einiger Jahre und nicht im Laufe einiger Jahrhunderte zu Milliardären wurden). Vermögensbeschränkung erfordert in beiden Fällen Geduld. Die aus der Französischen Revolution entstandenen Erbgesetze sind erst im Laufe der Entstehung und des Verschwindens neuer Generationen wirklich fähig, ein Erbgut jeweils aufzuteilen. Heute bringen die gegen Mišković und Konsorten initiierten Verfahren mit aller Wahrscheinlichkeit noch viele rechtliche Wendungen; es muss die vermutete Rechtswidrigkeit der Vermögensanhäufung bewiesen werden, auch der Ausgang ist nicht völlig vorhersehbar. 1945 war keine Geduld vorhanden, und die Dinge waren einfacher. Nicht die Art der Vermögensbeschaffung, sondern das Vermögen selbst stellte einen Beweis für Ungerechtigkeit dar.

Die drei Hektar schlüpfen 1946 hinüber, bleiben nicht in dem Raster hängen, mit dem jedes ungerechterweise große Vermögen von den Eigentümern abgetrennt werden sollte. Bald kommt jedoch mit neuer Energie die Frage zurück, wer Deutscher beziehungsweise nicht Deutscher ist. Die übriggebliebenen Dokumente der Besatzer dürften der Sache neuen Schwung gegeben haben, da die neuen Machthaber nunmehr Zeit hatten, um einen Einblick zu gewinnen. An Fahrt gewann sie wohl aber auch infolge der Bestrebungen, die neu errichteten Behörden über möglichst viel neu zu verteilendes Vermögen verfügen zu lassen.

Doch die Sache war nicht einfach – besonders in der Vojvodina nicht. Vielleicht sahen die, die das Gesetz gemacht hatten, darin bloß nur eine einfache Formel. Wer Deutscher ist, gehört zum Schlage eines Hitlers, und nur die bilden eine Ausnahme, die sich den Partisanen angeschlossen haben. So war das natürlich ungerecht, genauso wie jegliche an eine Rasse, Nation oder Religion gebundene kollektive Qualifizierung ungerecht ist. Darüber konnte man damals jedoch nicht diskutieren. Die Frage, wer nun eigentlich Deutscher war, brach umso mehr Diskussionen vom Zaun. In Betschkerek war mir keine Familie bekannt, in der es über mehrere Generationen zurück, auch in den Seitenlinien, nur eine einzige Nationalität gegeben hätte. Es gab kaum wirklich lupenreine Ungarn, Serben, Deutsche oder Juden. Mischehen, Umzüge und Assimilation störten die simple Logik der Abstammung. So waren auch einmal Franzosen in das Banat gezogen, die nicht Franzosen blieben. Einer der markanten Abgeordneten der Zeit nach dem Zweiten Weltkrieg, der aus dem Banat stammende Toma Granfil, hielt sich nicht für einen Franzosen, sondern für einen Serben. Jenő Grandjean war Ungar. Auch die Familie Parmentier verließ die französischen Wurzeln und pendelte zwischen der deutschen, der ungarischen und der serbischen Identität; dies lösten sie schließlich, indem sie nach Amerika zogen und zu Amerikanern wurden. Und da ich nun beim Thema Amerika bin, füge ich an, dass es in der Akte Nummer 4161 einen Brief gibt, den ein Klient meines Großvaters am 5. März 1907 aus der Stadt Saint Louis sandte. Der Umschlag bezeugt, dass der Brief bis zum 19. März 1907 bereits den Ozean überquert und Betschkerek erreicht hatte. Es handelte sich um eine Immobilienangelegenheit. Der Brief ist auf Deutsch geschrieben. Der Absender spricht meinen Großvater mit „*Dr. Imre Wárady*" an; den eigenen Namen schreibt er „*Csobanov Misa*"; wir haben es hier also mit einem serbischen Namen zu tun, ungarisch geschrieben und in einem deutschsprachigen Brief, dazu noch aus Amerika abgeschickt. Es gab einmal auch eine katalanische Gemeinschaft im Banat; in Betschkerek existierte im 18. Jahrhundert ein Neu Barcelona benanntes Gebiet, es ist jedoch nicht mehr erhalten. Ich möchte noch erwähnen, dass die Mehrheit der Juden deutsche Namen hatten. Sich einfach an Namen zu orientieren, ist also nicht möglich.

Die Meinung der Nachbarn tauchte also als ein relativ logischer Anhaltspunkt auf – so konnte im Falle von Jakab Aufsatz die von den Bürgern Lukasdorfs unterschriebene Erklärung behilflich sein.

Mit den Verwicklungen konfrontiert, bemühen sich die Behörden der Vojvodina – zumindest bei einigen Nationalitäten –, über administrative Maßnahmen die Dinge zu vereinfachen. Am 14. Mai 1945 richtet das Oberste Volksbefreiungskomitee der Vojvodina (Glavni narodno oslobodilački odbor Vojvodine) an alle Volksbefreiungskomitees der Vojvodina ein Rundschreiben. Unter anderem steht in diesem Rundschreiben der folgende markante Satz: „*Infolgedessen, dass es die Nationalitäten der Bunjewatzen und der Schokatzen nicht gibt, ordnen wir an, dass alle Bunjewatzen und Schokatzen ausschließlich als Kroaten registriert werden, unabhängig davon, was sie deklarieren."* Dieser harte Standpunkt löste jedoch nicht das Aufsatz'sche Problem und, wie sich später herausstellen sollte, schaffte auch die Identität der Bunjewatzen und der Schokatzen nicht ab.

Am 25. Mai 1946, dem Geburtstag von Marschall Tito, fasst das Komitee für Vermögensbeschlagnahme einen Beschluss, dem zufolge „wegen ihrer deutschen Nationalität" das Vermögen des Jakab Aufsatz und seiner Erben beschlagnahmt wird. Am 5. Juni schreibt mein Vater an Mihály Aufsatz:

„Lieber Misi,
ich muss Dir eine unangenehme Nachricht mitteilen. Letzte Woche wurde mir der beigefügte Beschluss des örtlichen Gradska komisija za konfiskaciju von Lekić weitergeleitet. [...] Aus dem Beschluss des städtischen Ausschusses geht hervor, dass er sich auf zwei Angaben stützt: darauf, dass seinerzeit im Personalausweis Deines Vaters während der deutschen Besatzung stand, dass er Deutscher sei, und darauf, dass der Name Antals [der jüngere Bruder von Mihály Aufsatz] in der Mitgliederliste des ‚Kulturbunds' gefunden wurde."

Mein Vater bittet im Weiteren um Daten und Nachweise, mit denen man die Ansatzpunkte des Beschlusses dementieren könne. Mihály Aufsatz antwortet am 8. Juni und fragt verbittert:

„Mein lieber Jóska,
Deine freundliche Nachricht vom 5. des Monats habe ich heute erhalten. Ich kann sagen, dass ich nicht gejubelt habe! Wird denn dieses andauernde Beweisen nie ein Ende nehmen?"

Weiter legt Mihály Aufsatz in dem Brief seine Ansicht dar:

„Das städtische Komitee kann sich nicht darauf berufen, was während der Besatzung in die Legitimation eingetragen war, weil allgemein bekannt ist, dass die deutschen Behörden seinerzeit keinen, der einen deutsch klingenden Namen hatte, gefragt haben, welcher Nationalität er sei, sondern sie registrierten ihn automatisch als Deutschen. In den dortigen Registraturen oder Akten muss auch der Einspruch vorhanden sein, den er [Jakab Aufsatz] in diesem Zusammenhang eingereicht hat, damit sie seine Nationalität von deutsch zu ungarisch ausbessern. – Wenn ich mich richtig erinnere, betraute er damals Dr. Elmer mit dieser Sache."

In dem Brief sind noch verschiedene Bekannte aufgezählt, die Jakab Aufsatz' Ungarntum nachweisen könnten. Auch ist erwähnt, dass er *„uns* [die Söhne] *in ungarischen*

Schulen einschulte, auf dem Grab im Friedhof ist gleichsam demonstrativ der Name auf Ungarisch geschrieben! Unverständlich ist, wie mein Bruder auf die Liste des Kulturbundes geraten ist, weil er, glaube ich, seinerzeit einen scharfen Zwist hatte mit Annau, dem damaligen stellvertretenden Direktor der Zuckerfabrik, der mit seinem auf ihn gerichteten unqualifizierbaren Verhalten und Ungarnhass ihn zwang, 1942 nach Ungarn zu fliehen. Nun, wenn mein Bruder Deutscher ist, wäre es ihm hier gut gegangen, und er hätte nicht ausbüchsen müssen ..."

In mehreren Dokumenten fand ich Hinweise auf Annau, den ehemaligen Direktor der Zuckerfabrik. Diese zeigen, dass er tatsächlich zu jenen lokalen Deutschen gehörte, die sich dem Faschismus angeschlossen hatten. So wussten es auch die serbischen Bekannten meiner Eltern. Es gab auch andere Familien namens Annau. In der Grundschule hieß einer meiner Klassenkameraden Jóska Annau. Die Familie hatte eine bescheidene Wohnung, und ich erinnere mich, dass seine Mutter von den Betschkereker Sprachen Deutsch am besten konnte. Einmal war ich Teil einer Konspiration, die sich gegen Jóska richtete. Im Alter von zehn oder elf Jahren verfassten wir zusammen mit einigen Klassenkameraden einen anonymen Brief, der ihm per Post zugeschickt wurde. Wenn ich mich richtig entsinne, war der Inhalt des Schreibens in etwa, dass Gefahr drohe, da die offiziellen Behörden auf Jóskas Pfuschereien aufmerksam geworden seien. Der als Spaß gedachte Fall nahm jedoch ein sehr schlechtes Ende. Jóska nahm den Brief ernster als gedacht, war verzweifelt und verängstigt, ebenso seine Familie. So geriet das Erfolgserlebnis unseres Streichs zu bitteren Gewissensbissen. Nach der Grundschule traf ich Jóska nie mehr. Möglich, dass er nicht am Gymnasium, sondern in der Gewerbeschule weiterlernte, noch wahrscheinlicher ist, dass die Familie nach Deutschland umzog. Annau hieß auch der Mann unserer tschechischstämmigen Haushälterin, ein deutscher Arbeiter. Als Deutscher wurde er zur deutschen Armee eingezogen. Von der russischen Front kehrte er nie wieder zurück.

Zehn Tage nach dem am 8. Juni abgesandten Brief schickt Mihály Aufsatz noch einen kurzen Brief an meinen Vater. In diesem zeigt er die Übersendung „des verlangten Dokuments" an, wahrscheinlich um zu beweisen, dass Jakab Aufsatz im November 1945 – in dem Monat, als er verstarb – an den Wahlen teilgenommen hatte, und zwar als Ungar (als Deutscher hätte er ja gar nicht teilnehmen dürfen). Folgend der Brief:

> Kedves Jóskám,
>
> végre valahára sikerült megfognom a sekretarust,hogy megkaphassam a kivánt okmányt. Időközben kutattam az irások között is és sikerült megtalálnom,egy régi igazolványt melyben annak idején igazolták,hogy öcsém magyar,ha jónak látod kérlek mellékeld ezt is.
>
> Ez úton is kérlek fogadd hálás köszönetem a szives vendéglátásért, kérlek add át kézcsókomat Zorka asszonynak,Téged szeretettel
>
> ölel
>
> Gudurica 1946.VI.18.

Übersetzt lautet er:

„*Mein lieber Jóska,*
endlich ist es mir einmal gelungen, des Sekretarius habhaft zu werden, damit ich das gewünschte Dokument erhalte. In der Zwischenzeit habe auch ich zwischen den Papieren gesucht, und mir ist es gelungen, einen alten Ausweis zu finden, in dem man seinerzeit bestätigte, dass mein Bruder Ungar ist, wenn Du es für richtig hältst, füge diesen bitte auch bei.
Ich bitte Dich auch auf diesem Wege, akzeptiere meinen Dank für die Gastfreundschaft, bitte übermittle meinen Handkuss an Frau Zorka, in Zuneigung
umarmt Dich
Gudurica, 18. VI.1946   *Miska*"

Im Einspruch ordnet mein Vater die Argumente. Der Erfolg bleibt jedoch aus. Das Gebietskomitee für Vermögensbeschlagnahme weist am 21. Dezember 1946 den Einspruch zurück. Die Begründung für den Beschluss in zweiter Instanz setzt den angeführten Argumenten nichts entgegen, wiederholt einfach, die innenpolitischen Behörden hätten festgestellt, dass Jakab Aufsatz deutscher Nationalität sei, zudem könne Mihály Aufsatz den auf ihn entfallenden Erbanteil nicht verlangen, da auch er während der Besatzung als Deutscher registriert gewesen sei.

Dies war das Endergebnis. Als kleiner Trost gelang es nur noch zu erreichen, dass Mihály Aufsatz für die beschlagnahmten Immobilien nicht auch noch Steuern bezahlen musste.

Wo stehen wir demnach?

Ich habe gelernt – und genau das pflege ich zu sagen –, dass wir letztendlich selbst über unsere Zugehörigkeit entscheiden. Dies bezeichnet man als das Prinzip des selbstbestimmten Identitätsbekenntnisses. Es gibt keinen geeigneteren Maßstab, wenn die Frage entschieden werden muss, wer der wahre Ungar, der wahre Deutsche, der wahre Serbe oder der wahre Jude ist. Aber diese Wahrheit gerät ins Wanken, und die Logik wird auf ein starres Gleis gezwungen, wenn Lebensgefahr oder Verlust an Vermögen mit der Identität verbunden sind. Es wäre sinnlos zu behaupten, dass in den Jahren des Faschismus nur jene die wahren Juden waren, die diese Identität offen vertraten, jene aber nicht, die ihr Judentum versteckten, um mit dem Leben davonzukommen. In solchen Situationen spaltet sich die Identität des einzelnen Menschen in zwei Teile, nämlich in die, die er sich selbst gegenüber vertritt, und in die, die er der Außenwelt gegenüber vertritt. Nach dieser Logik muss die Annahme erlaubt sein, dass es auch solche gab, die, um ihr Vermögen zu schützen, angaben, dass sie Ungarn seien und nicht Deutsche.

Meiner Überzeugung nach gehörte Mihály Aufsatz jedoch nicht zu den Letzteren. Dem, was ich in den Akten gelesen habe – und was nunmehr auch andere lesen konnten –, würde ich nur noch dies hinzufügen: Er war der Klassenkamerad meines Vaters in der ungarischen Schule, und wie ich selbst erlebt habe, las Mihály Aufsatz in der Kirche für ungarische Gläubige die heilige Messe in ungarischer Sprache. Meine Eltern hatten Freunde verschiedener Nationalität, und alle nahmen es als fraglos an, dass Mihály Aufsatz zu den ungarischen Freunden gehörte. Zudem verdient natürlich kein uneingeschränktes Vertrauen, wie die deutschen Besatzungsmächte die Menschen klassifizierten.

Im Übrigen wurde Mihály Aufsatz nichts anderes vorgeworfen, als dass er Deutscher war. Weder die Schriften noch die Briefe, noch die Erinnerungen lassen ein anderes Vergehen vermuten, außer vielleicht, dass er, wenn er für sich allein war, gerne inbrünstig fluchte. Aber dies gehört nicht vor irgendeines der vielen Gerichte, die er durch meine Juristenfamilie kennengelernt hatte, sondern eher zum Wirkungsbereich des lieben Gottes. In dieser Frage ist vermutlich bereits eine Entscheidung ergangen.

Jetzt müsste nur noch eine Antwort auf folgende Frage gefunden werden, und die hat sich in meiner Zuständigkeit festgefahren: An wen soll ich das Aktenbündel der Familie Aufsatz weitergeben?

Der Fall Béla Grolshammer

Die Akte Nummer 12319

Kócos, der „Ungekämmte", schloss die Grundschule mit Auszeichnung ab

Béla Grolshammer ist drei Jahre älter als ich. Gerade wollte ich schreiben, dass er „drei Jahre älter gewesen war"; das Schreiben in der Vergangenheit hat sich in mir festgesetzt, seit ich mich darum bemühe, die in die Aktenbündel versunkenen Geschichten kennenzulernen und aufzuschreiben. Da fiel mir aber ein, dass wir ja beide noch am Leben sind. Béla begann die Schule 1943, noch unter deutscher Besatzung; dies bezeugt ein Schulzeugnis. Wie ich sehe, lautet im Jahr 1943 der Name der Schule noch „Staatliche Elementare Ungarische Volksschule".

Aus dem Zeugnis ist ersichtlich, dass er durchwegs mit der Note „sehr gut" die erste Klasse der Grundschule abgeschlossen hatte. (Die Note 5 entspricht hier der Note 1 in deutschen Schulen). Wie im Bild zu sehen, wurde der obere Teil des Zeugnisses eingescannt, im Original finden sich aber weiter unten ebenso lauter „sehr gut". Das Zeugnis ist jedoch nicht wegen der Noten in die Akte geraten. Das Ziel der Grolshammers war, unter anderem damit zu beweisen, dass sie Ungarn waren, denn ihr Sohn hatte schließlich während der deutschen Besatzung eine ungarische Schule besucht.

So sah Bélas Zeugnis aus:

Im Übrigen war und ist heute noch Bélas Spitzname „Kócos", zu Deutsch: der Ungekämmte. Bei der Entstehung dieses Namens war eigentlich Ironie im Spiel. Bélas Haare wurden früh schütter und waren von der Menge her so grenzwertig, dass es ihm im Grunde gar nicht möglich war, ungekämmt zu sein. Seit Jahrzehnten lebt er inzwischen in München, aber in Betschkerek erinnert man sich heute noch an ihn. Wenn vielleicht auch sonst nichts, so ist bei allen doch die Erinnerung geblieben, dass er früher auf Tanzfesten der Klavierspieler war. Vor allem in der Handelsschule, wo es in den fünfziger Jahren die beliebtesten Tanzveranstaltungen gab. Auch auf den vom Gymnasium veranstalteten Bällen saß meistens er am Klavier. Dort pflegte er es bis zum Schluss durchzuhalten, während es andere Musikanten gab, die bei der einen oder anderen Tanznummer aufstanden, weil sie selbst tanzen wollten. Ein Trompetenspieler, ich glaube es war der Paga, tat dies oft. Ich erinnere mich, einmal nahm er sein Mundstück von der Trompete, steckte es in die Brusttasche seines Hemdes, forderte ein Mädchen auf und mischte sich mit ihr unter die Tanzenden. Er tanzte neben mir, ich sah, wie das Mädchen sich an ihn schmiegte, und hörte, wie sie ihm sanft ins Ohr flüsterte: „Dein Mundstikli sticht!" In Betschkerek war „Mundstikli" die ungarische Version und „Mundštikla" die serbische Variante für das deutsche Wort „Mundstück". Um wieder auf Béla zu kommen: Eigentlich wollte ich ja ihn loben, als ich mit diesem Tanzthema begann. Es kam vor, dass Béla alleine blieb mit seinem Klavier, aber er hielt eisern durch.

Hauptdarsteller dieser Geschichte ist jedoch nicht Kócos, sondern es sind seine Eltern. Sein Vater hieß wie er, Béla Grolshammer; der Mädchenname der Mutter war Tutenuit. Sie dürfte zu den Franzosen gehört haben, die aus dem Elsass in das Banat gekommen und sich assimiliert hatten.

Konfiszierung

Am 27. September 1945 fasst das Städtische Komitee Petrovgrads zur Vermögensbeschlagnahme den Beschluss, dass die Ländereien Béla Grolshammers zu beschlagnahmen sind; das betrifft einiges Ackerland und Grundstücke für den Weinanbau. Es handelt sich um sechs kleinere Grundstücke, zwei davon etwas größer als ein Morgen, die anderen weniger als ein Morgen. Der Verfasser der Begründung geht nicht einmal so weit, das Beschlagnahmeformular ganz auszufüllen. Eingetragen ist gerade noch, um wessen Vermögen es sich handelt, aber in der Eile fand der Beamte des Komitees zur Vermögensbeschlagnahme keine Zeit mehr, wenigstens eine der aufgeführten Begründungen mit einem Kringel zu versehen, wenn er schon keine Erklärung hinzufügte. Der Begründungstext lautet wie folgt:

„BEGRÜNDUNG
Aufgrund der zusammengetragenen Daten ist es zu der Feststellung gekommen, dass das Vermögen von Béla Grolshammer beschlagnahmt werden muss, denn der Bezeichnete ist
1. *deutscher Staatsbürger*
2. *deutscher Nationalität"*

So sieht die Begründung (Obrazloženje), die sich auf der unteren Hälfte des Vordrucks befindet, im Original aus:

Zu sehen ist, dass in dem zugestellten Beschluss weder die Zahl 1 noch die 2 eingekreist sind, und weder der eine noch der andere mögliche Grund ist unterstrichen. (Offenbar bildete die vermutete Nationalität und nicht die Staatsbürgerschaft die Rechtsgrundlage.) Für andere Begründungsmöglichkeiten war auf dem Formular nicht einmal Platz vorgesehen. Auf der Rückseite steht jedoch, dass innerhalb von acht Tagen Einspruch eingereicht werden könne.

Am 18. Oktober 1945 kommt ein weiterer Beschluss zur Beschlagnahmung zustande. Diesmal ist die Rede vom Einfamilienhaus in der Đorđa-Stratimirovića-Straße (früher Bajza-Straße) Nummer 36. Mit der Registernummer ist man bei 1063/45 angelangt, während die Nummer des Beschlusses drei Wochen davor noch die Nummer 369/1945 war. Die Dinge kamen demnach rasch voran: Innerhalb von drei Wochen hatte das Betschkereker Komitee für Vermögensbeschlagnahme 700 Beschlüsse gefasst. Ansonsten sieht die Begründung im Bescheid vom 18. Oktober genauso aus wie die im früheren Bescheid, abgesehen davon, dass diesmal nicht einmal Béla Grolshammers Name in der Begründung aufgeführt ist, stattdessen steht dort: *„Die Bezeichneten"*. Damit waren Béla Grolshammer und seine Mutter gemeint. Béla Grolshammer war der Eigentümer, seine Mutter hatte das Nutzungsrecht.

Im Jahr 1945 änderte sich alles. Auch die Schwellen, die dafür sorgten, dass lebenswichtige Entscheidungen nicht überstürzt getroffen werden mussten, veränderten sich oder verschwanden ganz. Die Karten wurden neu gemischt und dann neu verteilt: Dies betraf Notwendigkeiten, Hab und Gut, Eigentum und Schicksale. Es gab gleichzeitig Dinge, die funktionierten, und solche, die nicht funktionierten. Im Tagebuch meines Großvaters steht, dass der An- und Verkauf von Immobilien zu einem Stillstand gekommen war. Ich lese dort auch, dass, wer zum Beispiel Anfang 1945 auf dem Markt einen Hasen kaufte, ihn zwar nach Hause nehmen und essen durfte, sich die erworbenen Rechte aber nicht auf das Hasenfell bezogen. Hier der Eintrag vom 31. Januar 1945:

> *„Mittwoch. Mit dem heutigen Tage ist wieder ein harter Wintermonat vergangen. Wir müssen uns darüber freuen, dass die Zeit vergeht, die Kälte ist groß und das Heizmaterial, das Holz, der Koks, wird knapp. Kaufen kann man keines, es gibt keins. Für alles benötigt man Marken. Die Hausfrauen stehen stundenlang Schlange, bis sie die Marke endlich erhalten, aber bis dahin ist das Material gründlich ausgegangen. Die Preise sind entsetzlich. Ein Kilo Zucker kostet heute schon 1200–1500 Dinar, ein Kilo Salz 1000 Din., ein Ster Holz 5–6000 Din., ein Zentner Maiskolben 1600 Din., eine kleine Schachtel Zündhölzer 60–80 Din., und man kann die Dinge auch zu solchen Preisen nicht immer bekommen. – Ein Feldhase kostet 600 Din., daneben muss man aber das Fell zurückgeben. – Die Ausgaben steigen beständig, aber Einkünfte gibt es nicht. Die Gerichte funktionieren nicht. An- und Verkauf von Immobilien sowie deren Belastung ist verboten beziehungsweise wäre nur mit Sondergenehmigung der Militäraufsicht möglich; dies ist jedoch illusorisch, weil Gericht und Grundbuch nicht funktionieren. Wann wird das alles zu Ende sein."*

Der erste Einspruch

Prägungen der juristischen Art blieben immerhin weiter bestehen. Gegen die zwei Beschlüsse über Vermögensbeschlagnahme reichte mein Vater im Namen Béla Grolshammers Einsprüche ein. Die ersten zwei Sätze des Einspruchs lesen sich wie folgt: *"Ich bin ungarischer Nationalität. Ich habe mich immer für einen Ungarn gehalten und habe bei allen als Ungar gegolten, auch während der Besatzung."* Dann kommen die weiteren Begründungen. Der Sohn hat eine ungarische Schule besucht (dies beweist das Zeugnis von Kócos). Er selbst war nicht nur Mitglied von ungarischen Kulturvereinigungen, sondern auch deren Amtsträger. Während der Besatzung hat er Arbeitsdienst geleistet, zu dem nur Serben und Ungarn verpflichtet wurden, nicht aber Deutsche. Weder er noch seine Mutter waren außerdem Mitglieder im Kulturbund.

Darauf folgt die Gegenüberstellung mit der Tatsache, die der einzige Anhaltspunkt dafür sein konnte, weshalb er als Deutscher eingestuft wurde. Im Einspruch steht, es sei korrekt, dass die Besatzungsmächte ursprünglich seines deutschen Familiennamens wegen in seinen Personalausweis geschrieben hätten, dass er Deutscher sei. Gleich danach stehe dort jedoch auch, dass Béla Grolshammer, als er diesen Ausweis in der Hand gehalten habe, eine sofortige Verbesserung verlangt und daraufhin tatsächlich einen neuen Ausweis erhalten habe. Darin sei neben seinem Namen diesmal vermerkt, dass er ungarischer Nationalität sei. Anscheinend sei diese Änderung jedoch nicht in die Datei der deutschen Polizei übertragen worden.

Dem Einspruch sind Nachweise beigefügt. Die Polizei bescheinigt am 16. November 1945, dass Béla Grolshammer nie Mitglied im Kulturbund war; in dieser Bescheinigung steht jedoch auch, dass sein Ausweis ihn als Deutschen ausgewiesen hat (die polizeiliche Bescheinigung nennt den neuen Ausweis nicht). Nachträglich, am 31. Dezember 1945, fügt mein Vater die Erklärung des Milan Stevović' hinzu, dem diese Tatsache in seiner Eigenschaft als Beamter bekannt war, und er bescheinigt, dass Béla Grolshammer den Ausweis, in dem er als Deutscher geführt wurde, nicht akzeptiert habe. Er bescheinigt auch, dass hiernach ein neuer Personalausweis ausgestellt worden sei, in dem nunmehr gestanden habe, dass Béla Grolshammer ungarischer Nationalität sei. Als Beweis werden außerdem mehrere Mitgliedsbüchlein eingereicht, die zeigen, dass Béla Grolshammer Mitglied und Amtsträger beim Ungarischen Bildungsverband des Délvidék (im weiteren Text, dem ungarischen Kürzel folgend: D.M.K.SZ.) sowie im Banater Ungarischen Bildungsverband (im Weiteren dem ungarischen Kürzel folgend: B.M.K.SZ) war. In einem der Ausweise ist auch ein Foto Béla Grolshammers zu sehen.

Kulturbund, D.M.K.SZ., B.M.K.SZ.

Ich habe mehr als zehn Fälle gefunden, in denen es sich als Kernfrage herausgestellt hatte, ob jemand Ungar war oder Deutscher, und in jedem dieser Fälle spielen der Kulturbund, die D.M.K.SZ. und die B.M.K.SZ eine Rolle. Aus den Schriften erkenne ich, dass die Stigmatisierung, die in der Zeit nach der deutschen Besatzung die Mitgliedschaft im Kulturbund bedeutete, sich auch auf die Familienmitglieder erstreckte. Am 24. Oktober 1945 schreibt mein Vater einen Brief an Frau Lapping, geborene Ilona Kószó, deren im Krieg verschollener Mann Deutscher und Mitglied des Kulturbundes gewesen war. Im Brief steht unter anderem:

„*Nach Punkt 3 im Gesetz über die Namensliste der Wähler, haben auch die Angehörigen von Mitgliedern des Kulturbundes kein Wahlrecht. Nachdem Ihr Mann als Soldat auch Mitglied des Kulturbundes war, ist es im Sinne des Gesetzes tatsächlich rechtmäßig, dass man Ihnen das Wahlrecht entzogen hat. Daher sehe ich einen Einspruch nicht als zielführend.*"

Dies war damals die Situation.

In Zusammenhang mit der Mitgliedschaft im Kulturbund, in der D.M.K.SZ. und der B.M.K.SZ. möchte ich als Hintergrund eine Darstellung aus einer Klageschrift zitieren, die die Staatsanwaltschaft des Generalstabs der II. Armee am 17. Februar 1947 formulierte. Die 42-seitige Klageschrift ist gebunden mit einer bunten Kordel. Sie ist von Interesse, weil sie nicht nur die den 16 Angeklagten vorgeworfenen Taten beschreibt. Auf den ersten zwölf eng maschinenbeschriebenen Seiten ist die Schrift bemüht, den geschichtlichen Hintergrund des Banat aufzuzeigen, und im Mittelpunkt steht der Kulturbund (!). Ein Machtwechsel bringt oft auch einen Geschichtswechsel mit sich. Wahrscheinlich war diese Klageschrift eine der ersten offiziellen Formulierungen der neuen Betrachtungsweise der Geschichte. Der Text entwickelt sich anhand staatsanwaltschaftlicher Gesichtspunkte und Interessen, aber man spürt darin auch das Bemühen, Tatsachen aufzudecken.

Der Anklageschrift zufolge kamen nach der Machtergreifung Hitlers im Kulturbund nationalsozialistische Bestrebungen auf, und es erschienen die „Erneuerer", die den Rahmen des Kulturbundes als zu eng betrachteten und ihn zur Außenstelle des Nationalsozialismus gestalten wollten. Beim Lesen der Tagebücher meines Großvaters fällt auf, dass auch er über die „Erneuerer" eine sehr schlechte Meinung hatte. Der Eintrag vom 25. Januar 1945 beginnt damit, dass er ungläubig die Nachricht vernimmt, Leo Deák sei exekutiert worden: „*Leo Deák war als Obergespan des Komitats Batsch-Bodrog, Sombor und Neusatz, ich weiß das, den Serben gegenüber auf zuvorkommende Weise gerecht, und somit kann ich mir nicht vorstellen, dass ihm Schlimmes hätte zustoßen können […]. Ich weiß, dass Leo über das in Neusatz Geschehene unendlich aufgebracht war. Damals war noch Fernbach der Obergespan von Neusatz. Die Schuldigen sind sicher zur rechten Zeit aus der Batschka entflohen. Und die unglücklichen Hiergebliebenen leiden jetzt.*" Dem ist noch der Satz hinzugefügt: „*Wie auch aus dem Banat, so haben sich all die seelenlosen Henker, Plünderer, Erpresser-Erneuerer-Deutschen davongestohlen, und jetzt leidet das hiergebliebene* [deutsche] *Volk für ihre Schandtaten.*"

Zurück zur Klageschrift von 1947, die der Militärstaatsanwalt und Hauptmann Krsto Vujović unterzeichnete. Bei der Darstellung des geschichtlichen Hintergrunds kommen neben dem Kulturbund auch andere Organisationen zur Sprache, die mit den Faschisten zusammengearbeitet haben, aber weder die D.M.K.SZ. noch die B.M.K.SZ. werden benannt. Es wird beschrieben, dass Hans Helm und Kraus den Kulturbund für ihre Spionagetätigkeit gebraucht hätten und dieser somit zu einer „Massenspionageorganisation" geworden sei. Weiter steht dort, während des Krieges hätten nicht nur die Mitglieder des Kulturbundes, sondern „die Deutschen allesamt" danach gestrebt zu verhindern, dass sich eine Verteidigung gegen den Faschismus organisierte, und sie seien bemüht gewesen, mit Verbreitung falscher Nachrichten die Widerständler zu demoralisieren. Während des Krieges habe zudem Hitler einen der Leiter des Banater Kulturbundes, Janko Sepp, empfangen. (Einige Geschichtsquellen bestätigen Janko Sepps Besuch in Hitlers Hauptquartier, aber einige behaupten, dass ihn nicht Hitler persönlich empfangen habe, sondern Himmler.) Die Klageschrift bringt zudem massenhafte Exekutionen, Folterungen und Verhaftungen mit dem Kulturbund in Zusammenhang, indem sie behauptet, Menschen seien oft infolge von Anzeigen seitens der Mitglieder des Kulturbundes zu Opfern geworden.

Viel ist von Franz Reith die Rede, den die Klageschrift als „bekanntes Kulturbundmitglied" benennt. Reith kam in der Batschka zur Welt und war Rechtsanwalt in Kúla (deutsch: Wolfsburg). In den Jahren des Faschismus war er in Betschkerek Polizeidirektor im Rang eines Generalmajors. Auf Seite 8 der Anklageschrift sehe ich einen Satz, zu dem mir persönliche Erinnerungen einfallen. Da steht, dass Reith, als der Betschkereker Anwalt Stojan Adamović an ihn die Frage richtete, warum sie die Menschen verschleppten, obwohl sie nichts verbrochen hätten, Folgendes antwortete: „Ob schuldig oder nicht, ihr seid jetzt Gefangene, und müsst euch als Gefangene verhalten." Stojan Adamović war Kollege und Freund meines Vaters. Nach dem Krieg kam seine Witwe (wir nannten sie „Tante Cuka") regelmäßig zu uns zu Familienfeiern. Ihre Tochter Vesna war im Alter meiner jüngeren Schwester, und sie waren befreundet. „Ob schuldig oder nicht" – das war ein Satz, den ich in Gesellschaft meiner Eltern des Öfteren zu hören bekam.

Reith war der Nebenangeklagte. Der Hauptangeklagte war Jürgen Wagner, auch dafür bekannt, dass unter seinem Vorsitz das deutsche Militärgericht Elek, den Direktor der Zuckerfabrik, zum Tode verurteilt hatte. Mein Vater und Pál Heklai, der Mann meiner Tante, verteidigten vier Dorfnotare, namentlich: Franz Lautner, Vladimir Aćimović, Dragoljub Novakov und Lajos Szabó. Während das Verfahren noch lief, wurde mein Vater zum zweimonatigen Wehrdienst einberufen, und Josip Podgradski sprang für ihn ein. Die Klage führte unter anderem an, dass die Notare von Zeit zu Zeit den Besatzern Berichte über die lokale politische Situation gesandt hatten, dass sie an der Aufstellung von Listen derjenigen Bürger teilgenommen hatten, die man als Geisel nehmen konnte, „wenn etwas zum Schaden der Besatzer geschehen sollte", und dass sie Listen aufgestellt hatten von denen, die keine Zwangsarbeit leisteten. Im Zusammenhang mit Lajos Szabó wird auch die D.M.K.SZ. genannt. Während es in dem historischen Abriss der Klageschrift ausgelassen worden war, wurde hier nun in einem Satz als erschwerender Umstand erwähnt, dass Lajos Szabó an der „Organisation der faschistischen D.M.K.SZ." teilgenommen hatte. (Möglicherweise dachte der Staatsanwalt an eine lokale Organisation, wahrscheinlicher ist aber, dass es sich um die B.M.K.SZ. handelt.) Alle vier Notare wurden verurteilt. Lautner erhielt sechs Jahre, Novakov und Szabó je drei Jahre, Aćimov ein Jahr. Das konnte zu der Zeit als sehr milde Urteile gelten. Die vier Notare wurden von mehreren Anklagepunkten freigesprochen. Sie stehen übrigens am Ende der Liste der Angeklagten. Einige der Angeklagten, die am Anfang der Liste aufgeführt waren, wurden zum Tode verurteilt.

Die Einordnung der D.M.K.SZ. als faschistischer Organisation (die wie gesagt im vom Staatsanwalt verfassten geschichtlichen Überblick noch nicht, dann aber unter den Lajos Szabó belastenden Behauptungen auftauchte) wurde nicht zur vorherrschenden Einschätzung. Es war nicht einfach, die Banater Ungarn einzuordnen. Die Mitgliedschaft der D.M.K.SZ. und der B.M.K.SZ. umfasste jeweils breite Schichten der Ungarn. Dies möchte ich mit einem Zufallsbeispiel illustrieren – einem im wahrsten Sinne des Wortes zufälligen Beispiel. Die unten abgebildete Namensliste habe ich in einem Aktenbündel gefunden, doch nicht um ihrer selbst willen war sie da hineingekommen, sondern wegen der mit Bleistift geschriebenen Notiz auf der Rückseite. Das Papier (und damit die Namensliste) wurde in zwei Teile zerschnitten, weil die Notiz auf der halben Seite Platz hatte. Das zweigeteilte Blatt bildet die eine Hälfte der zweiten Seite der Mitgliedsliste der B.M.K.SZ. von Torontálalmás (deutsch: Apfeldorf). Zu sehen sind die aufgelisteten Mitglieder, die da wären: eine Hausfrau, zwei minderjährige Kinder, ein pensionierter Lehrer, ein Postmeister, ein Postgehilfe und eine Kindergärtnerin.

A Bánáti Magyar Közművelődési Szövetség torontálalmási fiókja 2. lap

tagjainak névsora 1943. évi szeptember hó 1-én

Sor-szám	N é v	Szül. év	Foglalkozás	Lakás	Megjegyzés
28	Puskás Mátyásné szül. Prikodánovics Róza	1912	háztartás	Tor.Almás	
29	Puskás Ferenc	1938		"	
30	Puskás Mihály	1943		"	
31	Söberle Géza	1865	ny.tanitó	"	
32	Söberle Rózsa	1902	póstamester	"	
33	Szalay Erzsébet	1921	póstakisegítö	"	
34	Székely Vilma	1888	óvónö	"	

Unter den Banater Ungarn gab es welche, die als Partisanen gegen die Besatzer kämpften; einige Betschkereker Ungarn werden historisch zu den Volkshelden gezählt. Es gab auch Ungarn, die sich den bewaffneten Einheiten der Besatzer anschlossen. Keine dieser schicksalhaften Entscheidungen war typisch. Vermutlich gab es viele Ungarn, die zwischen 1941 und 1945 nicht von einer serbischen Zukunft träumten – sich aber auch nicht die deutsche Besatzung als Zukunft wünschten. Im Gegensatz zu den Banater Deutschen war es für die Banater Ungarn viel natürlicher (und leichter), sich vor einer deutschen Macht zu verschließen. Wiederholt äußerten die Besatzer darüber ihren Unmut. Ekkehard Völkl schreibt, dass die deutschen Behörden Ferenc Jeszenszky, dem damaligen Leiter der B.M.K.SZ., vorwarfen, dass die B.M.K.SZ. jenen Ungarn mit dem Ausschluss drohe, die sich der von den Besatzern organisierten „HIPO" (Hilfspolizei) anschließen wollten. Die deutschen Behörden behandelten die ungarischen Organisationen mit Vorbehalt. Es kam zu vielen Spannungen und Diskussionen. Dies präzise ans Licht zu bringen, ist nunmehr Sache der Historiker. Ich möchte hier nur eine allgemein bekannte Geschichte niederschreiben. (Die Geschichte ist in Betschkerek allgemein bekannt – oder besser gesagt: Sie war in Betschkerek allgemein bekannt.)

Vielleicht ist nichts stärker mit der Geschichte der Betschkereker ungarischen Schulen verbunden als der Name Messinger. Karolin Messinger war eine Frau jüdischer Abstammung, die noch lange vor der deutschen Besatzung zum Katholizismus übergetreten war. Dies wandte jedoch die Gefahr von ihr nicht ab, und sie zog – wie zu der Zeit viele Betschkereker Juden – nach Budapest. Dort verbrachte sie die letzten Jahre ihres Lebens. Vor der deutschen Besatzung (und vor ihrem Umzug) gründete und unterhielt sie ein berühmtes Gymnasium und ein Internat in Betschkerek. Im Juni 1942, kurz vor ihrem Tode, übertrug sie beide der D.M.K.SZ., und es wurde die „Messinger-Stiftung" gegründet. Dies akzeptierten die deutschen Besatzungsmächte jedoch nicht. Ihrer Ansicht nach war das Vermögen der Karolin Messinger nach den Gesetzen von 1941 jüdisches Vermögen und konnte somit nicht rechtmäßig in den Besitz der D.M.K.SZ. kommen. Es gab auch andere Interessenten. Am 28. August 1942 erließ die serbische Regierung eine Verordnung, nach der ab sofort Serbien über jüdisches Vermögen verfügte. Die deutschen Besatzer stellten sich dem nicht entgegen, allerdings unter der Bedingung, dass der serbische Staat mithilfe von jüdischem Vermögen seine Verpflichtungen gegenüber Deutschland erfülle. Im Faschismus war eben nicht alles glatt und einfach.

Weiter wurde die Spannung zwischen der D.M.K.SZ. und den Besatzungsmächten angestachelt, als im Oktober 1943, anlässlich des ersten Jahrestags ihres Ablebens, in der Betschkereker katholischen Kirche zu Ehren Karolin Messingers eine Gedenkmesse organisiert wurde und dies auch die Zeitung ankündigte (die Ausgabe des *Torontál* vom 13. Oktober 1943). Schließlich schaltete sich auch die ungarische Diplomatie in die Diskussion ein, und die Entscheidung wurde in Berlin getroffen. Hier kam einer der wenigen wirklichen Erfolge der ungarischen Diplomatie während des Zweiten Weltkriegs zustande. Während der Besatzung funktionierte die von Karolin Messinger gegründete ungarische Schule weiter als kulturelle Institution, nur der Name durfte nicht „Messinger" lauten. Auch nach der deutschen Besatzung klärten sich die Dinge nicht. In anderen Büroakten sehe ich, dass die neuen Machthaber den letzten Willen von Karolin Messinger nicht respektierten: Der Name wurde nicht wieder eingesetzt. Aber sowohl Béla Grolshammer senior und junior als auch mein Vater und ich nannten die Schule weiter bei diesem Namen – und so ist sie in Betschkerek auch heute noch bekannt.

Das Wesentliche ist also, dass, obwohl es Zweifel und verschiedene Beurteilungen gab (und auch die Realität nicht einfach war), in den Banater Gerichtsprozessen nach dem Krieg die Mitgliedschaft in der D.M.K.SZ. oder der B.M.K.SZ. zu den Argumenten zählte, die halfen, obzwar nicht immer mit Erfolg, das Vermögen zu wahren.

Ein Deutscher kann unmöglich Angestellter des Unternehmens Poljopromet/ Žitopromet sein

Während die Grolshammers und mein Vater das Ergebnis von meines Vaters Einspruch abwarten, kommt es zur Beschlagnahme einer weiteren Grolshammer'schen Immobilie. Diesmal ist die Rede vom gemeinsamen Ackerland Béla Grolshammers und seiner Frau Erzsébet, geborener Toutenuit. Die Registernummer dieses Beschlusses lautet nun schon 2512. Alles ist gleich geblieben, nur der Vordruck ist jetzt einfacher. Im Begründungsteil gibt es keinen Beschlagnahmungsgrund mehr unter 1) und 2) (also deutsche Staatsbürgerschaft beziehungsweise deutsche Nationalität); stattdessen ist nur ein Grund vorgegeben: „Weil deutscher Nationalität".

Der neue Einspruch wird am 3. April 1946 eingereicht. Darin bezieht sich mein Vater auf die schon früher angeführten Argumente. Er wiederholt, dass die Besatzungsmächte in den Personalausweis Béla Grolshammers fälschlicherweise eingetragen hätten, dass er Deutscher sei. Er habe eine sofortige Änderung beantragt und – noch unter den Besatzungsbehörden – einen neuen Ausweis erhalten, in dem steht, dass er Ungar ist. Darüber hinaus beweist er mit mehreren Ausweisen, dass er in verschiedenen ungarischen Kulturvereinigungen Mitglied war.

Als neue Begründung ist in einer Eingabe vom 25. Februar 1947 angeführt, dass Grolshammer Angestellter bei Žitopromet (früher Poljopromet) ist. Dieses Unternehmen handelte mit landwirtschaftlichen Produkten. Um bei Poljopromet/Žitopromet Angestellter zu werden, musste man beweisen, dass man kein Deutscher war und „sich nichts gegen die Bewegung der Volksbefreiungsfront zuschulden" hatte kommen lassen. Wenn also Béla Grolshammer Angestellter der Žitopromet (früher Poljopromet) sein konnte, konnte er kein Deutscher sein.

Der Einspruch schlägt auch vor, Zeugen anzuhören. Darunter ist der Direktor von Poljopromet, der bezeugen könne, wie Béla Grolshammers „nationales Betragen" war. (Das „nationale Betragen", das heißt „narodnosno držanje", war in jener Zeit eine oft benutzte Phrase. Es wäre interessant, dies jetzt innerhalb eines bestimmten Begriffssystems zu betrachten, aber ich möchte die Grolshammer-Geschichte nun nicht weiter damit belasten. Wir nähern uns dem Ende.) Ein weiterer Zeuge, der vorgeschlagen wird, ist Mihály Sipos. Geeignet (und glaubwürdig) scheint er durch den Umstand, dass er „Organisator und Leiter" jener Musikkapelle war, die nach der Befreiung unter dem Dach der Abteilung für Kultur des Städtischen Komitees der Volksbefreiung gegründet wurde. Auch Béla Grolshammer spielte in diesem Orchester.

Darüber hinaus wies der Einspruch mit Blick auf Frau Grolshammer darauf hin, dass auch ihr Name nicht deutsch sei. Ihr Mädchenname, Toutenuit, sei ein französischer Name, aber sie habe sich als Ungarin assimiliert und einen Ungarn geheiratet.

Doch Ungar

Auf der Suche nach dem Ergebnis, dass diese Angelegenheit schließlich gefunden hatte, habe ich die Papiere immer wieder durchgeblättert, aber der behördliche Beschluss zweiter Instanz taucht in der Akte nicht auf. Glücklicherweise hatte ich diesmal jemand, den ich befragen konnte. Ich bat Tibor Bencze, meinen ehemaligen Klassenkameraden und Zimmergenossen an der Universität, um die Münchner Telefonnummer von Kócos. Ich rief ihn an. Er bestätigte, was ich für wahrscheinlich gehalten hatte: Sie akzeptierten, dass die Grolshammers keine Deutschen seien, und die Familie erhielt ihr Haus zurück. (In meiner Zeit als Gymnasiast war ich in ihrem Haus zu Besuch gewesen.) Die Grundstücke kamen später zwar doch noch in staatlichen Besitz, diesmal aber nicht mehr auf der Grundlage, dass es sich um deutsches Vermögen handelte.

Zum Abschluss möchte ich noch einen Eintrag aus meines Großvaters Tagebuch zitieren:

> *„Freitag, den 30.04.1954 [...]*
> *Die Todesnachricht von noch einem Bekannten. Józsi benachrichtigt mich, dass Béla Grolshammer, der begeisterte Anhänger der einstigen ungarischen Partei Jugoslawiens und zuletzt unseres ungarischen Kulturvereins, im Alter von 61 Jahren verstorben ist.*[18]
> *Noch vor einigen Wochen habe ich mit ihm in Józsis Büro gesprochen.*
> *In diesem Jahr ist heute der erste Tag, an dem wir nicht geheizt haben."*

Ende der fünfziger Jahre zogen Kócos und seine Familie nach Deutschland. Wenn wir uns einmal wieder begegnen, übergebe ich ihm die Akte.

---

18 In diesem Punkt täuschte sich mein Großvater. Als ich Kócos meinen ersten Textentwurf zusandte, machte er mich darauf aufmerksam, dass sein Vater nicht im Alter von 61, sondern mit 53 Jahren verstorben war.

Entlassung aus der Staatsbürgerschaft und aus der Vergangenheit

Blanke Dokumente

Viele, vermutlich nicht weniger als einhundert Akten sind mir in die Hände geraten, auf deren Deckel steht: *„otpust iz državljanstva"* („Entlassung aus der Staatsbürgerschaft"). Diese Prozesse wurden in der zweiten Hälfte der vierziger Jahre beziehungsweise am Anfang der fünfziger Jahre abgewickelt. In so gut wie sämtlichen Fällen ist der Antragsteller deutscher Nationalität. Im Gegensatz zu anderen Dokumenten, in denen die ungarische Sprache ebenso eine Rolle spielt, sind in diesen Papieren nahezu ausnahmslos zwei Sprachen vorherrschend: Serbisch und Deutsch. Die amtlichen Papiere sind serbisch, die Briefe der Klienten sind meistens deutsch geschrieben. Es gibt nur vereinzelt Akten, in denen der jeweilige Antragsteller (oder dessen Verwandter) meinem Vater auf Ungarisch schreibt. Es gibt aus dem Arbeitslager geschriebene Briefe, die sich nach der Zensur und deren sprachlichen Beschränkungen richten. Auf mehreren Briefen prangt auch der Stempel der Zensurbehörde. In einigen der Briefe, die offenbar dem Zensor angepasst und in kyrillischen Buchstaben verfasst wurden, gibt es auffallende Schwächen, die den Leser fast schon schmunzeln lassen – aber in Kenntnis der Umstände eben doch nicht.

Jedes Dokument enthält eine Zusammenfassung über das Leben des Antragstellers. Anzunehmen ist, dass die Antragssteller diese Papiere selbst zusammengestellt haben; mein Vater sagte ihnen wohl vorher, worauf sie sich konzentrieren sollten, und formulierte vermutlich den einen oder anderen Satz um. Die Klienten sollten niederschreiben, wann sie geboren waren, wer die Eltern waren, ob sie einen Lebenspartner hatten, ob sie Kinder hatten – und inwieweit sie am Geschichtsverlauf teilgenommen hatten. Die meisten beantragten die Entlassung aus der jugoslawischen Staatsbürgerschaft, um nach Deutschland oder Österreich zu ziehen. Endgültig. Dies betrachteten sie als Chance, um sich von der im Antrag formulierten Vergangenheit zu lösen.

Die meisten Antragsteller kamen aus Knićanin (deutsch: Rudolfsgnad). Knićanin war eine deutsche Gemeinde, aber dort gab es auch die größte deutsche „Arbeitssiedlung" (ein Lager). Verschiedene Verfahren waren im Gange, als der jeweilige Antragsteller noch als Gefangener im Lager war.

Weiter unten zeige ich die Dokumente so, wie sie sind; sie sollen für sich selbst sprechen. Wo nötig, sind sie übersetzt.

Der Fall des Josef Andres, der Katharina Andres, geb. Wacker, und der Magdalena Kriffka, geb. Wacker

Akte Nummer 12744/8

Drei Lebensläufe (aus dem Serbischen übersetzt)
„**Josef Andres, geb. 22.1.1900.** *Ich bin Arbeiter, Einwohner von Knićanin, Deutscher. Mein Vater ist Johan Andres, meine Mutter Therese Andres, beide deutsch. Meine ältere Schwester wurde 1944 in die Sowjetunion zur Arbeit gebracht, nach ihrer Freilassung ließ sie sich in Österreich nieder.*

In der Armee des früheren Jugoslawien leistete ich von 1923 bis 1924 in Zelenik meinen Wehrdienst in einer technischen Einheit ab.

Wir lebten ein ruhiges Familienleben bis 1942, als sowohl mein Sohn als auch ich als Deutschnationale eingezogen wurden. So gerieten wir in die deutsche Besatzungsarmee. Kurz vor Ende des Weltkriegs ging ich in Urlaub und ging nyicht mehr zur Armee zurück. Ich blieb zu Hause.

Nach dem Krieg wurden ich, Unterzeichneter Josef Andres, und meine Frau ins Arbeitslager gebracht. Zuerst waren wir in Knićanin. Dann im Kosovo, in Kruševac im Bergwerk. Nachdem wir aus dem Arbeitslager entlassen wurden, arbeiteten ich zusammen mit meiner Frau im Bergwerk von Kruševac. Seit 1951 arbeiten wir in Knićanin im landwirtschaftlichen Betrieb. Mein Sohn ist in Österreich, ich möchte zusammen mit meiner Frau und meiner Schwiegermutter zu ihm ziehen."

Die Adresse meines Sohnes ist Sigmundsherberg Br. Korn Österreich, Hauptstraße 9.

„**Katharina Andres, geb. Wacker, 30.XII.1903.** *Ich bin in Knićanin geboren, in eine Familie von Landarbeitern. Als ich geboren wurde, lebte meine Mutter in wilder Ehe mit Kristof Kriffka. So erhielt ich als uneheliches Kind den Mädchennamen meiner Mutter (Wacker). Ich schloss sechs Jahre Grundschule ab, danach arbeitete ich auf dem Hof meiner Eltern, bis ich heiratete.*

Am 3. November heiratete ich den Landarbeiter Josef Andres aus Knićanin. Im Weiteren beinhaltet das, was mein Mann niedergeschrieben hat, meinen Lebenslauf. Heute arbeite ich in Knićanin als Köchin."

„**Magdalena Kriffka, geb. Wacker 31.V.1883.** *Ich stamme aus einer Familie von Landarbeitern. Meine Eltern hatten 13 Morgen Land und ein Haus in Knićanin. Ich habe vier Klassen Elementarschule besucht, danach in der Landwirtschaft meiner Eltern gearbeitet, bis ich geheiratet habe. 1902 habe ich eine wilde Ehe begonnen mit Anton Kriffka. Gesetzlich haben wir erst 1933 geheiratet. In unsere Ehe ist unsere Tochter Katharina geboren. Wir haben in geordneten Familienverhältnissen gelebt bis im Jahr 1944, als mein Mann an einen unbekannten Ort gebracht wurde, und seitdem habe ich nichts von ihm gehört.*

1944 wurde ich ins Lager gebracht, in die Arbeitssiedlung von Knićanin. Seit ich 1948 freigelassen wurde, helfe ich meiner Tochter Katharina Andres im Haushalt."

Am Ende des Antrags steht „*S.F.S.N.!*" („*Tod dem Faschismus, Freiheit dem Volke!*") – das Datum ist der 21. Mai 1951. Josef und Katharina Andres waren zu der Zeit ungefähr fünfzig Jahre alt, Magdalena Kriffka war 68 Jahre alt, mein Vater 39.

Das Ziel war Österreich. Somit wird neben der mit „S.F.S.N.!" endenden Eingabe gleich an die österreichischen Behörden ein Antrag gestellt, adressiert an: Österreichische Gesandtschaft Belgrad – Der Politische Vertreter der Republik Österreich. Der „Politische Vertreter" antwortet meinem Vater umgehend mit einem am 25. Mai 1951 – am Geburtstag Titos – abgesandten Schreiben.

Dann wurden auch die 14 Antragsformulare ausgefüllt.

Der nächste Brief, den ich in den Papieren sehe, ist der Brief meines Vaters, geschrieben am 16. September 1952 „*An Herrn Josef Andres*" nach Knićanin, Lenin-Straße.

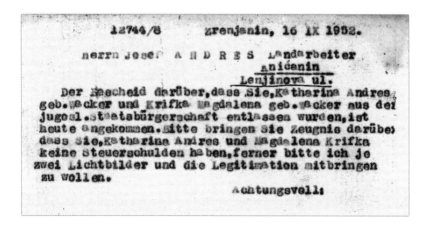

Es musste nur noch der Nachweis besorgt werden, dass keine Steuerschulden vorhanden waren, zusätzlich zwei Lichtbilder pro Person sowie die Legitimation.

Wie innerhalb Österreichs ein österreichisches Dorf erreichen?

In der Akte befindet sich ein Nachweis, dass keiner der drei Antragsteller Steuerschulden hat. Datiert ist der Nachweis auf den 6. August 1952 – sie hatten ihn also bereits vor dem Brief meines Vaters besorgt, offensichtlich hatten sie anderweitig schon gehört, dass man ihn benötigen würde. Es folgt der Brief des Belgrader Anwalts und Gerichtsdolmetschers Ádám Barta, der in verschiedenen anderen Angelegenheiten mit meinem Vater zusammenarbeitete. Am 23. September 1952 beschreibt er, wie die Familie Andres nach Österreich gelangen könne. Einen Tag später schreibt mein Vater an Josef Andres:

```
12744/8                                    24.9.1952.


Herrn

        Josef A n d r e s      Landarbeiter

                        Knićanin
                        Lenjinova ul.

In Ihrer Reiseangelegenheit teile ich mit:
     Von Dr.Barta habe ich heute die Verständigung bekommen
ass Ihre Reisedokumenten voraussichtlich bis Montag,den 29.d.M.
lle beisammen sein werden.
     Sollten Sie die Schriften nicht persönlich übernehmen
o bitte eine schriftliche Vollmacht für Demjenigen auszustelle
er die Schiften von Dr.Barta übernehmen soll.
     Man kann leider weder bis Siegmundsherberg,noch bis
orn,Reisekartex bekommen,da diese Orte in der russischen Zone
ind.Infolgedessen können Sie die Karte nur bis Wien lösen.
     Die Karte kostet für eine Person Din. 4583.-bis Wien.
     Sie können 300 Schilling bekommen. Man sollte an Dr.B
  für österr.Geld noch Din.1800 einsenden.
     Bitte also an Herrn Dr.Barta 1800 Din.für fremdes Geld
insenden zu wollen,ferner,wenn Sie wünschen,dass er auch die
arten lösen soll,so bitte auf seine Adresse auch Din.4583 pro
arte einsenden zu wollen.
```

Die Kopie ist etwas schwach. Sicherheitshalber kopiere ich hier die Zeilen, die zeigen, dass es 1952 auch in Österreich nicht einfach war zu reisen: *„Man kann leider* weder bis Sigmundsherberg noch bis Horn Reisekarten bekommen, da diese Orte in der russischen Zone sind. Infolgedessen können Sie die Karte nur bis Wien lösen."

Zum Schluss möchte ich anfügen, dass die Regelungen ihnen erlaubten, mobile Habe mitzunehmen. Diese musste jedoch erst in einer Liste aufgeführt und genehmigt werden. Eine handgeschriebene, deutschsprachige Liste über die Mobilien von (Johan) Andres und „Andress Kati" ist noch unter den Papieren zu finden. Diese dürfte wohl die Basis gewesen sein, auf der mein Vater die Liste in serbischer Sprache zusammenstellte.

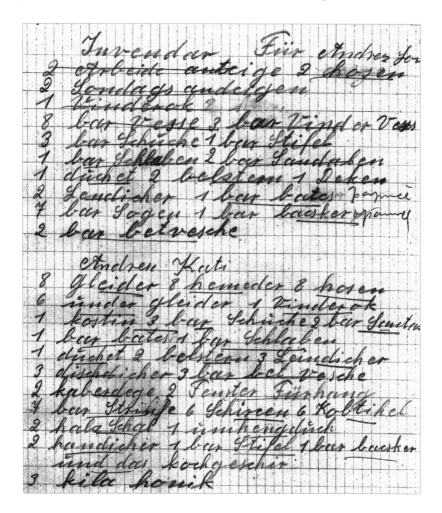

Im Banat hat die deutsche Sprache verschiedene Ebenen, genauso wie übrigens auch die serbische, die ungarische und die rumänische. Es gab Menschen, für die das Schreiben nicht zum Alltag gehörte. Ihnen war bewusst, dass die Wörter nicht ganz genauso niederzuschreiben waren, wie man sie im Alltag gebrauchte, aber man war sich nicht sicher, wie sie eigentlich zu schreiben waren. In der Grundschule hatte es wohl präzise Richtigstellungen gegeben, diese waren aber mit der Zeit in Vergessenheit geraten. Es ist auch durchaus möglich, dass Josef und Katharina Andres keine deutsche Schule besucht hatten, und somit gestalteten sie selbst die Rechtschreibung ihrer Muttersprache, ohne die Hilfe eines Lehrers. Private Windungen und Wendungen eines derart geformten Schreibens werden umso sicherer, wenn es sich nicht um eine Amtssprache im Leben der Anwender (oder im Großteil ihres Lebens) handelt. So lässt sich vielleicht leichter „Invendar" statt „Inventar", „honik" statt „Honig", „gleider" statt „Kleider" schreiben. Ich kann heute nur noch (wie auch die Übersetzerin) erraten, was „Sontags andeigen" heißen könnte. Wahrscheinlich handelte es sich hierbei um Sonntagskleidung, beibehalten auch in der Zeit, da die Sonntage bereits ihren Sinn verloren hatten. Und blicke ich auf die „3 kila honik" in der Liste der Katherina Anders, frage ich mich auch, ob es heutzutage überhaupt möglich wäre, 3 Kilo Honig von Serbien aus in die EU mitzuführen. In den „guten alten Zeiten" war das vielleicht sogar möglich …

Nikolaus Thurn, Eva Thurn, geb. Michl, und Anna Thurn, geb. Hirth

Akte Nummer 12731/2

Noch drei Lebensläufe (teils aus dem Serbischen übersetzt, teils dem deutschen Original entnommen)

„Nikolaus Thurn 23. VII. 1892

Ich komme aus einer Familie von Landarbeitern. Meine Eltern hatten 17 Morgen Land und ein Haus in Knićanin. Ich besuchte fünf Klassen Grundschule in Knićanin, dann weitere zwei Klassen Volksschule in Titelen. Danach arbeitete ich auf dem Hof meiner Eltern, bis ich heiratete.

1911 trat ich in den Stand der Ehe mit Eva Michl. Zusammen erhielten wir von unseren Eltern 11 Morgen Land, die wir bewirtschafteten. 1911 kam unser Sohn Lorenz zur Welt, 1913 unser Sohn Albert und 1920 unsere Tochter Maria.

Im Ersten Weltkrieg wurde ich einberufen. Ich arbeitete als gemeiner Soldat ab 1914, 1918 kehrte ich zurück nach Hause.

Unsere Kinder besuchten in Knićanin die Grundschule, arbeiteten dann mit uns auf dem Familienbesitz. Unsere Söhne heirateten, unsere Tochter ebenso. Bis zum II. Weltkrieg betrieben wir Landwirtschaft.

1942 wurden unsere Söhne als Deutsche rekrutiert. Trotz meines fortgeschrittenen Alters wurde auch ich rekrutiert, aber nach sechs Monaten nach Hause entlassen. Unsere Söhne sind gefallen beziehungsweise im Krieg verschollen.

Unsere Tochter verließ Jugoslawien im Herbst 1944, noch vor der Befreiung. Damals gingen viele deutsche Zivilisten zusammen mit der deutschen Armee weg. Sie ließ sich zusammen mit ihrem Ehemann und den drei Kindern in Deutschland nieder.

Wir blieben in Knićanin. Nach der Befreiung wurde ich ins deutsche Arbeitslager gebracht, dann, nach dessen Auflösung, kamen wir als Landarbeiter zum Landwirtschaftsbetrieb ‚Sloboda' (Freiheit) in Knićanin. Meine Frau ist nunmehr arbeitsunfähig, daher arbeite nur ich und verdiene nur ich."

„Eva Thurn, geb. Michl, 11.VI. 1893

Ich komme aus einer Familie von Landarbeitern, meine Eltern hatten 20 Morgen Land. Ich habe 6 Klassen Volksschule besucht. Danach auf dem Besitz meiner Eltern gearbeitet bis ich geheiratet habe. Das seit 1911 mit mir Geschehene ist in dem enthalten, was mein Mann niedergeschrieben hat."

"Anna Thurn, geb. Hirth, 23. VI. 1923 [Die serbische Bescheinigung der Staatsangehörigkeit besagt, dass ihr Mädchenname „Hart" war, in ihren eigenen Briefen schreibt sie „Hirth".]

Ich bin geboren in Knićanin. Ich bin mit dem Landarbeiter Albert Thurn in den Stand der Ehe getreten. Aus dieser Ehe ist 1942 unsere Tochter Hedwig geboren. Ich bin Landarbeiterin. Meine Tochter ist Schülerin.

Ich bin geboren in eine Familie von dörflichen Gewerblern. Mein Vater war Barbier. Meine Eltern besaßen ein Haus und ein Morgen Land. Ich habe in Knićanin 6 Klassen Grundschule beendet. Danach habe ich bei meinen Eltern gearbeitet, bis ich geheiratet habe.

Mein Mann und ich hatten sechs Morgen Land. Dieses haben wir bis 1942 bearbeitet, als mein Mann als Deutscher rekrutiert und in die deutsche Besatzungsarmee einberufen wurde. Im Herbst 1944 ist mein Mann im Krieg verschollen. Er war in Bosnien und im September 1944 meldete er sich zuletzt. Seitdem gibt es keine Nachricht von ihm, und so kann man als sicher annehmen, dass er nicht mehr am Leben ist.

Ich bin mit meiner minderjährigen Tochter Hedwig hiergeblieben. Nach der Befreiung wurden wir beide ins Arbeitslager gebracht. Seit das Lager aufgelöst wurde, arbeite ich in Knićanin als landwirtschaftliche Arbeiterin.

Mit den Eltern meines verschollenen Mannes (Nikolaus Thurn und Eva Thurn, geb. Michl) leben wir in einem gemeinsamen Haushalt.

Die, die aus meiner Familie und aus der Familie meines Vaters den Krieg überlebt haben, sind entweder in Österreich oder Deutschland. (Meine Mutter und meine Geschwister, die Geschwister meines Schwiegervaters, die ältere Schwester meines Mannes.) Wir möchten von Jugoslawien wegziehen, damit wir mit ihnen die Familiengemeinschaft wiederherstellen können."

Dem Antrag wurden zwölf Anhänge beigefügt. Als Erstes der Nachweis der Staatsangehörigkeit – mit dem weiter oben zu sehenden Lichtbild. Dann Taufurkunde, Heiratsurkunde, Nachweise, dass Anna Thurn keine Steuerschulden hat, dass sie nicht verurteilt worden ist (sie war nämlich ohne Verurteilung ins Arbeitslager geraten), dass keine Untersuchung gegen sie im Gange ist, dass sie kein Immobilienvermögen besitzt. Dann eine Erklärung, dass sie nach der Entlassung aus der Staatsbürgerschaft tatsächlich Jugoslawien verlassen wird, eine Erklärung darüber, dass sie zur Kenntnis genommen hat, dass sie nicht mehr als 500 Dinar mitnehmen darf. Die Anlage Nummer 4 ist die Erklärung des bayerischen Innenministeriums. Davor kam jedoch ein Antrag, dessen erste Zeilen die folgenden sind:

```
                                            Zrenjanin, 6.11.1952.
THURN ANNA geb.HIRTH
Arbeiterin,Knićanin, Maršala
Tita 47, Bez.Zrenjanin, Banat
         Jugoslawien



             An das
                    BUNDESMINISTERIUM FÜR VERTRIEBENE

                                                   B O N N
                                              Ermekeilstrasse 27
Betr.Staatsbürgerschaft Anna Thurn

        Lebe in Familiengemeinschaft mit Nikolaus Thurn,meinem
Schwiegervater,Ewa Thurn geb.Michl,mit meiner Schwiegermutter und Hedi
Thurn,meine Tochter.
        Meine Schwiegereltern und ich haben noch im Februar 1951.un-
sere Entlassung aus der jugosl.Staatsbürgerschaft beantragt um nach
Deutschland die Aussiedlungsgenehmigung zu erhalten. Unser Gesuch wegen
Entlassung aus der jugosl.Staatsbürgerschaft kann aber im Sinne des jugos
Staatsbürgerschafts-Gesetzes nur dann günstig erledigt werden,wenn wir
eine Bescheinigung der zuständigen deutschen Behörden darüber beischlie-
sen,dass uns die Gleichstellung mit den deutschen Staatsangehörigen zu-
gesichert wurde.
```

Damit also Anna Thurn nach Deutschland ausreisen konnte, brauchte sie, wie andere auch, eine Bescheinigung, dass sie gleich den anderen deutschen Staatsbürgern behandelt werden würde. Dies kann durchaus als vernünftige Forderung angesehen werden – man lässt einen jugoslawischen Bürger nicht an einen Ort ziehen, wo er möglicherweise diskriminiert wird –, andererseits steht diese gegen die Diskriminierung gerichtete grundsätzliche Haltung nicht ganz in Einklang mit der Rechtsvorschrift, nach der in Jugoslawien jedes deutsche Vermögen zu enteignen ist.

Im deutschen Antrag von Anna Thurn ist im Wesentlichen dieselbe Geschichte beschrieben wie im serbischen Antrag; hinzugefügt wird, dass der Mann von Anna Thurn von Beruf Schneider und seine Adresse in der deutschen Armee – es steht dort präzisiert: in der Wehrmacht – Feldpost 46000A war.

Die Zusicherung der „Gleichberechtigung", vom Bundesministerium für Vertriebene herausgegeben, war jedoch in sich nicht glaubwürdig genug. Die jugoslawischen Regelungen verlangten außerdem die Beifügung einer Beglaubigung, die die deutsche Botschaft auszustellen berufen war. Wie der Brief meines Vaters vom 5. Dezember 1951 zeigt, war auch sie nicht einfach zu beschaffen:

```
12731/2          Zrenjanin, 5 XII 1951.


     Herrn
              Nikolaus  T h u r n   Landarbeiter
                                   Knićanin
                                   Titova 47

     Mit Bezug auf unsere telefonische Besprechung verständige
Sie,dass ich heute beim Unutrašnji otsek in Ihrer Angelegenheit
vorgesprochen habe.
          Man fordert die "Gleichberechtigung".
          Wenn Sie diese besitzen,bitte mir selbe einzusenden.Werde
eine legalisierte Übersetzung verschaffen und den Schriften beilegen.
          Die Sache ist damit aber leider noch nicht erledigt.Wie
bekannt,fordert man jetzt auch eine Beglaubigung des Deutschen Pol.
Vertreter in Beograd. Die Politische Vertretung empfangt aber vor-
laufig die Parteien nicht.
          Sie können also abwarten,bis die Pol.Vertretung ihre
Tatigkeit mit den Parteien wieder aufnimmt.Anfangs Januar soll angeb-
lich die Vertretung den Partei-Empfang wieder aufnehmen.

                                   Hochachtend:
```

Anfang der fünfziger Jahre entstand etwas Ordnung in der Welt der neuen Irrationalitäten und ein wenig mehr Sicherheit, was die Zukunft anbelangte. Auch das Schicksal der Deutschen wurde besser vorhersehbar. Die meisten sahen ihre Zukunft im Auswandern, und immer mehr Beispiele bewiesen, dass dies wahrhaftig eine Zukunftsperspektive darstellte. Zuerst erhielten Nikolaus und Eva Thurn ihre Gleichberechtigung, dann arbeitete erneut in Belgrad die „Politische Vertretung" und es traf auch die Beglaubigung ein. Erst danach beantragte auch Anna einen Gleichberechtigungsnachweis, den sie schließlich auch erhielt. Die übrigen aus der Familie Thurn warteten dies ab.

Die letzte Anlage zu Anna Thurns Antrag ist eine Liste der Gegenstände, die sie und ihre Tochter Hedwig mitnehmen wollen. Aus dem Serbischen übersetzt:

„ANNA	HEDWIG
13 Kleider	13 Hemden
3 Decken	5 Hemden
2 Handtücher	6 Unterhosen
6 Hemden	3 Pullover
3 Nachthemden	1 Mantel
6 Unterhosen	1 Hose
6 Taschentücher	3 Paar Schuhe
5 Paar Strümpfe	3 Nachthemden
3 Paar Schuhe	2 Schürzen
3 Schürzen	2 Paar Socken
1 Wecker	1 Schal
1 Federbett mit 2 Bezügen	2 Paar Pantoffeln
2 Federkissen mit 4 Bezügen	
1 Bettdecke	
1 Mantel	
1 Pullover	
3 Pfannen	
4 Schüsseln	
3 Paar Socken	
2 Satz Essbesteck	
7 Tücher	
3 kg Seife	
Reiseverpflegung (Essen)"	

Bei den letzten technischen Schritten (Fahrkartenkauf, Geldumtausch) hilft erneut der Belgrader Anwalt Ádám Barta. Am 15. Dezember 1952 informiert mein Vater Ádám Barta, dass die Klienten bereitstünden und fragten, ob sie eventuell um Weihnachten herum fahren könnten. Ádám Barta bemüht sich, aber der Zeitpunkt an Weihnachten erweist sich doch nicht als möglich. Dann schreibt mein Vater am 22. Dezember 1952 an die Thurns, dass alles in Ordnung sei und sie am 7. Januar 1953 abreisen könnten (eigentlich ist dies ja auch Weihnachten, nämlich der erste Tag des serbischen Weihnachtsfestes). So sah der Brief meines Vaters aus:

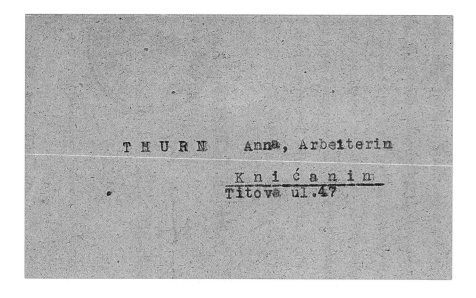

```
                                            22. 12.1952.

                    T h u r n     Nikolaus Arbeiter
                                      Knićanin
        In Ihrer Ausreiseangelegenheit verständige Sie, dass Sie am
25.d.M. /Donnerstag/ beim Dr. Barta Adam Advokat Beograd, Budimska 34
zwecks Übernahme Ihres Reisepasses zu erscheinen haben.
        In der Beilage sende ich Ihnen einen Entlassungsschein.
        Vor 7 Januar 1953 können Sie die Reise nach Deutschland nicht
antreten.
                                              Achtungsvoll:


1 Beilage.
```

Auf der noch erhaltenen Kopie des Briefes gibt es keine Adresse, aber auf einem gesonderten Zettel steht die Adresse von Anna Thurn, neben ihrem Namen steht „Arbeiterin" und dass sie in der Tito-Straße wohnt:

```
        T H U R N     Anna, Arbeiterin
                         K n i ć a n i n
                         Titova ul.47
```

In den Dokumenten finde ich keinen Hinweis darauf, was sie wohl von den in der Liste zusammengestellten Dingen letztendlich mitnehmen konnten. Ob es Anna Thurn beispielsweise gelungen ist, alle drei Nachthemden mitzunehmen, die beiden Tücher, drei Schürzen, den Wecker und drei Kilo Seife dazu?

Zum Gesamtbild gehört noch ein Blatt Papier, auf das die Thurns Angaben niedergeschrieben hatten, die vermutlich für einen Pass benötigt wurden. Drei Fragen mussten beantwortet werden: Größe, Haarfarbe, Augenfarbe. Die Notiz wurde vermutlich von einem Angestellten meines Vaters angefertigt. Die Sprachen sind auch hier vermischt. Die Frage nach der „Größe" steht hier serbisch mit „visina". Vielleicht las der Angestellte die Frage von einem offiziellen Formular vor, schrieb sie während des Vorlesens ab und trug dann die Antwort ein. Bei der Augenfarbe und der Farbe der Augen ist auf dem Blatt die Antwort gegeben, die Frage aber ausgespart. (Ich habe viele solcher Dokumente gesehen, ich weiß, dass zuerst die Haarfarbe kommt, dann die Augenfarbe). Die Farben sind auf Deutsch eingetragen, ausgenommen die Haarfarbe von Eva, sie steht auf Serbisch da: „crne", Die Thurns waren also 162, 152 und 165 Zentimeter groß, die Farbe ihrer Haare und Augen war grau, braun und schwarz. Diese Personenbeschreibung passt bestens zu vielen Faschisten – und genauso zu vielen Antifaschisten. Ebenso passt sie zu Landarbeitern aus Knićanin.

Mit dem Alltag unter einem Dach

Aus den Papieren stellt sich heraus, dass, während die Jahre nacheinander vergehen, sich die unterschwellige Tragödie mit dem Alltag unter ein Dach zwängt, zusammen mit den Rechtschreibfehlern und den Sprachmischungen, mit den früher eingetrichterten Sätzen, mit denen man einen Brief begann, und eventuell mit kleinen Teilerfolgen.

Anfangszeilen

Einer der Briefe, im Wesentlichen ein Hilfeersuchen, beginnt so:

Dann gibt es Briefe, deren Anfangszeilen den bürgerlichen Gewohnheiten keinen Platz lassen. Und die Ungeduld ist verständlich – besonders 1945, als es zu den Schrecken des Alltags gehört, zur Bergwerksarbeit oder in die Sowjetunion verschleppt zu werden, und als sich zusammen mit dem Briefschreiber noch vier Kinder in Gefangenschaft befinden.

> Katarina 1945 1/11.
>
> Sehr geehrter Herr Doktor!
> Das wier hier im Dorfe in Gefangenschaft leben, haben Sie bestimt schon erfahren. Das ist aber nicht genug, wier leben in ständiger Angst das unser weiter verschlept werden, was seit dem wier hier sind schon zweimal geschehen ist. Dieser Zustand ist unerträglich, besonders wenn man vier Kinder bei sich hat die sonst niemanden mehr auf dieser Welt haben als ihre Mutter.

Im Brief an den Rechtsanwalt – also an meinen Vater – steht weiter, was noch zu tun sei: „Das überlasse ich ganz Ihrer menschlichen Güte u. Ihrer Fachkenntnis, was Sie für richtig halten, das wird getan." Im Brief steht auch, dass das älteste der vier Kinder 1933 geboren ist (1945 war es also zwölf Jahre alt), das jüngste wurde 1942 geboren (es war im Lager drei Jahre alt).

Dann findet sich noch ein weiterer Brief, hier heißt es, der Schreiber habe gute Nachrichten vernommen, die von Belly Keks stammten. (Die Familie Keks war eine bekannte und respektierte Familie in Großbetschkerek – möglich, dass auch Belly zu ihnen gehörte.) Den Verfasser der Zeilen interessiert natürlich, ob man nicht auch auf ihn anwenden könne, was er über Belly Keks gehört habe.

> Sehr geehrter Herr Doktor!
> Heute habe ich von Frau Belly Keks erfahren das drei Familien aus Katharing darunter auch die Fam. Joh. Keks vor einigen Tagen verständigt wurden vom den Stabeyer Gemeindehaus das dieselben ihr Gut bei Stabej von den Komessar übernehmen sollen. Nun war West (Edith) gefahren mitt den anderen zwei Leuten, sind auch glücklich wieder angekommen mitt der frohen Botschaft das Ihnen alles übergeben würde u. das man sich beim

Daneben gibt es im Aktenbündel noch einen Brief, den Ilonka an „Belli" schreibt. (Die beiden Briefe sind vermutlich nebeneinander abgelegt, weil „Belly" und „Belli" sich auf die gleiche Person beziehen.) Ilonka berichtet von einem „sogenannten Partisanen", den „wir im Hause haben" – anzunehmen, dass er ein „Einquartierter" war. Der „sogenannte Partisan", der später im Brief von Ilonka auch „unser Partisan" genannt wird, hat Ideen und Ratschläge:

> Liebe Belli!
>
> Jetzt muß ich Dir noch nachträglich schreiben welche Schriften Du zu schicken hast. Wir haben einen sogenannten Partisan im Hause der ist Soldat in „Komanda područja" und interessierte sich heute (vo u.) wie das Gesuch gemacht wird u. wohin es geschickt muß werden. Also Dein Taufschein – wenn Du meinst daß er verloren geht eine Abschrift. Dann die Erklärung daß Du dich als Kroatin erklärst u. Deine Kinder Deine Erika auch eine Kroatin ist u. hat jetzt einen Serben geheiratet. Diese Erklärung unterschreiben 2 Zeugen u. Euer nar. oslob. odbor. Jetzt drittens die Kathreinf. nar. osl. odb. soll von Dir eine Karakteristik ausstellen, wenn sie günstig lautet schicke sie ein, wenn nicht dann lieber nicht beilegen. Ein Gesuch machst Du an die Adresse „Komandantu Područja" u Petrovgradu Du bittest Deine Erika vom Lager zu befreien, nachdem sie sehr krank ist, war jetzt 3 Monate im Spital u. das beigelegte ärztliche Zeugnis beweist daß sie noch immer arbeitsunfähig ist und nur Ruhe braucht. Unser Partisan meint zum Schluß noch dazu nehmen, wenn man sie vom Lager nicht befreien könnte, wenigstens aus dem Betschkereker Lager in's Kathreinfelder überweisen neben

Ich weiß nicht, ob Belli (und mein Vater) die Vorschläge des „sogenannten Partisanen" befolgten und ob ihnen Erfolg (oder zumindest „sogenannter Erfolg") beschieden war.

Gehört das Folgende auch hierher?

Da bin ich mir nicht sicher. Die Akten, die sich um das Thema „Entlassung aus der Staatsbürgerschaft" drehen, stehen zum größten Teil nebeneinander auf ein paar Regalen. Während ich sie mir vornahm, fiel zwischen zwei Dokumenten ein kleines Blatt heraus. Es gehört weder zur vorherigen noch zur danach folgenden Akte. Die, die versuchten, aus dem Lager freizukommen, schlugen dazu des Öfteren den Weg über die Entlassung aus der Staatsbürgerschaft ein. Wahrscheinlich gehört das Blatt Papier ebenfalls zu irgendeinem Aktenbündel zum Thema „Entlassung aus der Staatsbürgerschaft". Aber das ist nicht sicher. Dieser Brief, der um Hilfe ersucht, ist aus einem Aktenbündel gerutscht, und nun ist es mir nicht mehr möglich, ihn der zugehörigen Vergangenheit einzupassen. Auf dem Blatt steht auf Ungarisch:

„Lieber Herr Doktor!
Ich halte Sie alle hoch in Ehren. Ich habe erfahren, dass meine Eltern im Lager sind, darum bitte ich Sie sehr, darum bitte ich Sie inständig, wenn Sie etwas in ihrem Interesse tun können, damit sie freikommen, dies zu tun. In Dankbarkeit grüßt Sie herzlich
20.1.1945 Jabuka   Fülöp Ungar"

Hier gibt es keine Fortsetzung. Auch die Einordnung ist nicht leicht. Wahrscheinlich gehört der Brief zu einem der Schicksale von Banater Deutschen. Der Taufname des Briefschreibers ist ungarisch, der Familienname deutsch. (Die Bedeutung des Nachnamens „Ungar" kann die Frage nicht wirklich entscheiden.) Jabuka (oder auch Almás, Apfeldorf), wo der Brief geschrieben wurde, befindet sich in der Gegend von Pancevo. Zu jener Zeit lebten dort sowohl Deutsche als auch Ungarn und Serben. Heute ist es nicht mehr wahrscheinlich, dass in Jabuka noch Leute namens Ungar wohnen. Die Deutschen sind weggezogen, auch Ungarn sind kaum geblieben. Darum ist heute neben dem Ortsnamen „Jabuka" kein anderer Name mehr gebräuchlich. Aus den Zeilen lässt sich immerhin ersehen, dass Fülöp Ungar meine Familie gekannt hat – auch das vielleicht eine Spur, der man nachgehen könnte. Aber in gleich welcher Richtung ich starte, es stellt sich heraus, dass das Hilfsgesuch nicht nur aus dem Blick geraten ist, sondern auch aus der Vergangenheit gelöscht wurde. Genauso wie das Notizbuch, aus dem diese Seite stammt, auf dessen eine Hälfte Fülöp Ungar seinen Brief verfasste.

Ehescheidungen, Beinahe-Scheidungen und Schein-Scheidungen

Eine Beinahe-Scheidung

Nach dem Abschluss meines Studiums arbeitete ich ungefähr ein halbes Jahr lang in der Familienkanzlei mit, bevor ich mich der Universitätslaufbahn zuwandte. Ich hatte einen Platz im größeren der Büroräume, der Fenster zur Straße hatte. Auch mein Vater arbeitete hier. Zwischen den Fenstern befand sich eine Wandfläche, verdeckt von einem Bücherregal, auf dem die reich ornamentierten Bände der ungarischen Gesetzessammlungen standen. In Betschkerek hatten sie im Jahr 1962 nur noch den Sinn, eine Tradition zu wahren. Dort stand auch ein gewaltiges, in braunes Leder gebundenes *Corpus Juris Hungarici*. Es war einen halben Meter hoch und konnte nicht neben die kleineren Bücher gestellt werden, da es nicht ins Regal passte. Es lag flach auf dem obersten Regal, denn es wäre zu riskant gewesen, es hochkant zu stellen. Vor dem Bücherregal standen mein Stuhl und der Schreibtisch. Ich hatte keinen leeren Schreibtisch bekommen, nur eine leere mittlere Schublade. Natürlich kannte ich das Büro gut, es war ja in dem Haus, in dem ich auf die Welt gekommen bin – zu der Zeit fanden Geburten zu Hause statt und nicht im Krankenhaus. Rechts von dem Büro, wenn man zur Straße hin blickte, befand sich unser Wohnzimmer; wir nannten es auch das Klavierzimmer. Ich musste eigentlich nirgends hinausgehen oder hingehen, um mit der Anwaltstätigkeit zu beginnen. Ich war dreiundzwanzig Jahre alt. Die Kanzlei trat in das siebzigste Jahr ihres Bestehens.

Einer meiner ersten Fälle war eine Beinahe-Scheidung. Mir gegenüber saß ein rothaariger, junger Mann namens Uroš, circa 25–30 Jahre alt. Mein Vater war außer Haus bei einer Verhandlung, und Herr Göttel saß an der Schreibmaschine. Wir waren also zu dritt im Raum. Uroš sagte verschämt – er stotterte sogar ein bisschen – dass er, wenn möglich, gerne mit mir unter vier Augen sprechen würde. Herr Göttel hatte eigentlich im Archivraum etwas zu erledigen (das Archiv hieß in der Familie der Stall, seiner ehemaligen Funktion wegen, obwohl es bereits seit meiner Geburt als Archiv genutzt wurde), ich bat ihn also, diese Sache zu erledigen, bevor er weiter auf seiner Maschine tippte. Jetzt waren Uroš und ich allein. Er begann damit, dass er und seine Frau 1954 die Ehe geschlossen hatten. In seiner Geschichte zeichneten sich sexuelle Rastlosigkeit und Schwankungen im Selbstvertrauen ab.

Natürlich erinnerten mich die Ereignisse in der Kanzlei manchmal an meine früheren Erlebnisse. Im Jahre 1954 war ich ein Jugendlicher von 15 Jahren gewesen, Uroš dürfte damals etwa 20 Jahre alt gewesen sein. An einem Sommerabend – vielleicht war es sogar der Tag von Uroš' Heirat – ging ich gerade mit meinem Vater von Klein-Amerika, wie ein Stadtteil in Betschkerek hieß, nach Hause. Soweit ich mich erinnere, kamen wir gerade von einem Besuch bei der Familie Bencze. Wir hatten fast die Kleine Brücke und die reformierte Kirche schräg gegenüber dem Eingang des Plank-Gartens erreicht, als eine Gruppe singender und gestikulierender junger Männer uns entgegenkam. Sie sangen „Više vredi tvoja mala pička / nego cela zemlja Američka", was auf Deutsch so viel heißt, wie: „Deine kleine Mu...i ist mehr wert als der gesamte Boden Amerikas". Auf Serbisch reimte sich das sogar.

Inbrünstig sangen sie und wiederholten die zwei Zeilen mehrmals. Als Hintergrund dieser auf offener Straße verkündeten unzweideutigen Einschätzung lässt sich die Tito'sche Politik der Blockfreiheit erkennen: Weder Amerika noch der Sowjetunion wurde Priorität eingeräumt. Möglicherweise wurde hier aber auch der Vergleich mit Amerika einfach um des Reims willen eingesetzt. Außerdem hatten die jungen Männer zwei Flaschen Schnaps dabei. Vielleicht hatten sie ja auch einigermaßen Recht.

Nachdem sie weitergezogen waren, entstand ein unangenehmes Schweigen zwischen mir und meinem Vater. Keiner erinnerte sich, wo wir unser Gespräch unterbrochen hatten. Die singenden jungen Leute hatten das Tor zu einer Realität geöffnet, die zwischen uns kein Thema war. Nun stand sie plötzlich vor uns im Raum. Eine Weile sprach keiner, aber dann muss mein Vater eingesehen haben, dass konspiratives Schweigen über das Geschehene das etwas peinliche gemeinsame Erlebnis nicht etwa auflösen, sondern eher festigen würde. Darum fasste er wohl den Entschluss, doch etwas zu sagen: „Das sind aber offenherzige junge Männer".

Natürlich muss mein Vater gewusst haben, dass diese Themen mich als Fünfzehnjährigen durchaus interessieren könnten. Zudem wäre es für ihn vermutlich keine Überraschung gewesen, wenn er erfahren hätte, dass wir im Kreis der Klassenkameraden diese Fragen regelmäßig auseinandernahmen. Sie waren unter anderem oft Gesprächsthema im Proleter Schwimm- und Wasserpoloklub. Was den jeweiligen Kenntnisstand betraf, waren die Erwartungen des Umfeldes ziemlich hoch. Ich bemühte mich, nicht zu zeigen, dass ich weniger informiert war, als sich gehört hätte. Solche Situationen sind natürlich im Leben nichts Ungewöhnliches, für mich war das im Alter von fünfzehn Jahren jedoch ziemlich beunruhigend. Erst später, als ich schon etwas besser informiert war, wurde mir klar, dass die anderen in Wirklichkeit mit ihrem Wissen und ihren tatsächlichen Erfahrungen wohl genauso wenig wie ich den behaupteten Wissensstand erreicht hatten – freilich sollte diese Klärung noch seine Zeit brauchen. Einmal analysierte der ältere Bruder eines Klassenkameraden mit uns zusammen die Dinge, er dürfte vielleicht sechzehn oder siebzehn Jahre alt gewesen sein. Er benahm sich wie einer, der uns weit voraus war, und wir stellten dies auch gar nicht infrage. Ich erinnere mich noch heute an seinen unter stilistischen Gesichtspunkten erstaunlichen Satz: „Ich habe mir schon mehrere Mädels auf meinen Knubbel gezogen." Natürlich lachten wir voller Verständnis. Gleichzeitig war der nicht wirklich gelungene Vergleich verstörend, da er das bis dahin lediglich ersehnte und nicht einmal im Geiste genau ausgemalte Ereignis als billige Routine darstellte.

Wenn ein solcher Satz in einem anderen Kontext zu hören gewesen wäre, hätte ich ihn wahrscheinlich nur als lächerliche Rüpelhaftigkeit verstanden. Ich fühlte mich jedoch auf dem besagten Gebiet noch zu unsicher, um Rüpelhaftes zu identifizieren.

Ich erinnere mich auch daran, dass wir zu jener Zeit oft einen bestimmten Satz kommentierten (jetzt bereits mit einem Lächeln von oben herab). Es war ein Satz aus dem Munde des Alten Willi, eines Gelegenheitsarbeiters. Er war ein eigenartiger Mann. Ich meine mich zu erinnern, dass er Loch mit Nachnamen hieß. Es kann aber auch sein, dass ich das mit dem Namen von jemand anderem verwechsle, der damals ebenfalls in der Szene von Betschkerek bekannt war. Der Alte Willi war Tagelöhner, und als Deutscher wurde er nach dem Krieg ins Lager gebracht. Als er wieder freikam, wurde er erneut Tagelöhner und benahm sich etwas absonderlich. Er pflegte Erwachsene wie Kinder auf der Straße anzuhalten, etwas zu fragen oder etwas zu sagen. Am liebsten tat er das auf Deutsch. Er unterhielt sich oft mit mir und auch mit meinen Freunden. Manche sagten einfach: „Der ist nicht normal." Andere machten sich aus ihm, etwas grausam, einen Spaß und lachten über ihn. Einmal war er gerade dabei, einen Hof sauber zu machen, als er dem Besitzer die Frage stellte: „Sagen Sie mir, Herr B..., ficken denn noch die Leute?" Dies wurde von anderen immer wieder als ernst gemeinte Frage weitererzählt. Man erklärte sie sich damit, dass er wohl selbst mit der Sache aufgehört habe und, nachdem sich zwischenzeitlich die Gesten und die entsprechenden Verhaltensweisen geändert hatten, unsicher geworden sei. Daher kam wohl die Frage, ob man das denn noch mache. Möglicherweise hat der Alte Willi jedoch diesen Satz nur als Witz gemeint. Vorstellbar ist auch, dass mit der Entlassung aus dem Lager und der neu gewonnenen Freiheit für den Mann, der ja als nicht ganz dicht angesehen wurde, eine ganz eigene Chance ergeben hatte. Die Art, wie wir ihn sahen, gab ihm gleichsam eine Maske an die Hand. Dahinter konnte er sich verbergen und vielleicht sogar in sich hineinlächeln über die, die in dem Glauben, mit einem Irren zu sprechen, jede Vorsicht außer Acht ließen und Dummheiten antworteten. Es kann natürlich auch sein, dass die Realität eine Mischung dieser beiden Erklärungen darstellte.

Um wieder auf meinen Klienten Uroš zu kommen, die Essenz seiner Geschichte war wie folgt: Er hatte geglaubt, in glücklicher Ehe mit seiner Frau zu leben. Eines Nachts musste er jedoch feststellen, dass das Bett neben ihm leer war. Seine Frau war irgendwohin gegangen. Er suchte das Haus nach ihr ab, das an einer Straße in der Gegend lag, wo ich die Volksschule besucht habe. Um genauer zu sein, etwas weiter weg, in Richtung Melence, wo sich Häuser im dörflichen Stil aneinanderreihten. Nachdem Uroš niemand im Hause vorgefunden hatte, ging er auf den Hof und sah dort seine Frau im Heuhaufen, mitten im Geschlechtsverkehr mit dem Nachbarn. Ich konnte Uroš ansehen, dass dies ein relativ frisches Erlebnis war. Drei Tage, bevor er in die Kanzlei kam, war die Sache passiert. „Šta kažete, gospodine doktore?!" („Was sagen Sie dazu, Herr Doktor?"), fragte er. (Nebenbei bemerkt, ich hatte damals keinen Doktortitel. Ich war nur ein diplomierter Jurist und Assessor, aber ich begann mich daran zu gewöhnen, dass man mich mit „Herr Doktor" ansprach. Auch für die Klienten war es nicht einfach, sich zu orientieren. Mein Großvater hatte noch zusammen mit seinem Budapester Juradiplom einen Doktortitel erhalten, auch mein Vater wurde Doktor nach seinem Diplom in Zagreb. Zu meinem Belgrader Diplom gehörte kein Doktortitel.) Natürlich vermied ich es, meine Meinung kundzutun, und fragte Uroš, was er denn tat, als er seine Frau ertappte. Er antwortete nicht gleich. Dann sagte er, dass seine Frau die beste Liebhaberin sei. „Sie wissen sicher, Herr Doktor, was das heißt", fügte er hinzu. Uroš hatte, wie es schien, vor dem Rechtsanwaltsberuf sogar noch größeren Respekt als ich. Meine Ausbildung und meine Erfahrung brachten es jedoch nicht mit sich, dass ich die Bedeutung dessen, dass jemand – sagen wir in Betschkerek – die beste Liebhaberin sei, genau gewusst hätte. Jedenfalls war es ein eigenartiges Gefühl, acht Jahre nachdem ich als Außenstehender die deutlichen Stellungnahmen der „offenherzigen jungen Männer" angehört hatte, nun festzustellen, dass ich im Fauteuil des Allwissenden saß. Außerdem war ich mir nicht ganz sicher, ob ich die Bemerkung richtig verstanden hatte. Meinem Gefühl nach hatte sich Uroš nicht richtig ausgedrückt. Was er sagte, nämlich dass seine Frau die beste Liebhaberin war, deutete auf eine vergleichende Wertung hin. Seine Stimmlage, seine Augen suggerierten jedoch eher etwas anderes. Sie hätten besser zu der Feststellung gepasst: „Ich habe die Richtige gefunden."

Ich wiederholte meine bereits zuvor gestellte Frage, nämlich was er, Uroš, getan hatte, nachdem er gesehen hatte, was im Heuhaufen geschehen war. Es stellte sich heraus, dass er gar nichts getan hatte. Mit den Tränen kämpfend erzählte er, dass er Büroangestellter war, zu Hause aber im Garten arbeitete und Hühner hielt. Er war überzeugt gewesen, dass er ein glückliches Leben lebte. Dieses Bild wollte er nicht von sich aus zerstören. Hinter einem zweiten Heuhaufen versteckt, hatte er dem Geschehen noch bis zum Ende zugesehen und war dann zurück ins Bett gegangen. Auf diese Weise mischte sich zum Schmerz noch etwas anderes: Die Dinge hatten an einem bestimmten Punkt eine Wendung genommen, denn nun war er derjenige, der mehr wusste als seine Frau. „Meine Frau weiß nicht, dass ich es auch weiß", sagte er mit leicht bitterem Stolz. Über den Nachbarn sagte er gar nichts.

Ich führte das Gespräch in einer Richtung fort, die sich bei einer solchen Faktenlage im anwaltlichen Arbeitsbereich naturgemäß bietet. Ich fragte ihn, ob noch jemand anderes über den Ehebruch Bescheid wisse, und wies ihn darauf hin, dass dann, wenn die Ehefrau und der Nachbar leugneten, es schwierig sein würde, den Scheidungsgrund zu beweisen. Zu meiner Überraschung sagte Uroš, dass er sich nicht scheiden lassen wolle. „Ich bitte Sie, Herr Doktor", sagte er, „ihr zu verbieten, dass sie das noch einmal tut."

Unser Beruf ist manchmal zu eng gefasst, als dass das Leben hineinpassen könnte. Ich sagte ihm, dass ein Anwalt so etwas nicht verbieten könne – eigentlich genauso wenig jemand anderer. Er glaubte mir nicht. Er bot mir an, mehr zu zahlen, ich sollte es nur erledigen. Das Gespräch wurde immer peinlicher. Ich erkannte, dass es mir nicht möglich war, ihn dazu zu bringen, mir zu glauben, dass die Rechtswissenschaft genau vor der Schwelle seines Problems halt macht. Um irgendwie aus dieser Situation auszubrechen, sagte ich, dass ich dann doch seiner Frau schreiben würde, aber kein Ergebnis garantieren könne. Da ich vorhatte, ein Werk von zweifelhaftem Wert zusammenzustellen, sagte ich, dass ich kein Geld annehmen könne. Vertrauensvoll ging er weg.

Dann schrieb ich an seine Frau einen Brief mit Briefkopf, in amtlichem Ton und mit Stempel versehen. Ich schrieb, mir sei zugetragen worden, dass sie ihren Mann betrogen habe. (Ich schrieb auch das Datum nieder, an dem dies geschehen war.) Ich teilte ihr mit, dass die Sache schwere Konsequenzen haben könne, und wenn dies noch einmal vorkomme, ein Verfahren in Gang käme, als dessen Ergebnis sie von den erwähnten Konsequenzen schwer belastet werden würde. Ich schrieb nicht, dass die erwähnten „schweren Konsequenzen" allenfalls in der Scheidung bestehen konnten. Das jugoslawische Recht kennt keine anderen Konsequenzen. Also stand in meinem Brief keine Unwahrheit, und dennoch handelte es sich um eine Täuschung.

So viel konnte ich tun. Ungefähr einen Monat später suchte mich Uroš auf, in der Hand mit einer Bastflasche, gefüllt mit hausgebranntem Schnaps. Er sagte, mein Brief habe große Wirkung gezeigt, seine Frau habe sich gebessert. (Natürlich kann es auch sein, dass sie vorsichtiger geworden war.) Den Schnaps nahm ich an.

So wurde ich erwachsen.

Ehescheidungen und Schein-Scheidungen in den Wirren des Zweiten Weltkriegs

Am 9. Dezember 1944 notierte mein Großvater in sein Tagebuch:

„[...] Mein Zimmer habe ich bereits vor drei Tagen an Piros und Józsi übergeben, die hier mit dem Schreiber Ivkovics zusammen die schwerwiegenden Beschwerden annehmen und anhören. Hier werden die Details in schriftliche Form gebracht, und die Anträge vorbereitet. Über die letzten drei Tage strömt unaufhörlich das Gedränge der Kläger herein. Irgendwie ist die Nachricht verbreitet worden, dass das Schicksal von denjenigen Frauen leichter sein wird, die gegen ihren – deutschen – Mann die Scheidung beantragen. Diese unglückseligen Frauen kommen in Scharen. Hier drängen sie in angespannter Stimmung auf dem Gang, vor meinem Zimmer bereits ab morgens um 7.00 Uhr bis zum Einbruch der Dunkelheit. Es werden Beschwerden geschrieben und die Scheidungsanträge vorbereitet. Natürlich geschieht dies alles als Gefallen, als unbezahlte Arbeit. Heute, weil wir von niemandem Geld annehmen, hat eine der aus dem Lager befreiten Frauen 10 Liter Wein in die Küche gebracht."

Ich habe bereits an einer anderen Textstelle diesen Tagebucheintrag in der Absicht zitiert, eine allgemeine Atmosphäre widerzuspiegeln. Jetzt möchte ich die im Eintrag erwähnten Scheidungsverfahren näher aufzeigen. Mehrere Briefe lassen erkennen, zwischen welchen Nachrichten, Hiobsbotschaften, Erfahrungen und Zweifeln die Klienten nach einem Weg suchten. Am 19. Februar 1945 schreibt die Frau des Béla Bernauer (geborene Rozália Soós) aus Szerbittabé an meinen Großvater:

> *„Mein Mann, Béla Bernauer, ist seit der Befreiung im Lager. Derzeit in Zemun. Als ungarische Frau kann ich angeblich meinem Mann behilflich sein, damit er aus dem Lager freikommt, aber ich weiß nicht wie. Obwohl mein Mann Kind deutscher Eltern ist, ist er dennoch im ungarischen Geiste erzogen worden, was auch das beigefügte Schulzeugnis bezeugt. Während der Besatzung war er als deutscher Soldat, wegen seines schweren Leistenbruchs nur für den Hilfsdienst geeignet. [...] Es gibt Gerüchte, dass sie die Frauen in meinem Alter und auch ihre Kinder bis zum Alter von 15 Jahren nach Russland verschleppen wollen, darum ist mir Ihr Rat wichtig, nämlich, wie ich mich und meine Kinder vor diesem Schicksal retten könnte.*
>
> *Die örtliche Präfektur rät dringend zur Scheidung, zu der ich nicht willens bin, nur in dem Fall, dass es keine andere Möglichkeit gibt.*
>
> *Insofern das Gerücht der Aussiedlung sich bewahrheiten sollte, informieren Sie mich bitte, ob es möglich ist, dass eine ungarische Verwandte meinerseits (eventuell meine Tante) meine Kinder adoptiert?"*

In den Akten sehe ich auch, dass das Problem in mehreren Wellen aufgetaucht ist. Im Juli 1946 bekommt mein Vater folgenden mit Bleistift geschriebenen Brief aus Torda:

EHESCHEIDUNGEN, BEINAHE-SCHEIDUNGEN UND SCHEIN-SCHEIDUNGEN

Die Frau aus Torda schreibt, sie habe gehört, die Situation der Frauen, die mit einem Deutschen verheiratet seien, verschlechtere sich. Sie fragt meinen Vater, was sie tun solle.

Das waren die Tage, in denen diejenigen, denen die Opferrolle zufiel, wie auch die Logik, die dahinterstand, wechselten. Ich bin mir nicht im Klaren, ob man diesen Wechsel beziehungsweise diese Störung der Opferlogik präziser zum Ausdruck bringen kann, als dies Frau Bernauer mit der ersten Zeile (unabsichtlich) tut: *„Mein Mann [...] ist seit der Befreiung im Lager."*

Heutzutage gibt es in der Marktwirtschaft eher einen Wettbewerb der Logiken als einen Logikwechsel per Dekret. Ich sehe in der einen oder anderen Demokratie, mit der ich in Berührung gekommen bin, oft das folgende Muster: Oppositionsgruppen gewöhnen sich daran, dass das Sichtbare und/oder das, was sichtbar gemacht werden soll, tatsächliche und vermeintliche Fehler der jeweiligen Machthaber darstellt. Was getan werden kann, ist ein Anprangern der tatsächlichen und vermeintlichen Fehler. Während eines Wahlkampfes versteift sich all dies zu Glaubensfragen und Parolen, und danach gibt es keine wesentliche Veränderung der Sichtweise mehr. Auch nach einer eventuellen Machtübernahme richtet sich alles am Gegner aus, und dies ist richtungsweisend: Man muss meistens das Gegenteil dessen tun, was die vorherige Regierung getan hat. Könnte dies auch nach dem Faschismus in Jugoslawien so gewesen sein? Die Antwort lautet ja – in einer härteren, versteiften Form. Dies brachte natürlich viel Gutes mit sich, aber nicht nur. Besonders dann nicht, wenn man lediglich von einem oberflächlich angelegten Gedankengut ausgehend das Gegenteil suchte. Die Deutschen diskriminierten und grenzten aus. Der oberflächlichste Gegensatz hierzu war die Diskriminierung und Ausgrenzung der Deutschen. (Wenn man in noch tiefere Schichten hinabsteigt, könnten wir zu einer anderen Schlussfolgerung kommen: Das eigentliche Gegenteil ist nicht die Ausgrenzung derjenigen, die diskriminierten, sondern die Ausgrenzung der Diskriminierung an sich. Sonst bleibt auch die Logik, dass jemand „seit der Befreiung im Lager" ist.)

Als ich den Tagebucheintrag vom 9. Dezember 1944 in die Hände bekam und durchlas, war ich bereits fertiger Jurist, und es stellte sich mir die Frage, auf welcher Grundlage die Frauen die Scheidung beantragten. Was war jeweils der Scheidungsgrund? Das Recht befasst sich seit geraumer Zeit mit der Frage, wann eine Ehefrau ihren Mann verlassen darf (oder der Ehemann die Frau). Laut Hamurabis Gesetzessammlung, Absätze 133 und 134, war die Frau, deren Mann als Kriegsgefangener abgeführt wurde, dann, wenn es im Hause genug zu essen gab und sie dennoch „ihren Leib nicht bewahrt hat und in das Haus eines anderen gegangen ist", zu ertränken. Wenn es aber im Haus des Ehegatten nichts mehr zu essen gab, dann war die Frau, die in ein anderes Haus ging, nicht zu bestrafen. Dieses Gesetz wurde zweitausend Jahre vor Christus erlassen. Im Zusammenhang mit den Ehemännern, die 1944 ins Lager gebracht wurden oder sich an unbekanntem Ort aufhielten, stellte sich die Frage anders (obwohl nicht alle Parallelen verschwunden sind).

Ein deutscher Ehemann und eine ungarische Ehefrau

Akte Nummer 12268

Aus den Akten habe ich einen Scheidungsantrag herausgegriffen, der genau am Tag des Tagebucheintrags, am 9. Dezember 1944, eingereicht wurde. Die Klägerin hieß Kraus, geborene Anna Barna, wohnhaft in Petrovgrad, Uroša Predića 11. Der Mann beziehungsweise Beklagte war Stevan Kraus, die Adresse ist mit „unbekannter Wohnsitz" angegeben. (Es ist anzunehmen, dass in den offiziellen Akten ein halbes Jahr zuvor sein Name als Stefan eingetragen war und nicht als Stevan).

Beim Lesen der Schriften suchte ich zunächst Antwort auf die Frage, ob dies ein wahrer Fall war oder ob es sich eher um eine der Schein-Scheidungen handelte. Von meinem Vater habe ich gehört, dass ein großer Anteil der zahlreichen Scheidungsklagen keine echten Verfahren waren. Wie mein Großvater in seinem Tagebuch schreibt, reichten viele die Scheidung ein, nachdem sie gehört hatten, dass für diejenigen Frauen das „Schicksal leichter würde", die gegen ihren deutschen Mann die Scheidung beantragten; viele taten dies, damit sie aus dem Lager freikamen. Auch deutete sich damit für sie die Chance an, einen Teil ihres Vermögens zu retten – und schließlich war wichtig, das Schicksal der Kinder zu erleichtern.

Die Rechte der Frau konnten den Mann überleben, der sich auf die falsche Seite gestellt hatte (oder als jemand eingestuft wurde, der sich auf der falschen Seite befand). Dies ist im Recht nichts Neues. Hierzu ein Beispiel aus der ungarischen Rechtsgeschichte: Im Jahre 1222, also vor fast achthundert Jahren, besagte der Artikel Nr. XII. bezüglich des Treulohns für Witwen: „Die Witwe verliert ihr Recht auf Treulohn nicht, wenn ihr Mann aufgrund eines Richterspruchs exekutiert worden (oder im Schiedsduell gefallen) ist." In der Rechtsgeschichte gibt es aber auch viele Beispiele dafür, dass eine Ehefrau beweisen muss, nicht auf der Seite des Ehemannes gestanden zu haben – sonst kann sie ihr Schicksal nicht von dem ihres Gatten trennen. Noch ein Übel von Mischehen ist, dass sie die Logik der Rasse, der Nation oder des Standes stören. Wenn eine Frau aus unseren Kreisen mit jemand in den Stand der Ehe tritt, der einer anderen „Rasse", einer anderen „Art" angehört – nach dem Motto: anstatt dass sie sich uns hingegeben hätte –, stört sie die Formel „Wir sind die Helden; sie, die anderen, sind hingegen die Bösen". Darum – wenn es auch nicht jede Art von Stigmatisierung neutralisiert – erleichtert es die Situation, wenn die Frau die Scheidung einreicht.

Nach dem, was ich von meinem Vater und Großvater gehört habe, gab es unter den gegen die deutschen Ehemänner eingereichten Scheidungen sowohl echte Verfahren als auch solche, die nur zum Schein geführt wurden. Es kam vor, dass die Ehe tatsächlich gescheitert war. In mehreren Fällen wollte die Ehefrau sich nicht wirklich scheiden lassen, sondern dem auch ihr drohenden Schicksal entfliehen. Außerdem gab es Fälle, in denen Mann und Frau eine Privatverschwörung gegen das Schicksal ausheckten: Sie sprachen sich über die Scheidung ab, um damit etwas aus dem gemeinsamen Vermögen zu retten, und hofften, dass dann, wenn „dies vorüber ist", das Eheleben sich wieder einstellte. Während der deutschen Besatzung gab es zudem Konstrukte, nach denen die Scheidung vom jüdischen Ehepartner mal ein Im-Stich-Lassen war, mal der Aufbau einer erhofften gemeinsamen Zukunft, manchmal eine Mischung von beidem. Wird das Recht unmenschlich, so wird dessen Umgehung umso menschlicher. Zu Beginn der deutschen Besatzung tauchten Scheinverkäufe auf. Jüdische Eigentümer waren bemüht, ihre Immobilien auf die Namen von nicht jüdischen Freunden zu überschreiben, um einer Konfiszierung zu entgehen; der wirkliche Eigentümer sollte sie zurückbekommen, wenn „dies vorüber ist". Die Besatzungsmächte gaben jedoch bereits am 24. April 1941 eine Verordnung heraus, die den Ankauf jüdischen Vermögens verbot und mit Kriegsgericht drohte, wenn das Verbot nicht eingehalten wurde.

Scheidungsverfahren waren weder während der deutschen Besatzung noch danach untersagt. Im Dezember 1944 hatten jedoch die neuen Gerichte ihre Tätigkeit noch nicht aufgenommen, und so übergab Frau Anna Kraus, geborene Barna, ihren Scheidungsantrag nicht dem Gericht, sondern der Gebietskommandantur von Petrovgrad (Komanda područja Petrovgrad). Auf dem Kopf des Schriftstücks ist mit Unterschrift bestätigt, dass der Antrag am 9. Dezember 1944 unter der Nummer 1965/44 eingereicht wurde. (Die 44 in der Registernummer bezeichnet offenbar das Jahr, die Zahl 1965 vermutlich die Anzahl der eingereichten Scheidungsanträge). Zudem ist vermerkt, dass Frau Anna Kraus zusätzlich eine offizielle Bestätigung über die Einreichung des Antrags erhalten habe. Diese offizielle Bestätigung dürfte dazu beigetragen haben, ihr „Schicksal zu erleichtern". Ansonsten ergibt sich der Eindruck, als sei dies keine Scheidung zum Schein gewesen – die Behauptungen der Klägerin weisen zumindest darauf hin, obzwar sie diese vermutlich den Gegebenheiten angepasst hatte. Eine schriftliche Notiz, die mein Vater dem Gericht offenbar nicht vortrug, bestärkt diesen Eindruck.

Mit den Augen des Juristen – und nicht nur mit diesen – betrachtet, ist interessant, auf welche Rechtsverordnung sich der Scheidungsantrag stützt. Heutzutage wissen wenige, dass nach dem Ersten Weltkrieg sowohl im Banat als auch in der Batschka im Hinblick auf das Eherecht weiterhin der ungarische Gesetzesartikel XXXI von 1894 Gültigkeit behielt. Damit war dies eines der ersten europäischen Gesetze, das der bürgerlichen Ehe den Vorzug gab. Die kirchliche Ehe blieb erlaubt, aber die bürgerliche Ehe hatte juristische Konsequenzen. In der Gesetzesbegründung heißt es: *„Mischehen bilden in der ungarischen Gesellschaft ein wesentliches Element, und sie werden, aufgrund der Verhältnisse bezüglich des Bevölkerungswachstums, auch in Zukunft eine wesentliche Anzahl ausmachen."* Es wird dort beschrieben, dass im Jahr 1889 die Mischehen mit 11 264 und im Jahr 1890 mit 11 090 beziffert wurden, was insgesamt 9,5 Prozent der Eheschließungen ausmachte. In der Begründung heißt es: *„Das einheitliche Eherecht kann naturgemäß nur staatlich sein und auf dem Gebiet der ehelichen Verhältnisse zieht* *dies die Trennung der Zuständigkeiten von Kirche und Staat nach sich.*" In der Vojvodina waren Mischehen alltäglich und selbstverständlich. Vielleicht erklärt dies, warum das ungarische Gesetz von 1894 weiterhin gültig war. (Genauer gesagt blieb es nur im Banat und in der Batschka gültig, in Sirmium wurde das Österreichische Bürgerliche Gesetzbuch angewandt, nach dem immer noch die kirchliche Heirat die einzig anerkannte Eheschließung war.) Jedenfalls hatte in Betschkerek in den zwanziger und dreißiger Jahren weiterhin das ungarische Gesetz von 1894 Gültigkeit, sowohl während der faschistischen Besatzung als auch in den ersten zwei Jahren des Kommunismus. Am 9. April 1946 erschien das neue jugoslawische Ehegesetz. (Am selbigen Tage wurde im neuen jugoslawischen Amtsblatt eine Verordnung publiziert mit einer Beschreibung, wo man Briefmarken eintauschen könne, deren Wert in Pengő, Leva, Kuna oder „Besatzungsdinar" angegeben war.)

Frau Anna Kraus, geb. Barna, will die Scheidung aufgrund einer recht speziellen, erweiterten Rechtsauslegung des Paragraphen 80(d) des Gesetzes von 1894 einklagen. Die Vorschriften sind im Jahrhundert zuvor entstanden, nicht aber die allgemeine Stimmung und die Auslegung. Den Grund zur Scheidung ergab die Tatsache, dass der Ehemann Deutscher war. Es entstand die Frage, wie dieser Umstand prozessbestimmend gemacht werden konnte. Im Paragraph 80 stand:

„Die Ehe ist aufgrund des Antrags eines der Ehepartner auflösbar, wenn der andere Ehepartner [...] d) nach der Eheschließung zu weniger als fünf Jahren Zuchthaus oder Gefängnis oder aber wegen eines aus Habsucht verübten Vergehens zu Zuchthaus verurteilt worden ist. [Und] aus einem der aufgeführten Gründe das eheliche Verhältnis derart zerrüttet ist, dass im Hinblick auf den Antragsteller die weitere Lebensgemeinschaft unerträglich geworden ist."

Stefan (Stevan) Kraus wurde von gar keinem Gericht verurteilt. Es wurde jedoch am 21. November 1944, also etwas mehr als zwei Wochen vor Einreichung des Scheidungsantrags, mittels einer Rechtsverordnung bestimmt, dass das Vermögen eines jeden Deutschen feindliches Vermögen sei (sofern der betreffende Deutsche nicht auf der Seite der Partisanen gekämpft hatte). Dementsprechend wurden die meisten Deutschen ins Lager gebracht. Im Antrag steht, *„dass die neuen die Deutschen betreffenden Rechtsbestimmungen die Rechtslage der deutschstämmigen Personen weitestgehend verschlechtert"* hätten. Von da ist es nur noch ein Schritt (oder sagen wir: ein Sprung) zu der Schlussfolgerung, dass die Frau eines deutschen Mannes in eine ähnliche Situation geraten war wie jene Ehefrauen, deren Männer zu „weniger als fünf Jahren Zuchthaus" verurteilt worden waren. Ein deutscher Ehemann war daher eine ebenso große Last auf den Schultern der Ehefrau wie ein Mann, der zu Gefängnis verurteilt worden war; die neue gesellschaftliche und juristische Beurteilung der Deutschen „rüttelt das eheliche Verhältnis auf" und „macht die weitere Lebensgemeinschaft unmöglich".

Auch wurde im Januar 1945 jeder Ungar aus Csurog zum Kriegsverbrecher erklärt. Es wäre interessant zu erfahren, ob es auf dieser Basis Scheidungsanträge gegeben hat gegen ungarische Ehepartner. Diese könnten sich jedoch nur in einer Anwaltskanzlei in der Batschka aufspüren lassen.

Während meiner Betrachtung der Verordnungen im Scheidungsgesetz von 1894 sehe ich, dass auch der Paragraph 79 hätte angewandt werden können. Demnach kann derjenige Ehepartner die Scheidung beantragen, dessen Angetrauter zum Tode oder zu mindestens fünf Jahren Gefängnis verurteilt worden ist. (In diesem Fall musste nicht einmal bewiesen werden, dass die „Lebensgemeinschaft unerträglich geworden" war.) Interessanterweise ergab sich neben der grausamen Parallele – Gleichstellung eines Deutschstämmigen mit einem zum Gefängnis Verurteilten – auch eine gewisse Bremsewirkung: Die Deutschen wurden eher denen gleichgesetzt, die zu weniger als fünf Jahren, und nicht denen, die zu mehr als fünf Jahren verurteilt worden waren. Auch im Absurden endet nicht die Suche nach Nuancen.

Die Anwendung von Paragraph 80(d) aufgrund von Ähnlichkeit oder vermuteter Ähnlichkeit war nicht die anwaltliche Erfindung meines Vaters. Ich weiß nicht, was die genaue Überlegung war, aber dies war zur allgemeinen Praxis geworden. Der Antrag lässt Züge einer serienmäßigen Herstellung erkennen. Es gibt einen blauen Grundtext (vermutlich mit Hilfe eines blauen Schreibmaschinenbands vorab in großer Anzahl von Herrn Göttel geschrieben), dann sind die Namen und andere konkrete Angaben in grauen Buchstaben hinzugefügt. Das Ganze nimmt kaum mehr als eine halbe Seite ein. Der Satz, der die ausgedehnte Rechtsdeutung des Paragraphen 80(d) formulierte, ist in blauer Schrift getippt, und meines Wissens benutzte nicht nur unsere Kanzlei diese Formulierung. Scheinbar war eine Praxis entstanden, nach der das Deutschtum des Ehemannes unter das Dach des Paragraphen 80(d) gezwungen werden konnte. Die Rechtspraxis macht das Leben zuweilen sichtbar, zuweilen verdeckt sie es.

Das Urteil wurde bereits nicht mehr von der Kreiskommandantur, sondern vom Bezirksgericht Petrovgrad ausgesprochen. Zu Beginn des Gerichtsverfahrens bestand das erste, zu der Zeit alltägliche Problem darin, dass der Beklagte „sich an unbekanntem Ort" aufhielt. Da sich allmählich die Rahmenbedingungen eines Rechtsstaates wieder herauszubilden begannen – besonders dort, wo dies wichtigere Interessen nicht gefährdete –, war das Verfahren darum bemüht, auch dem Ehemann eine gewisse Chance zu sichern beziehungsweise aufzuzeigen. Ein Aushang am Holzbrett im Eingangsbereich des Gerichts von Petrovgrad rief im Oktober 1945 Stevan Kraus dazu auf, zur Verhandlung zu erscheinen. Den Bestimmungen entsprechend wurde der Aufruf im Offiziellen Anzeiger der Vojvodina publiziert. Stevan Kraus erschien nicht zur Verhandlung, was keine Überraschung war. Zur Vertretung seiner Interessen wurde jedoch gerichtlich ein Anwalt bestellt.

Zur Verhandlung kam es am 5. Dezember 1945. Es wurde ein Zeuge gehört; ich sehe seinen Namen, János Dávid. Nach seiner Aussage war der Beklagte der faschistischen

Armee beigetreten und später geflohen, nun halte er sich an einem unbekannten Ort auf. Mann und Frau hätten beide János Dávid bereits vor der Befreiung gesagt, dass sie nicht mehr zusammen lebten und sich scheiden lassen wollten.

Dass es sich nicht um ein Schein-Scheidungsverfahren handelte, weiß ich nicht nur aus der Aussage von János Dávid. Vielleicht ist sie glaubwürdig, vielleicht ist sie auch nur wohlwollend gegenüber der Ehefrau. Unter den Papieren befindet sich jedoch eine handschriftliche Notiz meines Vaters, nach der Frau Kraus sagte, dass sie Nachrichten über ihren Mann habe. Sie habe gehört, dass er mit „irgend so einer Frau" in Mauthausen lebe. Frau Kraus sagte auch, dass sie einen Brief erhalten habe von ihrem Mann, in dem er geschrieben habe, dass auch er sich scheiden lassen wolle. Diesen Brief könne sie, wenn nötig, vorzeigen.

Ich habe den Brief beziehungsweise dessen Fragment sogar gefunden. Er ist handgeschrieben, auf Deutsch, auf ein aus einem Heft herausgerissenes liniertes Blatt. Die Seiten sind mit römischen Zahlen nummeriert. Übrig geblieben ist die dritte Seite, die vierte ist auf deren Rückseite geschrieben. (Vielleicht hat Frau Kraus die übrigen Seiten nicht mitgebracht oder sie sind bei einer Räumaktion herausgefallen). Aus den Schriften kann ich nicht ersehen, was der Beruf des Ehemanns war, doch Handschrift und Rechtschreibung lassen darauf schließen, dass er sich nicht im Rahmen eines akademischen Berufs bewegte. Die Sätze sind ungelenk. An mehreren Stellen steht ein „f" statt eines „v" (zum Beispiel „ferlang", „ferlasen" und „ferstanden" anstatt verlangt, verlassen und verstanden); dies war, glaube ich, ein spezifischer Fehler des Banater Deutsch. Auf den Heftseiten stehen wortwörtlich Sätze wie: *„[...] Du das soweit bewaren wirst bis jemand komt. Und dos es apholen wird, den ich weis nicht wan ich ein Urlaub bekomen werde, und das ich das selbst regeln ka, aber aus das kan ich mich nicht ferlasen den Das könen Jahre sei, bies ich mal wider komen kan."* Und: *„Du ferlankst von mir die Scheidung. Das wiel ich auch haben [...] Du hast dich halt getauscht und deine ganze gedanken sin jizt anderst wie es war, und so wolen wier das ales so tun und den zur scheidung gen und das Leben zu trenen und voneinander nichts mehr wissen."*

EHESCHEIDUNGEN, BEINAHE-SCHEIDUNGEN UND SCHEIN-SCHEIDUNGEN

III.

nicht kenen. Nun zu meine sachen die ich
dort habe bei Dir, ich hofe das Du das
sereit besorgen wirst bis jemand komt
und das es abholen wird, den ich weis
nicht wan ich ein Urlaub bekomen werde,
und das ich das selpst regeln kan, aber
auf das kan ich mich nicht ferlasen den
das könen Jahre sein, bis ich mal wider
komen kan. Nun auf deine frage, Du fragst
was ich wiel von Dier, ich wiel nichts haben
auser mir meine kleider und Wäsche sowie
schuwerk das andere braich ich nichts mer
den wil ich nicht mer sehen, den das was
ich Dier geschenkt habe das solst Du hoben
und dafür war ich nimalte nicht das
ich was ferlang was ich forschenkt habe. So
ist meine eiserung iber das ales und
ich hofe das Du mich ferstanden hast.

IV.

Zu den alen noch mal kurz.
Du ferlanghst von mir die scheidung,
das wiel ich auch haben und das je eier
und iber das ganse habe ich naihgedacht
und es mus sein, Du host dich halt
getauscht und deine ganse gedanken sind
jet anderst wie es war, und so wolen
wier das ales so tun und den weg
zur scheidung gen und das leben zu
trenen und von einander nichts
mer wisen. Das ist auch meine meinig
und wolen wier das war die scheidung
je schneler bekomen werden und das
Du froh ist und deinen weg gen kanst.
Damit hofe ich das ich Dier in kürze
ales geschrieben habe was du wisen solst
und ich hofe das Du mich ferstanden hast.
Ich erwarte mir eine antwort auf den Brief
und ich hofe das ich Ihn ferdient habe. Lisi

In der Akte gibt es keinen handgeschriebenen Brief von Frau Anna Kraus. Als ihr Beruf ist Hausfrau angegeben. Im Verlauf der Angelegenheit wurde ihr ein Armutszeugnis ausgestellt, und so musste sie keine Wertmarken bezahlen.

Weder Stevan (Stefan) noch Anna haben das Geschehen der vergangenen Jahre geformt. Ich glaube auch nicht, dass sie in ihrem Scheidungsverfahren die Hauptcharaktere waren. Eher haben sie nur die Konsequenzen der Geschichte zur Kenntnis genommen.

Mein Vater schließt am 28. Dezember 1945 den Fall mit einem Brief. In diesem teilt er Anna Barna mit, das rechtskräftige Urteil sei gefällt worden und sie könne es in der Kanzlei in Empfang nehmen.

Ein jüdischer Ehemann und eine deutsche Ehefrau
Akte Nummer 11933

Béni Grosschmid, eine der herausragendsten Persönlichkeiten der ungarischen Geschichte des Bürgerlichen Rechts, war deutscher Abstammung. Er änderte seinen Namen in das ungarische Benő Zsögöd, publizierte eine Zeit lang unter diesem Namen, bis er ihn wieder zum ursprünglichen Grosschmid umänderte. Er war nahe verwandt mit Sándor Márai, der ihn in verschiedenen Schriften erwähnt. 1908 verfasste Béni Grosschmid ein Buch über das ungarische Ehegesetz von 1894. Als besondere Qualität dieses Gesetzes unterstreicht er darin die Bedeutung, die das Gesetz Mischehen beimisst und demzufolge der bürgerlich geschlossenen Ehe Priorität einräumt. In Betschkerek hat dieses Mischehen würdigende Gesetz auch 1941 noch Gültigkeit. Gleichzeitig ist aber auch die deutsche Besatzung allgegenwärtig. Dieses Aufeinandertreffen ist nicht harmonisch. Die Besatzungsdeutschen waren keine Deutschen vom Typus des Béni Grosschmid.

Im Aktenbündel findet sich ein Brief, der die Besatzungsmächte etwas anders darstellt als man (auch ich) sie sich im Allgemeinen vorstellt. Ich weiß nicht, wie viele andere Beispiele es hierfür noch gibt, aber mich überrascht das Zaudern der deutschen Behörden und dass sie dies auch noch schriftlich belegen. Der an meinen Großvater adressierte Brief ist am 15. Juli 1941 geschrieben. Meines Großvaters Name ist als Emmerich Varadi angeführt. Zwar gibt es im Deutschen natürlich ein „y", doch hat man vermutlich das „i" am Ende des Nachnamens aus irgendeinem serbischen Dokument übernommen. Dass aus „Imre" „Emmerich" wurde, ist ohne Zweifel eine Kreation der neuen deutschen Behörde. Der Name der Behörde lautet „Kreiswirtschaftsamt", und dessen „Judenamt" genannte Abteilung hat den Brief verfasst. Wenn sich nämlich jemand von einem Juden scheiden ließ, hatte dies – in Anbetracht der Beschlagnahmung jüdischen Vermögens – unter anderem auch wirtschaftliche Folgen. Darum musste auch das Wirtschaftsamt eine Stellungnahme zum Scheidungsverfahren abgeben. Der Brief der deutschen Behörde sah folgendermaßen aus:

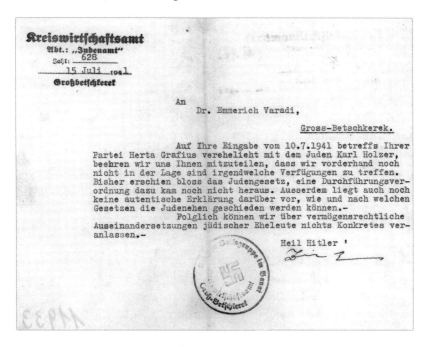

Die Essenz des Briefes ist, dass das Judenamt vorerst nicht Stellung nehmen könne; es seien zwar die Judengesetze erlassen worden, aber die Durchführungsverordnungen fehlten noch. Daneben gebe es *„noch keine verbürgte Erklärung dafür, wie und aufgrund welcher Gesetze jüdische Ehen aufzulösen sind"*. Dem Schlusssatz des Briefes nach kann das Judenamt noch nichts Konkretes über die vermögensrechtlichen Konsequenzen jüdischer Ehen aussagen. Dieses Zaudern ist beachtenswert; es vermeidet jede Stellungnahme und zeigt eine Einstellung, die sich mit „Wir wissen noch gar nichts" umschreiben lässt – ganz nach Art des Betschkereker Faschismus. Das den Brief schließende „Heil Hitler!" ist in diesem Textrahmen auch eher ein Stottern als ein Jauchzen. (Dies war sonst für die Besatzungsmächte nicht typisch – auch in Betschkerek nicht.)

Herta Holczer, geborene Grafius, initiierte das Scheidungsverfahren gegen Karl Holczer (in einigen Papieren „Holzer"), der Jude war. Aus den Papieren ist nicht eindeutig, ob er ursprünglich Karl hieß oder ob er zu Karl wurde, ähnlich wie man aus meinem Großvater Emmerich gemacht hatte; möglicherweise hieß er in Wirklichkeit Károly oder Karlo. Im Terminkalender steht Károly – wahrscheinlich aufgrund der Informationen von seiner Frau. Für die Besatzungsmächte war er Karl. Bekanntermaßen verpassen die Wortführer von Nationen nur selten eine Gelegenheit, um zu demonstrieren, dass sie in der Mehrzahl sind. Im Rahmen der Logik dieser traditionellen Sichtweise war es vom deutschen Gesichtspunkt her besser, wenn es noch einen Karl mehr gab, als dass es noch einen Károly oder Karlo gegeben hätte. Gleichzeitig gab es jedoch Ausgrenzungen, und immer wieder kamen die Dinge durcheinander. Es ist nicht einfach, Leitlinien zu folgen, wenn sie voneinander abweichen. Ich weiß nicht, ob bei der Besatzungsmacht die Frage aufkam, inwieweit sie selbst weiterhin treue Deutsche waren, wenn sie gegenüber den Károlys und Karlos einen Karl mehr verbuchen konnten, trotz seines Judentums.

Das Scheidungsverfahren beginnt am 9. Juli 1941, rund drei Jahre vor dem Scheidungsverfahren Kraus. Im Holczer'schen Verfahren ist es der Deutsche, der flüchtet, drei Jahre später flüchten die Ehepartner vor den Deutschen. Im Scheidungsantrag steht, dass Karl Holczer und Herta Grafius im Jahr 1927 die Ehe schlossen. Aus dieser Ehe ging 1928 eine Tochter hervor, der sie den Namen Klara-Herta gaben. Wahrscheinlich sollte diese Kombination den Vornamen der Mutter enthalten und teilweise Ähnlichkeit mit dem Vornamen des Vaters haben. Dies zeigt sich in Mischehen oft: ein Gefühl für Gleichgewicht. Im Jahr 1941 half dieses Gefühl, wenn es denn erhalten geblieben war, nicht mehr.

Noch bevor die Scheidungsklage eingereicht ist, schreibt mein Großvater am 5. Juli 1941 einen Brief an Herta Holzer, in dem er bestätigt, dass Frau Holzer ihn bevollmächtigt habe, die Scheidung einzureichen. Herta schrieb meinem Großvater auf Ungarisch – vielleicht aus Höflichkeit, möglicherweise hatte sie aber auch eine ungarische Schule besucht und fühlte sich, was die Rechtschreibung betrifft, im Ungarischen sicherer. Der Brief meines Großvaters vom 5. Juli ist auf Deutsch geschrieben. Ich weiß, dass er manchmal auf Deutsch schrieb, als Höflichkeitsgeste seinen deutschen Klienten gegenüber, aber diesmal dürfte dies nicht der Grund gewesen sein. Die Situation, in der sich die Ehefrauen von Juden befanden, wurde bereits erleichtert, wenn der Scheidungsprozess in Gang kam. Darum wurde der Brief in einer Sprache geschrieben, die den Besatzungsmächten vorzeigbar war, damit sie sahen, dass die Frau bereits einen Schritt in die eingeschlagene Richtung getan hatte.

```
                                                    den 5.Juli 1941.

    Frau
          Herta Holzer geb.Grafius
                          .
                               Grossabetschkerek.

          Bestätige hiemit, dass Sie mich am heutigem Tage
    bevollmächtigt haben gegen Ihren Mann Karl Holzer die Ehescheidungsklage einzureichen. Zugleich haben Sie mir sämtliche, zu
    der Klage notwendigen Dokumenten übergeben.

                                              Hochachtungsvoll,
```

Dem am 9. Juli eingereichten Antrag nach ist Herta Hausfrau (früher Beamtin) und Karl ein Dentist (in einem anderen Dokument steht Zahntechniker). Der ursprünglich angegebene Scheidungsgrund war, dass Karl *„die Ehe gebrochen"* habe, und dies begründe nach Paragraph 80(a) des Gesetzes von 1894 die Scheidung, weil er somit *„die ehelichen Pflichten [...] aufgrund seines absichtsvollen Verhaltens schwer verletzt"* habe; damit sei das *„Eheverhältnis zerrüttet worden"*. Auch im Scheidungsverfahren Kraus wird der Paragraph 80(a) neben 80(d) genannt, aber anscheinend wurde 80(d) als Schablone in den Verfahren gegen die Ehegatten verpönter Nationalitäten angewandt. 80(a) handelt von den „absichtsvollen" Verletzungen der ehelichen Pflichten. Es ist offensichtlich absurd, vom „Absichtsvollen" des Ehemanns zu sprechen, da es sich darum handelt, dass Judengesetze und Deportationen das eheliche Verhältnis zerrütteten. Im ursprünglichen Scheidungsantrag steht auch die Behauptung, der Gatte habe im Juli 1941 – eineinhalb Monate vor seiner Deportation – seine Frau verlassen. Wenn dem so gewesen wäre, hätte man noch von „absichtsvoller Verletzung der ehelichen Pflichten" sprechen können und die Anwendung von 80(a) wäre kein Unding gewesen. Später ist jedoch kaum die Rede davon, dass er sie verlassen habe. Es scheint eher wahrscheinlich, dass diese Behauptung die Suche nach einem Ausweg war, die Papiere indes nicht die volle Wahrheit aufdecken.

Im November 1941 überreicht Herta eine neue Eingabe. Zwischenzeitlich haben sich wahrscheinlich irgendwelche behördlichen Standpunkte herausgestellt, und die Frau formuliert ihren Vortrag genauer, ist nunmehr bemüht auszusprechen, worum es in Wirklichkeit geht. Es steht dort geschrieben, dass die Frau *„reine Arierin"* sei, und der Mann Jude. Weiter steht dort:

„Aufgrund des von der Militärkommandantur in Bezug auf Juden und Zigeuner herausgegebenen Erlasses hat sich eine wesentliche Änderung ergeben in der rechtlichen Stellung des Beklagten. Es ist ihm das Recht aberkannt worden, über sein Vermögen zu bestimmen und man hat ihn zu Zwangsarbeit abgeführt; daher hat man ihm seine persönliche und vermögensrechtliche Freiheit genommen. Dieser Erlass hat auch in der Beurteilung von Mischehen eine wesentliche Wendung erbracht. Eine Mischehe ist jetzt für den arischen Partner demütigend. Diese weitgehenden Änderungen haben unsere Ehe derart zerrüttet, dass die weitere Lebensgemeinschaft unerträglich geworden ist. Darum bitte ich um die Auflösung der Ehe aufgrund analoger Anwendung des Paragraphen 80(d) im Ehegesetz."

Ebenso wie im Kraus-Prozess werden auch hier die Dinge unter den Schirm des Paragraphen 80(d) subsumiert. Im Jahr 1894 respektiert die ungarische Gesetzgebung Mischehen als Faktum, und naturgemäß entstanden damals noch keine Gesetzespassagen, die ein Anderssein als Scheidungsgrund betrachtet hätten. Ein halbes Jahrhundert weiter in ihrer Entwicklung, und die Menschheit kam zu folgendem Schluss: Wenn der Ehemann Jude war, war dies in etwa das Gleiche, als hätte man ihn zu unter fünf

Jahren Gefängnis verurteilt, und darum war eine Fortführung der Lebensgemeinschaft unzumutbar geworden.

Im Scheidungsantrag steht, dass Herta „reine Arierin" sei, was damals zwar eine notwendige Angabe war, aber ziemlich hochmütig klingt. Nichtsdestotrotz spüre ich keinen Judenhass im zitierten Teil des Scheidungsantrags, in dem über die Art der Situation berichtet wird, welche die Militärkommandantur durch den auf Juden und Zigeuner bezogenen Teil ihres Erlasses geschaffen hat, sowie darüber, wie dies die Ehe zerrüttete. Hier ist einfach mit anwaltlicher Genauigkeit aufgeführt, wie die damaligen Rechtsvorschriften die Juden belasteten.

Sobald ich die Akten lese, pulsiert in mir die Frage, ob das wohl ein echtes oder ein Schein-Scheidungsverfahren war. War etwa auch Herta judenfeindlich geworden? Oder hatte sie nur Angst und ließ ihren Mann im Stich, anstatt sich für ihn einzusetzen? Hatte sie überhaupt eine Chance, sich für ihn einzusetzen? Oder wollte sie ihre Tochter sowie das Vermögen der Familie in der Hoffnung retten, dass die Lebensgemeinschaft sich irgendwann wieder zusammenfügen würde? In den Briefen Hertas ist nicht ausgesprochen, dass es sich um eine Schein-Scheidung handelt, aber man spürt in den Zeilen Sympathie und Verständnis für ihren Mann. Ihr Brief vom 16. August 1941 endet mit diesem Satz: *„Leider, wie Sie es wahrscheinlich auch schon wissen, werden sie verschleppt und ich bin in dieser Angelegenheit in Beograd vorstellig."*

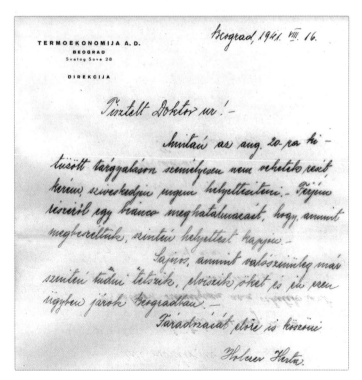

Würde ich einen Roman schreiben, so würde ich einen Handlungsfaden bevorzugen, nach dem Herta und Karl den historischen Ereignissen gegenüber auf derselben Seite standen. Mit ziemlicher Wahrscheinlichkeit war dem auch so, aber ganz sicher kann ich mir dessen nicht sein. In Romanen ist das Geschehene viel klarer zu erkennen als in der Realität.

Während ich rate, wer Herta wirklich war, sticht ins Auge, dass sie Unterhalt für ihre Tochter und für sich selbst verlangt, insgesamt 500 Dinar. Diesen Unterhalt verlangt sie von dem, der ins Lager deportiert worden ist. Auf den ersten Blick erscheint dies gnadenlos und zynisch. Diesem Faden folgend wäre es logisch, Herta negativ zu beurteilen – wenn denn damals noch Raum geblieben wäre für Logik. Ist das Koordinatensystem erst einmal verschoben, ist nichts mehr an seinem Platz. In der neuen Situation wird unlogisch, was ansonsten selbstverständlich ist, nämlich dass der Mann Unterhalt zahlen soll. Es ist deshalb nicht mehr selbstverständlich, erscheint sogar als ungeheuerliche Forderung, weil der Mann im Todeslager sitzt. Aber das Vermögen des jüdischen Ehemannes ist beschlagnahmt, und somit muss nicht mehr der Mann für den Unterhalt aufkommen, sondern die Besatzungsmacht, die das Vermögen des Mannes weggenommen hat und für sich beansprucht. Wird also Unterhalt zugesprochen, kann ein Teil des beschlagnahmten Vermögens von den faschistischen Behörden an die dreizehnjährige Tochter und an die Ehefrau von Karl Holczer zurückfließen. Und somit erscheint die Forderung natürlich in ganz neuem Licht. Dies erklärt auch, weshalb die Besatzungsmächte als beteiligte Partei am Scheidungsverfahren teilnahmen – noch dazu auf der Seite des jüdischen Ehemannes gegen die deutsche Ehefrau. Im Verlauf des Verfahrens bestritten sie die Vermögensforderungen der Frau gegenüber ihrem Mann – und vermutlich taten sie dies nicht, um dem jüdischen Mann gegenüber seiner deutschen Frau beizustehen, sondern um das bereits beschlagnahmte Vermögen zu verteidigen.

Noch ein Beispiel zwischendurch

Wie eine Choreografie ist für mich aus verschiedenen Schriftstücken zu sehen, dass die Besatzungsmächte auf der Seite der jeweiligen jüdischen Parteien am Verfahren teilnehmen. So auch geschehen im Prozess, den Frau János Oswald im Jahr 1933 gegen Béla Steiner begann (Aktenzeichen 12031). János Oswald war Angestellter von Béla Steiner in Kikinda. Eines Tages kippte ein Fahrzeug während der Arbeit um, und als es in den Graben stürzte, kam János Oswald dabei ums Leben. (Der Fall wurde zuerst von einem anderen Anwaltsbüro in Kikinda bearbeitet. Mich interessiert, ob János Oswald den Wagen gefahren hat, doch in den Papieren, die es in der Akte noch gibt, findet sich diesbezüglich kein Hinweis). Die Witwe fordert von Béla Steiner Schadensersatz mit der Begründung, der Arbeitgeber sei für den Unfall verantwortlich. In erster Instanz wird ihr dies zugesprochen; dann erhebt Béla Steiner Einspruch, und der Fall kommt an das Betschkereker Gericht (vermutlich trat da mein Großvater als Rechtsanwalt an die

Stelle des József Hadik aus Kikinda). Es wird nun über einen Vergleich verhandelt, doch der sich hinziehende Prozess wird schließlich durch die deutsche Besatzung unterbrochen. Béla Steiners Vermögen wird als jüdisches Vermögen beschlagnahmt. Damit das Verfahren fortgeführt werden kann, muss nunmehr auf der Seite des Beklagten zusätzlich das Kreiswirtschaftsamt teilnehmen, indem ein Kommissar bestellt wird. Überdies hat Frau János Oswald nicht mehr nur zu beweisen, dass die Firma von Béla Steiner die Verantwortung für den Betriebsunfall trägt, sondern zusätzlich, dass weder sie noch ihre zwei minderjährigen Kinder Juden oder Zigeuner sind. Die Bescheinigung wird beschafft, doch das Kreiswirtschaftsamt benennt keinen Kommissar. In der Akte folgen nun zwei Eingabeentwürfe beinahe identischen Inhalts. Der Adressat ist ebenfalls jeweils der gleiche, das Kreiswirtschaftsamt. Unter einem der Entwürfe steht der Name von Frau János Oswald und er endet mit *„Heil Hitler!"*. Die andere Version ist unter dem Namen meines Großvaters verfasst und schließt mit einem *„Achtungsvoll"*. Anscheinend war dann dies die Version, die am 22. Oktober 1943 abgesandt wurde:

```
An das

  K r e i s w i r t s c h a f t s a m t

                                        Betschkerek.

Betrifft: Ernennung eines kom.Leiters
         der Firma B.Steiner

      Johann Oswald, Taglöhner aus Tschoka war bei der Firma
Bela Steiner in Kikinda angestellt und im Jahre 1933, durch
das Verschulden des Arbeitgeber verunglückt.
      Die Witwe des verunglückten Johann Oswald hat bei dem
Kreisgerichte in Kikinda unter Nr.Po 66/1933 gegen Bela Steiner
Schadenersatz-Process angestrengt. Das Gericht hat der Klage Raum
gegeben und den Geklagten verurteilt der Witwe und dem Sohne des
J.Oswald eine monatliche Unterstützung zu zahlen.
      Gegen das erstgerichtliche Urteil hat Bela Steiner durch
seinen Rechtsanwalten Dr.Ladislaus Erösch aus Kikinda Berufung
eingereicht. Die Schriften sind nach Neusatz und von dort zu dem
Appellationsgericht in Betschkerek verlegt.
      Witwe J.Oswald hat mich beauftragt die Angelegenheit in ih-
rem Namen weiterzuführen.
      Das Gericht hat das Verfahren eingestellt, da Bela Steiner
und sein Rechtsanwalt Dr.L.Erösch Juden sind und sich an unbekann-
tem Orte befinden.
      Von dem Kreiswirtschaftsamte in Kikinda hat meine Klientin
angesucht dem Bela Steiner einen kom.Leiter zu ernennen, der den
Geklagten in dem erwähnten Processangelegenheit vertreten wird.
Diesem Ansuchen wurde, trotz wiederholtem Urgieren, bis heute nicht
nachgekommen.
      Da meine Klientin eine ganz arme Taglöhnerin ist die auf
die zugeurteilte Unterstützung dringend angewiesen ist, und da man
die Processangelegenheit gegen Bela Steiner nur dann fortsetzen
kann, wenn ihm ein kom.Leiter ernannt wird, so bitte ich höfl.
anordnen zu wollen:
      dass dem Bela Steiner, wohnhaft früher in Kikinda, ein kom.
Leiter seines Vermögens ernannt werde, bzw. die nötige Schritte
zu unternehmen, die zu Ernennung eines kom.Leiter führen.

Betschkerek, den 22.10.1943.

                                        Achtungsvoll,



                                   Dr.Imre Várady, Rechtsanw.
                                        Betschkerek,
```

Damit waren jedoch die Dinge noch nicht ins Lot gekommen. Die Ernennung des Kommissars zog sich so lange hin, bis das Eigentum schließlich in den Besitz der Treuhand A.G. kam. (In einem anderen Fall sehe ich: Die Dinge kommen nicht in Gang, weil der ernannte Kommissar dabei ist, an die Front zu gehen, und ein neuer noch nicht ernannt ist.)

Interessanterweise bedienen sich die Faschisten nebenbei einer List. Sie lassen Zeit verstreichen, benennen unterdessen keinen Kommissar, und somit ist das jüdische Vermögen letztendlich nicht nur dem rechtmäßigen Inhaber entrissen, sondern auch den Gläubigern. Wohin das Streben, die Oberhand zu gewinnen führt, ist keine einfache Frage. Ist die Befriedigung wohl größer, wenn ein Sieg durch einfach hinweggefegte Vorschriften angestrebt wird, oder dann, wenn man geschickte Überlegenheit demonstriert, indem die Vorschriften mal in die eine, mal in die andere Richtung verbogen werden?

Im Fall Oswald, sollte das geschickte Manövrieren der Besatzung beziehungsweise des Kreiswirtschaftsamtes doch nicht zu einem Endergebnis führen. Es gelang, bei der Militärkommandantur Südost in Belgrad den Fall wieder aufzunehmen. Ich sehe, dass hier ein weiterer Anwalt aus Pantschewo auf den Plan tritt, weil das Geld über die Pantschewoer Volksbank zu erhalten war. Der Anwalt heißt Nikola Bartoš (oder Nikolaus Bartosch). Zuletzt gelang es, einen Vergleich zu schließen, nach dem Frau János Oswald 100 000 Dinar zu bekommen hatte; sie konnte das Geld bei der Pantschewoer Volksbank abholen mit der Maßgabe, dass sie *"keine weiteren Ansprüche an das Judenvermögen Bela Steiner stellt"*.

```
Militärbefehlshaber Südost                Belgrad, am 22.März 1944.
Der Chef der Militärverwaltung
Wi I A 8 B/O
Akte: Steiner, Bela                       Herrn Rechtsanwalt
Tgb.Nr.: 117 352                          Dr.Nikolaus  B a r t o s c h ,
                                          Pantschowa,
                                          Lenaugasse 2.

Betr.: Schadenersatzanspruch der Witwe des Johann Oswald aus Tschoka
       /vertreten durch den Rechtsanwalt Dr.Varadi Imre aus Betschkerek
       gegen das Judenvermögen Bela Steiner, Kikinda.
       Dortige Rechtsmeinung vom 8.2.1944.

Ihre Rechtsmeinung vom 8.v.M. in obiger Angelegenheit wurde zur Kenntnis genommen. Die Dienststelle erklärt sich damit einverstanden, dass
Sie mit dem Vertreter der Antragstellerin, Witwe des Johann Oswald,
Tschoka, Herrn Dr.Imre Varadi, eine Vereinbarung abschliessen, nach
der die Witwe des Johann Oswald zur gänzlichen Begleichung aller im
Prozess Nr.Po 66/1933 bei dem Landgericht in Kikinda geltend gemachten Ansprüche, besonders aber zur Abdeckung der Rentenforderung zu
Gunsten ihrer Kinder Elisabeth und Johann gegen den Juden Bela Steiner
aus Kikinda eine Pauschalsumme von
                Dinar 100.000.--/i.W.Dinar Hunderttausend/
erhält unter der Bedingung, dass die Witwe Oswald keine weiteren
                                                             ./.
```

> Ansprüche gegen das Judenvermögen Bela Steiner stellt.
> Der noch angängige Prozess wäre einzustellen. Die bisher aufgelaufenen Prozesskosten gehen zu Lasten der Antragstellerin.
>   Für den Militärbefehlshaber Südost
>   Der Chef der Militärverwaltung
>   Im Auftrage
>   [Unterschrift]
>   MV.Abt.Chef

Nach Abzug der verschiedenen amtlichen Gebühren und Anwaltskosten verringerten sich die 100 000 Dinar auf 90 000.

Am 24. Mai 1944 bezeugt Frau Oswald per Unterschrift, dass sie im Gerichtsverfahren gegen „*Béla Steiner, ehemals Händler in Kikinda, Aufenthalt zur Zeit unbekannt*" 90 000 Dinar übernommen habe „*als vollen Ausgleich im Gegenzug zu ihrer Forderung*". Béla Steiner hatte, so er noch lebte, sicher nichts dagegen.

*

Um auf den Fall Holczer zurückzukommen: Herta beansprucht neben dem Unterhalt auch die Rückerstattung ihrer Mitgift. Sie behauptet, dass sie mit 50 000 Dinar zum Dentallabor ihres Mannes beigetragen habe. In der Eingabe vom 28. November 1941 bittet Herta außerdem, dass die Verhandlung nicht auf den 24. Dezember, also nicht auf Heiligabend gelegt werde. Das Gericht verschob die Verhandlung auf den 29. Dezember.

Der Anwalt Karls, Stojan Adamović, war ein bekannter Betschkereker Anwalt. Den Auftrag erhielt er aufgrund einer Blankovollmacht Karls an seine Frau, mit der sie den Anwalt bestimmen konnte. Ich nehme an, dass mein Großvater oder mein Vater ihr eine Empfehlung gaben, wen sie nehmen sollte. Bei der Gerichtsverhandlung am 29. Dezember 1941 wurde Adamović durch János Székely vertreten, der damals noch Assessor war. Er war in etwa im Alter meines Vaters; ich erinnere mich, dass er öfter zu uns kam. Sein Sohn Jovica war mit meinem jüngeren Bruder befreundet. Meines Wissens war János Székely jüdischer Abstammung, aber offensichtlich gelang es ihm, dies während der Besatzungszeit zu verheimlichen.

Die vermögensrechtlichen Forderungen Hertas wurden offensichtlich von Karl unterstützt. Weder bestritt er die Unterhaltsforderung noch die Summe der Mitgift, noch zu welchem Anteil Herta einen Beitrag zum zahnärztlichen Labor geleistet hatte. Unklar ist, auf welche Weise János Székely und Stojan Adamović mit ihrem Klienten in Verbindung traten. Ein Beleg vom 23. September 1941 zeigt Karl Holczers Adresse: Beograd, Topolska šupa Jevrejski logor. (Ich sandte die erste Skizze dieses meines Textes an Ivan Ivánji – er ist nicht nur ein bekannter Schriftsteller, sondern auch alteingesessener Betschkereker –, und er wies mich in seinem Antwortschreiben unter anderem auf einen Rechtschreibfehler im Beleg der Behörde der Besatzungsmacht hin. Die Adresse des Belgrader jüdischen Lagers war „Topovske šupe" und nicht „Topolska šupa". Ivánji weiß das, sein Vater ist schließlich aus Betschkerek dorthin verschleppt worden und in diesem Lager umgekommen.) Zwei Monate nachdem der Beleg das jüdische Lager als Karl Holczers Adresse ausgewiesen hatte, gab die Betschkereker Polizei am 11. November 1941 eine neue Bescheinigung aus. Darin steht, dass Karl sich *„an unbekanntem Ort"* aufhalte.

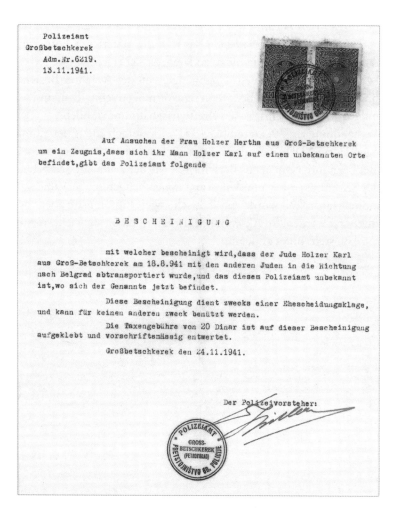

Die Bescheinigung ist tatsächlich sehr vorsichtig formuliert. Sie stellt nicht einmal klar, dass die Juden nach Belgrad verschleppt worden sind, sondern besagt, dass sie „in die Richtung nach Belgrad" abtransportiert worden seien. Sollte es Dinge gegeben haben, die auszusprechen sogar dem Polizeiamt unangenehm waren? Hatten sich vielleicht unterschiedliche Schichten, die des Glaubens an die Ideale und die des Gewissens miteinander vermischt? Oder war es eine Anweisung von oben, ein weiteres Beispiel für das bereits Jahrtausende währende, gewohnheitsmäßige Zusammenwirken von Macht und Geheimhaltung?

Eine gewisse Zeit lang konnten wohl Karl und Herta noch miteinander kommunizieren. In dieser Zeit dürfte Karl die Blankovollmacht unterschrieben und wahrscheinlich auch seiner Frau übergeben haben. Auch ein Brief meines Vaters zeugt von einem Kontakt. Im August 1941 bittet mein Vater Herta: *„Fordern Sie freundlicherweise ihren Mann auf, an Dr. Adamović einen Brief zu schreiben und ihn darin zu ermächtigen, die in der Klage angeführten Behauptungen anzuerkennen, insbesondere aber, dass Sie ihm 50 000 Dinar Bargeld überreicht haben."* Dass Karl die materiellen Forderungen seiner Frau nicht anfocht, ist vielleicht damit zu erklären, dass er eigentlich weiterhin eine gute Beziehung zu seiner Frau unterhielt. Unabhängig von der Art ihrer Beziehung war es ihm aber möglicherweise auch lieber, wenn sein Vermögen seiner Frau und seiner Tochter zufiel und nicht beim faschistischen Kreiswirtschaftsamt verblieb.

In der Verhandlung am 29. Dezember 1941 widersprach einzig der Kommissar den Behauptungen Hertas. Den Wert des zahnärztlichen Labors bestätigten mehrere Zeugen (darunter bekannte Namen aus Betschkerek wie der Zahnarzt Schwerer oder Márta Borál). Der Kommissar bat um Anhörung neuer Zeugen, mein Vater war dagegen. Das Verhandlungsprotokoll wurde auf Serbisch angefertigt, musste aber zusätzlich ins Deutsche übersetzt werden. Im Aktenbündel ist nur noch die deutsche Version vorhanden. Im Protokoll steht unter anderem:

```
Übersetzung aus der serbischen Sprache:

                    A r m u t s r e c h t
Abschrift                                          Zahl Po.263/8/1941.
                    P r o t o k o l l

  Verfasst in dem Prozesse der Klägerin Herta Holzer gegen den Geklagten
Karl Holzer wegen Ehescheidung über der öffentlichen Tagsatzung vor dem
Kreisgerichte in Grossbetschkerek am 29.Dezember 1941.
     Anfang um 10 Uhr.
```

> Vertreter der Klägerin gibt die Klage mündlich, gemäss der schriftlichen unter Zahl 1. vor, und ersucht, dass die Ehe auf Grund § 80. Punkt a/ und d/ des Ehegesetzes aus der Schuld des Geklagten aufgelöst werde.
> Materielle Ansprüche realisiert wie in der Klage und in der Erweiterund der Klage unter Zahl 7.
> Das Kinder aus der Ehe, Klara, vordert für sich.
> Prozess-Spesen vordert./ Die Klägerin./
> Der Geklagte weigert sich nicht gegen die Ehescheidung und bestättigt die Angaben der Klage.
> Materielle Ansprüche hat er keine.
> Willigt ein, dass das Kind aus der Ehe, Klara, der Klägerin zugewiesen wird.
> Prozess-Spesen fordert er nicht.
> Der Rechtsvertreter des Kommessaren an den Vermögen des Geklagten bestreitet die Angaben der Klage betreffs der Materiellen Forderungen u.z. in der Hinsicht der Höhe und aus Vorsicht auch in der Hinsicht des Bestehens. Spesen fordert er.

> und besitzt kein anderes Vermögen.
> Der Rechtsvertreter der Klägerin ersucht mit Betracht auf das durchgeführte Beweisverfahren Teilurteil über die Bezahlung des 50.000.- Din. mit der Begründung, dass das Vermögen der hiesigen Juden liquidiert wird und das Judenamt fordert, dass dieses Forderung der Klägerin mit gerichtlichem Urteile bewiesen wird.
> Der Rechtsverträter des Geklagten erklärt, dass er/kein Kenntnis da rüber hat ob der Geklagte ausser dem Laboratorium noch etwas besitzt.
> Der Rechtsverträter des Kommessaren ist gegen dem Antrage Teilurteil zu erbringen.
> / Das Übrige als nicht notwendig wird weggelassen./
> D.w.O.
> Beendet um 10,35 Uhr.
> Bugarin Milorad e.h., Vorsitzender des Senats, Matiasevič Mladen e.h. Protokollführer.
> Das Gericht bestättigt dass diese Abschrift mit dem Originale, bestehend aus 1/2 Bogen und versehen mit Din. 22,50 ± 2,50 Stempel, übereinstimmend ist.
> Kreisgericht in Grossbetschkerek, Abt.4. am 17.I.1942, Kačarič Bogoljub e.h. P.S.

Das Gericht sprach die Trennung von Tisch und Bett aus und verpflichtete den Beklagten – de facto das deutsche Kreiswirtschaftsamt – zur Zahlung von 300 plus 200 Dinar Unterhalt zugunsten Hertas beziehungsweise der Tochter. In der Frage der Rückerstattung der Mitgift stellte sich das Gericht auf den Standpunkt, dass man damit bis zur endgültigen Scheidung warten müsse.

Nach der formalen Trennung von Tisch und Bett kam die Angelegenheit jedoch zu einem Stillstand. Das Gericht war nicht willens, mit der Scheidungsverhandlung fortzufahren, weil der Beklagte *„an einen unbekannten Ort gebracht"* worden war. Auch der Kommissar war nicht für eine Fortsetzung. Danach wendet sich unsere Kanzlei direkt an das Kreiswirtschaftsamt, Judenabteilung. (Dieses hieß früher Judenamt, kaum ein Jahr später Judenabteilung. Statt eines Juden-Amtes nun also eine Abteilung. Auch damals schnippelte die Bürokratie an allem herum.) Auch ist der Name meines Großvaters anders geschrieben als im vorherigen Brief des Judenamtes. Er akzeptiert den Namen Emmerich Varadi nicht und schreibt stattdessen Imre Várady. Am 31. Januar 1942 bittet mein Großvater, dass die Judenabteilung die zugesprochene Summe von 500 Dinar regelmäßig bezahle, und zwar monatlich gerechnet ab dem 1. Dezember.

```
Dr. VÁRADY IMRE
    Rechtsanwalt
  Grossbetschkerek
  N.Horthy Gasse 10.


                    An das Kreiswirtschaftsamt /Judenabteilung

                                              Grossbetschkerek

              Mit dem vollstreckbaren Bescheide Zahl Po.263/1941-6 des
         Kreisgerichtes von 29.XII.1941 Grossbetschkerek, - welche ich dem
         löbl. Titel übergeben habe,- wurde Karl Hlzer verpflichtet für die
         Erhaltung der Frau Herta Holzer geb. Grafius, monatlich 300.- Din. für
         die Erhaltung der Tochter Klara monatlich 200.- Din. zusammen monat-
         lich 500.- Din., ab 1.Dezember 1941, in vornherein bis 5-ten jedes
         Monats zu bezahlen. Mit demselben Bescheide wurde die Trennung der
         Eheleuten von Tisch und Bett angeordnet.
              Im Auftrage meiner Klientin Frau Herta Holzer geb. Gra-
         fius, ersuche ich höfl. den kommissarischen Leiter des Vermögens Karl
         Holzer's die Weisung geben zu wollen, die zugeurteilte Summe von Din.
         500.-, ab 1.Dezember 1941 gerechnet, monatlich an Frau Herta Holzer
         geb. Grafius auszahlen zu wollen.

         Grossbetschkerek, den 31.I.1942.

                                              Achtungsvoll
```

Dieser Brief brachte kein Ergebnis. Es folgt ein weiterer Versuch, Adressat ist eine höhergestellte Autorität: der Bevollmächtigte für die Wirtschaft in Serbien. In Hertas Namen bietet mein Vater mit diesem Brief einen Kompromiss an. Hier die kopierten Anfangs- und Schlusszeilen des Briefes:

> An den
>
> Generalbevollmächtigten für die Wirtschaft
> in Serbien
>
> Belgrad-Semlin.
>
> Mein gewesener Mann Karl Holzer, Zahntechniker, Jude, war im Besitze eines Zahtechnischen-Laboratoriums, dessen Wert durch das Wirtschaftsamt in Grossbestchkerek auf 80.000.- Din. geschätzt wurde.

> Auf Grund der Obenangeführten ersuche höfl.:
> das Zahntechnische-Laboratorium meines gew. Mannes Karl Hdzer mir in Eigentum und Besitz überlassen zu wollen;
> demgegenüber entsage ich meiner Forderung von Din.50.000.- mit Zinsen, ferner, meiner Forderung für Erhaltungskosten von Din.500.- pro Monat, und endlich, meiner Forderung wegen gemeinschaftlich erworbenes Vermögens.
> Zur Motivierung des obigen Gesuches führe ich noch an, dass das Zahtechnische?Laboratorium des Karl Horzer durch meine Tochter in der Zukunft geführt werden soll, und so bietet es eine Existenz-Möglichkeit für meine Tochter und auch für mich.

Im April 1942 kommt dann ein Ergebnis zustande. Herta erhält das gesamte Laboratorium. Am 11. April 1942 schreibt Herta an meinen Vater oder Großvater (die Anrede ist: *„Sehr verehrter Herr Doktor"*): *„Ich habe eine Benachrichtigung erhalten, dass ich das Laboratorium endgültig bekommen habe […]."*

Ich sehe – oder würde gerne sehen –, dass ein kleiner menschlicher Winkelzug gegen die Geschichte Erfolg gehabt hat. Aber aus den Schriften erkenne ich nicht, ob Karl noch am Leben war, als die Besatzungsmacht das Laboratorium zurückgab. Auch Herta wusste dies damals vielleicht nicht. Viele Betschkereker Juden waren ins Belgrader jüdische Lager verschleppt worden, und die meisten kamen dort ums Leben. Auch Herta hatte wohl nicht viel Gutes zu erwarten. Angesichts der geschichtlichen Ereignisse ist zu befürchten, dass letztendlich doch die Mischehe zur Verliererin wurde.

Ein jüdischer Ehemann und eine ungarische Ehefrau
Akte Nummer 11924

Die Frau des Ferenc Kálmán, geborene Margit Engel, beantragt diese Scheidung. Mein Großvater vertritt sie. Der Beklagte Dr. Ferenc Kálmán, Zahnarzt, nahm an der Verhandlung nicht teil. Diesmal weiß ich etwas darüber, was aus den Beteiligten des Scheidungsverfahrens geworden ist. Beide, Mann wie Frau, tauchen mehrmals im Tagebuch meines Großvaters auf.

Am 7. Juli 1941 reicht Margit Kálmán die Scheidungsklage ein. Als Grund führt sie an, dass ihr Mann sie verlassen habe und im März 1941 aus Betschkerek nach Subotica gegangen sei. Aus dem Antrag lässt sich natürlich nicht ersehen, dass Ferenc Kálmán aller Wahrscheinlichkeit nach nicht seiner Frau wegen aus Betschkerek weggegangen ist. Tatsächlich begann zwar die deutsche Besatzung erst im April 1941, aber bereits im März breitete sich Angst vor dem aus, was zu kommen drohte.

Im Aktenbündel findet sich ein Registerformular; es ist in Petrovgrad gedruckt worden, also bereits nach dem Ersten Weltkrieg. Geschrieben ist alles in ungarischer Sprache – Ungarisch war die Sprache der Kanzlei für den internen Gebrauch geblieben. Eine Ausnahme bildet das Wort „Judenamt", wie im Eintrag zu der Eingabe vom 9. Juni („Beadvány a Judenamthoz", das heißt: „Eingabe zum Judenamt") zu sehen ist:

Vermerkt ist, wann die Klage eingereicht wurde, und auch, dass zwei Tage später – am 9. Juni 1941 – eine Eingabe an das Judenamt erfolgte.

Das Judenamt wird also umgehend über die Einreichung der Klage informiert, doch danach verläuft das Verfahren nur schleppend. Die Eingaben erfolgen verzögert. Die Verfahrensregeln werden eingehalten, aber es scheint, als sei das Ziel zusehends unklarer. Am 18. Juli 1941 kommt die Bescheinigung der Behörden von Großbetschkerek für das Gericht, nach der Ferenc Kálmán tatsächlich seine Frau (und die Stadt) verlassen hat und nicht zurückgekommen ist. Am 22. Juli 1941 unterbricht das Gericht das Verfahren mit der Begründung, dass sich der Beklagte „an einem Ort aufhält, mit dem man wegen des Krieges keine Verbindung herstellen kann." Hier ist die Lage also anders als im Fall von Karl Holczer, den die deutschen Besatzer ins Belgrader Lager verschleppten. Großbetschkerek liegt im Banat, dort herrschte im Juli 1941 die deutsche Besatzung; die Batschka (also auch Szabadka/Subotica) stand unter ungarischer Herrschaft.

Im Januar 1942 wird das Verfahren wieder aufgenommen und eine Verhandlung für den 29. April 1942 anberaumt. Der Beklagte erscheint jedoch nicht zur Verhandlung (dies überraschte wahrscheinlich weder Margit Kálmán noch meinen Großvater.) Außerdem hat er keinen Anwalt mit seiner Vertretung beauftragt. Darum fordert das Gericht Margit Kálmán auf, ihm die Adresse des Beklagten mitzuteilen. Am 29. Mai 1929 antwortet Margit Kálmán dem Gericht, dass sie die Adresse ihres Mannes nicht kenne, beruft sich dabei auf die Kriegsumstände und bittet um Zeit, damit sie in Erfahrung bringe, wo ihr Mann ist.

Beim aufmerksamen Lesen der Dokumente gewinnt man den Eindruck, dass dies keine wirklich ehrliche Antwort war. Sie scheint eher zweckdienlich gewesen sein. Darauf deutet eine Nachricht hin, die vermutlich nicht per Post kam. Sie ist auf eine Visitenkarte von Ferenc Kálmán geschrieben und dürfte von jemandem aus Szabadka/Subotica mitgebracht worden sein. Die Nachricht ist mit dem 13. März 1942 datiert und die Anrede lautet „*Kedves Imre bácsi!*" („*Lieber Onkel Imre*"). Es folgen dann unter anderem diese Sätze: „*Es interessiert uns nämlich, wie es mit der Sache unserer Scheidung steht?! Wir hoffen, sie zieht sich wie ein Strudelteig und wird niemals zerreißen.*" Es sei hier noch angemerkt, dass die Nachricht in der Mehrzahl verfasst und von beiden, Ehefrau und Ehemann (der Klägerin und dem Beklagten), unterschrieben ist, mit „*Maca und Franci*".

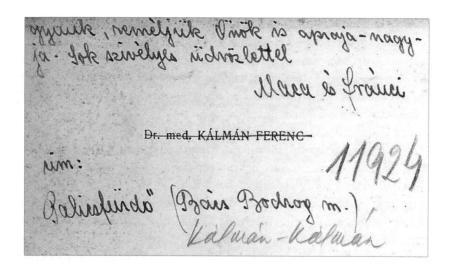

Margit Kálmán war demnach in Palicsfürdő mit ihrem Mann, und sie schrieben gemeinsam diese liebenswürdige Nachricht an meinen Großvater. Es muss also keine umständlichen Nachforschungen betreiben, um herauszubekommen, dass Margit Kálmán gewusst haben dürfte, wo ihr Mann sich aufhielt. (Genauso wie dies wohl auch mein Großvater wusste.) Am 19. Juni 1942, zum Ende der gerichtlich festgesetzten Nachfrist zur Einreichung der verlangten Angaben, teilt Margit Kálmán mit, sie habe festgestellt, dass ihr Mann in Palicsfürdő bei Szabadka/Subotica sei.

Im Jahr 1942 befinden sich Palicsfürdő und Großbetschkerek nicht in demselben Land. Die offizielle Sprache ist unterschiedlich – in Subotica und Palicsfürdő ist sie Ungarisch, in Großbetschkerek Deutsch und Serbisch. Auch das Geld ist verschieden – in Subotica und Palicsfürdő gibt es Pengő, in Großbetschkerek Dinar. Da die Scheidungsklage nach Palicsfürdő weitergeleitet werden musste, war es erforderlich, sie aus dem Serbischen ins Ungarische zu übersetzen. Die handgeschriebene Originalübersetzung von Pál Somogyi befindet sich in der Akte.

Pál Somogyi war ein Altersgenosse meines Großvaters, auch das Jurastudium hatten sie gemeinsam abgeschlossen. Des Öfteren hörte ich, wie man sich zu Hause über Somogyi unterhielt, und ich weiß, dass er ein besonderes Schicksal hatte. In meiner Kindheit begegnete ich ihm mehrfach, aber ich erinnere mich an nichts Genaues. Verwandte hatte er in Betschkerek keine mehr. Im Tagebuch meines Großvaters gibt es einige Notizen, die ihn näher beleuchten:

„Mittwoch, 9.2.1949. Gestern suchte ich Pál Somogyi auf. Er war zum Mittagessen im Haus gegenüber. Ich ging hinüber. Dort war eine alte Frau krank im Bett, in einer Wohnung, die aus einer Küche besteht – später erfuhr ich von Pali, dass dies die zweite Frau seines verstorbenen Vaters war, also Palis Stiefmutter –, sowie deren Tochter. Sie

wohnen, leben, kochen, essen zu Mittag in dieser kaum einige Meter großen Küche. Pali wird bei und mit ihnen verköstigt.

Bubus hat mit dem letzten Paket aus Haag ein Paar Wintersocken und ein gutes Herrenhemd für den Winter an Somogyi geschickt; ich habe einige Schachteln Zigaretten, Streichhölzer, ein Stückchen Speck, Brot dazu gekauft und das brachte ich zu Somogyi, um ihm diese zu übergeben, weil er schon seit Längerem nicht bei uns vorbeigekommen war, und ich dachte, er sei krank. Aus der Armutsküche des Mittagessens gingen wir mit den mitgebrachten Sachen dann in Palis Wohnung hinüber – wenn diese als ‚Wohnung' zu bezeichnen ist. Er hat seit Wochen, vielleicht Monaten nicht geputzt, die Luft ist schlecht und schummrig, ein ungeheiztes Behältnis: Im Zimmer ist alles verstreut, der obere Teil des Fensters ist anstelle von Glas mit Papier verklebt [...] – und so wohnt der 82-jährige Mann, der studierte Jurist. In der Volksschule war er mein Banknachbar gewesen, und so kam er als Referendar später in mein Büro. [...] An seiner statt zahlte ich die Versicherungsgebühren ein, und so bekommt er heute immerhin eine Rente von 2 000 Dinar. – Und in so schrecklicher Verlassenheit vegetiert er. Ein diplomierter Jurist."

Zwei Monate danach berichtet das Tagebuch über den Tod Pál Somogyis:

„*Donnerstag, 21.4.1949. Ich war beim Frühstück: Es kam eine Frau mit der Nachricht: Heute Morgen um 7 Uhr ist Pali Somogyi verstorben. Er war mein Banknachbar in der Volksschule. Nach der vierten Klasse ging ich in die erste Lateinklasse: Somogyi aber beendete auch die 5. Klasse Volksschule. So kamen wir in der Schule zwar auseinander, aber wir behielten unser Verhältnis als Schulkameraden bei. Auch er schloss das Jurastudium an der Universität ab, aber er brachte nur das erste Rigorosum hinter sich. Danach hörte er auf. Er legte das Rigorosum zum Referendar ab. Dann hörte er damit auf. Später brachte uns das Leben wieder zusammen. Er verbrachte ungefähr 30 Jahre in meiner Kanzlei als Referendar. [...] Samstag, 23.4.1949. Gestern haben wir Pali Somogyi beerdigt. Ich weiß nicht mit welcher Berechtigung, doch man hat ihn in der Gruft von Gusztáv Lauka zur ewigen Ruhe gelegt."*

Pál Somogyi ist bis zum Schluss Referendar geblieben, weil er nach dem Ersten Weltkrieg dem neuen Land keinen Treueeid leisten wollte. In der Sache Kálmán sehe ich, dass er in der mit schwarzer Tinte geschriebenen Übersetzung weiterhin einer überholten ungarischen Sprache die Treue hielt, mit öfter eingeflochtenen lateinischen Begriffen. In der Klageschrift sind zwei Monate auf Serbisch angegeben: „mart" und „avgust", diese übersetzt er als die Monate Martius und Augustus. Ansonsten habe ich versucht herauszufinden, wie er in die Gruft des bekannten Betschkereker Schriftstellers Gusztáv Lauka kommen konnte, bin aber genauso wenig dahintergekommen wie mein Großvater.

Die ins Ungarische übersetzte Klageschrift wurde am 24. Juli 1942 abgesandt. Dies brachte jedoch nicht viel Schwung in die Angelegenheit. Die Verhandlung wurde für den 10. September 1942 anberaumt, der Beklagte erschien jedoch nicht. Der Versuch, ihm einen entsprechenden Bescheid auszuhändigen, war ebenso erfolglos. Die neue Verhandlung wurde zum 23. Dezember 1942 ausgeschrieben, doch der Beklagte erschien auch diesmal nicht. Maca und Franci hätten gesagt, dass sich der Strudelteig streckte und seine Resistenz jeder Prüfung standhielt. (Bei Maca Kálmáns behördlicher Beurteilung war bereits die Tatsache von Vorteil, dass sie gegen ihren jüdischen Ehemann eine Scheidungsklage eingereicht hatte. Sie war nicht so sehr darum bemüht, dass es mit der Angelegenheit selbst voranging.)

In der Rechtspraxis stellt sich als elementare Frage oft, ob und inwiefern der Beklagte erreichbar ist. Betschkerek und Subotica schienen sich unter den gewandelten Verhältnissen weit voneinander entfernt zu haben, was auch die Aushändigung unmöglich machte. Vor Kurzem habe ich die Dokumente eines amerikanischen Verfahrens gelesen, in dem die Frage der Erreichbarkeit in einem philosophischen Textumfeld aufgeworfen wird. Der Kläger ist Ernie Chambers, ein Senator aus Nebraska. (Er vertritt nicht Nebraska im US-Senat, sondern er ist Mitglied im Senat des Staates Nebraska. Im Übrigen ist er Afroamerikaner, hat sich wiederholt für die Verteidigung der Bürgerrechte und der Rechte der Schwarzen eingesetzt; geboren ist er 1937.) Am 14. September 2007 begann Ernie Chambers ein Verfahren gegen den lieben Gott, in dem er ihn der terroristischen Bedrohungen beschuldigte sowie ihm Überschwemmungen und weitere „Schaden verursachende Tätigkeiten" vorwarf. Der Senator war damit wohl eher auf eine Pointierung aus als auf echte Rechtspflege, aber es fand tatsächlich ein ordentlicher Prozess statt, der am Gericht des Douglas County in Nebraska abgewickelt wurde (District Court of Douglas County, Nebraska). Der Senator gibt seine Daten präzise an. Der Senat befindet sich in der Stadt Lincoln in Nebraska (State Capitol Building), und hier ist auch das Zimmer des Senators mit der Nummer 1107, seine Telefonnummer lautet 1-402-471 2612. Die Adresse des Beklagten ist jedoch schwer ausfindig zu machen, und damit bildet seine Erreichbarkeit ein Problem. Im Verlauf des Verfahrens kommt auch die Frage auf, warum dies gerade die Zuständigkeit des Gerichts von Douglas County sein solle. Senator Chambers betrachtet diese Probleme als überbrückbar. Seiner Ansicht nach ist Gott, nachdem er überall zugegen ist (omnipräsent), auch auf dem Gebiet von Douglas County persönlich anwesend. Dies begründe die Zuständigkeit. Außerdem argumentiert er, dass ziemlich viele Leute sich für die Vertreter des Beklagten hielten, sogar im Namen des Beklagten predigten, und dass der Beklagte (Gott) öffentlich nie geleugnet habe, dass diese Menschen ihn vertreten. Senator Chambers fügt hinzu, dass diese Gottesvertreter leider fortwährend darüber diskutierten, wer unter ihnen der wahre Vertreter sei, darum sei dies schwer zu entscheiden. Der Meinung des Senators nach muss dies aber gar nicht entschieden werden, weil der Beklagte nicht nur überall zugegen, sondern auch allwissend sei, somit offensichtlich von dem Prozess erfahren habe und nicht extra mit einer Vorladung informiert werden müsse. Der Richter Marlon Polk wies jedoch die Eingabe zurück; er meinte, der Beklagte sei nicht erreichbar und ohne Aushändigung der Papiere könne kein Verfahren begonnen werden.

In der Sache von Ferenc Kálmán lag der Fall ähnlich: Sein Wohnsitz war bekannt, doch er war nicht erreichbar. Am 23. Dezember 1942 fasste das Betschkereker Gericht den Beschluss, das Verfahren auszusetzen. In der in kyrillischer Schrift auf Serbisch geschriebenen Begründung heißt es:

„In Anbetracht dessen, dass der Beklagte im Ausland ist, in Ungarn, mit welchem Staat es wegen der aufgetretenen Ereignisse nicht möglich ist, Verbindung aufzunehmen, muss das bezeichnete Verfahren wegen der oben genannten Vorschrift von Amts wegen ruhen, so lange wie die genannten Hindernisse bestehen."

Auf diese Weise wurde schriftlich niedergelegt, wo sich im Dezember 1942 Betschkerek und Szabadka/Subotica angesichts der „aufgetretenen Ereignisse", das heißt der zeitgeschichtlichen Geschehnisse, jeweils befanden. Und an diesem Punkt endete der Scheidungsprozess.

Ich versuche herauszubekommen, ob es eine Fortsetzung dieser Angelegenheit gibt. Die Namen der Protagonisten sind mir vertraut. Doch worauf stützt sich eigentlich die Erkenntnis, dass ein Name einem bekannt ist? Schwer zu sagen. Ich glaube, ich hörte diese Namen öfter bei uns zu Hause, vielleicht während des Kartenspiels. Meine Eltern gaben Einladungen, bei denen Karten gespielt wurde; ich selbst beteiligte mich nicht daran, aber wenn es Kuchen gab, gesellte ich mich dazu. Meine Mutter spielte Karten bis zum Alter von neunundneunzig, in den letzten Jahren nur noch zu zweit mit Maca Ormay, einer ehedem in Betschkerek bekannten Schauspielerin. Ich bin mir sicher, dass Maca Ormay die Kálmáns mehrfach erwähnt hat, aber ich kann mich nicht erinnern, was sie über sie gesagt hat. Mir scheint, als wäre zur Sprache gekommen, dass Franci Kálmán lockiges Haar hatte, aber möglicherweise werden Assoziationen durch das Wort Franci geweckt, bei dem das Krause schon im Wort anklingt. Wenn mir die Akte Kálmán früher in die Hände geraten wäre, hätte ich Maca Ormay noch befragen können, doch ist sie letztes Jahr gestorben. Ich erkundigte mich bei einer Bekannten, die aus Betschkerek kommt und deren Mutter ebenfalls aus einer Familie namens Kálmán stammt, aber sie wusste nichts. Ich fragte noch andere, und auch sie wussten nichts. Damit dient als einziger Anhaltspunkt das Tagebuch meines Großvaters. Aus ihm wird ersichtlich, dass die Kálmáns nach dem Krieg zu den Überlebenden zu rechnen waren – und augenscheinlich überlebte auch ihre Ehe die „aufgetretenen Ereignisse". So beginnt der Tagebucheintrag am 14. April 1945:

„Am Nachmittag suchte mich Frau Kálmán, Maca Engel, auf, die jetzt mit ihrer Familie endgültig aus der Batschka zurückgezogen ist [...]."

Die Klägerin dürfte sich also wohl nicht nur zu einem kurzen Besuch bei dem Beklagten in der Batschka aufgehalten haben, sondern sie führten dort weiter ihr Eheleben, solange es in Betschkerek die deutsche Besatzung gab.

Dann sehe ich in mehreren Tagebucheinträgen anlässlich von Geburts- und Namenstagen die Namen von Ferenc Kálmán und Margit Kálmán in den Besucherlisten auftauchen. In zwei Fällen erschien Ferenc Kálmán nicht persönlich, aber er schrieb einen Brief aus Esseg (Osijek). Ich kann nur Vermutungen anstellen darüber, was ihn wohl nach Esseg verschlagen hatte. Vielleicht eine Anstellung, nachdem es keine Privatkliniken mehr gab? Vielleicht Militärdienst als Reservist? Zum achtzigsten Geburtstag meines Großvaters ist Frau Kálmán da und rezitiert ein Gedicht. Aus dem Tagebuch:

„Samstag, 1.3.1947 [...] Dann trat Frau Dr. Franzi Kálmán, Maca Engel, vor und rezitierte mit begeisterter Stimme das Gedicht mit dem Titel ‚Mindig' [„Immer"] von Gyula Juhász [...]."

Auf Frau Kálmán folgte Gyurka Freund-Baráth. Sein zu diesem Anlass verfasstes Gedicht findet sich ebenfalls in diesem Buch in dem Abschnitt *Die Akte Freund-Baráth*.

Es gibt im Tagebuch noch einen Hinweis, der aufschlussreich sein könnte. Anscheinend sind die Kálmáns – vermutlich in den frühen fünfziger Jahren – nach Novi Sad gezogen, wie der folgende Eintrag zeigt:

„Am Nachmittag des 24.6.1953 [...] wurde die Mutter von Dr. Margit Kálmán, verwitwete Frau Engel, beigesetzt. Sie wurde 92 Jahre alt. Bei der Trauerfeier, zu der die Tochter Margit und der Schwiegersohn Franci aus Novi Sad herüberkamen, und obwohl eine Traueranzeige weder versandt noch von der Zeitung veröffentlicht, nur von Freunden von Haus zu Haus weitergegeben wurde, war doch die Mehrheit der ungarischen Kreise unserer Stadt anwesend."

*

Hier möchte ich wieder zurückkommen auf das Registerformular, das diesem Text als Illustration beigefügt ist. Aus der Handschrift erkenne ich, dass meine Tante Piroschka die Einträge geschrieben hat. Sie war keine Juristin, half lediglich im Büro aus. Die letzten drei Zeilen weisen jedoch die Handschrift meines Vaters aus: *„Unsre Kosten gleichen wir mit Zahnarztrechnung aus. Abgeschlossen, 23.7.1942."* Als weitere Erklärung dienen die Zahnarztrechnungen, die sich in der Akte befinden, von Dr. Ferenc Kálmán für die Behandlungen meiner Tante Piroschka (der Schreiberin dieser Notizen) und von Onkel Tibor und Lóri. Es gibt auch Bestätigungen über Zahlungseingänge von 1940 und 1941, aber ich sehe, dass sich auch unbezahlt gebliebene Rechnungen finden lassen. Im Jahr 1942, als Franz Kálmán in Szabadka/Subotica Zahnarzt war und in Palicsfürdő wohnte, kamen Währungsprobleme dazu. In Szabadka/Subotica bezahlte man damals in Pengő, in Betschkerek mit Dinar. Aber es ergab sich eine Möglichkeit, diese Schwierigkeiten zu überwinden: für eine Scheidung eine Zahnextraktion. Dass ausgerechnet die Dienstleistung des Beklagten (nominell des Gegners) als Vergütung diente, stärkt nur die Hypothese, nach der in diesem Scheidungsprozess Mann und Frau auf der gleichen Seite standen.

Ein Deutscher mit serbischem Namen und einer ungarischen Ehefrau

Akte Nummer A 12491

Für sich betrachtet, war der Fall des deutschen Ehemannes mit serbischem Namen und einer ungarischen Gattin kein kompliziertes Scheidungsverfahren. Das Aktenbündel beginnt mit einer Information. Vermutlich diktierte der Klient sie Herrn Göttel in die Maschine; sie firmierte unter dem Titel *„Sachlage"*. Darin steht unter anderem: *„Mein Mann war deutscher Nationalität"*. Der Nachname des Mannes ist eher ein serbischer Name. Sein Vorname ist ungarisch (wenn er tatsächlich den Vornamen Mihály und nicht Michael oder Mihajlo benutzte). In Betschkerek waren diese Dinge oft vermischt. Wahrscheinlich war er wirklich Deutscher. Ende 1946, als diese Information aufgeschrieben wurde, gab es keinen Grund dafür, dass eine Frau sich selbst (oder den Mann) für deutsch erklärte, wenn sie (oder er) dies nicht wirklich waren. In der *„Sachlage"* ist notiert, dass Mihály Krisztics eine Zeit lang im Winter 1943/44 als Deutscher Militärdienst geleistet und sich in Betschkerek aufgehalten habe. Und dass ihn im Oktober 1944 die Russen gefangen genommen und *„an einen unbekannten Ort"* gebracht hätten. Er befinde sich weiterhin an einem unbekannten Ort.

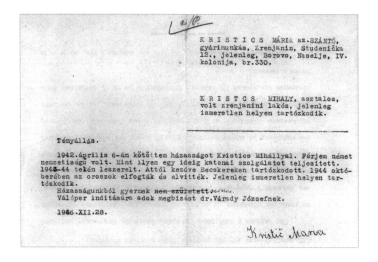

Auch ohne Kenntnis der ungarischen Sprache lässt sich im Text eine handschriftliche Verbesserung erkennen. Das (Kind aus unserer Ehe) „*ist nicht geboren*" ist durchgestrichen, und an dessen Stelle steht „*gibt es nicht*". Die Handschrift ist die meines Vaters. Ich verstand nicht, wozu diese Änderung nötig war, bis ich die Akte durchgeblättert hatte. Ich las, dass die Ehe am 4. April 1942 geschlossen worden war. Am 4. Dezember 1944 kam eine Tochter zur Welt, die auf den Namen Irene getauft wurde. Fünf Tage später, am 9. Dezember 1944, starb Irene. Der mit Maschine geschriebene Sachverhalt besteht, wenn ich Namen, Adresse und Datum nicht rechne, aus sieben Zeilen. Die sieben Zeilen gleichen einem Roman.

Der in der Klage angeführte Scheidungsgrund ist einfach. Der Mann ging weg an einen unbekannten Ort, und bereits seit zwei Jahren gab es keine Nachricht von ihm. Die Scheidungsklage wurde am 7. Februar 1947 eingereicht. Zu jener Zeit ist der XXXI. Artikel des ungarischen Gesetzes von 1894 nicht mehr wirksam, denn im Mai 1946 ist das jugoslawische Eherecht in Kraft getreten. Paragraph 62 dieses Gesetzes wurde an den Auswirkungen des Krieges ausgerichtet. Traditioneller Grund zur Scheidung ist, wenn die Ehepartner nicht zusammenleben, und als Erklärung wird im Allgemeinen angeführt, dass der eine Partner den anderen verlassen habe; in solchen Fällen zählt, wem die Schuld dafür angelastet werden kann. Paragraph 62 basiert jedoch auf der Annahme, dass einer der Ehepartner verschwunden ist und es von ihm keine Nachricht gibt – die Frage, welcher Ehepartner die Schuld trägt, wird nicht gestellt. Inmitten von Kriegswirren dreht es sich bei Ehescheidungen oft nicht um die Ehe selbst.

Auch Mihály Krisztics (oder Kristić) war nach Russland verschleppt worden, zwei Monate bevor seine Tochter auf die Welt kam. Während des Krieges und einige Jahre nach dem Krieg war es nicht ungewöhnlich, dass eine Ehe durch die Entfernung zwischen Betschkerek und Russland auseinandergerissen wurde. Auf der Suche nach Scheidungsfällen im Familienarchiv sah ich, dass es früher andere Fälle gegeben hatte, bei denen die Ehepartner – und das auch ohne Krieg – in noch größeren Abstand zueinander geraten waren. Ein solcher Scheidungsprozess begann im Jahr 1928. Der Antragsteller József Bene wurde vom Anwalt Joca Mihajlovic vertreten. Noch vor der Scheidung, im Jahr 1927, forderte der Mann seine Frau per Gericht auf, in die eheliche Gemeinschaft nach Felső Muzslya (Obermuschla) zurückzukehren. Der Aufruf blieb ohne Ergebnis. In seinem Scheidungsantrag berief sich der Mann auf Paragraph 77 des Gesetzes von 1894. Seine Frau habe ihn demnach „*absichtlich und ohne berechtigten Grund*" verlassen und sei der Aufforderung, in die Lebensgemeinschaft zurückzukehren, nicht nachgekommen. Frau Bene, geborene Anna Virág, kam der Aufforderung nicht nach, weil sie nach Buenos Aires gegangen und auch dort geblieben war. Sie gab meinem Großvater den Auftrag, sie im Scheidungsverfahren zu vertreten. Gegen Ende der zwanziger Jahre war es nicht die Regel, dass Eheleute durch den Gang der Geschichte auseinandergetrieben wurden; aber natürlich gibt es Fälle – zu der Zeit und auch später –, dass einer der Ehepartner den Entschluss fasste, zu gehen.

EHESCHEIDUNGEN, BEINAHE-SCHEIDUNGEN UND SCHEIN-SCHEIDUNGEN

Über die Scheidung selbst stritten die Parteien nicht. Sie wollten beide die Scheidung. Es wurde eher darüber debattiert, was Anna nach Argentinien mitgenommen habe und ob sie ihrem Ehemann etwas schulde. Nach der in Felső Muzslya verbreiteten Einstellung hatte Anna alles zu verantworten, und sie war ihrem Mann Geld schuldig. In Buenos Aires sah man dies nicht so. Frau József Bene schreibt in ihrem Brief vom 28. November 1928, dass sie nichts mitgenommen habe und ihr Mann „*keinen Pfifferling verdient*" habe. Dennoch stimme sie zu, ihm 2 000 Dinar zu bezahlen, „*wenn man sich nicht auf weniger einigen kann*".

Mein Großvater schreibt am 12. April 1930 einen Brief, bereits nicht mehr an Frau József Bene, sondern an „I. H. Frau Anna Virág". Die Adresse lautet: Calle Ambu 2910, Palermo Chicon in Buenos Aires, Pario Pargue, Argentina. Er schreibt: „*Hocherfreut informiere ich Sie dahingehend, dass in Ihrem Scheidungsprozess gegen Joseph Bene ein Urteil erbracht wurde, das die endgültige Scheidung ausspricht.*"

*

Im Jahr 1947 wurde auch im Fall von Mihály Krisztics ohne Schwierigkeit die Scheidung ausgesprochen. Dieser Fall geht jedoch weiter, indem der (ehemalige) Ehemann unerwartet auftaucht und sich ebenfalls an meinen Vater wendet. Nachdem er fünf Jahre in Russland in Gefangenschaft gewesen war – der Ort war unbekannt –, schreibt er aus Österreich am 6. Juni 1951. Seine Adresse: „*Lag 1000, B 11, Zim 13, Wels Ob. Österreich*". (Wahrscheinlich ist „Lag" das Kürzel für „Lager".) Er erklärt, dass er sich scheiden lassen wolle, beschreibt, was mit ihm geschehen ist – auch beschreibt er, was seines Wissens mit seiner Frau geschehen ist. Nach seiner Kenntnis lebt sie zusammen mit einem gewissen Obrad Obradović. (Er scheint nicht gewusst zu haben, dass seine Frau sich bereits von ihm hatte scheiden lassen.) Der Brief ist auf Ungarisch geschrieben und schließt mit dem Satz: „*Verehrter Herr Doktor, ich bitte um eine Antwort in deutscher Sprache.*"

Hier gab es nicht mehr viel zu tun. Das Gericht hatte die Scheidung bereits ausgesprochen, es musste nur ein Exemplar des offiziellen Beschlusses besorgt und übermittelt werden. Am 26. August 1951 schreibt mein Vater in seinem Brief, dass die Scheidung schon im Jahr 1947 ausgesprochen worden sei und er beigefügt das Urteil übersende. Als Gegenleistung bittet er Herrn Krisztics, seinen Kindern „zwei Paar Strümpfe in Größe drei und ein kleines Stück Schokolade" zu senden.

Möglich, dass ich die Strümpfe in Größe drei bekommen habe. Die Schokolade ging vermutlich an meine Schwester.

Ein Ehemann, der die Kneipe nur sehr selten und nur im Interesse des Volkes aufsuchte

Ein beinahe klassisches Scheidungsverfahren
Akte Nummer 12325

Ich möchte mit einem Zertifikat beginnen, das ganz oben auf dem Aktenbündel lag, unmittelbar unter dem Deckel. Als ich diese halbe Seite las, legte ich die Akte sofort beiseite zu denen, die einer weiteren Beschäftigung wert waren. Das Zertifikat war am 23. Dezember 1945 vom lokalen Volkskomitee von Egyházaskér ausgestellt. Egyházaskér (serbisch: Vrbica) sowie Feketetó (der andere Ort der Handlung in dieser Geschichte) liegen in der Nähe von Csóka. Das Dokument ist auf Serbisch verfasst. Es liest sich auf Deutsch übersetzt wie folgt:

„BESCHEINIGUNG

Das unterzeichnende lokale Volkskomitee von Egyházaskér versichert allen Behörden nach bestem Wissen, dass Béla Nagy, 28 Jahre alt, derzeit städtischer Beamter in Feketetó, früher (1937, 1938 und 1943) sich in dieser Gemeinde aufhielt. Zuerst ledig, dann im Jahr 1943 mit seiner Ehefrau Nagy, geborener Irén Kocsis. Er lebte sehr zurückgezogen, suchte keine Kneipen auf, oder nur bei sehr seltenen Gelegenheiten und nur im Interesse des Volkes / während der Besatzungszeit /. Daher ist er kein Trinker, kein Raucher, nicht streitsüchtig und geht nicht in Gesellschaften.
Während der oben genannten Jahre verrichtete er fleißig und korrekt seine Aufgaben. Er arbeitete auch oft nach Feierabend, sogar bei Nacht, weil es zu der Zeit sehr viel unvollendete Arbeit aus 1940 verbliebenen Steuerangelegenheiten gab.
Tod dem Faschismus, Freiheit dem Volke!
György Hildenstab   Bertalan Puskas
/ Sekretär /   / Präsident /"

Die Bescheinigung ist mit dem Stempel des Örtlichen Volkskomitees Egyházaskér versehen, dazu mit zwei entwerteten Marken für je 10 Dinar. Die obersten Vertreter der lokalen Behörde von Egyházaskér bemühten sich also am 23. Dezember, einen Tag vor Heiligenabend, allen Behörden – ohne geografische und hierarchische Einschränkungen – zu versichern, dass ihr ehemaliger Beamtenkollege Béla Nagy nur um des Volkes willen die Kneipe besucht hatte.

Da auf der Aktenmappe neben dem Aktenzeichen *„Scheidungsprozess"* geschrieben steht, kann man die grundlegenden Zusammenhänge erahnen, noch bevor man die übrigen Papiere gelesen hat. Es ist nicht ungewöhnlich, dass in einem Scheidungsprozess die Frau ihre Argumente darauf aufbaut, dass ihr Mann trinkt und regelmäßig Kneipen aufsucht. Der Mann pflegt dies abzustreiten. Diesmal waren dabei auch die lokalen Behörden behilflich (die ehemaligen Beamtenkollegen des Mannes).

Bevor ich mit der Geschichte fortfahre, weise ich darauf hin, dass ich eine Zeit lang zögerte, ob ich bei den echten Namen bleiben oder eine Ausnahme machen sollte. In meiner juristischen Prosa hatte ich bislang nur einmal zur Anonymisierung gegriffen. In dieser Geschichte gibt es zwar nichts, was den Protagonisten in wirklich düsteren Farben darstellen würde, aber es gibt sensible Details, und man kann nur vermuten, wie die Nachkommen sie aufnehmen würden. Daher rief ich im März 2013 meinen Schicksals- und Altersgenossen, den Schriftsteller Kálmán Fehér, an. Er stammt aus Csóka und kennt die Gegend, auch Egyházaskér und Feketető. Kálmán sagte mir, dass ich bei den ursprünglichen Namen bleiben könne. Sein Argument war, dass in Egyházaskér und Feketető kaum Ungarn übrig geblieben seien, ebenso wenig wie andere Leute. Die Welt hat sich verändert, die wirtschaftlichen Umstände haben sich verändert, diese Siedlungen haben sich geleert. Auch gibt es keine Spuren mehr von den Nachkommen der Hauptfiguren. Heute muten sogar die echten Namen wie Fiktionen an. Kálmán hat wahrscheinlich recht, aber wer weiß?! Am Ende veränderte ich die Namen der Hauptfiguren doch lieber.

Das Dokument zeigt das Bild eines rührend einfachen Ehemanns, der nicht nur nicht trinkt, sondern auch nicht raucht, zurückgezogen lebt und dabei gesellige Zirkel meidet. Ich sehe auch, dass das Zertifikat darauf abzielt, ein Alibi zu bieten für nächtliches Ausbleiben (aufgestaute Steuerangelegenheiten halten als Erklärung her). Das traditionelle Argumentationssystem von Scheidungsprozessen ist jedoch auch nicht richtungsweisend, da ich lese: Wenn Béla Nagy auch die Kneipe aufgesucht habe, so habe er dies nur im Interesse des Volkes getan. Natürlich ist mir klar, dass zu der Zeit „im Interesse des Volkes" eine alles positiv verändernde, verzaubernde Wortverbindung darstellte (wie, sagen wir, heutzutage das Wort „Arbeitsplatzbeschaffung") – aber es bleibt die Frage offen, auf welche Weise der Kneipenbesuch den Interessen des Volkes dienen konnte.

In einer anderen Bescheinigung, die ebenfalls am 23. Dezember 1945 ausgestellt wurde, findet sich die Erklärung. Sie enthält eine Erklärung István Fehérs, des ehemaligen Gemeindevorstands, und Frigyes Veres', und die Glaubwürdigkeit dieser Erklärung ist abermals bestätigt durch den Sekretär György Hildenstab und den Vorstand Bertalan Puskás. Auch hier gibt es den Stempel des Örtlichen Volkskomitees von Egyházaskér, und diesmal ist nicht eine Marke für 2 Dinar entwertet worden, sondern eine im Wert von 20 Dinar. István Fehér und Frigyes Veres schreiben in ihrer Erklärung:

„Im Bewusstsein unserer moralischen, materiellen und strafrechtlichen Verantwortung erklären wir, dass im Jahr 1943 einmal die Delegierten des Milchzentrums Csóka zu uns ins Dorf kamen und bei unseren Milchbauern Anzeigenprotokolle aufsetzten zum Zwecke eines Strafantrags wegen Versäumnis der Ablieferung von Milch. Als wir abends gegen

11 Uhr mit dem Schreiben der Protokolle fertig waren, gingen wir zusammen mit den Abgesandten des Molkereizentrums in die Kneipe von Antal Ágoston in der Absicht, die Anzeigen zu vernichten. In unserer Runde dabei waren József Lászlófi, der damalige Notar, der Beamte Béla Nagy und weitere zwei, drei Leute, darunter Branko Krstić, damaliger Steuereintreiber. Um etwa 12 Uhr, als es gelungen war, 100 Prozent der Anzeigen zu zerstören beziehungsweise anzunehmen, gingen wir völlig nüchtern nach Hause."

Man möchte meinen, eine Kneipe sei nicht gerade der geeignetste Ort für die Opposition gegen die deutsche Besatzungsmacht, sprich zur konspirativen Vernichtung der Berichte und Strafanträge, sondern dass dies doch eher der Dachboden im Haus eines der Verschwörer wäre. Aber ich kenne die damaligen – und auch die heutigen – Verhältnisse in Egyházaskér nicht wirklich. Wenn man den Text der Erklärung liest, ist zu bedenken, dass die Indikatoren des Patriotismus des Öfteren gewechselt haben. Zuerst wurde die Ablieferung zum Beweis des Patriotismus, dann (im Nachhinein betrachtet) wurden diejenigen zu Helden, die Widerstand zeigten, und dann war wieder die Ablieferung der Beweis des Patriotismus. Im Dezember 1945 galt die Überlistung der Ablieferungspflicht von 1943 als patriotisch. Die Unterzeichner der Erklärung dürften sich im sicheren Wissen gewähnt haben, dass auch ihre Vaterlandsliebe durch die Geschichte bestätigt wurde, deren ursprüngliches Ziel es ja war zu beweisen, dass der Beklagte im Scheidungsprozess nur aus rein patriotischen Gründen, allein im Interesse des Volkes also die Kneipe besucht hatte. Doch glaube ich nicht, dass es sich einfach um eine fiktive Geschichte handelt. Die Vernichtung der Anzeigen oder zumindest von Teilen derselben betraf viele Menschen vor Ort. In Egyházaskér konnte es kein Geheimnis sein, dass es Folgen hatte, wenn versäumt wurde, Milch abzuliefern, aber auch das nicht, was die lokalen Beamten taten oder nicht taten. Wahrscheinlich manövrierten István Fehér, Frigyes Veres, Béla Nagy, Branko Krstic und Konsorten die faschistischen Besatzer in der Angelegenheit der Milchablieferung tatsächlich aus, während sie die Gastfreundschaft der Kneipe von Antal Ágoston genossen. Allerdings ist weniger wahrscheinlich, dass sie danach *„vollkommen nüchtern"* nach Hause zurückkehrten.

Béla Nagy und Irén Kocsis schlossen am 25. Mai 1942 den Bund der Ehe. Ihre Tochter Aranka wurde am 28. Mai 1943 geboren. Frau Nagy reichte am 8. Juli 1944 beim Gericht Kikinda das Scheidungsgesuch ein. Außerdem war der Weltkrieg in vollem Gange. Im Antrag argumentiert Frau Nagy, ihr Mann habe sie immer wieder misshandelt, obwohl sie mit ihrem Verhalten keinen Grund dazu geliefert habe. Wegen der Misshandlungen zog Irén zu ihren Eltern zurück. Dann habe ihr Mann versprochen, sie nicht mehr zu misshandeln; sie habe ihm geglaubt und sei wieder zu ihm gezogen. Die Misshandlungen seien jedoch fortgesetzt worden. Am 23. Juni 1944 kam Béla Nagy nicht zum Abendessen nach Hause, seine Frau ging auf die Suche und fand ihn schließlich in einer der Kneipen, doch ihr Mann wollte nicht mit ihr kommen. Später, als er dann nach Hause kam, beschimpfte er seine Frau, weil sie ihn in der Kneipe in eine peinliche Lage gebracht habe, und verprügelte sie mit einem Holzschuh. Im Antrag sind sowohl Sachwerte als auch Haustiere aufgelistet, die beim Ehemann verblieben sind, aber dem Gesuch entsprechend zum Eigentum der Frau gehören. Auch der Anspruch auf Ehegatten- und Kindesunterhalt ist geltend gemacht.

Anfangs war Dr. László Rehák aus Kikinda der Anwalt von Béla Nagy. Er war der Vater jenes László Rehák, der erst der Chefredakteur der Zeitschrift *Magyar Szó* (*Ungarisches Wort*) und später des *Létünk* (*Unsere Existenz*) war. Die Vorlage des László Rehák beginnt, indem Béla Nagy anerkennt, dass ihre Ehe „*wirklich nicht die beste Ehe*" sei. Dies sei jedoch nicht etwa darauf zurückzuführen, dass er, Béla, die Ehe und die daraus erwachsenden Pflichten nicht ernst genommen habe, sondern weil seine Frau verlange, dass er dem „*neuen Glauben folgend*" auf jeden gesellschaftlichen Umgang verzichte. Unter anderem sei die Ehe nicht zufriedenstellend gewesen, weil seine Frau Szenen gemacht habe, wenn er ein oder zwei Stunden nach der Arbeitszeit nach Hause gekommen sei, und weil sie ihm in die Kneipe nachgegangen sei und vor anderen gedemütigt habe. Da er seine Frau liebe, habe er sich versöhnen wollen in der Hoffnung, Irén sehe ein, dass ihr „*übertriebener Puritanismus nicht aufrecht zu halten*" sei, aber dies sei leider nicht eingetreten. Eigentlich ist diese Eingabe eine Gegenklage. Béla Nagy lehnt demnach die Scheidung genauso wenig ab, er schlägt aber vor, dass die Schuld seiner Frau zugewiesen werde.

In ihrer Scheidungsklage beriefen sich beide Ehegatten mit Blick auf die Auflösung ihrer Ehe auf denselben Paragraphen. Nach Paragraph 80(a) des zu jener Zeit immer noch gültigen XXXI. Gesetzesartikels aus dem Jahr 1894 war „*die Ehe auf Ersuchen eines Ehegatten auflösbar, wenn der andere Partner die ehelichen Pflichten [...] aufgrund seines absichtsvollen Verhaltens schwerwiegend verletzt.*" Es stellte sich die Frage, welcher von beiden, der Ehemann oder die Ehefrau, mit Absicht die ehelichen Pflichten verletzt hatte.

Im Verlauf des Prozesses ergaben sich parallele Narrative – und, wie ich glaube, auch parallele Überzeugungen. Das war natürlich nicht ungewöhnlich. Das Gleiche habe ich in verschiedenen Banater Prozessen erlebt, genauso wie auch vor dem Internationalen Gerichtshof in Den Haag.

Natürlich ist die Vehemenz der Auseinandersetzung jeweils unterschiedlich. In harten Scheidungsverhandlungen reduzieren sich die Narrative oft auf den Versuch zu beweisen, wer von beiden der gute Mensch ist und wer nicht. Die Betroffenen erwarten vom Gericht hierüber eine Entscheidung. Zweifel, Gewissensbisse, Verzeihen, Verständnis, nicht ins Bild passende Details werden oft bereits vor Beginn der Verhandlung von diesem Wettbewerb weggefegt. Das Bewusstsein passt sich den Vorstellungen an, das Gedächtnis ebenso. Die Prozessparteien erwarten, dass das Gericht das gesamte in ihnen jeweils entwickelte Bild (oder die Vorstellung) überblicken und beglaubigen wird. Auch an die Anwälte sind die Erwartungen hoch. Ich sehe, dass Béla Nagy erst Laszlo Rehák als Anwalt beauftragte, dann aber wechselte und meinen Vater mit der

Sache betraute. (Wahrscheinlich geschah dies, weil die Gerichte neu organisiert wurden und der Fall von Kikinda nach Betschkerek kam.) Auch die Namen der anderen Vertreter kann ich sehen. Zwei Briefe zeigen, dass Béla Nagy ins Schwanken geriet. In einem bestimmten Moment sah er vielleicht, dass auch mein Vater nicht seinen Erwartungen entsprach, und überlegte, an seiner Stelle den in Betschkerek ebenfalls bekannten Anwalt Bratić einzusetzen. Dies schreibt er am 25. April 1946. Am 28. April 1946 schreibt er dann, dass er wegen *„gewisser Umstände"* (ich weiß nicht, worum es sich handelte) zurückwollte zu meinem Vater.

In Scheidungsprozessen sehen die gegnerischen Parteien die Gesamtheit ihres Seins als Ehegatten, vielleicht gar die Gesamtheit ihres Menschseins als entscheidend an. Das Gericht sieht davon nur die ausgebreiteten Details. Diese werden von den Gegnern unterschiedlich interpretiert – zuweilen auch redigiert. In diesem Scheidungsprozess diskutierten die Parteien mehrere Handlungsverläufe. Drei davon wähle ich aus, denen sowohl der Mann als auch die Frau besondere Aufmerksamkeit schenkten: die Forderung nach Änderung der Religion, die Erklärung für den Bruch der Tür und eine Episode in der Kneipe.

Forderte die Frau, dass der Mann einen neuen Glauben annehme?

Diese Begründung erscheint erstmalig in der Gegenklage des Beklagten, verfasst von László Rehák mit Datum vom 30. November 1944. Entsprechend der Behauptung von Béla Nagy hatte seine Frau verlangt, dass er sich einem neuen Glauben zuwende, weil sie selbst und ihre Familie dem neuen Glauben angehörten. Es wird nicht erklärt, um welches Bekenntnis es sich hier handelte. Zuerst dachte ich, der neue Glaube sei dem alttestamentarischen Glauben, also dem Judentum, gegenübergestellt, doch erkannte ich dann, dass dem nicht so war.

Mit der Eingabe vom 7. Dezember 1945 bestreitet Irén Nagy die Behauptung ihres Mannes und stellt fest: *„Es ist mir nie eingefallen, mich darum zu bemühen, dass der Beklagte die Religion wechsle. Ich gehöre dem reformierten Glauben an und der Beklagte ebenso. Daher gab es für mich keinen Grund und konnte auch nicht meine Absicht sein, dass der Beklagte den Glauben wechsle. Was der Beklagte sagt, ist reine Erfindung."*

Im Aktenbündel folgt der Brief von Béla Nagy vom 22. Dezember 1945, in dem der Beklagte, nunmehr auf Ersuchen meines Vaters, angibt, womit die Behauptung der Frau widerlegt werden könne. Er schreibt: *„In der Frage des Glaubens beharre ich auf meinen im Gegengesuch angeführten Argumenten, weil die Klägerin erst zu meinem Glauben übertrat, nachdem wir vorher einen Streit hatten, weil sie meinen Glauben geringschätzte. Sie willigte ein, zu meinem Glauben überzutreten, um unseres Kindes willen."*

Wahrscheinlich merkte auch mein Vater, dass Béla Nagy damit nicht unbedingt konsequentes Verhalten bewies. Im Gegengesuch sagt Béla Nagy, dass seine Frau verlangt habe, dass er (der Ehemann) den Glauben wechsle. Jetzt schreibt er, dass die Frau den Glauben gewechselt habe. Die Frau wiederum sagt, dass sie beide reformierten Glaubens seien, der angebliche Glaubensübertritt macht also keinen Sinn.

Es ist schwer, sich in dieser Sache zu orientieren. Unter den Papieren fand ich die standesamtliche Heiratsurkunde, in der damals auch die Religion eingetragen war. Darin steht, dass Béla Nagy am 23. Juni 1918 geboren und reformierten Glaubens ist, Irén Kocsis ist am 30. September 1923 geboren und römisch-katholisch (!). Weder steht dies mit der Darstellung des Mannes noch mit der der Frau in Einklang. Wenn wir voraussetzen, dass Irén Kocsis tatsächlich katholisch war und später zum reformierten Glauben übergetreten ist, dann ist dies noch irgendwie zu vereinbaren mit dem, was Béla Nagy meinem Vater schreibt: dass die Ehefrau zu seinem Glauben übergetreten sei (also von katholisch zu reformiert wurde). Irén Kocsis betont, dass der Glaube kein Grund war für Streit, da sie ja beide reformiert seien (vielleicht ist dies auch so zu verstehen, dass sie zur Zeit des Scheidungsprozesses beide reformiert sind, obwohl die Formulierung nicht in diese Richtung geht). Aber wenn es auch mit einiger Mühe möglich sein könnte, das eine oder andere Detail zusammenzufügen, ergibt sich weiterhin keine Erklärung für die Behauptung, mit welcher der Mann die Frage des Glaubens vorlegte. Es ist schwer zu verstehen, was er wohl dachte, als er behauptete, seine Frau sei „neuen Glaubens" und habe versucht, auch ihn zum neuen Glauben zu drängen. Es ist ziemlich schwer, die katholische Religion als neuen Glauben gegenüber dem reformierten Glauben zu bezeichnen. Zudem ist laut Béla Nagys Brief seine Frau diejenige, die den Glauben gewechselt hat. Es pulsierte also etwas, aber die Parteien passten ihre Geschichte jeweils zu sehr den vermeintlichen Maßstäben der vorteilhaften Beurteilung an, sodass sich nur schwer sagen lässt, worum es eigentlich ging. Die Wahrheit in dieser Frage vermag auch das Urteil nicht aufzuzeigen. Auch die Rechtsprechung bietet nicht auf jede Frage eine Antwort.

Wann und wie wurde die Türe eingetreten?

Im Oktober 1943 herrschte noch die deutsche Besatzung, aber es gab gelegentlich Menschen, denen es gelang, sich aus der Geschichte hinauszustehlen und gleichzeitig von zu Hause wegzubleiben. So geschehen auch mit Béla Nagy an einem Tag im Oktober, als er, nach Mitternacht gegen ein Uhr nach Hause kommend, die Türe eintrat. Die Tatsache an sich ließe vermuten, dass Béla Nagy nicht mehr ganz nüchtern war und sich zurückzog, wie die behördlichen Bescheinigungen betonen. Es stellt sich außerdem die Frage, ob er wirklich nur im Interesse des Volkes die Kneipe besucht hatte. Interessant ist jedoch, dass der Ehemann selbst, noch im von László Rehák formulierten Gegengesuch, diese Episode anführt, und zwar mit dem Ziel, auf die Intoleranz der Ehefrau hinzuweisen. Der Eingabe zufolge war, *„als ich einmal im Oktober 1943 aushäusig war bis nach Mitternacht um 1 Uhr, als ich nach Hause kam, jede Tür versperrt. Als ich an die Tür hämmerte, schickte mich meine Frau, sich aus dem Fenster ‚lehnend', dahin zurück, woher ich gekommen war, und erklärte, dass sie mich, den Schurken, nicht hereinlasse.*

So musste ich die Türe zu meiner eigenen Wohnung eintreten – was musste ich mir aber danach alles anhören ..."

Die Ehefrau sieht die Dinge in ihrer Eingabe vom 7. Dezember 1945 anders. Ihrer Ansicht nach gab es *„keinen Grund, die Tür einzutreten, als er aus der Kneipe nach Hause kam. Ich habe keinen Grund dazu gegeben, dass er dies tat. Ich hörte nicht, dass er an die Tür hämmerte, weil ich erschöpft war. Ich musste in der Nacht mehrmals aufstehen, um mich um unser Kind zu kümmern, danach bin ich tief eingeschlafen. Er aber glaubte, dass es sich da um irgendeinen Trotz handelte, und hat danach seiner bösen Absicht Ausdruck verliehen."*

Zur Feststellung des Sachverhalts war auch die Anhörung von Zeugen notwendig. Sie erfolgte in Törökkanizsa (wahrscheinlich war es einfacher, aus Feketetó dorthin zu gelangen). Diese Umstände hatten damals ein anderes Gewicht. Aus dem Tagebuch meines Großvaters sehe ich, dass im Jahr 1945, zumindest in der ersten Hälfte des Jahres, eine behördlich ausgestellte Genehmigung nötig war, um von Betschkerek aus in ein Dorf in der Gegend von Betschkerek zu reisen. Vielleicht brauchte man im Jahr 1946, zur Zeit der Zeugenanhörung, keine Genehmigung, um innerhalb des Banat zu reisen, aber auch dann war es keine einfache Aufgabe, von Betschkerek nach Törökkanizsa zu gelangen. Eine Zugverbindung gab es nicht (es gibt sie bis heute nicht). Es fuhren Busse, sie verkehrten aber recht selten und man fand kaum noch einen Platz. Davon zeugt eine Notiz im Tagebuch meines Großvaters:

„Samstag, 3.1.1946. Józsi konnte, nach viel Balgerei, sich endlich in den Autobus klemmen, und so kam er gegen abends um 6 Uhr aus Novi Sad nach Hause. Es spielt sich geradezu ein Nahkampf ab, zuerst um je einen Sitzplatz, dann um einen Stehplatz in den Bussen. Ein wesentlicher Teil der Reisewilligen bleibt natürlich zurück. Er wartet auf einen anderen Bus und begnügt sich nach vielem Zurückbleiben mit dem Zug. Dort beginnt der Ansturm aufs Neue, das lebensgefährliche Geschiebe, und mit Glück kann er sich endlich hineinzwängen. Kohlemangel, Beschränkungen im Zugverkehr, und darum drängt sich die Menge der Reisenden."

Bei einer Reise nach Kanizsa (etwa 80 Kilometer) musste man auch noch umsteigen, und dadurch wurden die Aussichten noch unsicherer. Es war nicht wirklich oder nur mit sehr viel Glück möglich, innerhalb eines Tages von Betschkerek zu einer Verhandlung nach Törökkanizsa zu reisen und am selbigen Tage noch zurückzukommen. Eine Lösung wäre gewesen, mit dem Auto zu fahren, aber das war damals nicht möglich. 1946 hatten wir nicht nur kein Auto, sondern auch einen Führerschein besaß noch keiner in der Familie. (Außer wir rechnen die Fahrradführerscheine dazu, die gab es wiederum. Zwischen den Papieren habe ich einen gefunden. Es ist ein auf meinen Onkel 1939 in kyrillischer Schrift ausgestellter Führerschein. Er hat 13 Seiten und beinhaltet den gesamten Text der Gesetzesverordnung bezüglich des Fahrradverkehrs.)

EHESCHEIDUNGEN, BEINAHE-SCHEIDUNGEN UND SCHEIN-SCHEIDUNGEN

Anfang der sechziger Jahre kaufte mein Vater zum ersten Mal ein Auto, und damals wurden auch die ersten Fahrprüfungen in der Familie absolviert. In der Welt des Verkehrs folgten die zeitlichen Abschnitte nicht unbedingt unmittelbar aufeinander. Es gab gleichsam weiße Flecken dazwischen – insbesondere, wenn ich die Geschichte aus der Familienperspektive betrachte. In dem Haus, in dem wir über mehrere Generationen wohnten, gab es eine Zeit lang auch einen Stall. Zu Lebzeiten meines Großvaters war es noch eine reelle Option, die Pferde des Hauses einzuspannen und mit dem Pferdewagen irgendwo außerhalb der Stadt hinzufahren. Ich habe das nicht mehr erlebt. Danach war für uns über mehrere Jahrzehnte keine Möglichkeit mehr gegeben, mit irgendeinem zum Haus gehörenden Fahrzeug irgendwohin zu fahren. Wir mussten auf den nächsten Zeitabschnitt, nämlich die Epoche des zum Haus gehörenden Autos, warten. Auf diese Weise konnten Neuigkeiten für mehrere Generationen zur gleichen Zeit etwas Neues bedeuten. Die Dinge stauten sich an. In den Wochen, da wir auf das gekaufte Auto warteten und auf dem Hof bereits den Parkplatz dafür markiert hatten, begannen mein Vater und ich zeitgleich mit der Fahrschule. Ich war damals circa zwanzig Jahre alt, mein Vater fast fünfzig. Wir legten unsere Prüfung am selben Tage ab. Auf den theoretischen Teil folgte die praktische Prüfung. Sie lief unter recht vorteilhaften Bedingungen ab, weil es in der Stadt bislang kaum Verkehr gab. Wir fuhren vor unserem Haus vorbei über die Car-Dušan-Straße in Richtung Szentmihály. Wir saßen alle zusammen in dem Auto – der Prüfer, der Fahrlehrer Géza, mein Vater und ich. Ich kam zuerst dran. Es fuhr kein Auto vor mir. Ich überholte jedoch ein Fuhrwerk, während ich den korrekten Einsatz des Blinkers zur Schau stellte (zuerst links, dann rechts). In Gegenrichtung kamen vielleicht ein oder zwei Autos. Nach zwei, drei Straßenecken kam der Prüfer zu der Schlussfolgerung, dass mein Können den Anforderungen entsprach. Danach war mein Vater dran. Auch er fuhr fehlerfrei, ungefähr einen halben Kilometer, und nicht einmal ein Fuhrwerk hatte er zu überholen.

Vieles sollte sich später auf dieser Prüfung begründen. Als ich in Amerika zu lehren begann, brauchte ich einen amerikanischen Führerschein, und dabei war der Nachweis aus Betschkerek von großem Nutzen. Er wurde teilweise anerkannt, und mein praktisches Können musste ich nicht unter Beweis stellen; die Prüfung beschränkte sich auf einen schriftlichen Test. Die Fragen, die ich in Atlanta zu beantworten hatte, waren nicht unbedingt eine Herausforderung. Sie lauteten in etwa:

Was machen sie vor einem roten Lichtsignal? (Kreisen Sie die richtige Antwort ein!)
  a) Sie fahren weiter
  b) Sie drosseln Ihr Tempo und fahren weiter
  c) Sie bleiben stehen

Ich überstand auch diese Prüfung. Nach erfolgreichem Abschluss des Tests wollte die Beamtin mir einen Termin für die praktische Prüfung geben. Ich zeigte ihr jedoch mein Papier, in dem stand, dass ich als Besitzer eines ausländischen Führerscheins nur einen schriftlichen Test bräuchte. Eine Woche später erhielt ich tatsächlich den Führerschein. In Amerika hat dies noch viel größere Bedeutung als in Europa. Es gibt in Amerika keinen Personalausweis, und nur wenige Leute besitzen einen Reisepass. Der Führerschein ersetzt alles. Später erhielt ich auch in Ungarn einen Führerschein, nachdem ich das Papier aus Betschkerek vorzeigte. Und all dies auf der Grundlage, dass ich ein landwirtschaftliches Fuhrwerk in der Car-Dušan-Straße umfahren und den Blinker korrekt eingesetzt hatte.

Um auf den Scheidungsprozess zurückzukommen: Mein Vater konnte nicht nach Törökkanizsa fahren, und ein Anwalt namens Putnik sollte ihn vertreten. Dieser erschien jedoch nicht. Dennoch wurden die Zeugen verhört, und darüber berichtet Béla Nagy in zwei Briefen an meinen Vater, der eine vom 17. März und der andere vom 2. April 1946. Sie waren auf Ungarisch geschrieben. In seinem Brief vom April führt Béla Nagy aus, was die Zeugen zur Zerstörung der Tür und zum Verhalten seiner Frau aussagten. Der Brief ist voller Rechtschreibfehler, die zum Teil auf die Schreibmaschine, auf der wohl bestimmte Akzente nicht vorhanden waren, zurückzuführen sind. Béla Nagy schreibt, dass die Zeugen bestätigt hätten, wie seine Frau sich mit ihm etwa 15 Minuten lang aus dem Fenster lehnend unterhalten habe, ohne die Tür zu öffnen. Darauf habe er in seiner Wut die Tür eingedrückt.

*

In der Klageschrift vom 7. Dezember 1945 gibt es – neben der perspektivischen Einordnung des Eintretens der Türe – auch einen Teil, der zeigt, dass man in der Sache vorankam. In dem Gesuch sind dreiunddreißig Sachwerte aufgelistet, deren Rückgabe die Ehefrau fordert. Etwas mehr als ein Jahr später nimmt die Frau und Klägerin zur Kenntnis, dass sie den größeren Teil der Sachwerte zurückbekommen hat – aber nicht alles. Folgendes soll Béla Nagy nicht zurückgegeben haben: zehn Kilo Fett, zehn Kilo Speck, drei Kilo Seife und ein Fettfass. Am 22. Dezember 1945 schreibt Béla Nagy in diesem Zusammenhang an meinen Vater, zum großen Teil auf Serbisch, dass er nicht mehr nachgeben könne. *„Diese Forderungen weise ich zurück und erkenne sie nicht an, weil wir nicht so viel Fett besaßen und weil ich auf Ansuchen meiner Frau ihr ein Mastschwein herausgegeben habe."*

Eine Episode in der Kneipe am Geburtstag von Béla Nagy

Das Eintreten der Tür im Oktober 1943 charakterisiert Béla Nagy mit einem „Daher kommt alles". Zwischenzeitlich gab es weitere Wortwechsel und wahrscheinlich auch Tätlichkeiten, aber das Eheleben wurde fortgesetzt (oder stellte sich nach einer Unterbrechung wieder ein). Nach dem Vorfall vom 23. Juni 1944 zog Irén jedoch endgültig aus und reichte zwei Wochen später, am 8. Juli 1944, die Scheidung ein.

EHESCHEIDUNGEN, BEINAHE-SCHEIDUNGEN UND SCHEIN-SCHEIDUNGEN

Der 23. Juni 1944 war der sechsundzwanzigste Geburtstag von Béla Nagy. Im Antrag beschreibt die Ehefrau, dass sie ihn zum Abendessen nach Hause erwartet habe und, als er nicht gekommen sei, sich auf die Suche nach ihm gemacht habe. Sie habe ihn in einer Kneipe gefunden und aufgefordert, nach Hause zu kommen. Der Ehemann habe gesagt, dass er nicht nach Hause komme. Irén sei daraufhin nach Hause gegangen, und als auch der Mann nach Hause gekommen sei, habe er seine Frau misshandelt, mit einem Holzschuh geschlagen und ihr Verletzungen zugefügt. Daraufhin habe Irén ihren Mann endgültig verlassen und sei zusammen mit ihrer Tochter zu ihren Eltern gezogen.

Die Gegenklage des Ehemanns zeichnet ein anderes Bild von den Ereignissen des 23. Juni. Béla Nagy berichtet: *„Als ich am 23. Juni 1944, meinem Geburtstag, nach offiziellem Arbeitsschluss in die Kneipe ging, um 1–2 Gläser Wein zu trinken, kam meine Frau hinter mir her und verlangte, dass ich sofort nach Hause gehe, und beschimpfte mich erbarmungslos vor den Anwesenden. Ich reagierte mit ein paar Worten auf diese Beschimpfungen, und zwar, damit sie ihren Fehler einsehe. Ich habe sie physisch überhaupt nicht angegriffen, noch weniger habe ich sie geschlagen, wie sie das in ihrem Ersuchen vorgibt."*

Den Vorfällen, die sich in der Kneipe abspielten oder damit zusammenhingen, sowie den entsprechenden Sichtweisen wird im Verlauf des Prozesses immer mehr Raum gegeben. Es ist nicht einfach, sich zwischen den ausgefeilten Vorträgen zu orientieren. In seinem Brief vom 17. März 1946 weist Béla Nagy meinen Vater auf die Aussage eines Zeugen bei der Zeugenanhörung in Törökkanizsa hin, nach der bei einer Gelegenheit die Frau den Mann in der Kneipe am Arm gezogen und nach draußen gezerrt habe. Der Richter gab aber nicht dies zu Protokoll, sondern dass laut des Zeugen Aussage die Frau den Mann aus der Kneipe geführt habe, indem sie sich bei ihm am Arm einhakte. Béla Nagy schlägt meinem Vater vor, dass er deshalb beantrage, den Zeugen neu zu verhören. Wenn natürlich die Frage ist, ob Béla Nagy in seiner Würde verletzt worden ist, womit er der geschädigte Part wäre, dann ist es nicht gleichgültig, wie Béla die Kneipe verlassen hat: ob dies geschehen war, indem Irén ihn vor aller Augen hinauszerrte, oder ob sie Arm in Arm zusammen weggegangen waren. Eine andere Zeugenaussage gab ebenfalls Grund zu unterschiedlichen Interpretationen. Als Béla eines Abends aus der Kneipe nach Hause zurückkehrte, entstand drinnen ein lauter Wortwechsel. Der Zeuge stand unter dem Fenster, bezeugt, dass sie brüllten, verstand aber nicht, was sie sprachen, außer, dass die Frau in einem gewissen Moment sagte: „Ach Béla!"

Wie ich mir so die Papiere ansehe, stelle ich fest, dass immer weitere Details zutage treten, und es ist, als wäre der Patriotismus etwas in Vergessenheit geraten. Mithilfe seiner Beamtenkollegen und den damaligen Trends folgend, bemühte sich Béla anfangs noch, sein Verhalten mit dem sicheren Hintergrund der Volksinteressen zu verweben und entsprechend in einem günstigen Licht erscheinen zu lassen. Seine Erklärungen waren gleichsam an eine Fahne geheftet. Aber da sie immer zahlreicher wurden, verdeckten sie langsam die Fahne, und die gegnerischen Parteien konzentrierten sich nur noch auf die Oberfläche, nämlich auf ihr eigenes kleines Leben.

Das Gericht sprach die Scheidung aus und wies dem Ehemann die Schuld zu. Es lehnte die Unterhaltsforderung der Frau ab, Béla Nagy wurde jedoch zu Kindesunterhalt verpflichtet. Die Frau hatte 1 000 Dinar Kindesunterhalt gefordert; in einem Eilverfahren hatte das Gericht schon früher darüber entschieden und monatlich 500 Dinar zugesprochen. Béla Nagy hatte Einspruch gegen dieses Urteil erhoben und darum ersucht, es auf 300 Dinar zu kürzen. Auch die Frau hatte Einspruch erhoben und einen höheren Betrag gefordert. Das jetzt gefällte Urteil blieb bei 500 Dinar pro Monat.

Ein wichtiger Nebenstrang der Geschichte, der zu einer kroatischen Frau führt

Der Scheidungsprozess war noch im Gange, als mein Vater Béla Nagy aufforderte niederzuschreiben, was er den Behauptungen der Frau noch entgegenhalten könne. Nagy verfasst am 22. Dezember 1945 einen Brief, den er mit folgenden Worten beginnt: *„Sehr verehrter Herr Doktor! Bezüglich der mir zugeleiteten und beigefügten Vorbereitungsschrift teile ich meine folgenden Bemerkungen auf Serbisch mit [...]."* Nach den in serbischer Sprache gehaltenen Dementis und Bezeugungsvorschlägen sind die letzten drei Absätze wieder auf Ungarisch. Darin gibt es keine wirklich brauchbaren Neuigkeiten. Béla Nagy schreibt, dass die Zeugen seiner Frau lediglich wüssten, seine Frau habe einen blauen Fleck unter dem Auge gehabt, als sie ihn verließ. Allerdings enthält der Brief ein neues Moment: Béla Nagy erwähnt eine kroatische Frau mit einem deutschen Ehemann, der *„verschleppt worden und angeblich nicht mehr am Leben"* war. Er erkundigt sich, wie die Scheidung einzureichen sei, damit die Frau wieder heiraten könne.

Auf diesen Brief folgt –unerwartet – ein Telegramm, in dem Béla Nagy meinen Vater bittet, sofort *„in Zusammenhang mit dem anderen Scheidungsprozess"* zu antworten. Im weiteren Verlauf stellt sich heraus, dass sein Interesse an der kroatischen Frau und ihrem eventuellen Scheidungsprozess nicht theoretischer Natur ist. Darauf beginnt Béla Nagy am 1. Januar 1946 das neue Jahr mit einem handschriftlich verfassten Brief an meinen Vater (wahrscheinlich verfügte er nur im Büro über eine Schreibmaschine, und am 1. Januar konnte er nicht ins Büro). Da er ihn, der auf Ungarisch ist, nun von Hand schreibt, sind die Akzente diesmal korrekt gesetzt. Er teilt mit, dass die Kroatin (deren Mann deutscher Soldat war) eine Zeit lang im Lager gewesen sei, dann aber freigelassen worden sei, und jetzt sei ihre Frage, wie sie sich scheiden lassen und wieder heiraten könne. Der Brief schließt mit dem Satz: *„Bitte, es ist dringend."*

Am 9. Januar schreibt Béla erneut einen Brief. Diesmal mit der Maschine. Es stellt sich heraus, dass er mit der kroatischen Frau zusammenlebt, aber *„erst in letzter Zeit, ungefähr seit einem Monat [...]."* Von der Sache her steht nunmehr die kroatische Frau

– ihren Namen finde ich in den Papieren nicht – ebenfalls mit dem Scheidungsprozess in Zusammenhang.

Mein Vater schreibt am 16. Januar 1946 zurück. Er entschuldigt sich, dass er auf die dringlichen Briefe nur mit Verspätung antworte, und erklärt, dass er unterwegs gewesen sei. Er schreibt, dass der *„Umstand, dass er* [Nagy] *mit jemand eine außereheliche Beziehung begonnen hat, sich auf den weiteren Verlauf des Scheidungsprozesses ungünstig auswirkt".* (Im Gegensatz zur Ansicht von Béla Nagy dürfte in den Augen meines Vaters die Tatsache, dass die Frau *„erst in letzter Zeit",* genauer *„seit ungefähr einem Monat"* mit Béla zusammen ist, das Problem nicht lösen. Seiner Meinung nach muss dies dem Bemühen schaden, dass die Scheidung mit Schuld der Frau ausgesprochen werde. Im Übrigen liegt der Zeitpunkt, seit dem die Frau bei Béla ist, ein halbes Jahr vor dem Urteilsspruch.)

Mit besonderem Interesse lese ich die letzten Sätze im Brief meines Vaters an Béla Nagy. Hier erläutert er, unter welchen Bedingungen sich die auf die neue Heirat wartende kroatische Frau gemäß der Anfang 1946 gültigen Rechtspraxis von ihrem deutschen Mann scheiden lassen kann. Nach Auskunft meines Vaters kann eine Frau, deren Gatte in einer Kampftruppe unter Waffen diente, nur dann die Scheidung beantragen, wenn er sich *„trotz der Missbilligung und des Protestes der Frau"* der deutschen Armee angeschlossen hat. Ist der Mann *„zusammen mit der Besatzungsarmee geflohen"* und die Frau zurückgeblieben, muss sie nachweisen, dass sie während der Besatzung keine Sondervorteile genossen hat. Auch muss sie ihr eigenes politisches Verhalten nachweisen.

Da die Bitte von Béla Nagy sich nicht auf konkrete Rechtshilfe, sondern nur auf Informationen bezog, führte mein Vater nicht weiter aus, auf welche Weise die kroatische Frau die Erfüllung der Bedingungen hätte belegen können. Vermutlich waren Nachbarn und Vertreter des Volkskomitees entscheidend bei der Feststellung, ob die kroatische Frau dagegen opponiert hatte, dass ihr Mann zur deutschen Armee ging, und ferner, was ihre Meinung über die deutsche Besatzung im Banat war.

Im Fall von Frau Anna Kraus, geborene Barna, und vieler ihrer Schicksalsgenossen verspüren wir noch die Strömung der ersten Welle des Macht- und Schicksalswechsels. Ein bei der Örtlichen Kommandantur eingereichtes Scheidungsgesuch war gleichzeitig eine Chance für diejenigen, die ihr Schicksal von den Ehepartnern, die von dieser Welle fortgeschwemmt werden, lösen wollten. Zeigte sich hier das Bemühen, von einem Ehepartner geschieden zu werden, der den gegnerischen Truppen angehört hatte, war dies sicherlich förderlich, dass die den Scheidungsantrag einreichende Partei weniger nachteilig eingeordnet wurde. Vielfach handelte es sich ja um die Rettung des Vermögens (vielleicht auch um die Rückbeschaffung der Mitgift), darum nehme ich an, dass mit der Häufung dieser Versuche gegebenenfalls auch Zweifel auftauchten. Sicherlich fragte sich manch einer, ob das Einreichen der Scheidung nicht eine zu leichte Lösung war, um das als feindlich deklarierte Vermögen zu reduzieren, das ja den Staat bereicherte. Somit stellte sich die Frage, ob die Frau, die einmal einen Feind (einen Deutschen, früher einen

Juden) zum Mann erkoren hatte, die Gleichstellung und die neue Chance verdiente, wenn sie früher kein ablehnendes Verhalten gegen den Feind gezeigt hatte. Während er diese Frage verfolgte, entfernte sich der Scheidungsprozess immer weiter von der Frage, welches Verhältnis denn nun zwischen Mann und Frau bestanden hatte.

In einem anderen Fall sehe ich, dass nicht nur die Scheidung, sondern auch die Feststellung des Todeseintritts vom – falschen beziehungsweise richtigen – Verhalten abhängig gemacht wurde. Am 8. Juni 1948 kam eine Frau aus Torontálvásárhely (Debeljača) zu uns ins Büro und bat darum, ihren Mann für tot zu erklären. Es wurde ein Protokoll aufgenommen; die wichtigsten Angaben der Frau waren vermutlich Antworten auf Fragen, die ihr gestellt wurden und die sie dann mit dem von Herrn Göttel in die Maschine getippten Text unterschrieb:

```
JAKSA MARGIT sz.SÜLI, azelőtt jázovói, jelenleg debeljacsai lakós
/Szöllősor, hsz.1588., Nagy Lajos címén/, eloadja:
         1938 február 6-án házasságot kötöttem Jaksa Péter Pál, jázo-
vói lakóssal, Jázovón.
         Házasságunkból 1942-ben fiugyermekünk Endre született.
         Férjem iszákos volt és igy 1943 folyamán kénytelen voltam
tőle elválni.
         Ezután fél évre a férjem Hiponak vonult be.
         Mint ilyen 1944 tavaszán valahol Szerbiában elesett.
         Ezt igazolni tudják:
         1/ Jaksa Lajos, Jázovo, földmives
         2/ Süli Pál, földmives, Jázovo
         Megbizást adok dr.Várady Józsefnek, hogy eljárást inditson
Jaksa Péter Pál holttányilvánitása iránt.
         Zrenjanin, 1948.VI.8.
```

Übersetzt lautet der in der Abbildung wiedergegebene Text folgendermaßen:

„Margit Jaksa, geb. Süli, ehemals ansässig in Jazovo, gegenwärtig wohnhaft in Debeljacsa/Szöllősor Nr. 1588., bei Lajos Nagy, nimmt Stellung wie folgt:

Am 6. Februar 1938 trat ich in Jazovo in den Bund der Ehe mit Péter Pál Jaksa, wohnhaft in Jazovo.

Aus unserer Ehe kam 1942 ein Sohn, Endre, zur Welt.

Mein Mann war Trinker, und somit war ich im Verlauf von 1943 gezwungen, mich von ihm zu trennen.

Danach zog mein Mann für ein halbes Jahr als Hipo [Hilfspolizei] ein.

Als solcher ist er irgendwo in Serbien im Frühling 1943 gefallen.

Dies können bezeugen:

1. *Lajos Jaksa, Jazovo, Landarbeiter*
2. *Pál Süli, Landarbeiter, Jazovo*
Ich beauftrage Jozsef Várady, dass er ein Verfahren einleite zur Todeserklärung von Peter Pál Jaksa
Zrenjanin, 8.VI.1948   *Gez. Margit Jaksa"*

Vier Tage später, am 12. Juni 1948, reicht mein Vater einen Antrag ein, in dem er sich auf die protokollierten Tatsachen beruft. Er führt unter anderem an, dass die Witwe das Erbverfahren beginnen und wieder heiraten wolle. Das Gericht von Törökkanizsa weist jedoch den Antrag von Margit Süli zurück mit der Begründung, dass der Mann „*vor seinem Tod sich gegenüber unserem Volk und unserer Befreiungsbewegung feindlich verhalten hat, das heißt ein Volksfeind war, der geraubt und gemordet*" habe, und „*nach unserer Gerichtspraxis werden die Volksfeinde vorerst nicht für tot erklärt*". Das Gericht bestreitet also nicht die Tatsache des Todes, ist aber der Meinung, dass ein Antrag, bei dem der Betroffene (der hier für tot erklärt werden soll) Bindung zum Feind gehabt hat, abgewiesen werden muss. Mein Vater ficht das Urteil an mit der Begründung, der Standpunkt des Gerichts, ein Volksfeind könne nicht für tot erklärt werden, sei irrig. Sein Argument ist, dass die Frau bereits lange bevor sich der Mann den bewaffneten Besatzungseinheiten angeschlossen hatte, das Eheverhältnis beendet habe. Demnach steht also die Person, die jetzt die Feststellung des Todes beantragt, nicht auf der Seite des Feindes. Der Einspruch hat Erfolg.

Vieles hatte eine Auswirkung auf Bélas Schicksal und seine Erfolgsaussichten. Ein Faktor war, dass die kroatische Frau aus Feketetó durch ihre Ehe Verbindung zu einer ehedem diskriminierenden, später diskriminierten Gruppe von Menschen hatte. Das Rechtsdenken war von einem (damals) noch nicht erlahmten patriotischen Eifer geleitet. Und auch im Scheidungsprozess von Béla Nagy und Irén Kocsis tauchte die Fahne des Patriotismus auf, sie wurde dann aber von den Details des Privatlebens verdeckt. Wenn es sich um einen deutschen Ehemann handelte, der in der deutschen Armee diente, die Fahne der Patriotismus bleibt im Vordergrund, und es konnte nichts anderes darüber geheftet werden; sie konnte weder verdeckt noch vergessen werden. Die Scheidung war nicht davon abhängig, in welchem Verhältnis die Frau zu ihrem Mann stand, sondern davon, in welchem Verhältnis sie zum Weltkrieg und der Geschichte stand.

Der Leser erinnert sich vielleicht an den Fall von Lili Eckstein, die im Jahr 1945 ein moralisch-politisches Zeugnis besorgen musste, um Stoff für ein Sommerkleid kaufen zu können. Im Fall des Scheidungsgesuchs der kroatischen Frau, die mit Nagy zusammenlebte, musste sie beweisen, dass sie politisch auf der richtigen Seite stand. Wenn ich die Dinge ein wenig vereinfache, könnte man die folgende Lehre daraus ziehen: Sommerkleider und Männer, die noch frei waren, waren nur für solche Frauen erreichbar, die über die entsprechende moralisch-politische Einstellung Zeugnis ablegten. Mit anderen Worten: Mangels fortschrittlich einzuschätzender Stellungnahmen konnte sich die kroatische Frau von ihrem Mann nicht scheiden lassen und damit nicht die rechtmäßige Gattin und Begleiterin des Béla Nagy werden – auch dann nicht, wenn Béla nur im Interesse des Volkes da und dort verkehrte.

*

Hier möchte ich nun innehalten. Wie ich im *Vorwort* geschrieben habe, bleiben in uns oft nur noch Bögen, eventuell Triumphbögen aus der Geschichte übrig, ungefähr so wie die über den ausgetrockneten Teil der Bega ihrer ursprünglichen Rolle beraubte Brücke. Auch das Archiv, dem die Geschichten entnommen worden sind, hat seine Rolle nicht bewahrt, aber hier handelt es sich eher um einen Rollentausch. Als die Akten in die Regale kamen, war der Prozessausgang das Wichtige: ob die Scheidung aus Schuld des Béla Nagy oder seiner Frau ausgesprochen wurde, ob Zoltán Kelemen aufgrund der Anklage verurteilt wurde, dass er (ohne sich aus Vološinovo zu entfernen) die sowjetische Macht in Ungarn zu kippen versuchte, ob Onkel Misi Aufsatz Ungar war oder Deutscher. Jetzt ist die Bestimmung der Akten eine andere geworden: Es ist nicht mehr der Ausgang der Prozesse von Interesse, sondern die Welt, in der sie sich entwickelten. Von einem neuen Blickwinkel aus und mit frischer Neugier betrachtet stellt sich heraus, dass jene Welt im Grunde auch auf Papier festgeschrieben wurde. Beim Lesen der Akten werden die Leidenschaften klarer, die an der Schwelle von Kriegen, während der Kriege und auf den Spuren von Kriegen zutage traten; auch die jeweilige aufgereizte Atmosphäre wird spürbar, die dereinst die Realität des Alltags ausmachte. Und genauso werden Menschen sichtbar. Die sich seit 120 Jahren anhäufenden Akten, die eine Zeit lang infolge der anwaltlichen Verpflichtung, dann wegen des Zusammenspiels von außergewöhnlichen Umständen erhalten geblieben sind, zeigen auch, dass es nichts gibt, was nicht anfechtbar wäre. Auch das Vergessen nicht.

Nachwort:
Das Banat – Kolonistenregion und Vielvölkerlandschaft

von *Srđan Šarkić*[19] und *Thomas Simon*[20]

Die Geschichten, die Tibor Várady, langjähriger Professor für internationales Privatrecht an der juristischen Fakultät in Novi Sad und Mitglied der serbischen Akademie der Wissenschaften, aus dem hinterlassenen Aktenbestand der von seinem Großvater Imre Várady im Jahre 1893 begründeten Anwaltskanzlei geschöpft hat, spielen im sog. „Banat", oder genauer: im Westen dieser historischen Landschaft, nämlich in einer Stadt, die man in den modernen Landkarten unter der Bezeichnung Zrenjanin (serbisch-kyrillisch Зрењанин) findet, die aber heute auch wieder offiziell ihren alten ungarischen Namen Nagybecskerek führt. Zumindest bis zum österreichisch-ungarischen Ausgleich von 1867 war daneben auch die deutsche Bezeichnung Großbetschkerek offiziell. Im Königreich Jugoslawien führte die Stadt dann zunächst bis 1935 den Namen Veliki Bečkerek. Danach nahm sie nach dem ersten jugoslawischen König Peter I. (serbisch *Petar/Петар*) den Namen *Petrovgrad* (*grad* = die Stadt) an. Nach der deutschen Okkupation im Zweiten Weltkrieg im Jahre 1941, als das ganze Banat unter die direkte deutsche Verwaltung fiel, bekam die Stadt wieder den Namen *Großbetschkerek*. Den heutigen Namen trägt sie seit 1946 nach Žarko Zrenjanin, einem Partisanenkämpfer im zweiten Weltkrieg und Volkshelden Jugoslawiens (verstorben im Jahre 1942). Zrenjanin, alias Nagy-Becskerek, alias Großbetschkerek liegt unweit östlich der Theiß, die die Grenze zwischen zwei südungarischen „Kolonisationslandschaften" bildet, eben dem Banat und der westlich der Theiß gelegenen „Batschka". Beide Landschaften werden im Süden durch die Donau begrenzt.

Durch drei Generationen hindurch hat die Familie Várady ihre Anwaltskanzlei betrieben – in einer Stadt, die zwar nicht besonders groß ist, in der man aber dennoch in der Regel drei verschiedene Sprachen gesprochen hat: Deutsch, Ungarisch und Serbisch. Jede dieser drei Sprachen war zu jeder Zeit offiziell. Die Kanzlei kommunizierte in allen drei Sprachen; nur unter dieser Bedingung konnte die Rechtsanwälte Várady ihre Profession überhaupt ausüben.

---

19 Rechtshistoriker, Novi Sad, Serbien
20 Rechtshistoriker, Wien

Die beiden Landschaften an Donau und Theiss galten geradezu als der Inbegriff der „Multiethnizität" der Donaumonarchie. Denn was man im weiteren Rahmen des österreich-ungarischen „Vielvölkerstaates" vorfand, das Neben- und Miteinender zahlreicher Sprachen und Nationen nämlich, das fand man im Banat und in der Batschka im Kleinen wieder, nur dass hier die Multiethnizität regional nochmals gesteigert war. Ließen sich nämlich innerhalb der Monarchie doch noch mehr oder weniger geschlossenen Siedlungsgebiete der einzelnen Nationen zumindest grob voneinander abgrenzen, so war dies in der Vielvölkerregion der Landschaften an der unteren Donau keineswegs möglich: Hier lebten die Völker vielmehr in allen Städten und Dörfern jeweils in *einer* kommunalen Gemeinschaft nebeneinander. In der Batschka und im westlichen, heute serbischen Banat, in dem auch Becskerek/ Zrenjanin gelegen ist, waren dies die Ungarn, die Deutschen und die Serben als Hauptbevölkerungsgruppen; in der östlichen, seit 1918 zu Rumänien zählenden Hälfte des Banat waren es hingegen neben Ungarn und Deutschen die Rumänen. Dabei darf allerdings die Präsenz weiterer „Minoritäten" nicht übergangen werden, wie etwa der Slowaken und der Kroaten oder auch des nicht unbedeutenden jüdischen Bevölkerungsteiles. Nirgendwo sonst wiesen die ethnographischen „Volkstumskarten", wie sie seit der Mitte des 19. Jahrhunderts entstanden, ein zersplitterteres und buntscheckigeres Bild auf als an der unteren Donau im Bereich des Banats, der Batschka und in Syrmien. Die seit dem Ende des 19. Jahrhunderts kursierenden Föderalisierungspläne, die einen Umbau der Donaumonarchie in einen aus ethnisch mehr oder weniger homogenen Ländern zusammengesetzten Bundesstaat vorschlugen, mussten sich hier von vornherein als undurchführbar erweisen, weil in diesen Gegenden eine eindeutige Zuordnung unter ethnischen Geschichtspunkten schlicht unmöglich war.

Diese ganz spezifische Bevölkerungsstruktur war in erster Linie durch den Umstand bedingt, dass es sich beim Banat wie bei der Batschka und Syrmien um die wichtigsten innerhalb der Monarchie gelegenen Einwanderungs- und Kolonisationsgebiete des 18. Jahrhunderts handelte. Soweit diese Gebiete im Mittelalter überhaupt besiedelt waren, hatte jedenfalls während der osmanischen Zeit eine starke Entvölkerung stattgefunden. Die Wiederbesiedlung der verödeten Landstriche nach deren Eroberung durch Österreich und der Zurückdrängung der Osmanen auf den Raum südlich der Donau erfolgte in erster Linie im Wege planmäßiger Kolonisation, die entweder unmittelbar vom Staat selbst oder aber von den großen ungarischen Magnatengeschlechtern organisiert wurde. Die planmäßige Anlage von Siedlungen war regelmäßig begleitet von umfangreichen Meliorationsmaßnahmen, in deren Zuge die versumpften Gebiete entlang der Ströme urbar gemacht wurden. Auf diese Weise entstand im Laufe des 18. Jahrhunderts eine eigentümliche Kolonisationslandschaft, besiedelt mit Kolonisten aus ganz unterschiedlichen Herkunftsländern. Das waren neben den weiter nördlich gelegenen Gegenden Ungarns vor allem der südwestdeutsche Raum (Schwaben) und nicht zuletzt Serbien,

NACHWORT

oder genauer gesprochen: Der Raum südlich der Donau und Save, in dem im Laufe der ersten Hälfte des 19. Jahrhunderts ein autonomes Fürstentum der Serben entstand. Waren es bei den „Schwaben" Landlosigkeit und Armut, die sie zur Abwanderung in den Südosten trieb, so waren es bei den Serben neben den ökonomischen Motiven auch die massenhafte Flucht vor der osmanischen Repression. Die serbische Migration erreichte im Jahre 1690 mit der sog. „Großen Wanderung" einen ersten Höhepunkt, als Zigtausende von Serben unter Führung des orthodoxen Patriarchen von Peć, Arsenije III. Crnojević (bekannt auch als Čarnojević) in den Raum nördlich von Save und Donau zogen. Eine zweite Fluchtwelle setzte nach der Niederschlagung der serbischen Aufstände gegen die osmanische Herrschaft zu Beginn des 19. Jahrhunderts ein.

Selbstverständlich war das Zusammenleben der Völker auch im Banat nicht spannungsfrei. In einen offenen Konflikt mündete das, als die politischen Eliten Ungarns im Zusammenhang mit der Revolution 1848/49 den ersten Anlauf unternahmen, einen konstitutionellen ungarischen Nationalstaat zu begründen, in den die nichtungarischen „Minderheiten" vor allem auch in sprachlicher Hinsicht eingefügt werden sollten. Die slawischen Völker standen daher der ungarischen Revolution gegen die Habsburger vielfach gleichgültig, ja ablehnend gegenüber. Nach der Niederschlagung dieser Revolution 1849 suchte Kaiser Franz Josef das ungarische Element in der Vielvölkermonarchie zu schwächen, indem er nicht nur die altungarischen „Nebenländer" Kroatien und Siebenbürgen verselbständigte, sondern darüber hinaus sogar die Batschka, das Banat und Syrmien, die ja schon ein Teil des mittelalterlichen Königreich Ungarn gewesen waren, ausgliederte und daraus ein eigenständiges habsburgisches Kronland unter der Bezeichnung „Woiwodschaft von Serbien und Temeser Banat" schuf. Dies geschah zwar im Zuge der neoabsolutistischen Reaktion, kam aber den serbischen Wünschen durchaus entgegen. Nach dem Ausgleich 1867 mit den Ungarn wurde diese neue administrative Einheit „Wojwodina" sofort wieder aufgelöst und der Staat Ungarn in seinen historischen Grenzen wiederhergestellt, wodurch allerdings die nicht-magyarischen Völker dieser Region dem Magyarisierungsdruck der politischen Eliten des sich formierenden ungarischen Nationalstaates preisgegeben wurden.

Nach dem Zerfall der Donaumonarchie wurde das Banat geteilt: Der östliche Teil mit Temeschwar kam an Rumänien, die westliche Hälfte hingegen mit Betschkerek ging an das neue Königreich Jugoslawien: Am 1. Dezember 1918 proklamierte Prinzregent Alexander Karađorđević in Belgrad die Vereinigung Serbiens mit den südslawischen Ländern Österreich-Ungarns zum *Königreich der Serben, Kroaten und Slowenen* (seit 3. Oktober 1929: *Königreich Jugoslawien*). Der Übergang an Jugoslawien hat an der Völkergemeinschaft der Landschaften an Donau und Theiss nichts Grundsätzliches geändert. Auch die Privatrechtsordnung blieb im Kern unverändert: Im Banat, wie auch in der Batschka galt weiterhin das unkodifizierte ungarische Recht, denn dem jugoslawischen Staat ist es nie gelungen, ein einheitliches Privatrecht für alle Teile des Landes zu schaffen; ein im Jahre 1934 fertiggestellter Entwurf für ein einheitliches jugoslawisches bürgerliches Gesetzbuch wurde nie in Kraft gesetzt.

Im Gegensatz zum Ungarn der Donaumonarchie gab es in dem neu entstandenen jugoslawischen Staat keinen nationalen Assimilationsdruck und keine Politik gezielter sprachlicher Vereinheitlichung. Erst durch den deutschen Überfall auf Jugoslawien im Jahre 1941 wurden die Vielvölkerlandschaften an der Donau in einen Orkus des Genozids und der Vertreibung hineingezogen. Die deutschen Besatzer vernichteten das Judentum auch hier und verübten – Hand in Hand mit dem kroatischen Ustascha-Regime – zahllose Verbrechen an der serbischen Bevölkerung. Gleich bei Kriegsende wurden die meisten deutschen Bewohner dieser Region, denen man kollektiv die Kollaboration mit dem nationalsozialistischen Deutschland vorwarf, unter teils fürchterlichen Umständen vertrieben. Die meisten der Fälle, anhand deren Tibor Várady „Weltgeschichte und Alltag im Banat" ausbreitet, ereigneten sich in der jugoslawischen Zeit von Betschkerek/ Zrenjanin. Viele dieser Geschichte vermitteln aber auch einen Eindruck von der Angst und dem Schrecken, mit dem die Bewohner des Banats seit 1941 leben mussten.

Zum Autor

Tibor Várady kennt man vor allem als Juristen. Er absolvierte ein Jurastudium in Belgrad, das er später mit einer Promotion an der Universität in Harvard abschloss. Sein erster Arbeitsplatz war die Rechtsanwaltskanzlei der Familie in Betschkerek, deren Archiv die Basis für diesen Band bildet. Danach lehrte er an der rechtswissenschaftlichen Fakultät der Universität Novi Sad. Seit 1993 lehrt er an der Zentraleuropäischen Universität (CEU) in Budapest, seit 1988 drei bis vier Monate jährlich auch in den USA (Emory, Cornell, Berkeley). 2012 wurde er „Professor Emeritus of Law" an der Emory University, 2015 „Professor Emeritus" an der Zentraleuropäischen Universität in Budapest. Seine fachlichen Publikationen betreffen vor allem Internationales Privatrecht, Schiedsgerichtsbarkeit und Minderheitsrechte.

Erste literarische Arbeiten erschienen im *Új Symposion* (Neues Symposion). Seit Gründung der Zeitschrift war er deren Redakteur, zwischen 1969 und 1971 verantwortlicher Redakteur; 1990–1999 war er verantwortlicher Redakteur der Zeitschrift *Létünk* (Unser Dasein).

Bisher erschienene literarische Werke:

Vagy nem maga az élet a lejobb időtöltés? (Oder ist nicht etwa das Leben selbst der beste Zeitvertreib?) Reise-Essays, Forum, Novi Sad, 1971

Az egérszürke szoba titka (Das Geheimnis des mausgrauen Zimmers) Roman, Forum, Novi Sad, 1976, Zweite Ausgabe 2009

Mit i moda (Mythe und Mode) Essays in serbischer Sprache, Srpska čitaonica i knjižnica Irig, ausgezeichnet mit dem Stražilovo-Preis, 1978

The Secret of the Mouse-Grey Room (Englische Übersetzung des „Geheimnis des mausgrauen Zimmers"), John Calder and Riverrun Press, London-New York, 1981

Történelemközelben (In Geschichtsnähe) Essays, Forum, Novi Sad, 1995

HOLM SUNDHAUSSEN,
KONRAD CLEWING (HG.)
LEXIKON ZUR GESCHICHTE SÜDOSTEUROPAS

Von den Karpaten bis zum Mittelmeer, von der Slowakei bis Zypern: Dieses Lexikon zur Geschichte Südosteuropas gibt Auskunft über Raumbegriffe, Völker, Religionen, Staaten, Gesellschaften, Recht, Wirtschaft, Kultur und über zentrale Ereignisse in der Region vom Ende der Antike bis zur Gegenwart. Die 2. Auflage wurde um viele neue Begriffe erweitert und die Texte unter Berücksichtigung des jüngsten Forschungsstands aktualisiert. Die Querverweise und ein Sachregister erleichtern die Benützung. Die mitwirkenden Autorinnen und Autoren sind renommierte Fachleute, die ein breites Spektrum geografischer, methodischer und thematischer Schwerpunkte garantieren.

2016. 2., ERWEITERTE UND AKTUALISIERE AUFL. 1102 S. 10 KT. GB.
170 X 240 MM | ISBN 978-3-205-78667-2

„[G]ehört in die Handbibliothek eines jeden, der an den Vorgängen in dieser Region interessiert ist."
(Frankfurter Allgemeine Zeitung zur ersten Auflage)

BÖHLAU VERLAG, WIESINGERSTRASSE 1, A-1010 WIEN, T:+43 1 330 24 27-0
INFO@BOEHLAU-VERLAG.COM, WWW.BOEHLAU-VERLAG.COM | WIEN KÖLN WEIMAR